Europa beim Tode Theoderichs des Gr. 526 n. Chr.
Reich der Franken unter Chlodwig 486 n. Chr.
Eroberungen Chlodwigs bis 511 n. Chr.
Germanisches Bündnissystem Theoderichs des Großen
Jüten Germanenreiche und -stämme
Anten Slawische Völker
1 : 25 000 000
0 100 200 300
km
Skoten
Briten
Angelsachsen
Nordsee
Jüten
Angeln
Friesen
Sachsen
Elbe
London
Tournai
Cambrai
Somme
Köln
Mainz
Trier
Soissons
Reims
Paris
Bretagne
REICH DER FRANKEN
Orléans
Loire
Rhein
Alamannen
Vouillé
Dijon
REICH DER BURGUNDER
Autun
Genf
Clermont
Bordeaux
Garonne
Raetia
Mailand
Verona
Pavia
Adda
Rhône
Toulouse
Arles
Provincia
Genua
Narbonne
Septimanien
Marseille
Lugo
Braga
REICH DER SWEBEN
Kantabrer
Pamplona
Basken
Palencia
Ebro
Zaragoza
REICH DER WESTGOTEN
Tajo
Toledo
Lissabon
Barcelona
Tarragona
Mérida
Valencia
Córdoba
Sevilla
Málaga
Cartagena
Balearen
Korsika
Sardinien
REICH DER WANDALEN
MITTEL
Tanger
Caesarea
Hippo Regius
Lilybae
©2002 Cornelsen
Meridian 0 v. Greenw.

D
20
E
30
F
40
a
b
c
50
40
Ostsee
Baltische Völker
Widiwarier
Memel
Pripet
Weichsel
Oder
Silingen
Slawische Völker
Dnjepr
Awaren
Bulgaren
Anten
Dnjestr
Langobarden
Pannonia
GEPIDEN-REICH
Theiß
Drau
Save
Aquileja
Krim-goten
Chersones
Schwarzes Meer
Singidunum
Sirmium
Dacia ripensis
Donau
Novae
Marcianopel
Moesia
Dalmatia
OSTRÖMISCHES REICH
Thracia
KONSTANTINOPEL
Nicomedia
Adrianopel
Stobi
Thessalonice
Dyrrhachium
Monte Cassino
Capua
Vesuv
Tarent
Epirus
Abydus
Larissa
Smyrna
Iconium
Nicopolis
Athen
Ephesus
Vivarium
Korinth
Messina
Sizilien
Syracus
Malta
Zypern
Kreta
MEER
Cyrene
Alexandria
Nil
Leptis Magna
D
20
E
30
F

Friedrich Prinz
Kelten, Römer und Germanen

SERIE PIPER

Zu diesem Buch

Deutschlands Frühgeschichte beginnt, als die Römer im 3. nachchristlichen Jahrhundert den fränkischen Völkerschaften Namen gaben. Und sie endet, als der fränkische Hausmeier Karl Martell 732 den arabisch-muslimischen Ansturm bremst. Friedrich Prinz entwirft ein umfassendes Panorama der deutschen Geschichte von der Spätantike bis ins frühe Mittelalter, schildert das Leben der Völker, ihre Kulturen und die Christianisierung. Es gehört zu den faszinierendsten Phänomenen europäischer Kultur, wie ihre Geschichte aus dem Chaos des Zusammenbruchs des weströmischen Reiches in einem Jahrhunderte währenden Prozeß entstanden ist und sie die Träger der mittelalterlichen christlichen Kultur wurden. Neben der Schilderung von Königtum, Adel und Rechtsordnungen liegt ein Schwerpunkt der Darstellung auf den konkreten Lebensverhältnissen. Anschaulich erzählt Friedrich Prinz von Sklaven und Armen, von Familie und Ehe und erläutert Wirtschaft und Handel. Friedrich Prinz »erreicht eine Leserschaft«, schreibt Ulrich Raulff, »wie sie nur wenigen Historikern vergönnt ist«.

Friedrich Prinz, geboren 1928 in Tetschen/Elbe, gestorben 2003, studierte in Passau und Bonn, war Privatdozent in München, 1965 bis 1976 Professor für Landesgeschichte an der Universität Saarbrücken und von 1976 bis 1995 Professor für Mittelalterliche Geschichte und vergleichende Landesgeschichte an der Universität München. Er arbeitete an großen historischen Ausstellungen mit, war Mitautor einer zwölfteiligen Fernsehreihe zur bayerischen Geschichte und veröffentlichte unter anderem das Standardwerk »Geschichte Bayerns«.

Friedrich Prinz

Kelten, Römer und Germanen

Deutschlands Frühgeschichte

Mit 16 Seiten farbigem Bildteil

Piper München Zürich

Bildnachweis: Abbildungen des Tafelteils © akg-images Berlin.
2 Karten aus: Putzger, Historischer Weltatlas, 103. Auflage, Cornelsen Verlag Berlin 2001, S. 51 III, S. 54 I.

Von Friedrich Prinz liegen in der Serie Piper vor:
Geschichte Bayerns (3348)
Kelten, Römer und Germanen (4295)

FSC

Dieses Taschenbuch wurde auf FSC-zertifiziertem Papier gedruckt. FSC (Forest Stewardship Council) ist eine nichtstaatliche, gemeinnützige Organisation, die sich für eine ökologische und sozialverantwortliche Nutzung der Wälder unserer Erde einsetzt (vgl. Logo auf der Umschlagrückseite).

Ungekürzte Taschenbuchausgabe
Piper Verlag GmbH, München
1. Auflage Dezember 2004
2. Auflage Juli 2005

unter dem Titel: »Deutschlands Frühgeschichte«
Umschlag/Bildredaktion: Büro Hamburg
Isabel Bünermann, Heike Dehning,
Charlotte Wippermann, Katharina Oesten
Foto Umschlagvorderseite: Karin Heinzel/Landesbildstelle des Saarlandes im LPM
Foto Umschlagrückseite: G. W. Bachert
Satz: Kösel, Kempten
Papier: Munken Print von Arctic Paper Munkedals AB, Schweden
Druck und Bindung: Clausen & Bosse, Leck
Printed in Germany
ISBN-13: 978-3-492-24295-0
ISBN-10: 3-492-24295-2

www.piper.de

Inhalt

Vorwort

Es mag vielleicht verwundern, mit einer Geschichte Deutschlands vor seiner Entstehung vor die Öffentlichkeit zu treten; mancher könnte glauben, hier sei der Autor einer bekannten Historikermarotte erlegen, jedes geschichtliche Phänomen bis zu Adam und Eva zurückzuverfolgen. Nichts könnte mir ferner liegen als solche unnütze Weitschweifigkeit. Vielmehr geht es in diesem Buche um einen gleichsam »kaleidoskopischen« Aspekt deutscher Geschichte, nämlich um den Versuch, die sehr unterschiedlichen, ja disparaten Komponenten vorzustellen, aus denen sich schließlich in einem langgestreckten Prozeß die Geschichte Deutschlands entfalten konnte. Um im Bilde zu bleiben: Wie kam es dazu, daß die scheinbar wirr durcheinander liegenden bunten oder dunklen Einzelsteinchen des Kaleidoskops durch vorsichtiges Drehen dieses Spielzeugs sich zu einem klaren, deutbaren Muster zusammenfügen; ein Muster, das der Ausgangspunkt deutscher Geschichte werden konnte?

Es sind wichtige Voraussetzungen, die schließlich den Beginn deutscher Geschichte bewirkten: Da ist die vielgestaltige keltische Kultur mit ihren Auswirkungen sowohl auf die römische Geschichte wie auf das Werden der germanischen Welt. Gewichtiger noch ist die langzeitige Einwirkung der Mediterranée in Gestalt des römischen Weltreiches sowohl auf die germanischen Stämme der Völkerwanderungszeit als auch auf die *Germania* östlich des Rheins und nördlich der Donau. Anfangs vor allem militärische Eroberungsgeschichte, die zur teilweisen Inkorporation germanischer Völker in die strikten Formen römischer Staatlichkeit führte, wandelte sich der römisch-imperiale Zugriff auf die neuen Völker in der christlichen Spätantike zu einer völlig anderen Form der Durchdringung der bislang barbarischen Welt der Germanen wie der Slawen: Das Christentum, ein spätes Vermächtnis der Antike, trug deren geistiges Erbe, soweit es lebensfähig war, in die neue, früheuropäische Völkerwelt, die mit dem fränkischen Großreich eine dauerhafte politische Gestalt gewann, in der Romanen und Germanen geordnete Formen des Zusammenlebens im Zeichen des Kreuzes fanden und erprobten.

In diesem Jahrhunderte währenden Prozeß spielte die Mission eine entscheidende Rolle. Ohne Mission gäbe es kein Europa und ebensowenig die vielgestaltige Weit der europäischen Nationalkulturen, die sich unter dem breiten Dach der gemeinsamen Sprache des Kirchenlateins ausbilden konnten. In dieser Hinsicht ist das mittelalterliche Deutschland in ganz besonderer Weise ein Missionsland geworden, das später das Christentum an seine nördlichen und östlichen Nachbarn weitergab. Gleichzeitig hatte es aber auch tiefreichende Wurzeln in der spätrömischen Welt südlich der Donau und vor allem westlich des Rheins. Es hat sehr lange gedauert, bis es ins allgemeine Bewußtsein der Deutschen eingedrungen ist, daß auf deutschem Boden die größte und mächtigste Römerstadt nördlich der Alpen liegt, nämlich die Kaiserstadt Trier, in der einst der Kirchenvater Hieronymus für seine Studien die kaiserliche Hofbibliothek benutzen konnte und von der aus der wichtigste Kaiser der Spätantike, Konstantin der Große, seinen Siegeszug begann, der die antike Weit schrittweise in ein christliches Imperium verwandeln sollte.

Was die neuen, einst barbarischen Völker, Germanen und Slawen, zum Aufbau einer neuen Welt, d.h. zur »Europäisierung Europas« beigetragen haben – ein Prozeß, an dem die Regionen des späteren Deutschlands einen beträchtlichen Anteil hatten und bei dem sie sich das reiche antike Erbe in christlicher Gestalt aneignen konnten – soll nachfolgend kritisch gesichtet und dargestellt werden.

Die Schilderung im einzelnen ist umso nötiger, als sie vor der Gefahr schützt, eine krisenreiche, von Katastrophen stark geprägte Entwicklung, die mit dem Stichwort »Völkerwanderung« nur unzureichend charakterisiert werden kann, in allzu großen, verführerisch klaren und suggestiv sinnvollen Entwicklungslinien gewissermaßen »schönzuschreiben«. Hier liegt der Nutzen im oft sperrigen Detail wie in den zahlreichen Rückschlägen und sinnlosen Abbrüchen, die eben auch zum Gang der Geschichte gehören. Wenn der Kirchenvater Hieronymus sich über die Invasion der Goten entsetzt, die »wie der Aschenregen des Ätna« über das Imperium gekommen waren, und wenn er 410 bittere Tränen über die Eroberung Roms durch den Gotenkönig Alarich vergießt, dann erfährt man etwas über die dunklen Seiten einer spannungsreichen Epoche, in der kultureller Bruch und christliche Kontinuität eng beieinander liegen; gerade von letzterer wurde aber Deutschland vor seiner Entstehung tief und nachhaltig geprägt. Der Autor hofft, daß er für den Leser eine wichtige Epoche aufzuhellen vermag, die in gängigen Darstellungen bislang oft nur als ein finsteres Loch übersprungen wurde.

Der Text dieses Buchs basiert auf meinem Beitrag für den ersten Teilband von B. Gebhardts »Handbuch der deutschen Geschichte« (10. Auflage), der bis auf geringfügige Abweichungen mit dem vorliegenden Buch identisch ist. Weggelassen wurde aber der umfangreiche kritische Apparat des Handbuchbeitrags mit seinen Anmerkungen und dem Feuerwerk zahlreicher Kontroversen, das für einen rein wissenschaftlichen Text unentbehrlich ist. Der Leser dieses Buches wird jedoch nicht allein gelassen in seinem legitimen Bestreben tiefer in den dargebotenen Stoff einzudringen, denn ein weiterführendes Literaturverzeichnis kann ihn zu eigenen Studien anregen und damit auch eine Brücke zum ausführlichen Handbuch sein, das mit seinen 24 Teilbänden ein unvergleichliches Panorama deutscher Geschichte von der Spätantike bis zur Gegenwart bietet. Für das vorliegende Werk – gleichsam ein Mistelzweig auf dem umfassenden Gastbaum des Gesamthandbuchs – sei noch vermerkt, daß aus Gründen des besseren Verständnisses Wiederholungen von Fakten und Schlußfolgerungen bewusst nicht völlig vermieden wurden, wenn andere Aspekte der Darstellung Rückgriffe erforderten. Dem Autor scheint dies zweckdienlicher als ein kompliziertes System von Rück- und Vorausverweisen, bei dem der geduldige Leser oft alle zehn Finger im Text haben muß. Im übrigen hofft der Verfasser, daß die Geschichte Deutschlands vor seiner Entstehung die starken und tiefen Wurzeln bloßlegen kann, die uns mit scheinbar fernen Zeiten und Zuständen bis heute verbinden. Die hier geschilderten Epochen sind der Unterbau, das nur scheinbar versunkene »Vineta« unserer Vergangenheit

Friedrich Prinz

Grundlagen A

Worum es in diesem Buch geht

Eine Geschichte Deutschlands vor seiner Entstehung

»In die weiten Hallen der Monarchie der Merowinger und Karolinger ziehen an der Hand der Geschichte die alten, wohlbekannten gentes ein; unter dem zerfallenden Gewölbe des stolzen Reiches treten dagegen neue Volksgebilde hervor, in denen wir die werdenden Nationen erblicken müssen« (A. Dove). In diesem anschaulichen Bilde ist der weite Rahmen abgesteckt, in den sich der folgende Beitrag einordnet; doch weist seine Thematik auch weit hinter den Kern dieser Epochendarstellung, das Merowingerreich, zurück, wenn er – zumindest skizzenhaft – die vor- und frühgeschichtlichen Grundlagen der mitteleuropäischen Kulturentwicklung mit einbezieht. Sieht man von den antiken schriftlichen Quellen ab, die sich auf die Zeit- und Lebensräume des vor- und frühgeschichtlichen Menschen in Mitteleuropa beziehen, so beruhen unsere Erkenntnisse weitgehend auf archäologischem Fundgut. Zumeist handelt es sich um die Hinterlassenschaft von Beigaben führenden Gräbern und deren Bestattungsweisen, um die mühsame, oft schwer zu leistende Rekonstruktion von Siedlungsformen, ferner um die Vergrabung wertvoller Materialien aus Metall und Edelmetall aus Anlaß weitreichender, ganz Europa durchlaufender Unruhehorizonte und dergleichen mehr. Entgegen dem Optimismus, mit dem man anfangs diese Hinterlassenschaften sozialstrukturell und kultgeschichtlich gedeutet hat, ist man heute vorsichtiger hinsichtlich der Interpretationsfähigkeit des Fundmaterials, und dies auch noch für wesentlich spätere Epochen, denen es nicht an schriftlichen Quellen mangelt. Dennoch sind bedeutende Fortschritte und Erkenntnisse gewonnen worden, so etwa bei der archäologischen Rekonstruktion der Wanderzüge und Aufenthalte der Langobarden und Goten sowie der ethnischen und sozialen Deutung von Siedlungsresten und Gräberfeldern.

Deutsche Geschichte war und ist auf Mitteleuropa bezogen. Europa hat es aber als geographischen und dann auch als ethnischen Begriff schon in der griechischen Antike gegeben. Hekataios von Milet teilte um 500 v. Chr. den ihm bekannten, im Mittelmeerraum zentrierten Erdkreis in die zwei Hälften Europa und Asien, wobei die konkrete Kenntnis des europäischen Westens und Nordens durch griechische Kaufleute bis nach Spanien und um 330 v. Chr. durch die Erkundungsreise des Pytheas von Massalia (Marseille) bis England, Irland und Skandinavien (Thule) erweitert wurde. Ein politisch-kulturelles »Europabewußtsein« kannte die Antike aber kaum: Die Trennungslinien verliefen zwischen Griechen und Barbaren, Römern und Fremden, wobei letztere so weit wie möglich in den Bannkreis des Imperiums einbezogen wurden: Die schließlich atemberaubende militärische Expansion brachte eine verwaltungsmäßige, politische und wirtschaftliche Einheit und Verkehrsgemeinschaft, die weitreichende kulturelle Folgen hatte und die auch für die deutsche Geschichte konstitutiv werden sollte. Das Reich hatte Anteil an allen drei Erdteilen: an Europa, Asien und Afrika. Augustus wird als »Herr Europas und Asiens« apostrophiert. Als »christlicher Kontinent«, der identisch mit dem lateinischen Westen ist, taucht Europa um 400 in der »Vita Martini« des Sulpicius Severus auf, um 600 fügt Papst Gregor der Große dem christlich-lateinischen Europabegriff die Zentrierung auf Rom hinzu. Die Karolingerzeit schließlich bringt den Europa-Begriff mit Karl dem Großen als Herrn dieser Einheit in Zusammenhang: Die politische wie religiöse, innere Verbundenheit des Subkontinents ist damit gegeben und füllt sich – trotz wechselnder Grenzen – zunehmend mit Realität auf. Inwiefern dabei eine lange wirksame Schicksalsgemeinschaft gegenüber der islamischen Welt eine Rolle gespielt haben mag, bleibe dahingestellt. Andererseits gibt es neben der ideologisch-militärischen Konfrontation beider Kulturkreise einen die Jahrhunderte überdauernden wirtschaftlichen und geistigen Austausch von wechselnder Intensität. Wenn es auch eine ganz Europa umfassende Reichsbildung nie gegeben hat – auch im Karolingerreich blieben weite Teile Süd-, Nordwest- und Nordeuropas sowie das slawische Osteuropa außerhalb der Grenzen dieses Imperiums –, so wird man doch der Schöpfung Karls des Großen, die keineswegs einer auslaufenden Epoche angehört hat, einen bedeutenden Anteil an der Entstehung Europas zubilligen müssen. Schon die mit Karl einsetzende Kooperation von Papsttum und Kaisertum wurde ein konstitutives Novum der europäischen Geschichte.

Es versteht sich von selbst, daß der historische Begriff »Europa« für eine Frühgeschichte Deutschlands nicht ausgeklammert werden kann, denn in der Forschung der letzten Jahrzehnte spielte der Kern unseres Themas als »Grundlegung der europäischen Einheit durch die Franken« eine nicht unwesentliche Rolle. In der Tat hat ja die Entstehung des fränkischen Reiches als erste Großreichsbildung nach dem Ende der Antike mit der Ausbildung Europas als jener politisch-kulturellen Einheit zu tun, die mehr wurde als ein Subkontinent der asiatischen Landmasse, mehr auch als eine »Randkultur« der griechisch-römischen Kulturwelt.

Die bewußte Einbettung der deutschen Geschichte in gesamteuropäische Entwicklungen mindert eine grundsätzliche Schwierigkeit, nämlich eine »Geschichte Deutschlands vor seiner Entstehung« zu schreiben, ein Problem, das nicht mit dem Hinweis abgetan werden kann, daß ja jede Geschichte ihre »Vorgeschichte« habe. Es geht dabei doch um mehr, nämlich um die möglichst genaue Darstellung des Kaleidoskops jener Ethnika, Institutionen und Kräfte, aus deren immer inniger werdender Verbindung und verwandelnder Verschmelzung später die deutsche Geschichte entstehen sollte. Dabei stellen sich grundsätzliche Probleme, die nur unter europäischem Aspekt zu lösen sind. Das gilt beispielsweise für die Entstehung und Dauer von Völkern, denn neueste Forschungen haben ergeben, daß die Ethnika keinesfalls feste Größen waren.

Hinsichtlich der Probleme besteht zum ersten die Gefahr, das Mittelalter insgesamt mit seinen wenig ausgeprägten und wechselnden Grenzzonen in anachronistischer Weise nationsweise zu fragmentieren, womit man sein tiefgestaffeltes kulturelles Kommunikationsnetz – weitgehend ein Werk der Kirche – in zusammenhanglose Teilstücke zerspaltet. Damit aber übersieht man ein entscheidendes Wesensmerkmal des Mittelalters selbst: die grundsätzliche Einheit in der ethnischen Vielfalt. Eine andere und weitaus größere Gefahr ergibt sich auch aus der oben angedeuteten Notwendigkeit, Entwicklungen und Ereignisse, die einst buchstäblich »am Rande« der mittelmeerischen Hochkulturen stattfanden, im Rückblick von einer karolingischen oder ottonisch-salischen Reichsgeschichte her mit einer Bedeutung auszustatten, die ihnen damals kaum zukam. Falsch wäre ein solcher Ansatz schon deshalb, weil er die wirklichen Proportionen der generellen Kulturentwicklung verzerrt und verfälscht; denn die gleichzeitige Entfaltung der islamisch-arabischen Hochkultur und die staatliche und kulturelle Kraft und Renaissance des Griechentums im Byzantinischen Reich haben doch ein anderes Gewicht als fränkische Erbteilungsstreitigkeiten und die fast ununterbrochenen Grenzkämpfe im Norden und Osten des Frankenreiches. Sicher ist das hier angedeutete Problem allgemeiner Natur, insofern es immer auch ein Problem der »neu Hinzugekommenen« bleibt: Auch Gallien, aus dem das fränkische Großreich als Keimzelle Europas entstand, lag – vom fortbestehenden griechisch-byzantinischen Imperium aus gesehen – lange am Rande der immer noch zentralen mediterranen Welt, und erst recht waren die seit dem Ende des 6. Jahrhunderts ins Licht schriftlicher Quellen tretenden Slawen lange Zeit nur ein Randphänomen zwischen den etablierten politischen Einheiten des ostfränkisch-deutschen Reiches und dem neu erstarkten Byzantinischen Reich. Die spätere deutsche Geschichte muß in den großen, von der Mittelmeerwelt angestoßenen Akkulturationsprozeß eingebettet bleiben, der sich in jenem Großraum nördlich der Alpen wie der Pyrenäen vollzog, aus dem dann das mittelalterliche Europa entstand. Damit nahm aber auch der geographische Bereich des späteren Deutschland, teils passiv als politisch-herrschaftliches Objekt, teils aber auch aktiv – und dies in wachsendem Maße – am Gesamtschicksal der um das Mittelmeer zentrierten Welt teil und damit auch an deren partieller Loslösung und radikalen religiösen Umpolung, die sich mit dem Siegeszug des Islam ergab. Entscheidend war, daß es zu keiner Einschmelzung der Araber in die antik-mediterrane Kulturwelt kam, wie dies nördlich der Alpen bei den germanischen Völkern noch der Fall gewesen ist; es ging sogar das gesamte Südufer der Mittelmeerwelt samt den Heiligen Stätten der Christenheit an eine neue, militante Religion verloren, die eben nicht mehr »integrierbar« war, mochte sie auch bald nach der explosionsartigen Eroberungsphase viel vom wissenschaftlich-technischen Wissen und Können und wichtige zivilisatorische Standards des täglichen Lebens von der christlichen Spätantike übernommen haben. Das konsequente Festhalten an der islamischen Religion wie an der arabischen Sprache haben in jedem Fall diesen expandierenden, 711 auch auf Spanien und fast gleichzeitig auf Süditalien übergreifenden Kulturkreis gegen seine Zersetzung durch die unterworfene höhere Weltzivilisation der christlichen Spätantike gleichsam »imprägniert«.

Unter solchen Umständen fällt es schwer, eine Art von universalhistorischer »Gesamtrechnung« aufzustellen, denn

Gewinn wie Verlust ergeben sich je nach Standpunkt: Einerseits ging bis zum 8. Jahrhundert für die christliche Religion und Kultur etwa die Hälfte ihres Wirkungsbereichs an den Islam verloren, andererseits hat dieser herbe Verlust mittelbar zur Ausprägung einer eigenen, christlich-abendländischen Kultur mit neuen Schwerpunkten beigetragen. Dies könnte man jedenfalls als den haltbaren Kern der berühmten kulturhistorischen These von Henri Pirenne ansehen, wonach die zeitweise Störung der wirtschaftlich-kulturellen Verkehrsgemeinschaft des Mittelmeerraums durch die arabischen Invasionen den Aufstieg des Karolingerreiches wesentlich gefördert habe. Insgesamt brachte aber die islamisch-arabische Expansion nicht jenen radikalen Bruch, von dem man früher ausging.

Man hat für die schrittweise Entstehung des europäischen Kulturkreises als äußerste Grenzdaten die Zeit Konstantins des Großen (gest. 337) und Karls des Großen (gest. 814) angenommen, also eine Epoche von fast einem halben Jahrtausend, und kein Geringerer als Leopold von Ranke sah in der sich damals vollziehenden »Mischung von germanischen und romanischen Elementen« den entscheidenden Vorgang, auf dem »die ganze Entwicklung unserer Zustände bis auf die neueste Zeit« zurückzuführen sei und wodurch sich eben Europa als »eine Welt für sich« gebildet habe. Wenn Ranke auch die dritte Säule der europäischen Völkergemeinschaft, nämlich die slawische Welt, die seit dem Ende des 6. Jahrhunderts ein wesentlicher Faktor wurde, dabei außer acht gelassen hat, wird man doch mit ihm hier eine weltgeschichtlich bedeutsame Weggabelung sehen dürfen, die sowohl durch den Eintritt der germanischen Welt in den Kulturkreis des Imperium Romanum bewirkt wurde als auch durch die islamische Okkupation großer Teile desselben. Von einer Abkapselung der germanisch-romanischen, später der westslawischen Völker gegenüber ihrer Umwelt kann jedoch keine Rede sein. Das christliche Keltentum Irlands und Britanniens wirkte seit dem

6. Jahrhundert durch eine monastische Wanderbewegung in mehreren Wellen auf das fränkische Großreich nachhaltig ein, und auch die Verbindungen zu Byzanz, dem christlichen Ostreich, liefen trotz der Unterbrechung der Landverbindungen durch die slawische West- und Südwanderung weiter, vor allem in den byzantinisch verwalteten Teilen Italiens, aber auch an der Südostflanke des Frankenreichs. Den Vorstoß der islamischen Welt über die Pyrenäenhalbinsel hinaus nach Gallien konnte Karl Martell 732 und 738 erfolgreich stoppen, so daß schon seit dem 8. Jahrhundert eine gewisse Normalisierung der Beziehungen zur Omaijadenherrschaft im Reich von Córdoba eintrat, ein Zustand, der auch durch die erbitterte Feindschaft zwischen den Omaijaden und Abbasiden gefördert wurde. Dies und die erfolgreiche Regeneration des Byzantinischen Reiches unter der syrischen und der makedonischen Dynastie führte dann auch im Osten seit dem 8./9. Jahrhundert eine Art von politischem Gleichgewichtszustand zwischen der islamisch-arabischen Welt und dem karolingisch-päpstlichen Abendland und Byzanz herbei, wenn es auch weiterhin Krisenzonen gab. In diesem weit abgesteckten Rahmen konnte sich seit dem 5. Jahrhundert mit den germanischen Völkerwanderungen das fränkische Großreich entfalten, das später durch die energische Herrschaftsorganisation zweier Dynastien und die Gunst der historischen Situation zur Keimzelle der europäischen Völkergemeinschaft wurde. Daß auch der Zufall und das machtvolle Wirken großer Persönlichkeiten dabei eine Rolle spielten, sei jedoch nicht vergessen: etwa die Spaltung der siegreichen islamischen Welt oder die zentrierende politische Kraft Karls des Großen, der den neuen Großraum des späteren West- und Mitteleuropa politisch-kulturell neu organisierte.

Das fränkische Großreich

Der Beginn der fränkischen Geschichte auf gallisch-römischem Boden ist kaum spektakulär zu nennen, denn anders als bei Wandalen, Goten oder Langobarden war sie nicht mit großen Wanderzügen durch Europa verbunden. Schon hundert Jahre vor der eigentlichen Völkerwanderung kam es links des Rheins zu einer längeren provinzialrömisch-fränkischen Symbiose, die zweifellos den politischen Aufstieg Chlodwigs I. (gest. 511) erleichterte. Seine Reichsgründung, die er in zäher Auseinandersetzung mit dem germanischen Bündnissystem Theoderichs des Großen und unter brutaler Ausschaltung fränkischer Teilkönige zuwege brachte, erwies sich als dauerhaft: Die lange provinzialrömische Vorgeschichte der fränkischen Herrschaft in Gallien trug dazu ebenso bei wie die ständige, enge Rückverbindung mit dem germanischen Zentralraum östlich des Rheins, desgleichen aber auch die frühe und erfolgreiche Einbeziehung der katholischen Kirche in den fränkischen Staatsaufbau, ein Vorgang, den man ebensogut als Integration der Franken in die Kirche bezeichnen könnte.

Noch in die Zeit des Ausbaus der merowingischen Reichsherrschaft, vor allem in den Gebieten rechts des Rheins, fällt die Westbewegung der slawischen Stämme und ihr schrittweiser Eintritt sowohl in die griechisch-byzantinische Welt als auch in das östliche Vorfeld des Frankenreiches. Schon Ende des 6. Jahrhunderts kämpften die Bajuwaren im Südosten mit slawischen Verbänden, im frühen 7. Jahrhundert wurde das Samo-Reich, dessen Zentrum wohl in Böhmen lag, ein ernstzunehmender Gegner der Franken, und spätestens im 8. Jahrhundert baute sich im Vorfeld der fränkischen Großmacht von der Ostsee bis an die Donau, Save und Drau ein Gürtel slawischer Regionalherrschaften und Stammesbünde auf, die sowohl Objekte der Eroberung als auch der christlichen Mission wurden. Mit der slawischen Besiedlung Mittel- und Osteuropas, die auch für Byzanz nachhaltige Folgen hatte, war auf jeden Fall jene große ethnische Trias von Romanen, Germanen und Slawen entstanden, in deren Rahmen sich die fränkische wie später die deutsche Geschichte entfaltete. Letztere ist sogar in ganz besonderer Weise allen drei Großethnika verbunden: Während jedoch die lange Zugehörigkeit des linksrheinischen Deutschland und der Lande südlich der Donau zum Imperium Romanum durch erhaltene Großbauten und ein breitgefächertes Spektrum von Kulturtraditionen im allgemeinen Bewußtsein durchaus präsent geblieben ist, spielt die Tatsache, daß die slawische Siedlung einst bis vor die Tore Hamburgs und Nürnbergs reichte, bis heute nur eine untergeordnete oder gar keine Rolle im deutschen Kulturbewußtsein.

Die Kirche

Wichtigstes Medium dieses für die Entstehung Europas entscheidenden Akkulturationsvorgangs war dabei eine spätantike Institution, nämlich die christliche Kirche, die über den Umbruch der Völkerwanderungen hinweg ein effizientes kulturelles Kommunikationssystem ausbildete, ohne dessen Existenz Europa wohl nur ein schemenhaft-geographischer Begriff geblieben wäre. Dabei spielte auch eine Rolle, daß das allgemeine Kulturniveau in der Spätantike aus mannigfachen Gründen gesunken war und sich verändert hatte, was zweifellos die Verschmelzung mit der germanischen wie mit der slawischen Völkerwelt wesentlich erleichterte. Die Kirche wurde trotz regionaler Einbußen die umfassende Traditionsträgerin einer christlich-dogmatisch gefilterten, griechisch-römischen Antike, ihre Institutionen gaben ein gesichertes, wenn auch selektives Erbe an die neuen Völker weiter, die sich im zertrümmerten Gebäude des Imperium Romanum angesiedelt hatten. Mit Recht ist dabei betont worden, daß sich gerade im Bannkreis der Kirche wesentlich Neues entwickeln und der mittelalterlichen Welt weitergegeben werden konnte. Aus dem Schoße der Kirche, wenn auch des öfteren in kritischer Distanz zu ihr, ging das Mönchtum als kulturprägende Kraft diesseits wie jenseits der umstrittenen Epochengrenze zwischen Antike und Mittelalter hervor. Erinnert sei an den ersten Höhepunkt christlicher Literatur und Geschichtsschreibung bei Prudentius (gest. nach 405), Orosius (gest. nach 418), Boëthius (gest. 524) und Cassiodor (gest. um 590) und vor allem an die subtile psychologische Selbsterforschung eines Augustinus in seinen »Confessiones« – eine neue Art von Literatur. Vor allem die lateinische Bibelübersetzung des heiligen Hieronymus und seine Interpretationen der Heiligen Schrift sowie die Theologie Augustins öffnen gleichsam das Tor für das lateinische Mittelalter Europas. Desgleichen sei hingewiesen auf die Ausbildung von Basilika und Zentralbau als kultische Architektur, auf die christliche Mosaikkunst in Rom, Konstantinopel und Ravenna, ferner auf die Kodifizierung der römischen Rechtskultur unter den Kaisern Theodosius II. (408–450) und Justinian (527–565). Schließlich sei auch nicht vergessen, daß das neue kirchliche Latein und Griechisch, geschmeidigt durch die dogmatischen Auseinandersetzungen auf den spätantiken Reichskonzilien, nicht nur die sprachlichen Medien der Christianisierung der germanischen wie der slawischen Völker wurden, sondern auch die schriftliche Fixierung und Spiritualisierung der neuen Volkssprachen bewirkten.

Art und Intensität der gesellschaftlichen, politisch-institutionellen und kulturellen Kräfte im Übergang von der Spätantike zum Frühmittelalter sind seit A. Dopsch, H. Pirenne und M. Bloch vor allem im Zusammenhang einer lebhaften internationalen Diskussion über Kulturbruch oder Kulturkontinuität zwischen beiden Epochen erörtert worden, desgleichen das Problem der Periodengrenze zwischen Altertum und Mittelalter. Dabei ist zu beachten, daß sich mehr und mehr die Spätantike als durchaus eigenständige geschichtliche

Epoche erweist; desgleichen zeigt sich, daß man vom »Ende der Antike« – wenn überhaupt! – nur dann sprechen kann, wenn man die gravierenden Unterschiede in den einzelnen Großregionen berücksichtigt, die sowohl einen chronologischen als auch einen strukturgeschichtlich-kulturellen Aspekt haben. Das westgotische Spanien erlebte bis zum Beginn des 8. Jahrhunderts eine Nachblüte christlich-antiker Zivilisation. Dagegen ist Irland, das niemals Teil des Imperium Romanum gewesen ist, durch die frühe Mission des 5. Jahrhunderts, vor allem durch St. Patrick, dem spätantik-christlichen Kulturkreis erschlossen worden. Es erlebte zwischen dem 6. und 8. Jahrhundert seinen ersten kulturellen Höhepunkt: Auf der Grundlage einer noch durchwegs gentilen Gesellschaft entwickelte hier die Kirche und besonders das Mönchtum mit Hilfe christlich-spätantiker Traditionen eine neuartige Kultur, die in mannigfacher Weise Vorläuferin der agrarisch-grundherrschaftlichen Gesellschaft des Frühmittelalters auf dem Kontinent geworden ist. Eine Epochengrenze ist in diesem für die weitere kontinentale Geschichte so einflußreichen Land kaum feststellbar, eher kann man vom Kontinuum einer Randkultur der Alten Welt sprechen, die vor und nach dem Übergang zwischen Antike und Mittelalter von der Hochkultur der Anrainer des Mittelmeers beeinflußt worden ist wie zuvor das Keltentum insgesamt. Seit dem Ende des 6. Jahrhunderts wirkte die kirchliche Kultur Irlands prägend auf ganz Westeuropa. In Gallien verlor die Provence erst im 8. Jahrhundert endgültig ihre noch typisch spätantike Stadtverfassung, und zwar sowohl durch die islamischen Vorstöße nach Südfrankreich als auch durch die Wiedereroberungskriege Karl Martells (714–741). Jetzt erst wurde diese gallorömisch-spätantike Region, typologisch gesehen, ein Bestandteil des Frankenreiches. Mit anderen Worten: Das Problem der Periodengrenze zwischen Spätantike und Frühmittelalter stellt sich in jeder Region anders, ein »Einheitsdatum« zu postulieren, ist in sich widersinnig. Im Südosten des Merowingerreiches, wo bislang eine unmittelbare Verbindung zu Byzanz bestanden hatte, unterbrach erst die slawische Wanderung bis ans Ostufer der Adria im späten 6. und vor allem im 7. Jahrhundert die regionale Kommunikation zwischen Romanen und Griechen. Die politisch-herrschaftliche Neuorganisation Südosteuropas, die wie im Frankenreich mit einer Reagrarisierung in vielen Lebensbereichen verbunden war, zog sich jedoch noch über Jahrhunderte hin, desgleichen die Einschmelzung der alten romanisierten Bevölkerung in die mittelalterliche slawische Welt.

Überblickt man insgesamt den hier behandelten Zeitraum vom 3. bis zum Beginn des 8. Jahrhunderts – eine Epoche, die sich weitgehend mit dem Begriff *Spätantike* deckt, wie ihn neuerdings die Altphilologie definiert –, so drängt sich zu deren Charakterisierung vor allem der Begriff der *Transformation* auf, den die Historiker nach wie vor und mit guten Gründen in Spätantike und Frühmittelalter gliedern. Man kann sagen, daß kein Phänomen der ersteren ohne spezifische Umwandlung in die folgende Epoche übernommen worden ist. Kontinuität zwischen beiden Phasen bleibt sicher ein wesentliches Signum des gesamten Zeitraums, aber ebenso wichtig ist die Tatsache, daß die überkommenen Elemente antiker Kultur und Staatlichkeit umgewandelt, vielfach neu gedeutet, transformiert und an neue politisch-gesellschaftliche Verhältnisse angepaßt wurden. Das gilt in besonders hohem Maße, wie zu zeigen sein wird, für die Kirche als stabilste Lebens- und Organisationsform, die sich innerhalb des Imperium Romanum gebildet hatte und ein Grundmuster des mittelalterlichen Europa wurde und blieb. Man könnte pointiert vom »Spolien-Charakter« des antiken Erbes in der Welt des Mittelalters sprechen, denn diese antiken Elemente wurden jetzt in andere Lebens- und Bedeutungszusammenhänge eingebaut. Das gilt im materiellen wie im geistigen Sinne.

Was sich zwischen dem 3. und 8. Jahrhundert wandelte und blieb, waren gleichsam die oft noch disparaten Bauelemente, die sich erst im Laufe des Mittelalters zu einer weitgehend stimmigen Einheit zusammenfügten. Oder, um ein anderes Bild zu gebrauchen: Wie im Kaleidoskop die einzelnen Farben überraschend zum Bild zusammenschießen, so fügten sich Teile einer langen hochkulturellen Tradition in die neuen gesellschaftlichen und ethnischen Gegebenheiten ein: Es entstand die unverwechselbare Kultur des christlichen Mittelalters, von der auch das spätere Deutschland grundlegend geprägt worden ist. Dessen »Vorgeschichte« war untrennbar mit dem spätantiken und gallo-fränkischen Gesamterbe verbunden; ohne letzteres gäbe es keine deutsche Geschichte. Oder anders ausgedrückt: Alles, was in der Spätantike materiell und geistig entwickelt worden ist, bildete die unabdingbare Voraussetzung und Grundlage auch für jene Region Europas, die später Deutschland wurde. Insofern gehört die lange Vorgeschichte unlösbar zur deutschen Geschichte.

Dieser einleitende geschichtliche Rundblick bliebe unvollständig, wenn man die – allerdings schwankende – Bedeutung *Roms* auch für die Regionen nördlich der Alpen außer acht ließe. Das gilt selbst für die hier zu behandelnden Epochen, in denen die Rolle dieser historischen Hauptstadt der europäischen Welt als Kaiser- wie als Papstresidenz für die Frühgeschichte Deutschlands eher peripher erscheinen mag. Denn schon beim Hervortreten der späteren deutschen Stämme war Rom als militärischer Widerpart, als Okkupant westlich des Rheins und südlich der Donau auch kulturell prägend. Germanische Fürsten waren an der Einsetzung römischer Kaiser oder Gegenkaiser beteiligt, traten allerdings auch seit dem Gotenkönig Alarich als Plünderer Roms (411) in Erscheinung. Roms Stern als *caput mundi* begann allerdings schon früh zu sinken, nachdem Kaiser Konstantin der Große, der einst mit Hilfe germanischer Truppen in Köln und Trier als Caesar und später als Imperator mächtig geworden war, Rom verlassen hatte, um am Bosporus seine *Nova Roma* Konstantinopel zu erbauen. Zweifellos erlitt Rom damit einen sehr empfindlichen Macht-

und Prestigeverlust und konnte in der darauffolgenden Epoche leichter das Opfer germanischer Invasoren werden; doch blieb in der alten Metropole immer noch eine reiche und einflußreiche Senatorenaristokratie politisch am Ruder, der selbst noch der Gotenkönig Theoderich der Große (473–526) als »Vizekönig« des oströmischen Kaisers seine Referenz erwies. Auch für die gebildeten Christen wie den Kirchenvater Hieronymus blieb Rom *caput mundi*, wobei für ihn sowohl die kaiserliche Vergangenheit als auch der sakrosankte Ort zweier Apostelgräber im Vordergrund standen.

Aber auch die Plünderungskatastrophen scheint Rom mit Hilfe seines potenten Senatorenadels besser überstanden zu haben, als man bislang angenommen hat. Neueste kunsthistorische wie archäologische Untersuchungen bezeugen die erstaunliche Regenerationskraft des paganen wie des christlichen Rom im 5. und 6. Jahrhundert. Machtpolitisch gesehen geriet Rom seit Konstantins Weggang zweifellos in ein Vakuum, wie dies auch der Aufstieg der Kaiserresidenzen Mailand, Ravenna und Trier seit dem 4. Jahrhundert belegt. Aber gerade in der hoch gefährdeten Übergangsepoche zwischen dem 4. und 6. Jahrhundert wird Rom der große Kristallisationspunkt christlicher Hierarchie und Kultur im lateinischen Westen des zerbrechenden Imperium Romanum – eine Entwicklung, die etwa mit den großen Päpsten Damasus I. (366–384), Leo dem Großen (440–461) und Gregor dem Großen (590–604) markiert ist, die nicht zufällig alle aus der politischen Klasse der Metropole hervorgegangen sind. Gleichzeitig verfestigt sich der geistliche wie jurisdiktionelle Primatanspruch der Apostelstadt; dies wiederum geschieht in enger Verbindung mit einer schrittweisen politischen Umorientierung des Papsttums an die neue Machtkonstellation des Westens, die mit dem Frankenreich und dem Langobardenreich in Italien gegeben war. Die offiziellen Beziehungen zum Kaisertum in Byzanz werden zwar aufrechterhalten, und es gab auch immer wieder Anläufe zu einer kirchlichen

Einigung zwischen Konstantinopel und Rom, aber das Auseinanderdriften beider Reichsteile und ihres Kirchentums sollte sich als irreversibel erweisen.

Die wachsende Orientierung des päpstlichen Rom am Frankenreich als der neuen Großmacht des Westens, die sich mit Chlodwigs I. katholischer Taufe ergab, bot dann auch eine Plattform für die Regeneration der gallischen Kirche mit Unterstützung Roms. Chlodwig I. hatte kurz vor seinem Tod eine Votivkrone an den Papst schicken lassen; es war ein bedeutsames Zeichen kultischer Verbundenheit mit dem Patriarchat des Westens. Auch das Anwachsen römischer Heiligenkulte im Frankenreich signalisiert Roms zunehmenden geistlichen Einfluß, desgleichen die Wallfahrten zu den Apostelgräbern seit dem 7. Jahrhundert. Die Verbundenheit wirkte sich dann auch sehr konkret unter Papst Gregor dem Großen aus, der mit Unterstützung der fränkischen Kirche die Mission der Angelsachsen planmäßig ins Werk setzte. In einem auch providentiell deutbaren Prozeß von *self-fulfilling prophecy* verstärkte sich die Anbindung der fränkischen Kirche an Rom mit Hilfe der »romverbundenen« angelsächsischen Landeskirche. Ihr entstammten die großen angelsächsischen Missionare Willibrord (657/58–739) und Winfrid-Bonifatius (672/75–754), wobei letzterer als »Apostel der Deutschen« in das Geschichtsbewußtsein einging. Pointiert gesagt: Rom, einst die starke Militärmacht an Rhein und Donau, kehrte verwandelt in geistlichem Gewande durch die Mission als Kulturmacht zurück.

Raum und Natur Mitteleuropas als Schauplatz deutscher Geschichte

Der mitteleuropäische Großraum, in dem sich die Geschichte des mittelalterlichen Deutschland entfaltete und in dessen Grenzen nacheinander wie miteinander die drei Ethnika Romanen, Germanen und Slawen auf einem nicht leicht zu bestimenden keltischen Substrat ihre Geschichte gestalteten, hatte auch naturräumliche Voraussetzungen, die den historischen Prozeß beeinflußten. Weit davon entfernt, einem geographischen Determinismus das Wort zu reden, stellen die sechs naturgeographischen Regionen Mitteleuropas doch gewisse Rahmenbedingungen dar, die für den Gang der Geschichte unmittelbar oder mittelbar relevant wurden.

Es sind dies das Küstenland, das nördliche Tiefland, die Mittelgebirgszone, in die sowohl die niederrheinische und die westfälische Bucht als auch die Leipziger und die schlesischen Tieflandsbuchten von Norden eindringen; ferner das süddeutsche Stufenland (Schwäbisch-Fränkisches Schichtstufenland), das Alpenvorland und schließlich die Alpenregion selbst. Wenn auch in diese größeren Räume naturräumliche Einheiten geringeren Umfangs eingebettet sind, die, wie etwa die großen Ströme Rhein, Elbe und Donau, diese klare Nord-Süd-Gliederung durchbrechen und ihr eigenes geographisches und klimatisches Umfeld ausformen, so bilden die ersteren dennoch durch Klima, Böden und Vegetation jeweils besondere Voraussetzungen für die menschliche Besiedlung wie auch für Wirtschaft und Verkehr; ob diese genutzt werden bzw. in welcher Weise, ist dann allerdings von anderen, nämlich menschlichen Faktoren abhängig.

Schon seit der Steinzeit waren neben den offenen Seeufern etwa des Bodensees die nur locker mit Bäumen und Sträuchern bewachsenen Grasländereien auf trockenen Kalk-, Löß- und Sandböden für den Menschen geeignet, auf denen Jagd und Weide möglich wurden. Allerdings ist damit zu rechnen, daß große Waldgebiete schon früh durch Viehverbiß Heideland wurden. Besonders galt dies für Teile des süddeutschen Stufenlandes sowie Hessens, Thüringens, für den Bördengürtel am Fuße der Mittelgebirge, für Gebiete Schlesiens, die Kalkmulden der Eifel und des Sauerlandes sowie für viele sandige Geestböden Norddeutschlands.

Zweifellos waren schon in prähistorischer Zeit die umwälzenden geologischen Prozesse, die auch der Erdoberfläche Mitteleuropas ihre Gestalt gaben, im wesentlichen abgeschlossen, und nur die Küstenlinie vor allem der Nordsee erfuhr noch markante Veränderungen. Dennoch wurde eine vorwiegend auf Ackerbau und Weidewirtschaft angewiesene Bevölkerung auch in historischer Zeit zum einen von Klimaschwankungen nachhaltig beeinflußt; zum anderen veränderte sie auch selbst durch starke Verringerung des Waldbestandes, Viehverbiß, Flußregulierungen und Deichbauten am Meer die Naturlandschaft.

Eine Dominante für das Klima Deutschlands ist seine Lage zwischen einer Westwindzone mit starken Niederschlägen einerseits und Hochdrucklagen mit Ostwinden andererseits, die Trockenheit bringen und im Sommer zu Hitze, im Winter zu starken Kälteeinbrüchen führen, von denen besonders der Osten Deutschlands betroffen ist. Während die höheren Mittelgebirge neben den Alpen ab 800 Meter Meereshöhe meist längere Zeit eine Schneedecke tragen, durchbricht der warme Oberrheingraben als klimatischer Sonderbereich die deutlich erkennbare Nordsüdschichtung der Klimazonen Deutschlands; ähnliches gilt für die Weinbaugebiete an Mittelrhein,

Main, Mosel und Donau. Die sich urplötzlich einstellenden Föhnlagen am Alpenrand modifizieren ebenfalls die jeweiligen Großwetterlagen.

Für die Änderung der Vegetation und der allgemeinen Lebensbedingungen sind klimatische, d.h. vom Menschen unabhängige Faktoren nur teilweise verantwortlich. Ein Zusammenhang zwischen einer Polschmelze in den ersten nachchristlichen Jahrhunderten einerseits und dem Anstieg des Mittelmeers um etwa zwei Meter ist aber wohl erwiesen; desgleichen dürften die frühmittelalterlichen Meeresüberschwemmungen besonders im Nordseegebiet durch eine allgemeine Erwärmung verursacht worden sein. Phasen mit sehr warmen trockenen Sommern und kalten Wintern, also eher kontinentales Klima, wurden für die Epochen zwischen 300 und 500 und zwischen 700 und 800 ermittelt.

Zu den vom Menschen verursachten (anthropogenen) Veränderungen der Landschaft gehören sowohl die großen Flußregulierungen, die am Rheindelta schon in der Römerzeit einsetzten *(Fossa Drusiana)*, wie auch Anfänge des Deichbaus (Ringdeiche), welche durch das gesteigerte Hereindrängen des Meeres zwischen 150/250 und 700 notwendig wurden. Desgleichen kam es in diesem Zeitraum im Küstengebiet zur Anlage von künstlichen Wohnhügeln (Wurten), auf denen ganze Dörfer Platz hatten.

Die Frage, ob es in der Landbautechnik und den Flurformen grundlegende Unterschiede zwischen der *Germania romana* und der *Germania libera* gab, wie nach der hochentwikkelten römischen Agrartechnik anzunehmen naheliegt, kann noch nicht endgültig geklärt werden; das gilt auch für das Problem der Fortdauer solcher Unterschiede im Frühmittelalter, wie aus der Kontinuität römischer Flurformen und Ackermaße zu vermuten ist. Fragen dieser Art sind nur in enger Verbindung von Archäologie und Mediävistik zu lösen, wofür es nunmehr wegweisende Regionalstudien (Feddersen Wierde bei Bremerhaven, Archsum auf Sylt, Flögeln-Eekhöltjen bei Cuxhaven) gibt, die den Gesamtzusammenhang von Siedlungskontinuität, Fortdauer oder Unterbrechung der Verkehrswege sowie Beginn und Lage frühmittelalterlicher Befestigungen zur Sicherung politischer Herrschaft in einem Raum analysieren. Die frühere Annahme jedenfalls, daß es einen kausalen Zusammenhang zwischen den unregelmäßigen Flurformen des Altsiedellandes und dem Haufendorf mit Gewannflur gibt, läßt sich in dieser Ausschließlichkeit nicht mehr halten. Die Gewannflur ist vielmehr das Ergebnis langer und in den einzelnen Landschaften sehr verschiedenartiger Entwicklungen.

Zum anthropogenen Wandel der Naturlandschaft Mitteleuropas gehört auch die Schrumpfung des Waldes durch intensive Waldweide. Für manche Landschaften nimmt man einen Rückgang des Baumbestandes um ein Drittel an, doch ist es im einzelnen schwierig, zwischen Waldweide und Rodungstätigkeit als den beiden Hauptursachen der Reduktion des Waldes zu unterscheiden. Art und Ausmaß der Ernährungsmöglichkeiten hingen von beiden Faktoren ab, ebenso aber von Jagd und Fischfang. Ein zentrales Problem des kulturräumlichen Wandels ist die Frage, ob wir mit den germanischen Einbrüchen über den Limes hinweg mit einem generellen und einschneidenden Siedlungsrückgang und nachfolgender Verwaldung der verlassenen Gebiete wie der eroberten Regionen zu rechnen haben. Zum einen ist festzuhalten, daß schon seit dem Ende des 2. Jahrhunderts, d.h. vor den großen germanischen Invasionen, die römische Besiedlung an Rhein und Donau rückläufig ist, ein Vorgang, der sich im 3. Jahrhundert merklich verstärkt; zum anderen lassen sich gravierende Unterschiede hinsichtlich der Kontinuität der Besiedlung oder deren Reduktion und Abbruch für einzelne Regionen feststellen. Allgemein läßt sich aber sagen, daß am Mittel- und Niederrhein im Verlauf des 5. Jahrhunderts die ländliche, auf der antiken Wirtschaftsform der *villa rustica* beruhende Besiedlung ihr Ende gefunden hat; erst Generationen später setzte nach Ausweis der Gräberfelder die fränkische Besiedlung ein. Es kam zu Verwaldungen, die erst seit dem 7. Jahrhundert rückläufig wurden. Städtische Siedlungskerne blieben hingegen in größerer Zahl erhalten, von denen wohl auch die ländliche Besiedlung wieder ausgegangen sein dürfte. Der Saar-Moselraum mit den Argonnen im Westen, den Ardennen und der Südeifel im Norden, dem Hochwald und dem Pfälzer Bergland im Osten und den Vogesen im Süden – ein Raum, der sich ungefähr mit der römischen Provinz *Belgica Prima* deckt – fällt aus dem chronologischen Schema insofern heraus, als er mit der spätantiken Kaiserstadt Trier im Zentrum eine Blütezeit bis ans Ende des 4. Jahrhunderts erlebte. – Für die Vorderpfalz am Mittelrhein hat sich ergeben, daß im 3. Jahrhundert nur etwa ein Drittel der Siedlungen verlassen und daß zahlreiche Gräberfelder kontinuierlich weiterbelegt wurden, die gallorömische Bevölkerung also auch auf dem Lande fortlebte.

Da Franken und Alamannen sowie andere germanische Völker, verglichen mit der einheimischen Bevölkerung, in relativ geringer Zahl die ehemals römischen Gebiete besetzten, reichten die reduzierten Agrarflächen für die Neuankömmlinge vorläufig aus. Erst der neuerliche Bevölkerungsanstieg seit dem 7. Jahrhundert machte dann Rodung und damit die Reagrarisierung der aufgegebenen gallorömischen Siedlungszonen erforderlich. Die schon seit der Spätantike feststellbare Verwaldung weniger siedlungsgünstiger Regionen findet sich in Frankreich ebenso wie in der *Germania romana* West- und Süddeutschlands, wobei sich oft herausstellt, daß »die ältesten Siedlungsräume als kulturlandschaftliche Kernräume dem frühesten und stärksten Wandel unterliegen«. Die in den letzten Jahrzehnten stark intensivierte Wüstungsforschung hat unsere Kenntnisse vom Wandel der Kulturlandschaft ebenfalls wesentlich erweitert, wobei sich zeigte, daß Wüstungen nicht nur im Spätmittelalter auftraten, sondern auch in früheren Perioden, und daß für ihre Entstehung neben Klimaänderungen noch andere Faktoren verantwortlich waren, vor allem anthropogene. Auch wenn man nach dem Forschungsstand einen generellen Rückgang von Siedlung und Bevölkerung seit dem 3. Jahrhundert n. Chr. für gesichert hält, darf nicht übersehen werden, daß die Fortdauer römischer Getreidesorten und Agrarstrukturen sowie insgesamt von Siedlung und Verkehrswegen an Rhein und Donau auch auf die Kontinuität einer agrarischen Bevölkerung verweist. Pollenanalytische Untersuchungen in Südbayern bestätigen einerseits eine Schrumpfung der Anbaufläche nach dem Abzug der Römer, andererseits aber auch die Kontinuität des Ackerbaus von der Eisenzeit bis ins frühe Mittelalter. Vor allem in der Nähe weiter benutzter Römerstraßen scheinen sich antike Flursysteme erhalten zu haben.

Das Weiterbestehen des Weinbaus an Mosel, Rhein und Donau und der Almwirtschaft im Alpengebiet spricht zwar für Elemente ländlicher Siedlungskontinuität, jedoch darf darüber das Ausmaß des Bruchs nicht unterschätzt werden. Fest steht aber, daß seit dem 7. Jahrhundert zwischen Rhein und Elbe eine Intensivierung der Besiedlung einsetzte, nämlich als erstes Anzeichen von Rodung im Zuge des beginnenden frühmittelalterlichen Landesausbaus, der wiederum mit der Ausbildung der arbeitsteiligen königlichen, adeligen und kirchlichen Grundherrschaft zusammenhängt.

Man muß dabei allerdings jene Phasenverschiebung in Rechnung stellen, die mit der von Westen nach Osten bzw. von Süden nach Norden verlaufenden Akkulturation zusammenhängt. Die alten römischen Zentren an Rhein und Donau förderten doch, so rudimentär sie in manchen Regionen auch gewesen sein mögen, eine frühere und deutlichere Differenzierung der Siedlungsstrukturen als in der ehemaligen *Germania libera*, die man auch als *Germania barbarica* bezeichnet. Der Unterschied zwischen einer typischen, römisch geprägten Altsiedellandschaft wie dem Mittelrheingebiet und germanisch bzw. später westslawisch besiedelten Landschaften wie dem Fritzlar-Waberner Becken oder Thüringen veranschaulicht dies und läßt zugleich erkennen, daß sich auch relativ spärliche Reste römischer Kontinuität innovativ bei der Entfaltung der frühmittelalterlichen Kulturlandschaft auswirken konnten.

Was die allgemeine Bevölkerungsentwicklung zwischen dem 4. und 8. Jahrhundert anbelangt, so nimmt man für Westrom einen stärkeren Rückgang in der Spätantike an als für den Osten. Pestperioden gab es zwischen 542 und 750 und dementsprechend einen Bevölkerungsrückgang zwischen 25 % und 50 %. Für Männer hat man in diesem Zeitraum eine Lebenserwartung von 25 Jahren errechnet, für Frauen 23 Jahre. Dabei ist jedoch zu bedenken, daß diese niedrige Lebenserwartung statistisch auch von der hohen Kindersterblichkeit abhängig ist. Zahlenangaben für Bevölkerungen sind immer noch problematisch. Während man um 300 für Frankreich und Deutschland (einschließlich Skandinavien) 8,5 Millionen Menschen annimmt, scheint um 600 ein Tiefpunkt von etwa 5,1 Millionen erreicht gewesen zu sein, dem bis 750 ein Neuanstieg der Bevölkerung folgte, die bis zum Jahr 1000 im selben Bereich auf 10 Millionen angewachsen sein dürfte. Aber auch in diesem Fall ist Vorsicht gegenüber Generalisierungen am Platze, da es große regionale Unterschiede gibt. Untersuchungen an rechtsrheinischen Friedhöfen zeigen, daß dort einerseits schon im 7. Jahrhundert eine Bevölkerungsvermehrung und damit eine erste Landesausbauphase einsetzte, wobei sich gleichzeitig eine Oberschicht mit ihren Gräbern vom früher gemeinsamen Gräberfeld absonderte oder gar nach dem Vorbild der Königsfamilie sich eigene Grabkirchen erbaute. Bevölkerungszunahme und soziale Differenzierung gehen somit Hand in Hand.

Hinsichtlich des Klimas scheint die Epoche zwischen dem 7. und 10. Jahrhundert günstig und relativ konstant gewesen zu sein. Die natur- und kulturräumliche Gliederung Mitteleuropas und seiner benachbarten Regionen spiegelt sich auch in der Nahrung wider. Deren Beschaffenheit hängt sowohl von natürlichen, geologischen wie klimatischen Bedingungen ab als auch von anthropogenen Faktoren. Fleisch, Milch und Käse werden schon von Julius Caesar als Hauptnahrungsmittel der Germanen erwähnt; Tacitus führt überdies wildes Obst an. Das Schwein, schon in keltischer Zeit für die Ernährung wichtig, spielt in der germanischen Welt neben dem Wildbret eine große Rolle und taucht sogar in der Mythologie auf. In den Urbaren frühmittelalterlicher Grundherrschaften war die Eichelmast ein wichtiger Faktor; die Zahl der gemästeten Schweine ersetzte dabei oft die Flächenmaße für Wald.

In der mediterranen Welt, wo der Weizenanbau, Ölbäume, Gemüse und Wein, also ausgesprochene Kulturpflanzen, überwogen, findet sich eine, auch klimatisch bedingte, unterschiedliche, vorherrschend vegetarische Ernährung, die durch Fisch, Geflügel, Fleisch von Kleintieren und Schafen, vor allem für die Oberschicht, ergänzt wurde. Der Getreideanbau spielte in Nordeuropa im Vergleich zur Mittelmeerwelt eine geringere Rolle; Gerste und Weizen standen dabei im Vordergrund. Roggen trat relativ spät auf und wurde vor allem für *cerevisia*, ein bierähnliches alkoholisches Getränk ohne Hopfen, verwendet, das auch kultischen Zwecken diente. In der griechisch-römischen Zivilisation galt der übermäßige Fleischgenuß und besonders der Verzehr rohen Fleisches als typisch barbarisch. Die jahrhundertelange Nachbarschaft von Kelten und Germanen mit der römischen Welt führte schon bald zur Nachahmung römischer Agrartechniken und -produkte, wohingegen die Viehzucht des Nordens relativ autochthonen Charakter hatte. Insgesamt zeichnete sich eine Intensivierung der Übernahmen aus der römischen Welt ab. Hier kam der christlichen Mission seit dem 6./7. Jahrhundert eine wesentliche Rolle zu, denn Brot, Öl und Wein hatten hier auch sakramentale und liturgische Bedeutung; ebenso erfolgte eine Intensivierung der Fischzucht, da Fisch Fastenspeise war. All dies führte zu einer schrittweisen Durchdringung der Nahrungssysteme: Der Weinstock und der Weizenanbau drangen trotz klimatischer Hemmschwellen weit nach Norden vor, desgleichen kultivierte Formen von Obst und Gemüse, während die Kultur des Olivenbaums diese Nordbewegung nicht mitvollziehen konnte; sie war allzusehr auf die Temperaturen des Mittelmeerraums angewiesen.

Schließlich soll nicht unerwähnt bleiben, daß bis ins 19. Jahrhundert auch in Europa, wie in anderen Kulturen, die Nahrungsdecke grundsätzlich zu knapp und daher Hungersnot, wenn auch nach Zeit und Region wechselnd, ein Dauerphänomen gewesen ist. Infolge des zu geringen Verkehrsaufkommens war es kaum möglich, den Nahrungsmangel durch Massenimporte zu beheben; auch im günstigsten Falle konnte sich nur eine gehobene Schicht durch Zukauf eingeführter Lebensmittel behelfen. Kein Wunder, daß selbst im christlichen Europa immer wieder Kannibalismus auftrat. Schon im 5./6. Jahrhundert sind bei rückläufiger Bevölkerung im Frankenreich Hungersnöte bezeugt; erst seit dem 7. Jahrhundert kommt es wieder zu einer Vergrößerung der Anbauflächen und damit zu einer schrittweisen Verbesserung der Ernährungslage.

Das Präludium der keltischen Welt

Von der Prähistorie zur Geschichte

Da für die steinzeitlichen Frühkulturen Europas nur mittelbare Zusammenhänge mit der Kulturentwicklung in historischer Zeit zu ermitteln sind, ist die keltische Zivilisation, eine Hochkultur ohne Schrift, die erste, die nachhaltige Spuren hinterlassen und mit ihrem irisch-britischen Zweig sowohl die mittelalterliche Welt dauerhaft geprägt als auch im Inselkeltischen Elemente ihrer Sprache bewahrt hat.

Seit dem 7./6. vorchristlichen Jahrhundert sind keltische Völker als Teile der indogermanischen-indoeuropäischen Sprachfamilie nachweisbar. Ihr Kernraum umfaßte Ostfrankreich, West- und Süddeutschland, Teile Mitteldeutschlands sowie Böhmen; hier bildete sich keltische Sprachen aus, deren Spuren noch in Orts- und Gewässernamen zu finden sind. Viele Stammesnamen haben uns antike Quellen überliefert, besonders detailliert Julius Caesar in seinem »Gallischen Krieg«: über die Helvetier etwa, die sich von Südwestdeutschland in die Nord- und Mittelschweiz verlagerten, und – westlich von ihnen, jenseits des Schweizer Jura – über die Sequaner in der späteren Franche-Comté. Nordwestlich von ihnen siedelten die Lingonen und vor allem die politisch bedeutenden Haeduer, deren Zentrum Bibracte (Mont Beuvray) war. Im Nordosten waren im Flußgebiet der Seine die Senonen ansässig, an Mosel und Saar die mächtigen Treverer, nordwestlich von ihnen die Belger. Zwischen Alpen und Donau siedelten die

Räter und Vindeliker, in Böhmen, südlich wohl bis an die Donau reichend, die Boier, deren Namen dem Land wohl geblieben ist.

Man nimmt an, daß sich eine keltische Gemeinsprache schon geraume Zeit vor Beginn der Latènekultur gebildet hat, d.h. ab dem 8. Jahrhundert vor unserer Zeitrechnung etwa gleichzeitig mit dem Beginn der Hallstattkultur. Archäologisch erkennbare und einschneidende strukturelle Veränderungen deuten darauf hin, daß sich das frühe Keltentum erst in der Spätstufe der Hallstattkultur ausgebildet hat. Mit Sicherheit läßt es sich in der erwähnten Latènekultur fassen. Obwohl lange umstritten, ist nunmehr von einem Nacheinander der Späthallstatt- und der Frühlatènezeit auszugehen; dies wird an der Hunsrück-Eifelkultur deutlich, die eine eigenständige Kultur innerhalb des Hallstatt- und Latène-Verbandes darstellt. Der generelle Wandel zur spezifisch keltischen Latènekultur vollzog sich in dem Großraum zwischen Pariser Becken und Burgund im Westen und Böhmen sowie dem weiteren Voralpenraum (Salzach-Gebiet) im Osten. Neben die archäologischen Quellen treten erste Nachrichten antiker Autoren über keltische Völker. Seit Hekataios von Milet (560/50–480 v. Chr.), Herodot (484 – nach 430 v. Chr.), Polybios (200–120 v. Chr.), Livius (59 v. Chr. – 17 n. Chr.) und vor allem seit Julius Caesars »Gallischem Krieg« (geschrieben 58–50 v. Chr.) haben wir eine beträchtliche Anzahl zeitgenössischer Berichte.

Gesellschaft und Kultur

In Mitteleuropa, also im späteren französisch-deutschen Sprachraum, entwickelte sich gegen Ende des 6. vorchristlichen Jahrhunderts eine keltische Herrenschicht, deren auffallender Prunk und Reichtum sich in monumentalen »Fürstengräbern« dokumentiert. Man bringt diese Herrenkultur mit Einflüssen pontisch-eurasischer Reitervölker in Verbindung, von denen die keltische Oberschicht spezielle Pferdegeschirre und die Gewohnheit, Hosen zu tragen, übernommen hat. Fürstliche Hügelgräber dieser Art, in denen sich neben Goldgeschirr und Goldschmuck, einer Spezialität keltischen Handwerks, auch Prunkwagen finden, gibt es in Mähren sowie in Südwestdeutschland. Besonders gut ist in Süddeutschland die Heuneburg an der oberen Donau mit ihren weitreichenden wirtschaftlichen wie kulturellen Verbindungen erforscht.

Die für eine unter mehreren Befestigungsphasen der Heuneburg charakteristische, griechisch-mediterrane Bauweise der betürmten Umwallung (4.–3. Jahrhundert v. Chr.), die aus luftgetrockneten Lehmziegeln besteht, war nördlich der Alpen eher eine Ausnahme. Ihre beherrschende Lage über dem Donautal, d. h. ihr Akropolis-Charakter mit vorgelagerter Außensiedlung, zeigt ebenso kulturelle Verbindungen zur Mittelmeerwelt an wie die Funde schwarzfiguriger griechischer Keramik, von Amphoren und Schnabelkannen; gleiches gilt für die Kostbarkeiten etruskischer, griechischer oder gar phönizischer Herkunft. Mediterrane Einflüsse lassen sich auch für andere »Herrensitze« und »Fürstengräber« nachweisen. Es dürfte sich dabei vornehmlich um Beutestücke oder Geschenke handeln, erst in zweiter Linie um Handelsgut. »Import« waren wohl die rhodischen Bronzekannen in den Fürstengräbern von Vilsingen und Kappel (6. Jahrhundert v. Chr.). Der Bronzekrater von Vix bei Châtillon-sur-Seine etwa, ein Gefäß von 164 cm Höhe, eine qualitativ hochwertige großgriechische Arbeit, die aus einem prunkvoll ausgestatteten Frauengrab stammt, dokumentiert die Intensität des griechischen Einflusses. Mediterranen »Import« im weiteren Sinne bezeugt auch das Grab von Kappel nahe dem Burgberg von Breisach. Der Reichtum keltischer Grabinventare erhellt auch aus den wertvollen Beigaben des 1977 entdeckten Tumulus von Hochdorf beim Oppidum Hohenasperg (ca. 540 v. Chr.), dessen Grabkammer mit 50 Tonnen Steinen überwölbt wurde und wohl deshalb von Grabräubern verschont blieb, sowie aus dem erst 1994 gefundenen reichen Grabkult am Glauberg am Rande der Wetterau. Glauberg war nach dem Stand der archäologischen Forschung der bislang nördlichste Punkt keltischer Expansion östlich des Rheins.

Während des 5. Jahrhunderts v. Chr. brechen im südwestdeutschen Raum die Herrensitze mit reich ausgestatteten Grablegen ab; die Gründe hierfür sind noch nicht geklärt. Dafür bilden sich an Mittelrhein und Mosel sowie in der Champagne in der anschließenden Frühlatènezeit ähnlich strukturierte Verhältnisse aus. Es kommt hier seit der späten Hallstattzeit bzw. in der synchronen Phase der Hunsrück-Eifelkultur zu einer deutlichen sozialen Differenzierung. Gräber mit vierrädrigen Wagen finden sich in diesem Bereich, die jedoch bei weitem nicht den Prunk der gleichzeitigen östlichen Grablegen erreichen. Erst seit der Mitte des 5. Jahrhunderts treten auch hier überdurchschnittlich reich ausgestattete Gräber unter großen Hügeln auf. Vielfach liegen sie in der Nähe von Befestigungsanlagen, die aber offensichtlich nicht als ständige Wohnsitze dieser Herren dienten. Statt der vierrädrigen Prunkwagen gelangen jetzt zweirädrige Streitwagen in die Bestattungen. Rotfigurige griechische Keramik und vor allem griechisches und etrurisches Bronzegeschirr bezeugen die Fortdauer der mediterranen Beziehungen. Völlig neu ist aber die im Kunsthandwerk deutlich werdende Fähigkeit, diese südlichen Anregungen zu verarbeiten und schöpferisch umzusetzen. Der Frühlatènestil darf als erste genuin keltische Kulturerscheinung angesehen werden, und ihre offensichtlich rasche Ausbreitung im gesamten Bereich des Hallstatt-Latène-Kulturverbandes ist Anzeichen für eine Konsolidierung des Keltentums insgesamt.

In der Folgezeit kommt es zu einer auffälligen Änderung der Bestattungsformen: Es treten Flachgräber auf, gleichzeitig ist ein Rückgang der Besiedlung erkennbar. Dieser war wohl eine Konsequenz der großen Wanderbewegungen nach der unteren Donau und nach Italien. Die Abwanderung läßt sich zunächst in Ostfrankreich, Südwestdeutschland und Südbayern feststellen. Im Rhein-Moselgebiet, einem Kernraum der Latènekultur, setzt sie erst im frühen 3. Jahrhundert v. Chr. ein. Jedenfalls sieht man für diese Epoche einen ursächlichen Zusammenhang zwischen dem Aufhören der reichen frühkeltischen Fürstengräber, dem Einsetzen der Flachgräber und der Ausbildung eines eher bäuerlichen Kriegertums (»Bauernrevolution«) einerseits und dem Beginn der großen keltischen Wanderzüge andererseits. Auch von Überbevölkerung als Ursache der Süd- und Südostwanderung ist schon bei Livius die Rede, obwohl sich dies archäologisch schwer nachweisen läßt.

Für die Geschichte der Kelten insgesamt erwies es sich als folgenschwer, daß ihre Expansion seit dem 4. und vor allem seit dem 3. vorchristlichen Jahrhundert im Westen bis Spanien und Britannien, im Süden bis Ober- und Mittelitalien und im Südosten seit etwa 300 v. Chr. donauabwärts auf den Balkan bis zum Schwarzen Meer führte. Im Donauraum selbst und südlich davon tauchten im 3. vorchristlichen Jahrhundert die Taurisker und ebenso die Skordisker auf, die Singidunum, das heutige Belgrad, gründeten. In demselben Raum sind auch Teile des aus Böhmen-Mähren kommenden Boier-Volkes bezeugt. Letzteres kämpfte in Oberitalien gegen die Etrusker. Keltische Verbände vernichteten 387 v. Chr. vor Rom an der Allia ein Heer, sie eroberten auch die Stadt – bis auf das Kapitol – und zogen erst nach Zahlung eines großen Goldtributs wieder ab. Kelten gelangten sogar bis Zentralanatolien; dort entstand um 278 v. Chr. um Ankara das Galaterreich. Es kam aber zu keinem dauerhaften Durchbruch in die Zentren der mittelmeerischen Hochkulturen: Wie Rom blieb auch Delphi nur vorübergehender Grenzpunkt jener gewaltigen kriegerischen Vorstöße, die wohl von innerkeltischen gesellschaftlichen Krisen und Wandlungen vor allem des 4. vorchristlichen Jahrhunderts ausgelöst worden sind.

Nach der römischen Eroberung der Poebene und Mailands seit 225/222 v. Chr. und der Niederlage Hannibals im Zweiten Punischen Krieg (218–216), von der auch die mit ihm verbündeten Kelten betroffen waren, verloren letztere ihre Selbständigkeit in ganz Oberitalien. Teilweise wichen sie nach Nordosten aus, in der Hauptsache jedoch vollzog sich ihre vollständige Assimilation in die norditalische Kultur erst unter römischer Herrschaft.

Die keltische Stadtzivilisation

In den alten mitteleuropäischen Kernräumen entwickelte das Keltentum seit dem 2. vorchristlichen Jahrhundert andere, stärker von der mediterranen Stadtzivilisation geprägte gesellschaftliche und kulturelle Formen, die sich in einem neuartigen Siedlungsbild widerspiegeln. Es ist die Oppida-Kultur, wie sie Julius Caesar ausführlich beschreibt.

Diese Oppida, allen voran Manching oder der Glauberg, waren befestigte Plätze von oft riesigen Dimensionen, in denen es Handwerk und Gewerbe in einer bislang unbekannten Konzentration gab. Keltische Zentren dieser Art finden sich oft als Höhensiedlungen, den Griechenstädten mit herrschaftlicher Akropolis (Oberstadt) vergleichbar. Sie hatten steinerne Mauern mit militärtechnisch hervorragend abgesicherten, komplizierten Toreingängen; ein klarer Bebauungsplan mit Zisternen und Speichern ist erkennbar. Das mittelmeerische Vorbild wird dabei deutlich, die straff herrschaftliche Sozialstruktur hat Julius Caesar mit dem geschärften Blick des Politikers für Macht und Abhängigkeitsverhältnisse sehr genau geschildert.

Die Verbreitung dieser großräumigen Siedlungen, die gleichzeitig politische Mittelpunkte waren, läßt sich vor allem für Frankreich, für Südwest- bzw. Süddeutschland und Böhmen feststellen, während sich in Mitteldeutschland eher die älteren keltischen Siedlungsformen fortsetzten. Umstritten ist, ob die keltische Oppida-Kultur, die von Frankreich bis Ungarn reichte, aber sehr verschiedenartige Ausprägungen ihrer präurbanen Zentren hatte, eine Reaktion auf die zwischen 125 und 118 v. Chr. erfolgte Einrichtung der römischen *Provincia Gallia Narbonensis* im Rhône-Raum gewesen ist oder eine fortifikatorische Antwort auf die ersten großen Einfälle der Kimbern und Teutonen (113–101 v. Chr.) oder aber, was wohl am wahrscheinlichsten sein dürfte, ein genereller Akkulturationsvorgang unter Einfluß der Mittelmeerwelt. Archäologisch lassen sich nicht nur weiträumige Handelsbeziehungen der Oppida nachweisen, sondern auch stark arbeitsteilige Gewerbe: besonders Eisenverhüttung und -verarbeitung, Goldgewinnung, Münzprägung, Serienherstellung von Keramik auf der Töpferscheibe, Bronzeguß, Kunsthandwerk und Herstellung von Trachtzubehör. Vor allem die Goldschmiedekunst erreichte ein erstaunliches künstlerisches Niveau; es hält in manchen Bereichen dem Vergleich mit Arbeiten der antiken Hochkultur durchaus stand.

Sozialstrukturell erinnern die keltischen Oppida eher an frühmittelalterliche als an klassisch-antike Verhältnisse. Zwei Stände heben sich durch Macht und Reichtum deutlich vom Gros der relativ ärmlichen Bevölkerung ab: die Druiden als kultische Gemeinschaft und die Ritter *(equites)*. Beide rekrutierten sich aus wenigen vornehmen Familien und bildeten die Oligarchie des jeweiligen Gemeinwesens. Sie konnte sich auf eine breite Klientel stützen. Kult wurde auch hier, wie vielerorts, der »Kitt archaischer Staatlichkeit«. Stätten des Kultes waren vielerorts die keltischen Viereckschanzen, deren Deutung allerdings weiterhin umstritten ist.

Wenn durch Julius Caesars genaue Berichterstattung die gallischen Oppida wie Alesia (Alise-Sainte Reine), Vesontio (Besançon), Bibracte (Mt. Beuvray) bei Autun und Avaricum (Bourges) im vollen Licht historischer Überlieferung stehen, finden sich doch auch im späteren deutschen Sprachraum bedeutende Zentren präurbaner keltischer Zivilisation. So etwa der »Hunnenring« bei Otzenhausen im Saarland, ein Hauptort der Treverer, der Titelberg in Luxemburg, der Donnersberg bei Kirchheimbolanden, das Heidentränk-Oppidum bei Oberursel. In Baden-Württemberg sind das Oppidum Creglingen-Finsterlohr, der »Heidengraben« bei Urach, das Oppidum Tarrodunum-Zarten und Altenburg-Rheinau bei Schaffhausen zu nennen.

Besonders ergiebig und zu neuen Erkenntnissen führend sind die Ausgrabungen auf dem Glauberg am Ostrand der Wetterau, wo man einen keltischen Fürstensitz mit befestigter Höhensiedlung und gewaltigen sakralen Anlagen am Fuß des Berges freilegte. Der Reichtum dieses Zentralorts beruhte mit hoher Wahrscheinlichkeit auf den etwa 20 km entfernten Salinen bei Bad Nauheim. Hier wie an anderen Zentren keltischer Kultur tritt die materielle Grundlage keltischer Kultur, ihr hoher technischer Standard, besonders klar zutage. Die vier gefundenen Großplastiken keltischer Krieger vermitteln neue, für die Selbstinterpretation keltischer Kultur wichtige Erkenntnisse. Dazu gehört die schon 1974 von G. Kossack vertretene These, daß die keltische Zivilisation mit ihren elitären Prunkgräbern eine Reaktion auf die intensiven, nicht nur wirtschaftlichen Beziehungen zu mediterranen Hochkulturen war, ein »Rangbegehren [...] [um] die innere Notwendigkeit zu demonstrieren, daß man zur Elite zählt«. Das war in gewisser Weise auch eine Abwehrhaltung, zu der auch die Weigerung gehörte, eine eigene Schriftkultur zu entwickeln, obwohl man sich im Handelsverkehr mit der Mediterranée durchaus ihrer Schriftzeichen zu bedienen wußte. Neu zur Diskussion steht auch das Problem der zahlreichen keltischen »Viereckschanzen« Süddeutschlands, die keine Verteidigungsbauten waren, sondern eher Kultorte oder sogar nur große Bauernhöfe und damit Vorläufer der römischen *villae rusticae*. Auch die angeblichen zahlreichen Menschenopfer der Kelten, die sowohl von feindseligen griechisch-römischen Autoren kolportiert wurden als auch durch archäologische Befunde erwiesen schienen, werden erneut in Frage gestellt: Es könnte sich ebenso um normale Friedhöfe handeln, deren Tote einer Art von kultischer »Nachbehandlung« (Kopfabtrennung, Knochenspaltung) unterzogen wurden. Inwieweit solche weitreichenden Neuinterpretationen der Kritik standhalten, wird sich noch erweisen.

In Bayern sind vor allem die Oppida auf dem Staffelberg bei Staffelstein und auf dem Michelsberg bei Kelheim zu erwähnen, besonders aber der im Flachland an der Donau bei Ingolstadt gelegene zentrale Vorort der keltischen Vindeliker Manching mit seiner imposanten Umwallung. Dieses Oppidum war vielleicht die größte geschlossene Ansiedlung im prähistorischen Europa und zugleich ein kunsthandwerkliches Zentrum. Etwa 380 Hektar Innenfläche wurden durch Moore, umgeleitete Bäche und vor allem durch eine 7,2 Kilometer lange Mauer in der von Caesar beschriebenen Form des *murus gallicus* geschützt; es war der östlichste Bau dieser Art. Manching, das am Flußübergang einer alten wichtigen Handelsstraße nach Böhmen lag, zeichnete sich nach dem Befund großflächiger Grabungen besonders als Wirtschafts- und Produktionszentrum aus. Eisenschmiede, Bronzegießer, Glasarbeiter, Töpfer wohnten in planmäßig angelegten Gebäudekomplexen. Geprägt wurden hier vornehmlich die goldenen »Regenbogenschüsselchen«, die nicht nur im vindelikischen Gebiet, sondern auch in Nordbayern und in Württembergisch-Franken als Geld im Umlauf waren und auf den Reichtum der Oberschicht verweisen. Außerhalb dieses Bereiches gab es ebenfalls seit der Mittellatènezeit (ca. 400–250 v. Chr.) Gold- und Silbermünzen nach makedonisch-griechischen Vorbildern oder im Westkeltischen auch nach dem Vorbild von Massilia (Marseille).

Hatte man bislang angenommen, daß Manching um 15 v. Chr. bei der römischen Eroberung des Alpenvorlandes zugrunde ging, so läßt sich heute mit Sicherheit sagen, daß diese stadtähnliche Großsiedlung mit ihren weiten Verkehrsverbindungen schon früher nach und nach verlassen wurde, als nämlich unter dem römischen wie germanischen Angriff auf die keltische Welt deren Handels- und Wirtschaftssystem zusammengebrochen war. Als die Römer ins Land kamen, dürfte von der einst blühenden Stadt wohl nur noch die verfallene Stadtmauer vorhanden gewesen sein. Eine Kontinuität keltischer Bevölkerung ist aufgrund schriftlicher Quellen auch für das Alpenvorland anzunehmen, wenn es auch bislang schwierig ist, archäologische Belege dafür zu finden. Die naheliegendste Erklärung dieses Widerspruchs könnte sein, daß bereits lange vor der römischen Okkupation die »keltische Identität« sehr geschwächt war und die Bevölkerung daher überraschend schnell romanisiert wurde. Mit diesem Tatbestand hängt es auch zusammen, daß die kürzlich wieder ans Licht gezogene Hypothese von der Ethnogenese der Bajuwaren aus keltischem Substrat unhaltbar ist. Nach der Mitte des ersten vorchristlichen Jahrhunderts ist von einer eher sporadischen Neubesiedlung zwischen Alpen und Donau auszugehen. Die keltische Bevölkerung lebte aber wohl noch in Oppida, vor allem aber in kleineren Befestigungen und ländlichen Siedlungen weiter.

Anders als an Donau und Lech, wo kontinuierliche Übergänge von Siedlungen der Keltenzeit in die römische Epoche relativ schwer festzustellen sind, gingen in Frankreich und an Rhein und Mosel keltische Oppida samt ihrer Bevölkerung in die Hand der neuen Besatzungsmacht über. Besonders deutlich wird dies im Gebiet der keltischen Treverer, die zu Caesars Zeiten in enger politischer Verbindung mit den benachbarten Germanen westlich des Rheins *(Germani cisrhenani)* standen und in mehreren Aufständen (54/53 v. Chr.) sich der römischen Okkupation zu erwehren suchten. Ihre Heiligtümer bestanden unter römischer Herrschaft weiter und noch der Kirchenvater Hieronymus, der sich längere Zeit in Trier aufhielt, bezeugt in seinem Kommentar zum 2. Galaterbrief, daß die (keltischen) Galater in Kleinasien fast die gleiche Sprache sprächen wie die Treverer. Sowohl das Lenus-Mars-Heiligtum am linken Moselufer als auch der unweit des Trierer Amphitheaters gelegene riesige Tempelbezirk im Altbachtal mit über 70 Tempelgrundrissen bezeugen das Weiterleben keltischer Kulte in romanisierter Form.

Ob die Treverer nach der bekannten Einteilung Caesars eher zu den Kelten Mittelgalliens gehörten oder zu den Belgern Nordgalliens, die ihm zufolge aus dem rechtsrheinischen Gebiet in den Mosel-Saar-Maasraum zugezogen sein sollen, ist unklar. Für letzteres spräche eine Nachricht in Tacitus' »Germania« (c. 28), daß sich nämlich Treverer und Nervier ihrer germanischen Abstammung rühmten, um sich von der Schlaffheit der Gallier abzusetzen.

Die besonders an den Treverern sichtbare Fortdauer des vorrömischen keltischen Ethnikums bis in römische Zeit gehört ebenso zu den Voraussetzungen der deutschen Geschichte wie der hohe Standard keltischer Kunst zum allgemeinen europäischen Erbe. Von einer Fortdauer einer integralen keltischen Kultur wird man aber kaum sprechen können. Insgesamt bedeutete die Keltenzeit, besonders die Latènekultur, einen großen Fortschritt in der Entwicklung der materiellen Kultur: Das gilt sowohl für die umfassende Gewinnung und Nutzung des Eisens bei der Rodung von Wäldern und für die Konstruktion eisenbeschlagener Pflüge wie auch für die Produktion besserer Waffen aus diesem neuen, vielseitigen Material. Es gilt ebenso für die Konzentration dieser neuen Techniken in den befestigten großen Oppida, die auch Zentren des Handels mit Rohmaterialien, aber auch mit Edelmetallen und Kunstprodukten wurden. Die bergbaumäßige Salzgewinnung, etwa in Hallstatt und auf dem Dürrnberg in Hallein, war neben der Eisenproduktion eine weitere wichtige Voraussetzung für den Reichtum und technischen Standard der Kelten. Typisch ist auch die starke soziale Differenzierung, die sie von der einfacher strukturierten germanischen Welt der zweiten Hälfte des 1. Jahrtausends v. Chr. merklich unterscheidet. Der gerade deswegen starke Einfluß der keltischen Zivilisation auf die Entstehung der germanischen Welt ist ein weiteres wichtiges Moment ihres Fortwirkens, das über der Bedeutung des Imperium Romanum als Grundlage der deutschen Geschichte nicht vergessen werden darf. Das bedeutet aber u. a., daß die intensive Einwirkung der römischen Kultur auf das Keltentum, die sich etwa im römischen Import von Wein und Luxusgütern archäologisch nachweisen läßt, auch mittelbar für die angrenzende germanische Welt frühe Folgen hatte. Die spätkeltische Adelsgesellschaft Galliens dürfte dabei eine wichtige Rolle gespielt haben. Neuerdings wird betont, daß der starke römische Import in Gallien nicht unbedingt auf eine intensive Romanisierung der keltischen Oberschicht hindeutet, sondern Ergebnis ihrer Selbstdarstellung und der guten Organisation der römischen Händler gewesen sei.

Da man von einer vorwiegend ethnischen Definition des Keltentums abgekommen ist, erklärt sich damit auch dessen relativ rasche Auflösung oder Integration in die Nachfolgekulturen: Die Kelten waren zwar ethnisch nicht homogen und daher auch nicht resistent, aber ihre Kultur war von nachhaltiger Wirkung. Das gilt für keltische Oppida ebenso wie für das bereits vorhandene Straßennetz Galliens, das von den Römern übernommen und weiter ausgebaut werden konnte. Politisch-militärisch fielen die Kelten der sich ausformenden germanischen Völkerwelt im Norden und Nordosten zum Opfer, während sie im Süden und Westen im römischen Imperium aufgingen, womit sie insgesamt in die Zange genommen und als eigenständige Kraft aufgelöst wurden, ehe sie sich im Bereich der mittelmeerischen Hochkulturen durchsetzen konnten.

Da die Ausbreitung des Imperium Romanum und der germanischen Welt der keltischen Kultur Mitteleuropas weitgehend ein Ende bereiteten, konnte letztere nur in den westlichen Randregionen noch lange Zeit ungebrochen weiterleben:

in der Bretagne, in Wales, in Cornwall und in Irland. Im provinzialrömischen Bereich ist das Fortleben des Keltentums zwar ethnisch und kultisch gesichert, doch brachte die römische Zivilisation eine sehr starke Umformung mit sich, so daß es oft schwierig ist, die keltische Götterwelt in der *interpretatio Romana* wiederzuerkennen. Dennoch haben Mythologie-Forschung und Archäologie viel dazu beigetragen, das Substrat keltischer Kultformen zu erhellen. Ähnliches gilt für die intensive römische Überformung keltischer Kunst. Einen weiteren »Romanisierungsschub« außerhalb der damals stark schrumpfenden Grenzen des Imperiums bewirkte die Mission der christlichen Spätantike, die vornehmlich in Irland eine christlich-spätkeltische Kultur – unter Beibehaltung der alten Clan-Struktur der keltischen Gesellschaft – entstehen ließ, die in mancher Hinsicht für ganz Europa ein kulturelles Bindeglied zwischen Antike und Mittelalter werden sollte.

Entstehung und Wandel der germanischen Völker

Der Einfluß der Mittelmeerwelt

Eng mit der Spätphase des Keltentums auf dem Kontinent und besonders in Mitteleuropa ist die Entstehung der germanischen Völkerwelt verbunden. Wenn man unter Germanen eine Gruppe von Völkern versteht, die durch sprachliche Gemeinsamkeiten (germanische Lautverschiebung, Akzentverschiebung nach dem Vernerschen Gesetz) verbunden sind und sich daher innerhalb der größeren indogermanischen Sprachfamilie als Einheit absetzen lassen, dann muß man sich darüber im klaren sein, daß diesem durch die Sprache definierten Germanenbegriff weder das als kulturelle Einheit verstandene Germanische der Vor- und Frühgeschichte voll entsprechen muß noch das Germanenbild der Antike.

Zweifellos entstand ein ethnisch und kulturell eigenständiges Germanentum als Folge einer sehr komplexen ethnischen Entwicklung, die sich vordergründig in den zahlreichen Deutungsversuchen des Germanen-Namens widerspiegelt. Nach Tacitus (Germania c. 2) bezeichneten sich anfangs nur die Tungrer (um Tongern) als Germanen; der Sammelname ging dann auf alle ostrheinischen Stämme über. Von der Gesamtheit dieser Völker ist er zwar als Eigenbezeichnung niemals durchgängig benutzt worden, doch gab es offenbar ein Gefühl der Zusammengehörigkeit, das sich aber wohl erst seit der Begegnung mit der römischen Welt und später auch in der Absetzung gegenüber den Westslawen ausbildete. Es formte sich eine ethnisch und kulturell eigenständige germanische Welt aus, die nicht nur im Kontext der indogermanisch-keltischen Zivilisation gesehen werden darf; doch bleibt ihre Rekonstruktion schwierig. Die gemeinsame Abstammung aller Germanen von einem Urvater Mannus, von der der römische Historiker in seiner »Germania« berichtet, könnte auf dieses »Wir-Bewußtsein« hinweisen. Die Söhne des Mannus wurden nach dieser Überlieferung die Ahnherren der drei großen germanischen Völkergruppen: der Ingaevonen, Herminonen und Istaevonen, die allgemein der Nordseeküste, dem Binnenland und dem Niederrhein zugeordnet werden. In etwas abweichender Schreibung (Inguaeones, Hermiones, Istuaeones) werden sie bereits von Plinius dem Älteren (Nat. hist. 4,98–100) genannt, bei ihm allerdings neben anderen Gruppierungen. Es handelt sich wohl um Kultverbände, von denen es sicherlich weitere gab, nämlich die auch bei Tacitus genannte Gruppe der sieben Nerthusvölker an der Ostsee, die Wandilier und vor allem den Kultverband der Sueben. Nach Tacitus (Germania, c. 38) hatten diese »den größten Teil Germaniens inne«. Die von dem antiken Historiker wiedergegebene kultische Dreigliederung der Germanen bezieht sich also kaum auf alle Völkerschaften, die heute als Germanen gelten, und sie ist in jedem Fall von der Trias West-, Ost- und Nordgermanen zu trennen, die erst Zustände der Völkerwanderungszeit widerspiegelt und überdies ein Konstrukt der historischen und philologischen Wissenschaften des 19. Jahrhunderts ist. Die Vielzahl kleiner germanischer Völkerschaften, die Julius Caesar (100–44 v. Chr.), Plinius der Ältere (23–79 n. Chr.) und P. Cornelius Tacitus (55–116 n. Chr.) überliefern, entspricht sicher der ursprünglichen politischen Struktur Germaniens vor und nach der Zeitenwende. Solche archaischen Zustände haben sich bis ins 6. Jahrhundert noch in Skandinavien erhalten, sie finden sich aber auch in den keltischen Kleinfürstentümern des Frühmittelalters in Irland. Sowohl durch das Heerkönigtum der

Wanderzeit als auch durch die Verschmelzung älterer germanischer Völkerschaften am Limes (Alamannen) und später durch Akkulturationsvorgänge (Franken), aber auch durch politische Neubildungen (Bajuwaren im 6. Jahrhundert) formten sich seit dem 3./4. Jahrhundert jene germanischen Großstämme aus, die am Beginn der deutschen Geschichte stehen.

Anders stellt sich die Genese des Germanentums aufgrund der archäologischen Befunde dar. An ihrem Beginn steht die »Jastorf-Kultur«, die seit der Mitte des letzten vorchristlichen Jahrtausends sowohl im zentralen als auch im östlichen Norddeutschland um Nord- und Ostsee und in den angrenzenden Teilen Mitteldeutschlands verbreitet war. Aus der spätbronzezeitlich-früheisenzeitlichen Kultur Norddeutschlands hervorgegangen, wurde sie von der keltischen Hallstatt- und Latènekultur stark beeinflußt. Von dieser frühgermanischen Kultur ausgehend, vollzog sich seit dem Ende des 2. vorchristlichen Jahrhunderts die eigentliche Ethnogenese der Germanen, und zwar in einer breiten Zone nördlich der Mittelgebirge bis Südskandinavien sowie zwischen Rhein und Weichsel. Das relativ späte Einsetzen genauerer Nachrichten über die Germanen, die lange von antiken Autoren topisch mit den Skythen oder Kelten gleichgesetzt wurden, könnte den Prozeß der Entstehung der germanischen Welt in seiner Endphase unmittelbar, d. h. zeitgenössisch widerspiegeln.

Infolge des wohl polyethnischen Ursprungs der Germanen ist man davon abgekommen, das »Germanische« in ein »Urgermanisches« zurückzuprojizieren, vor allem was Religion und Sozialverfassung anbelangt. Auf jeden Fall aber ist die von Julius Caesar und dem Geographen Strabon (gest. 26 n. Chr.) stammende Auffassung, der Rhein sei die Grenze zwischen Kelten und Germanen, aufzugeben. Archäologische Befunde haben erwiesen, daß die Trennungslinien zwischen Germanen und Kelten quer zum Strom lagen. Anders zu beurteilen sind die bei Julius Caesar genannten *Germani cisrhenani*, die eine gesonderte ethnische Gruppe darstellen. Sie dürften ein

»Wanderungsbund« oder »Stammesverband« mit eigener Herkunftstradition gewesen sein. Wie später bei Franken und Alamannen ist wohl von mehreren Einwanderungswellen ins Linksrheinische auszugehen; auch gab es Umsiedlungen durch die Römer.

Die materielle Kultur

Was die wirtschaftlichen Verhältnisse anbetrifft, so sind schriftliche Nachrichten, selbst bei Tacitus, mit Vorsicht zu interpretieren, da mit Topoi aus der älteren Historiographie gerechnet werden muß, die aus dem generell verwendeten Fundus zur Beschreibung »barbarischer« Völker der verschiedensten ethnischen Herkunft stammen. Handelsbeziehungen gab es aber schon in keltischer Zeit, doch seit dem endgültigen Vorrücken des Imperium Romanum an Rhein und Donau vor und nach der Zeitenwende kam es zu einem starken römischen Import in die *Germania libera (barbarica)*, der sich vor allem in den Schatz- und Grabfunden nachweisen läßt.

Importiert werden Metallgefäße, zumeist aus Bronze, seltener aus Silber, Gläser und feine Tonwaren (Terra Sigillata). Relativ gering ist der Anteil an Trachtzubehör, Schmuck und Waffen sowie Bronzestatuetten, meist Götterbildern; dafür wurden verhältnismäßig häufig Mühlsteine aus den Basaltbrüchen von Mayen in der Eifel eingeführt, letztere zumeist auf dem Wasserwege über Nord- und Ostsee. Es war dies ein Produktionszweig, der sich ins Frühmittelalter fortsetzte.

Römische Kaufleute waren wohl maßgeblich am Handel mit dem freien Germanien beteiligt; es gab auch bestimmte, für den marktmäßigen Austausch bestimmte Plätze, etwa Augsburg (Augusta Vindelicorum), wo die Rom treu ergebenen Hermunduren Handel treiben durften. Ähnliches war dann im 2. Jahrhundert n. Chr. den Markomannen gestattet. Römische Anlagen an der Donau in Niederösterreich, in Mähren und der Slowakei aus derselben Zeit lassen darauf schließen, daß sie für den Handel gedacht waren. In Pannonien züchtete man Schweine, die von der einheimischen Bevölkerung an die römischen Grenzkastelle verkauft wurden. Auch im Nordseebereich gab es germanische Viehauftriebplätze, von denen aus die römische Expeditionsflotte mit Fleisch beliefert wurde. Wie wichtig solche »Versorgungsplätze« für die militärische Präsenz insgesamt waren, geht schon aus der trokkenen Bemerkung des römischen Militärschriftstellers Vegetius hervor, daß der Hunger im Heer mehr Tote fordere als das Schwert.

Die Ausgrabungen von Siedlungen und reich ausgestatteten Gräbern in weiten Teilen der *Germania libera* bestätigen ebenfalls den Import römischen Handelsgutes, aber auch von Beutegut und Geschenken an germanische Fürsten. Neben kunstvollen Gefäßen aus Terra Sigillata, Glas oder Bronze finden sich auch römische Waffen, Helme, damaszierte Schwerter und Kettenpanzer, obwohl es schon in römischer Zeit Waffenausfuhrverbote gab, die sich dann in fränkischer Zeit gegenüber der slawischen und skandinavischen Welt wiederholten.

Aus dem Bereich der *Germania magna* kamen auf dem Handelswege oder als Tribute Großvieh, Getreide, Häute, Felle und Pelze und vor allem Bernstein ins Imperium, in geringerem Maße Federn, Seife und als Modeartikel blondes Frauenhaar. Tacitus (Germania, c. 5) zufolge betrieben die grenznahen Germanenvölker ihren Handel mit Münzen, während die im Landesinneren beim Tauschhandel blieben. Dennoch war geprägtes Edelmetall im gesamten freien Germanien in großem Umfang vorhanden, wie die etwa 73 000 Münzen beweisen, die allein aus dem östlichen Teil der *Germania libera* bekannt geworden sind. Es wäre aber falsch, daraus auf einen ausgedehnten Geldverkehr zu schließen, denn das Vorherrschen von Silber- und Goldmünzen bei Schatzfunden beweist, daß bei der Thesaurierung nur der Gehalt an Edelmetall wichtig war. Nicht allein durch Handel, sondern auch als Beute, als

Ehrengeschenke, als römische Subsidienzahlungen oder als Sold von Germanen im römischen Heeresdienst gelangten viele Münzen ins freie Germanien. Um Ehrengeschenke und Beutegut wird es sich auch zumeist gehandelt haben, wenn qualitativ hochwertige Erzeugnisse des keltischen Kunsthandwerks, etwa Prunkwagen oder figürlich verzierte Kessel, in dänischen Mooren geopfert worden sind.

Wichtig ist die Rolle des »Imports« in Germanien auch für die Entwicklung des germanischen Kunsthandwerks. In der Zeit vor der Zeitenwende wird nur ausnahmsweise etwas von keltischen Anregungen in eigenes Schaffen umgesetzt, und in den ersten beiden Jahrhunderten n. Chr. beschränkt man sich zumeist auf die Übernahme geometrischer Ornamente. Erst seit dem 3. Jahrhundert gibt es eine eigenständige Umformung szenischer römischer Bildvorlagen. Dies läßt sich an Funden auf den Dänischen Inseln, besonders an Silberbechern, beobachten, während es im Südosten der *Germania libera* zu einer selbständigen Verwendung oströmischer Model kommt. Wohl nicht zufällig geht dies einher mit der Verwendung germanischer Schriftzeichen, der Runen, die sich auf Schmuckstücken und Waffen als magische Formeln, als Namen oder Zueignungen finden. Auch wenn römische Besitzerinschriften und ähnliches Vorbilder waren, spiegelt diese Umsetzung, wie im Kunsthandwerk, doch einen deutlichen geistigen Reifeprozeß durch Akkulturation wider. Auch die germanische Tierornamentik der Völkerwanderungszeit verarbeitet südliche Anregungen der spätantiken Kerbschnitt- und Punzornamentik. Vermittelt wurde diese durch Vorlagen auf Trachtzubehör, das Germanen als Söldner im römischen Bewegungsheer bei der Rückkehr in die Heimat mitbrachten. Die stilisierten Tierdarstellungen waren aber mehr als Ornament, da bestimmte Tiere Gottheiten symbolisierten, die dem Träger Schutz und Heil bringen sollten.

Für die Organisation des Handwerks bei den Germanen war die rein agrarische Wirtschaftsstruktur Germaniens maßgeblich. Entgegen älteren Auffassungen, wonach bestimmte Siedlungsformen als typisch germanisch angesehen worden sind, konnte die archäologische Forschung nachweisen, daß es vom Einzelhof und Weiler bis zum volkreichen Dorf die unterschiedlichsten Siedlungsformen gab, jedoch keine stadtähnlichen Zentren wie bei den Kelten. Selbst größere Befestigungen dürften anfangs gefehlt haben, sieht man von einigen Anlagen der späten vorrömischen Eisenzeit und der frühen Kaiserzeit ab, die aber auch wegen ihrer fehlenden Innenbebauung als Versammlungsorte oder als geschützte Stapelplätze gedeutet werden können; solche finden sich etwa an der niederländischen Küste. Auch die gut untersuchte Befestigung »Heidenschanze« bei Bremerhaven gehört zu diesem Typ.

Die Frage nach Existenz und Umfang eines germanischen Burgenbaus ist nicht nur ein chronologisches Problem, sondern hängt auch davon ab, wie hoch man den mediterranen, keltischen wie römischen, Einfluß in der *Germania magna* einschätzt oder umgekehrt eine autochthone Gesellschaftsentwicklung als ausschlaggebend annimmt. Es wäre aber auch möglich und kulturmorphologisch sogar naheliegend, daß eine autogene soziale Differenzierung der Germanen die Aufnahme fremder Vorbilder sehr erleichterte. So scheint es kein Zufall zu sein, daß Julius Caesar *oppida* der Sueben und Ubier kennt, Tacitus die *castella* des Markomannenkönigs Marbod und des Quaden Vannius, sowie ein *caput gentis* der Chatten erwähnt und Frontinus (gest. um 103 n. Chr.) von der Eroberung der chattischen *refugia* durch Domitian berichtet. Diesen äußerst sporadischen Notizen ist zumindest soviel zu entnehmen, daß es sich entweder um Stammesvororte, um Sitze der Führungsschicht oder auch um Zufluchtsorte gehandelt hat; letzteres galt wohl für die Altenburg bei Niedenstein in Nordhessen und für die schon erwähnte Heidenschanze bei Bremerhaven. Ob die Trockenmauer auf dem Petersberg bei Bonn und die große, kaum besiedelte Erdenburg bei Bensberg (Bez. Köln) schon germanischen Ursprungs sind, ist umstritten.

Zwischen dem 3. und 5. Jahrhundert n. Chr. wurden von Germanen auch ältere vorgeschichtliche Burgwälle wieder als Wehranlagen instandgesetzt; das war z.B. auf der »Gelben Bürg« bei Gunzenhausen und auf dem Glauberg bei Büdingen der Fall. Der ältere Bering am »Runden Berg« bei Urach geht noch ins späte 3. Jahrhundert zurück, die Blütezeit war jedoch im 4. und 5. Jahrhundert; damals war es ein Herrensitz mit zentralörtlichen Funktionen.

Germanische Dörfer unterschiedlicher Größe sind, neben den Siedlungen Feddersen Wierde und Flögeln, in Bärhorst bei Nauen, in Wijster (Prov. Drenthe) und Hodde ausgegraben worden. Aus den späteren merowingerzeitlichen Reihengräberfeldern hat man sowohl Siedlungen erschlossen, die zu Adelshöfen gehören (z.B. Niederstotzingen, Gammertingen), wie auch große Dorfsiedlungen (z.B. Hailfingen, Pleidelsheim, Schretzheim, Sasbach). Am besten erforscht sind die Wurten der römischen Kaiserzeit, besonders Feddersen Wierde, wo die Reste von acht übereinanderliegenden ländlichen Siedlungen ausgegraben wurden, die eine zunehmende Differenzierung zwischen Landbau und Gewerbe erkennen lassen, aber auch eine Verstärkung der herrschaftlichen Organisation.

Dies dürfte insgesamt für die Entwicklung im kaiserzeitlichen Germanien gelten. Aufgrund der Grabungsergebnisse an verschiedenen Orten finden sich nacheinander und teilweise gleichzeitig ländliches Hauswerk, bäuerliches Handwerk als Nebenerwerb und schließlich als spezialisiertes Handwerk; dieses entfaltete sich besonders als Kunsthandwerk zur Buntmetallverarbeitung in engem Verbund mit dem Herrenhof. Zum Hauswerk gehören Spinnen und Weben als Frauenarbeit, Holz- und Lederverarbeitung, Böttcherei, Töpferei, Knochenverarbeitung, Zimmerei, Bootsbau; letztere Gewerbe können auch schon Nebenerwerb sein, der in Handwerkerhäusern einer bäuerlichen Betriebsgemeinschaft ausgeübt wurde. Eisengewinnung wurde teilweise als saisonale Nebenbeschäftigung ausgeübt. Es gab aber auch schon gewerbliche Zentren wie die Schmiedesiedlung bei Warburg-Daseburg aus der älteren Kaiserzeit, in denen die Landwirtschaft nur noch eine untergeordnete Rolle spielte und Eisen gleichzeitig mit Bronze und Edelmetall verarbeitet wurde. Allerdings fehlt es bislang an Belegen für die Gewinnung von Bunt- und Edelmetallen in der *Germania libera* selbst. Man war hier vermutlich auf Import aus dem römisch-gallischen Bereich angewiesen, wobei der Bedarf für Feinschmiedearbeiten zumeist durch Einschmelzen von Münzen und Altmetall gedeckt wurde.

Umstritten bleibt die Rolle des Wanderhandwerkertums, dessen Existenz seit der frühen Bronzezeit anzunehmen ist. Sicher gab es aber »mobiles Handwerk«, besonders bei Goldschmieden, die mit ihren Modeln ein bestimmtes »Wander- und Auftragsgebiet« versorgten; auch sind »Schmiedegräber« nachweisbar. Allerdings ist mobiles Handwerk keineswegs die einzige oder auch nur vorherrschende Produktionsform. Es finden sich nämlich auch feste Werkstätten, und die Feinschmiede waren zumindest teilweise an Fürsten- und Adelshöfe gebunden, wo sie nicht nur Aufträge erhielten, sondern auch das erforderliche Edelmetall.

Kontrovers ist auch die soziale Stellung der Fein- und Waffenschmiede. Nach den Grabbeigaben, neben Werkzeugen und Waffen finden sich auch Kostbarkeiten, hat man geschlossen, daß es sich um freie Waffenträger einer durchwegs sozial gehobenen Schicht handelt. In manchen *leges* (Gesetzen) muß die Tötung eines Goldschmieds mit dem höchsten Wergeld bezahlt werden. Auch aus Liedern und Sagen des germanischen Kulturkreises, etwa der Wielandsage, kann man eine soziale Sonderstellung dieser Spezialisten ableiten. Allerdings ist Vorsicht bei Rückschlüssen von der Merowingerzeit auf die älteren germanischen Zustände am Platze. Ein Sonderproblem ist das Fortwirken römischer Handwerkstraditionen an Rhein und Donau und damit die Frage, ob und in welchem Umfang germanische Auftraggeber als die neuen Herren hinzutraten und damit technologische Kontinuität ermöglichten. In diesen Zusammenhang gehört wohl auch das Phänomen, daß die frühe germanische Tierornamentik deutlich spätrömische Einflüsse aus den nordgallischen Provinzen zeigt.

Die Kenntnis des germanischen Siedlungswesens insgesamt ist in den letzten Jahrzehnten durch umfangreiche Flächengrabungen im weiteren Nordseeküstengebiet ungemein gefördert worden, so daß sich heute ein relativ präzises Bild der Entwicklung zeichnen läßt. Vergleichbare Ergebnisse wie auf Feddersen Wierde erbrachte die archäologische Untersuchung einer ganzen Siedlungskammer in Archsum auf Sylt, wo sich zwischen dem 1. und 4. nachchristlichen Jahrhundert ca. 20 kaiserzeitliche Siedlungskerne mit jeweils etwa fünf dicht beieinander liegenden Höfen durch das Auftreten von arbeitsteiligen Großgehöften strukturell veränderten. Man hat darin eine Antwort der Küstenbewohner auf eine fortschreitende Klimaverschlechterung gesehen: Zur Lösung drängender Fragen der Entwässerung und der Erhöhung der Wurten gegen das Eindringen des Meeres waren gemeinschaftliche Sicherungsarbeiten nötig, die wiederum sozialstrukturellen Wandel, d.h. Ansätze zur Ausbildung einer Oberschicht, zur Folge hatten. Meeresüberflutungen bewirkten eine Verknappung der landschaftlichen Nutzflächen und in deren Gefolge ein Ausweichen auf handwerkliche Produktion, die teilweise mit einer abhängigen Bevölkerung organisiert wurde. Desgleichen kam es zum Handel mit dem Imperium auf dem Schiffswege, aber auch zu systematischer Seeräuberei. Zwischen der Entwicklung des germanischen Handwerks, der Änderung der Sozialstruktur und der Klimaverschlechterung gab es also einen ursächlichen Zusammenhang.

Mit einer grundlegenden Klimaverschlechterung hängt auch das Ende vieler Siedlungen an der Wende vom 4. zum 5. Jahrhundert zusammen. Sowohl im Küstengebiet als auch in anderen Teilen der *Germania libera* zeichnet sich ein umfangreicher Wüstungsprozeß ab, der aber keineswegs, wie lange angenommen wurde, ein genereller Siedlungsabbruch war. Ungeachtet gewisser methodischer Vorbehalte wird man dieses Phänomen als einen wichtigen Faktor mit dem Beginn der germanischen Völkerwanderung im 4. und 5. Jahrhundert in Verbindung bringen müssen, d.h. sowohl mit dem schubweisen Vordringen germanischer Völkerschaften nach Südwesten und über die Grenzen des Imperiums hinweg als auch mit der nach 400 einsetzenden Landnahme der Angeln und Sachsen in Britannien. Schon die Markomannenkriege (166–180 n. Chr.) brachten die germanische Völkerwelt – wie später die Hunnen – in Bewegung; Germanen, in späteren Quellen Alamannen, überrennen im 3. Jahrhundert die römische Grenzverteidigung in den Provinzen *Germania Superior* und *Raetia*. Zum Jahre 285/86 bezeugen römische Quellen, daß »Franken und Sachsen ... die See unsicher machen«. Das Imperium errichtete dagegen auf beiden Seiten des Kanals ein Verteidigungssystem *(Litus Saxonicum)*, das mehr als 100 Jahre zwischen Dover und Boulogne durch Sperrforts die Flußmündungen sicherte, und dies offensichtlich bis zum Abzug der Römer aus Britannien (407) mit Erfolg. Insgesamt jedoch ist festzuhalten, daß das 4./5. Jahrhundert die schärfste Zäsur in der germanischen Siedlungsgeschichte gewesen ist.

Was den Ackerbau der Germanen anbelangt, so ist wohl der umfassendere Begriff »Bodennutzungssysteme« angebracht; einen festen Bauernstand hat es noch nicht gegeben. Als Anbauform ist von einer Feldgraswirtschaft bzw. Feldwaldwirtschaft auszugehen. Klar unterschieden werden muß zwischen den durch Klimaschwankungen bedingten Veränderungen und den jeweiligen Bodenbonitäten. Entscheidend wurde die Entwicklung besserer Pflüge. Seit der Bronzezeit ist der Hakenpflug *(Ard)* belegt, mit dem der Boden durch kreuzweises Aufritzen gelockert wurde. Wesentlich effektiver konnte dann mit dem um Christi Geburt aufkommenden Wendepflug geackert werden. Mit diesem wohl von den Kelten übernommenen Pfluggerät wurde es möglich, auch schwere Böden mit längerer Ertragsfähigkeit zu pflügen und damit die Jungmoränen durch Rodung intensiver zu nutzen, desgleichen die Marschen mit ihren schweren Kleieböden, die auf diese Weise aufgesiedelt wurden. Römische Autoren erwähnen Mergeldüngung bei Galliern und Germanen, aber schon in vorrömischer Zeit wußte man leichte Böden durch Aufbringung von Soden zu verbessern, ähnlich wie dies später bei der frühmittelalterlichen Plaggendüngung geschah. In den Niederlanden, in Nordwestdeutschland und in Jütland haben sich vielfach Flursysteme aus dieser Zeit erhalten.

Bei Erschöpfung der Anbauflächen legte man eine längere Brache ein, bei der auch oft die Siedlung in den neu beackerten Bereich verlagert wurde. Fruchtwechsel gab es wohl, vor allem zwischen Getreide und Leguminosen, aber eine geregelte Dreifelderwirtschaft bildete sich wohl erst innerhalb der frühmittelalterlichen Grundherrschaft und ihrer Arbeitsorganisation aus. Das wichtigste Getreide war bei den Germanen die Gerste, die als Brei gegessen wurde, wohingegen der Weizen, als Hauptgetreide des Neolithikums, stark zurückgegangen war. Roggenanbau findet sich vor allem in der östlichen *Germania libera*, daneben behaupteten sich die alten Körnerfrüchte Emmer und Spelt (Dinkel); Flachsanbau diente der Leinenherstellung, aber auch der Speiseölproduktion und der Beleuchtung. Sowohl die Analyse von großen Haustier- und Wildtierknochenfunden als auch das seit der späten Bronzezeit archäologisch gesicherte dreischiffige Wohnstallhaus mit Boxen für Großtiere beweisen eine relativ umfangreiche Viehhaltung. Die Einstallung diente wohl hauptsächlich der Stabilisierung der Viehbestände und der Fütterung während der Kälteperiode. Auf jeden Fall spielte aber der Wald als Viehweide für Rinder und Schweine eine große Rolle. In der Regel wurden über 90 % des Fleischbedarfs aus der Haustierhaltung gedeckt, der Rest aus Jagd und Fischfang. Weitgehend ungeklärt ist die Frage, ob und in welcher Weise römische Agrartechnik auf die Germanen eingewirkt hat.

Die religiöse Welt der Germanen

Besonders schwierig zu rekonstruieren sind Religion und Kultformen der Germanen. Das hat verschiedene Gründe. Archäologische Quellen ermöglichen aber Teileinsichten, etwa über weiträumig verbreitete, sehr ähnliche Opfersitten; gleiches gilt für die Jenseitsvorstellungen, die sich durch vergleichende Analyse der Gräberfelder aus den Totenritualen erschließen lassen. Allerdings sind seit der Kaiserzeit und der Völkerwanderungsepoche zeitlich und räumlich variierende Einzelzüge im Totenkult feststellbar, etwa die jütländischen Waffenopferfunde von Ejsbol und Illerup. Dennoch spricht einiges für eine in den Grundzügen gemeinsame Religion. Fraglich ist aber, ob dem Gemeingermanischen zeitlich ein »gemeinsames Nordisches« als dessen Wurzel vorausgegangen ist, da weiträumig ähnliche, mythische Bildkompositionen in Mittel- und Nordeuropa erst seit dem späten 5. Jahrhundert n. Chr. nachweisbar sind. Eine Rückprojektion in frühere Epochen bleibt also methodisch riskant.

Wie stark im einzelnen ideologische Vorstellungen die Bewertung des Fundmaterials beeinflußt haben, geht aus neueren Forschungen hervor. Die antiken Zeugnisse, besonders Tacitus' »Germania«, lassen zwar ein vielgestaltiges Kultleben und große, regionale Kultverbände erkennen, jedoch erschwert die römische Auffassung desselben, die Tacitus (Kap. 43) selbst *Interpretatio Romana* nennt und der Bezeichnung germanischer Gottheiten nach griechisch-römischen Göttern dient, ein tieferes Eindringen in die religiöse Welt der Germanen. Ist schon die *Interpretatio Romana* eine Erkenntnisbarriere, so verdichtet sich dieser semantische Schleier vor der kultisch-mythischen Welt der germanischen Völker durch die Tatsache, daß die Germanen schon früh römische, besonders spätantike und frühbyzantinische Bildvorlagen aufnahmen und sie offensichtlich mit eigenen Inhalten füllten, die aber schwer zu deuten sind.

Die ältere Forschung ist bei der Rekonstruktion germanischer Religion und Mythen den Weg gegangen, die wesentlichen Inhalte der skandinavischen Saga-Überlieferungen, die erst im Mittelalter auf Island aufgezeichnet wurden, in die Frühzeit, teilweise bis in die Eisen- und Bronzezeit zurückzuprojizieren. Dabei blieb jedoch der starke Wandel der Völkerwanderungszeit unberücksichtigt, wie er sich beispielsweise in der weitgehenden Aufgabe der Brandbestattung in der alamannischen Oberschicht manifestierte, wenn sich auch in den neuen Siedlungsräumen die ältere Beisetzungsart bei der normalen Bevölkerung noch bis ins 5. Jahrhundert hielt. Unter diesen Umständen ist schwer zu entscheiden, ob und ab wann es einen gemeingermanischen »Götterhimmel« gegeben hat, zumindest ist Vorsicht bei der Interpretation von regional und chronologisch unterschiedlichen Kultzeugnissen am Platze. Ein sehr urtümlicher Gott der Germanen ist der Kriegsgott Ziu gewesen; er dürfte sich wohl hinter dem bei Tacitus (Germania, c. 9) erwähnten Mars verbergen. Unklar bleibt, seit wann es die Göttertrias Odin (Wotan) – Thor (Donar) – Freyr (Frigg) gab, doch ist es methodisch fragwürdig, sie aufgrund skandinavischer Felszeichnungen in die Bronzezeit zurückzuverfolgen. Eine bedeutende Rolle spielte neben den männlichen Göttern auch die Fruchtbarkeitsgöttin Nerthus; ob sie mit dem bei Tacitus (Germania, c. 9) als Import bezeugten Isiskult der Sueben in Verbindung gebracht werden kann oder mit dem Matronenkult der romanisierten keltisch-germanischen Rheinlande, bleibt offen.

Ähnliche Schwierigkeiten wie bei der Deutung germanischer Mythen ergeben sich für die Interpretation einer spezifischen germanischen Ethik. Auch wenn davor zu warnen ist, allgemeine gesellschaftliche Phänomene und Verhaltensweisen archaischer Gesellschaften als typisch germanisch anzusprechen, glaubt man doch in Tacitus' »Germania« – so eindeutig ihre auf römische Sittenzustände abzielende, kritische Tendenz auch ist – »ein echtes Zeugnis für germanisches Wesen« zu sehen. Dies gilt neben dem religiös begründeten Kampfethos der Germanen vor allem für das Gefolgschaftswesen als ein freiwillig eingegangenes Treueverhältnis zwischen Herr und Gefolgsmann, das den letzteren zu Tapferkeit für den Gefolgsherrn bis in den Tod hinein verpflichtet und den ersteren zu Freigebigkeit (»Milde«). Alle jedoch sind zur Gastfreundschaft verpflichtet, die sogar das Gebot der Blutrache zeitweise außer Kraft setzt, die ansonsten, wie in vielen archaischen Gesellschaften ohne staatlich organisierte Verbrechensverfolgung, eine große Rolle spielt. Ersatzfunktion für eine politisch-staatlich gesicherte Rechtsordnung hat auch die Sippe, die über Blutsverwandte, Verschwägerte und die Hausgemeinschaft der Familie hinaus die gesellschaftlichen Verhältnisse wesentlich bestimmt. Die Beziehungen zwischen Sippe und Familie, die kleiner und anders strukturiert war, ist noch weitgehend ungeklärt; letztere hatte sicher einen patriarchalischen Charakter, doch bezeugt Tacitus (Germania, c. 8) ausdrücklich die hohe Wertschätzung der Frau.

In diesem Zusammenhang ist auch dessen umstrittene Beschreibung der vorehelichen Keuschheit der Jugendlichen und des angeblich monogamen Charakters der germanischen Ehe zu sehen, denn an anderer Stelle (Germania, c. 18) berichtet der römische Historiker selbst, daß hochgestellte Personen mehrere Frauen haben konnten, wie dies auch für das Frühmittelalter vielfach bezeugt ist (Friedelehe, Kebsfrauen). Schon die Tatsache, daß es zwar eine eheliche Treuepflicht der Frau und schwere Strafen bei deren Verletzung gab, nicht jedoch eine vergleichbare Verpflichtung und Straffälligkeit des Mannes, sollte davor warnen, Tacitus' sittliches Idealbild unbesehen zu übernehmen. Auf jeden Fall ist es schwierig, aus der sporadischen schriftlichen Überlieferung zuverlässige Einblicke in die ursprüngliche Sozialverfassung der Germanen zu gewinnen. Schon die Wanderzeit brachte, wie erwähnt, große Veränderungen, der Rückschluß aus hochmittelalterlichen skandinavischen Verhältnissen ist methodisch ebenso bedenklich wie deren Rekonstruktion nach den sogenannten »Germanenrechten« des Frühmittelalters.

Die Ausbildung einer germanischen Gesellschaft

So grundlegend der Beitrag der Archäologie für die Kenntnis der germanischen Gesellschaftsordnung auch ist, so bedarf es doch einer methodischen Vorüberlegung hinsichtlich der Grenzen unserer Erkenntnis. Aussagefähig sind nämlich Grabfunde als die wohl wichtigste Quelle nur dann, wenn aus dem Material erkennbar ist, daß man es mit einem Totenritual zu tun hat, dessen Jenseitsvorstellungen sich am Leben im Diesseits orientieren und die daher Zustände des letzteren mehr oder weniger genau widerspiegeln. Auch wenn Grabausstattungen oder unterschiedlich große Anwesen in den ergrabenen Siedlungen unmittelbar nur etwas über Reichtum und Besitzverhältnisse aussagen, nicht jedoch den Rechtsstand der Bestatteten bzw. der einstigen Bewohner signalisieren, läßt sich doch aus solchen Befunden viel über deren Rang in der Gesellschaft ableiten und damit eben doch auch etwas über ihre konkrete soziale Stellung ermitteln. Für den größeren Teil der germanischen Stämme, nämlich für »Nordgermanen«, »Elbgermanen« und »Ostgermanen«, kann man anhand der überdurchschnittlich reich ausgestatteten Grablegen vom »Lübsow-Typ« für die ersten zwei nachchristlichen Jahrhunderte eine oberste Führungsschicht nachweisen, die ihre Toten offenbar bewußt ohne Waffen, aber mit reichem Schmuck aus einheimischen Werkstätten und viel römischem Geschirr erdbestatteten. Eine Sonderform reicher Erdbestattung bis in die Merowingerzeit hinein ist die Mitbestattung von Pferden um das Häuptlingsgrab. Unterhalb dieser Oberschicht läßt sich durch die Ausstattung von Brandgräbern mit Waffen, Schmuck und Gerät eine weitere breite Gesellschaftsschicht ausmachen, die aus Bewaffneten bestand. Wenn sich dieselbe auch wiederum nach der Zusammensetzung ihrer Waffenbeigaben differenzieren läßt, so hebt sie sich doch deutlich von einer Unterschicht mit sehr einfach ausgestatteten Gräbern ab. Für die jüngere römische Kaiserzeit, d.h. für die Epoche zwischen der zweiten Hälfte des 2. und der ersten Hälfte des 4. Jahrhunderts, läßt sich bislang aber nur die oberste Führungsschicht mit ihren reichen Körpergräbern relativ genau erfassen.

Das Totenritual der »Westgermanen« verwehrt uns aber archäologische Einblicke in die Sozialstruktur, da sie bei ihren Brandbestattungen beim Auslesen des Scheiterhaufens offenbar eine sehr zufällige Auswahl jener Beigabenreste trafen, die mit Teilen des Leichenbrands beerdigt wurden. Dies macht eine systematische Auswertung in sozialstruktureller Hinsicht sehr schwierig, obwohl wir wegen der räumlichen Nähe der Westgermanen zum Imperium wiederum wesentlich genauere, schriftliche Belege dafür haben, daß es auch in ihrem Bereich eine ähnlich starke soziale Differenzierung gegeben haben muß wie beim elbgermanischen Kultverband der Sueben. Ergiebiger als die Analyse von kaiserzeitlichen Gräberfeldern sind im westgermanischen Bereich die Ergebnisse der Siedlungsarchäologie, die eine klare gesellschaftliche Entwicklung erkennen lassen. Für die vorrömische Eisenzeit sind geringe Größenunterschiede bei den Häusern der Ackerbau und Viehzucht treibenden Bevölkerung festzustellen; dies deutet auf ausgeglichene Eigentumsverhältnisse hin. Seit dem 1. Jahrhundert v. Chr. prägen sich stärkere Unterschiede aus; dies entspricht dem Befund der Gräberfelder in der östlichen *Germania magna*. Die Lage der Häuser zueinander und die gemeinsam genutzten Wege und Brücken bezeugen in dieser Zeit ein geregeltes Zusammenleben innerhalb der Gruppensiedlung, wie dies später bei Dörfern der Fall war. Die immer noch gleichsam »parataktische« Sozialstruktur geht auch aus den vor allem in Jütland anzutreffenden Reliktfluren oder *celtic fields* hervor, d.h. Ackersystemen, bei denen die Felder mit flachen Wällen gegeneinander abgegrenzt sind. In der römischen Kaiserzeit lassen sich sowohl in der Marsch wie in der Geest deutliche Größenunterschiede der Hofplätze und der Wohnstallhäuser feststellen, ebenso Platzkontinuitäten über mehrere Generationen hinweg. Auf einzelnen Hofplätzen entwickeln sich sogenannte »Mehrbetriebsgehöfte«, die man als Verbund von Betrieben verschiedenen Umfangs durch den Zusammenschluß freier Bauern zu einem Wirtschaftsverband deuten kann; doch läßt sich auch, wie die Entwicklung auf der Wurt Feddersen Wierde zeigt, an die Entwicklung herrschaftlicher Abhängigkeiten denken, wobei eine Herrenfamilie die Organisation und die Verpflichtungen für die gesamte Siedlungsgemeinschaft übernahm: etwa durch Konzentration des Metallhandwerks und wohl auch des Handels auf dem Herrenhof, durch den Bau einer Versammlungs- oder Kulthalle und durch die Bereitstellung eines gesonderten Viehauftriebsplatzes mit eigener Tränke. Die Häuser der Hofgemeinschaft beherbergten je eine Familie und hatten nur einen Herd, in den großen Wohnstallhäusern lebte die Familie des Hofbesitzers; kleinere Unterkünfte in deren unmittelbarer Nähe wurden wohl von den Abhängigen bewohnt. Etwas anders organisiert war der Wohnhügel in Archsum auf Sylt. Dort bestand ein großes Wohnstallhaus mit beträchtlichem Viehbestand; man sieht es als Haus einer Großfamilie an, dem mehrere kleinere Gebäude als Wohnungen von Gesindefamilien zugeordnet waren. Zeitweilig gliederte sich ein zweites Wohnstallhaus aus dem Verband der Großfamilie aus.

Diese Befunde belegen eine zunehmende Differenzierung der Gesamtgesellschaft und weisen auf eine zumindest ansatzweise herrschaftliche Struktur schon vor der Völkerwanderung hin, wobei keltische und römische Einflüsse eine Rolle gespielt haben dürften. Auch das allmähliche Auftauchen burgähnlicher Anlagen deutet in diese Richtung, wenn es auch im einzelnen schwierig ist, zwischen umzäunten Anlagen wie in Flögeln oder auf dem Bärhorst bei Nauen und echten Befestigungen oder gar Burgen wie beim »Runden Berg« von Urach zu unterscheiden.

Das Imperium und die germanischen Völker: Konfrontation und Integration

Vor Beginn der Völkerwanderung lassen sich folgende, als germanisch anzusprechende archäologische Kulturen zwischen Rhein, Donau und Weichsel ausmachen: vom Mittel- und Niederrhein bis zur Weser die rhein-wesergermanische; nördlich davon die nordseegermanische, an die sich die ostseegermanische in Jütland, auf den Dänischen Inseln und in Südschweden anschließt. Das Flußgebiet der Elbe südlich Stade und über die Altmark hinaus den Großteil Mitteldeutschlands sowie Böhmen, Mähren und die slowakischen Regionen nördlich der Donau umfassen die Siedlungsgebiete der großen elbgermanischen Kultur, die mit den Sueben bei Tacitus (c. 38–45) identisch sind. Zu ihnen, für die sich der Begriff »Kultverband« eingebürgert hat, gehörten die Langobarden, Semnonen, Hermunduren, Markomannen, Quaden und Naristen. In Ostmitteleuropa lassen sich zwei germanisch besiedelte Regionen archäologisch unterscheiden: die Willenberger/Wielbark-Kultur zwischen Pommern und unterer Weichsel, die man mit den Goten und Gepiden identifiziert, und die südlich davon zu lokalisierende Przeworsk-Kultur, die man mit dem Kultverband der Lugii/Vandili und dem späteren wandalischen Ethnikum gleichsetzt.

Die Ethnogenese der Langobarden an der Unterelbe (Bardengau) sowie der Wandalen, Goten und Gepiden an der Ostseeküste und der unteren Weichsel fällt in die jüngere vorrömische Eisenzeit (2.–1. Jahrhundert v. Chr.). Ob und in welcher Weise die Wanderung dieser Völker in südlichere Räume ihre politisch-gesellschaftliche Struktur – etwa durch das

Heerkönigtum – verändert hat, ist umstritten. Der zeitliche Wandel von Sachformen, den es zweifellos gegeben hat, muß aber nicht die Folge der Wanderungen gewesen sein. Vielmehr läßt die bemerkenswerte Identität von Kleidung und Grabbeigaben in den Aus- und Einwanderungsgebieten dieser germanischen Völker erkennen, daß sie ethnisch relativ konstant geblieben sind; dies ist auch der Grund, weshalb ihre Wanderwege von der Archäologie überhaupt rekonstruiert werden konnten. Wesentliche Veränderungen, d.h. Akkulturation, vollzogen sich erst in den neuen Siedlungsräumen: bei den Goten in der Nähe des Schwarzen Meeres unter dem Einfluß der griechisch-byzantinischen Kultur und bei den »Alamannen« nach der Okkupation des vom Limes geschützten römischen Dekumatenlandes zwischen Oberrhein und oberer Donau (259/60 n. Chr.).

Konstanz und Wandel der Germanen werden besonders deutlich in der eigentlichen Wanderungsepoche des 4. und 5. Jahrhunderts, als die ganz Europa, Kleinasien und Nordafrika erfassenden Völkerzüge und »Stammesschwärme« germanischer Heerkönige auch nichtgermanische Gruppen aufnahmen, ein Vorgang, der besonders klar an der »Wanderlawine« der Langobarden von der Unterelbe nach Pannonien und von dort nach Italien im 5. und 6. Jahrhundert erkennbar ist. Die Goten wanderten seit dem 2. Jahrhundert von der unteren Weichsel in einer ersten Expansionsphase an die mittlere Weichsel und von dort aus in die Ukraine (Pontusgebiet), wo sie seit dem 3. Jahrhundert eine relativ weiträumige Herrschaft aufbauten, die am Rand des Schwarzen Meeres bald unter hellenistischen kulturellen Einfluß geriet. Als auslösende Momente für die großen Wanderbewegungen seit dem ausgehenden 4. Jahrhundert kommen mehrere Faktoren in Frage, deren Relevanz jedoch unterschiedlich eingeschätzt wird. An der Nordseeküste lassen sich in dieser Epoche schwere Meereseinbrüche verbunden mit einer Klimaverschlechterung feststellen, die weite Marschenregionen unbewohnbar machten und zur Aufgabe sowohl der meeresnahen Wurtensiedlungen als auch zu starker Abwanderung führten. Zu einer völligen Entvölkerung ist es aber wohl nicht überall gekommen, wie z.B. die archäologischen Ergebnisse in Flögeln erwiesen haben. Dennoch lassen pollenanalytische Untersuchungen erkennen, daß es zwischen dem 4. und 8. Jahrhundert zu einem völligen oder teilweisen Aussetzen der Kulturpflanzen im Küstenbereich der Nordsee gekommen ist und damit zu einem enormen Siedlungsschwund. Neben den klimatisch bedingten Zwängen dürften auch die generelle Zunahme der Bevölkerung und die mit der stärkeren gesellschaftlichen Differenzierung gegebenen sozialen Spannungen zu Konflikten geführt haben, die junge Krieger unter einem Gefolgschaftsherrn zu Beutezügen ins Imperium und nachfolgend zur Eroberung von Siedelland veranlaßten. Soziale Differenzierung haben auch die vielen einzeln oder in Gruppen organisierten Germanen ausgelöst, die in zunehmendem Maße im spätrömischen Bewegungsheer dienten, dort Karriere machten und gleichzeitig in die Heimat verlockende Kunde vom zivilisatorisch blühenden Imperium vermittelten oder dorthin mit ihrer Beute und anderen anspruchsvolleren Vorstellungen von Lebensführung und Sozialprestige zurückkehrten. Art und Stärke der jeweiligen Motive zur Wanderung sind im einzelnen schwer einzuschätzen, denn schon in der mittleren Kaiserzeit beginnen mit den Markomannenkriegen – die in Innergermanien ähnliche Völkerbewegungen auslösten wie später die Hunnen – militärisch organisierte Invasionen ins Römerreich, und im 3. Jahrhundert zeichnen sich an dessen Nordwest- und Ostgrenze schwere Einfälle ab, die in den Grenzregionen einen ersten empfindlichen Kulturbruch bewirkten.

Es sollte dabei jedoch nicht übersehen werden, daß die römisch-barbarischen, in diesem Fall römisch-germanischen Beziehungen durchaus und über lange Zeiträume hinweg ambivalent und keineswegs nur von militärischer Konfrontation bestimmt waren. Es gab nicht nur die »Logik des Konfliktes, die die Barbarenfürsten an den römischen Staat band« (W. Pohl), denn ohne Vorbild, Prestige und Reichtum des Imperiums und ohne das römisch-militärische Training vieler germanischer Heerführer ist das oft rasche Wechselspiel zwischen Konfrontation einerseits und »Anerkennung und Integration« andererseits nicht adäquat zu erfassen, ein Wechselspiel, dessen Ausgang zur Neuordnung der westlichen Mittelmeerwelt durch germanische Herrschaften auf spätantiker Grundlage führte – womit das europäische Mittelalter eingeleitet wurde. Unter dem ostgotischen Amalerfürsten Ermanerich (gest. 370/375) erreichte die Gotenherrschaft am Pontus ihren Höhepunkt, aber auch ihr Ende.

Am klarsten scheint noch – außer der Einwanderung der Goten und Langobarden in Italien – eine ethnische Zuweisung für die Landnahme der Angeln, Sachsen und Jüten in Britannien seit dem frühen 5. Jahrhundert möglich, doch wird dies neuerdings in Frage gestellt. Ein weiteres Problem bei der Identifikation germanischer Wanderwege und der oftmals multiethnischen »Wanderlawinen« ergibt sich aus dem teilweise radikalen Wandel der stammesmäßigen Struktur der Germanen seit 121/122 n. Chr., als die schon vorher existierende Kette von Limes-Kastellen durch ein durchgehendes Mauer- und Grabensystem ergänzt wurde. Von seiten der Archäologie wie der Frühmittelalterforschung ist man davon abgekommen, die großen Durchbrüche germanischer Verbände im 3. Jahrhundert bereits »Alamannen« oder »Franken« zuzuschreiben.

Auf die Dauer war allerdings weder das vorwiegend friedliche Einsickern und die Niederlassung germanischer Bevölkerungsgruppen im Reichsgebiet aufzuhalten noch die kriegerische Eroberung. Es handelte sich um Verbände, die jeweils sehr verschiedenartige Stammessplitter umfassen konnten, ganz gleich, ob es sich dabei um *dediticii* oder bereits um *foederati*, also um Unterworfene oder Verbündete handelte. Die rapide Zunahme von Germanen im spätrömischen Bewegungsheer und die wachsende Instabilität des Imperiums seit der Reichskrise unter den Soldatenkaisern (235–284) beschleunigten die Entwicklung. Nachdem es schon zu einem bedrohlichen Vorspiel der Invasionen durch Kimbern und Teutonen (102 und 101 v. Chr.) gekommen war und die Einfälle der Markomannen und Quaden (166–180 n. Chr.) die Größe der Gefahr erkennen ließen, spitzte sich die Lage im 3. Jahrhundert zu: Goten besiegen 251 bei Abrittus (Razgrad in der Dobrudscha) den Kaiser Decius; Ostgermanen, vor allem die Heruler, fallen in Griechenland und Kleinasien ein; 271 erobern die Westgoten die Länder an der unteren Donau (Dacien) und germanische Verbände, die später als Alamannen zu identifizieren sind, durchbrechen zwischen 233/34 und 260 mehrfach den obergermanisch-rätischen Limes. Fränkische Verbände tauchen am Niederrhein auf und unternehmen gegen Ende des 3. Jahrhunderts wie die Sachsen zur See Raubfahrten entlang der gallischen Küste und sogar bis Spanien (Tarragona). Das erforderte dringende militärische Gegenmaßnahmen von großem Ausmaß, die wiederum die Binnenstruktur des Imperiums gravierend veränderten. Die diokletianisch-konstantinischen Reichsreformen haben den sich anbahnenden Prozeß der Auflösung des Imperiums immerhin um fast 200 Jahre aufgehalten oder zumindest verlangsamt.

Seit Kaiser Valens 378 bei Adrianopel Schlacht und Leben gegen die Westgoten verlor und diese später unter Alarich (gest. 410) und Athaulf (gest. 415) in Italien, Südgallien und Spanien einbrachen, die Wandalen und Alanen 406 durch Gallien nach Spanien und dann unter Geiserichs Führung 429 nach Nordafrika zogen, war das Ende bzw. die tiefgreifende ethnische Umstrukturierung des westlichen Imperium Romanum unaufhaltbar. Die dramatische Endphase dieser jahrhundertelangen Entwicklung, die man pauschal als Zeitalter der Völkerwanderungen bezeichnet, wurde durch den Einbruch der Hunnen ausgelöst, eines innerasiatischen Reitervolks, das nach Ptolemaios um 150 im pontischen Raum auftaucht, seit den 70er Jahren des 4. Jahrhunderts vermutlich das Gotenreich König Ermanerichs in der Ukraine und ebenso die Westgoten westlich des Dnjestr und in Teilen Rumäniens unterwarf.

Letztere zogen sich zum Teil in die Karpaten zurück, eine andere Gruppe, angeblich 200000 Personen, bat 376 um Aufnahme ins römische Reich, die Kaiser Valens zögernd bewilligte, worauf die Goten »wie Aschenregen des Ätna« ins Land drangen. Unter hunnischem Druck geriet die östliche Germanenwelt in Bewegung, teils im Gefolge diese Reitervolkes, teils gegen dasselbe. Wenige Jahre nach der vernichtenden Niederlage des Kaisers Valens bei Adrianopel bedrohten die Hunnen die Germanenvölker des Donau- Theiß- Beckens. Die Wandalen zogen seit 401 gegen Westen ab, Donausueben, Teile der Gepiden, Warnen und Sarmaten schlossen sich an. Bald danach verließen auch die Westgoten des Karpatenraums das Land, so daß sich 405 eine große Wanderlawine nach Italien ergoß, die der römisch-germanische Heerführer Stilicho mit Hilfe alanischer und hunnischer Verbände vernichten konnte. Stilicho hatte Truppen aus Nordostgallien und vom Rhein abgezogen und dadurch mittelbar den Einbruch germanischer Völker in Gallien ermöglicht. Erst 409 zogen Wandalen, Sueben und Alanen nach der iberischen Halbinsel ab, während die von der mittleren Oder ausgewanderten Burgunder nach einem Aufenthalt im Limesvorland, vielleicht im Neckar-Jagst-Gebiet (ca. 378–430), sich um Worms ansiedelten, wo sie wohl den Föderatenstatus erhielten. Wegen ihrer Beutezüge nach Innergallien bekämpfte sie der römische Heermeister Aëtius und siedelte sie nach 443 als Föderaten in der Sapaudia an, d.h. in Teilen Savoyens, in der Südschweiz und in einigen Regionen Südostfrankreichs, einem Raum, den sie durch Eroberung und im Einverständnis mit Theoderich dem Großen bis Lyon erweitern konnten. Die weiträumige Reichsgründung des Hunnenkönigs Attila (gest. 453), der auch zahlreiche Germanenfürsten unterworfen waren, brach 454 mit der entscheidenden Niederlage der Hunnen am Nedao in Pannonien zusammen, so daß es nach einer Auseinandersetzung mit den Gepiden vorübergehend zu einer Vormachtstellung der Goten im Donaubecken kam, die aber um 472 mit deren Abzug aus Pannonien nach der Balkanhalbinsel und 488/89 mit König Theoderichs (gest. 526) Eroberung Italiens endete. Nach der Abwanderung der Goten aus Pannonien konnten die Gepiden ihre Siedlungsgebiete an der Theiß und in Siebenbürgen nach Süden in die Pannonia II ausdehnen. Die Heruler tauchten um diese Zeit in Pannonien und Noricum ripense auf. Letztere Provinz stand um 480 unter der Herrschaft der Rugier, die das Nordufer der Donau besetzten und ein für die gesamte Wanderepoche wohl typisches Wechselspiel zwischen friedlicher Nachbarschaft und militärischer Aggression gegenüber den Resten römischer Herrschaft in Ufernoricum betrieben. Im quellenmäßig kaum aufgehellten, durch den Westzug der Germanenvölker entstandenen Machtvakuum Ostmittel- und Südosteuropas konnte sich dann seit der Mitte des 6. Jahrhunderts die awarische Herrschaft entfalten und in deren Gefolge die slawische Welt.

Der für die deutsche Geschichte entscheidende Umbau der germanischen Welt fand aber zweifellos am Rhein und an der oberen und mittleren Donau statt; er sollte sich dort als dauerhaft erweisen. Für die weitere Geschichte der germanischen gentes spielte auch der Bezug zu den jeweils gegenüberliegenden Zentren römischer Herrschaft und insgesamt die Faszination durch eine immer noch reiche, mittelmeerisch geprägte Hochkultur eine nicht zu unterschätzende Rolle. Für die später Franken genannten Gruppen waren wichtige »Anlaufstellen« für ihre Züge über die Rheingrenze hinaus Xanten, Köln und vor allem die Kaiserstadt Trier, für die später als Alamannen bezeichneten Heerhaufen Mainz, Straßburg oder auch Augsburg. Der zweite und im Endeffekt noch weitaus wichtigere Faktor bei der Ausbildung und Stabilisierung der späteren deutschen Stämme war die Integration aller germanischen Gruppen rechts des Rheins durch die fränkisch-merowingische Machtentfaltung des 6. und 7. Jahrhunderts, die sich ihrerseits in mehreren Phasen vollzog. Als Rechts- und Friedensgemeinschaften entwickelten die neuen Großstämme beiderseits des Rheins und der oberen und mittleren Donau eine große Lebenskraft und einen durch historische Traditionen festen Zusammenhalt, der ältere Wurzeln hat als das deutsche Volk und teilweise bis heute bewußtseinsbildend blieb. Man kann die Gegenwelt des *Imperium Romanum*, den Limes wie die dahinterliegenden tiefgestaffelten Zentren einer ausgereiften Hochkultur als Katalysatoren bei der Bildung der Großstämme betrachten, wobei auch ein chronologischer Aspekt zutage tritt, der die unterschiedliche Entwicklung von Franken und Alamannen verständlich macht. Das ältere Bild von der fränkischen Eroberung Galliens ist nämlich durch eine weiträumige archäologische Analyse der Grabfunde in entscheidender Weise modifiziert worden. Zwar gibt es in der Tat die frühen »fränkischen« Einfälle und Beutezüge über den Rhein in römisches Reichsgebiet, und der Einbruch von 350, bei dem angeblich 45 Städte erobert wurden, stellte zweifellos einen Höhepunkt dar, desgleichen die Plünderungen Triers im 5. Jahrhundert Dies scheinen aber eher Ausnahmesituationen gewesen zu sein. Entscheidend war jedoch, daß die Römer den späteren Franken, nachdem sie diese besiegt oder aufgehalten hatten, die Niederlassung in Gallien gewährten, indem sie sie nach ihrer Unterwerfung *(deditio)* als *dediticii*, als nunmehr geduldete, mit besonderen Aufgaben betraute Landesbewohner ansiedelten. Andere Gruppen wurden als Kriegsgefangene in geschlossene Siedlungen eingewiesen; es waren dies wohl die *laeti*. Die wichtigste Gräbergruppe, nämlich fränkisch-germanische Bestattungen mit Waffenbeigaben, die sich in Gemengelage mit gallorömischen Gräbern finden, deuten auf Gentilensiedlungen, d.h. Niederlassungen kleinerer germanischer Söldnergruppen und vielleicht auf Foederaten hin.

Dabei handelt es sich wohl zumeist um »Franken«, die sich freiwillig unter römische Verwaltung begeben haben oder als freie Söldner wie auch als fürstliche Gefolgschaften im römischen Dienst im Bewegungsheer und zur Grenzverteidigung verwendet wurden. Alles spricht eher für ein kontinuierliches Einsickern waffentragender Germanen als für lawinenartige Masseninvasionen, wenn auch das Faktum regionaler gewaltsamer Störungen dieses Vorgangs nicht zu leugnen ist. In diesem Zusammenhang ist auch der bemerkenswerte Aufstieg zuerst alamannischer, dann fränkischer wie insgesamt germanischer Truppenführer in die obersten Ränge des spätrömischen Heeres zu sehen, desgleichen Chlodwigs I. Ausgangsbasis als spätrömischer Regionalkommandant. Auf diese Weise bekamen die Franken wichtige und noch funktionierende Teile der römischen Reichsverwaltung schon als »Insider« in die Hand, und dies wiederum war eine essentielle Voraussetzung für Chlodwigs Reichsgründung, die letztlich nicht gegen die gallorömische Bevölkerung erfolgte. Jedenfalls hat die zahlenmäßig überlegene einheimische Bevölkerung die fränkische Herrschaft schließlich ohne organisierten Widerstand hingenommen. Die Bischofsstädte als entscheidende gallorömische Siedlungskonzentrationen wurden sehr bald auch feste Stützen der frühmerowingischen Herrschaft. Bei den Alamannen hingegen verlief die Entwicklung gegenüber dem Imperium wesentlich konfrontativer, und auch bei der Integration ins Frankenreich waren sie erst Objekte dieses Prozesses, ehe sie die neue politische Konstellation aktiv mitgestalten konnten. Dieser wichtige Unterschied zwischen Alamannen und Franken in ihrer Haltung gegenüber dem Imperium schlägt sich auch in der archäologischen Hinterlassenschaft beider Germanenvölker nieder: Die spätrömischen Traditionen sind bei den Franken stärker ausgeprägt, die germanischen eher bei den Alamannen, wo sie sich im Dekumatenland zwischen Oberrhein und oberer Donau offenbar besser erhalten haben. Sichtbares Zeugnis des grundsätzlichen Wandels fränkischer

Herrschaft in Gallien geben die Bestattungsarten Childerichs und seines Sohnes Chlodwig. Ersterer fand seine letzte Ruhe noch in einem jener monumentalen Königsgrabhügel nach germanisch-paganer Tradition – von mehr als 20 Pferdegräbern umringt –, wie sie sich noch später in den Königsgräbern von Alt-Uppsala finden. Dem Getauften von Reims wurde 511 bereits eine Bestattung in der Apostelkirche zu Paris zuteil, die bald danach das Patrozinium der heiligen Genoveva erhielt; er fand also im engsten Schutzbereich und Kultbau einer spätantiken Heiligen, in ihrer Kirche, seine letzte Ruhe und gab noch im Tode Zeugnis von der integrativen Kraft des Christentums unter den neuen Völkern auf römischem Reichsboden.

Was die ethnisch orientierte Siedlungsgeschichte des frühen Merowingerreiches anbelangt, ein Thema, das in den dreißiger und vierziger Jahren des 20. Jahrhunderts aus ideologischen Gründen zwischen der französischen und deutschen Geschichtsforschung heftig diskutiert wurde, so haben sich in den letzten Jahrzehnten interdisziplinär bedeutende Forschungsfortschritte ergeben, die besonders auch der modernen Landesgeschichte mit ihren regionalen Feinanalysen zu verdanken sind. Methodisch sorgfältig getrennt, erbrachten Archäologie, Siedlungsforschung und Ortsnamenkunde wichtige Erkenntnisse über das Neben- und Miteinander von Romanen und Germanen und über die fortschreitenden Integrations- und Assimilationsprozesse im Großraum zwischen Loire und Rhein sowie an der Donau. Für das spätere Lothringen hat man anschaulich von einer ethnisch-sprachlichen »Leopardenfellmusterung« gesprochen, wobei die romanische Bevölkerung zumeist in den baulich wie personell stark reduzierten Städten und deren weiterem Umland überlebte. Daß dabei die Bischofsstädte günstigere Überlebenschancen hatten als andere *civitates*, zeigt zur Genüge, daß der generelle Strukturwandel nicht nur materielle, beziehungsweise militärische, sondern auch religiöse wie kirchenpolitische Gründe hatte: Der Episkopat war dann eine der wichtigsten Säulen der merowingischen Königsherrschaft und konnte auch schon während den *incursiones barbarorum* Schutz gewähren, wobei die Heiligengräber und Märtyrerkirchen gegenüber den Barbaren eine wichtige Rolle spielten. Sie waren numinose Schutzbereiche, vor denen die Invasoren oft zurückschreckten. Weitere Ergebnisse der Siedlungsforschung erbrachten die umfassenden Analysen der merowingischen Gräberfelder wie die archäologische Erschließung der dazugehörigen Siedlungen, so daß sich jetzt ein sehr differenziertes, von Landschaft zu Landschaft wechselndes Siedlungsbild abzeichnet, das durch die Kenntnisse der Gelände- und Gewässernamen zusätzliche Stringenz erhält. Auch wenn Ortsnamenkunde, Sprache, Personennamen der Urkunden und archäologisches Substrat nicht immer klar einander zugeordnet werden können, bringt die methodische Verfeinerung aller beteiligten Fächer ein immer deutlicheres Bild der Siedlungsstruktur und ihres Wandels hervor; zu verschiedentlich geäußerter Skepsis besteht kein Anlaß.

Das Imperium Romanum in der Spätzeit

Äußere Expansion bis an Rhein und Donau: Romanisierung als Akkulturation

Im Nachfolgenden kann es sich nicht um einen Abriß oder gar um eine Darstellung der römischen Geschichte seit deren Eingriff in die keltisch-germanische Welt Mitteleuropas handeln, sondern nur um bestimmte Aspekte: nämlich erstens um die Römerzeit der Rhein-Mosel- und Donaulande und deren Einbindung in die antike Hochkultur und zweitens um jene Elemente, die wesentlich die Geschichte Deutschlands geprägt haben. Damit wird aber auch der umfangreiche Komplex all jener Probleme angesprochen, die mit der kulturellen Kontinuität zwischen Spätantike und Frühmittelalter in Zentraleuropa zusammenhängen.

Da in den folgenden Abschnitten gerade auf das Weiterwirken spätantiker Traditionen in Staat, Gesellschaft und Recht, in Technik, Wirtschaft und Handel, aber auch in Religion, Bildung und Literatur ausführlicher eingegangen werden soll, können hier knappe Hinweise genügen. Das gilt vor allem für die christliche Kirche als die stärkste überbrückende Kraft zwischen beiden Epochen. Nach dem Stande der Forschung erübrigt sich fast die Feststellung, daß die Jahrhunderte der römischen Herrschaft an Rhein und Donau keineswegs nur eine »Vorgeschichte« Deutschlands im landläufigen Sinne sind, sondern – wenn auch mit graduellen und regionalen Unterschieden und Abstrichen – ein *integraler Bestandteil* der deutschen Geschichte wie die gallorömische Ära eine wesentliche Voraussetzung der Entwicklung Frankreichs wurde. Das war schon deshalb so, weil die römische Formung dieser Regionen Europas sich nicht in deren zeitweiliger Okkupation, Beherrschung und Ausbeutung erschöpfte, sondern im Gefolge der militärischen Sicherung zugleich zu dauerhaften Innovationen in vielen Bereichen des politischen und sozialen Lebens und damit zu einer tiefgreifenden Umstrukturierung führte, ein Vorgang, der mit dem plakativen Begriff der »Romanisierung« kaum hinreichend zu charakterisieren ist. So bewirkte die verkehrsmäßige Erschließung durch ein bis an die Nordsee führendes, dauerhaftes Straßensystem und durch eine staatlich organisierte Flußschiffahrt mit einem für die damalige Zeit effizienten Post- und Transportwesen einen gut organisierten Verbund West- und Mitteleuropas mit der mittelmeerischen Hochkultur und ihren zivilisatorischen Errungenschaften. In Köln-Marienburg lag die Flotte der Rhein-Armeen *(classis Germanica)*, und viele Militärlager und Städte hatten eigene Häfen mit Kai-Anlagen und Magazinen. Unter den Mainzer Römerschiffen aus dem 1. bis 4. nachchristlichen Jahrhundert sind sowohl Kriegsschiffe als auch Typen für den Reiseverkehr und für den Transport von Schwerlasten. In der »Tabula Peutingeriana«, jener im 4./5. Jahrhundert entstandenen römischen Weltkarte, besitzen wir noch für die Spätzeit eine Übersicht des antiken Verkehrssystems, das mit dem *cursus publicus* auch für die Nachrichtenübermittlung wichtig war, weil es öffentlichen Charakter hatte.

Ein weiteres und dauerhaftes Charakteristikum römischer Herrschaft war der Auf- und Ausbau einer städtischen Zivilisation außerhalb der alten, mittelmeerischen Hochkulturen. Wenn auch die Kelten in ihrer Oppida-Kultur bereits wichtige Elemente des mediterranen Städtewesens aufgenommen hatten, so kam es doch erst jetzt zur vollen Ausbildung städtischen Lebens, sowohl was die bauliche Substanz als auch was die innere, ämtermäßige Organisation und deren Verknüpfung mit der überregionalen Reichsverwaltung betrifft. Mochte auch die ursprünglich der Stadt Rom nachgebildete Munizipalverfassung spätestens nach der diokletianischen Reichsreform empfindliche, mit Verlusten kommunaler Rechte verbundene Veränderungen erfahren haben, blieben dennoch die wesentlichsten Elemente des Idealtyps Stadt erhalten: ihre Zentralität und die politisch-administrative Überordnung gegenüber dem flachen Land sowie ihre militärische und teilweise auch ihre wirtschaftliche Funktion. Als Kultmittelpunkt gewann die Stadt mit dem Sieg des Christentums und besonders als Bischofssitz mit administrativen Kompetenzen zusätzliche Bedeutung. Die Kirchenorganisation hat damit in der Spätzeit politisch stabilisierend gewirkt und über die Existenz des Imperiums hinaus Elemente organisierter Staatlichkeit an die germanischen Völker und insbesondere an die Franken weitergegeben. In gewisser Weise vollendete die Kirche durch die schrittweise und seit Konstantin dem Großen und Theodosius I. forcierte Durchsetzung des Christentums als alleinige Staatsreligion die kultisch-politische Einheit des Reiches, auch wenn dies erst zu einem Zeitpunkt geschah, da Rom als allumfassende Weltmacht des erweiterten Mittelmeerraumes schon seiner teilweisen Auflösung entgegenging. Die Kirchenorganisation lehnte sich nicht zufällig an die reorganisierte, diokletianische Reichsstruktur an, sondern wurde mehr und mehr deren integraler Bestandteil. Die konservativen, bei den alten Göttern gebliebenen Senatorenkreise haben allerdings die offensichtliche zeitliche Koinzidenz von römischem Machtverfall und Christianisierung des Imperiums weidlich genutzt, um der Kirche die Schuld an der Katastrophenepoche der Völkerwanderung zu geben. Nichtsdestoweniger ist es gerade die von Konstantin dem Großen und seinen Nachfolgern schrittweise hergestellte spätere Einheit von Herrscher und Kirche gewesen, die über die germanischen Nachfolgestaaten Roms als verpflichtendes Erbe in die Welt des Mittelalters einging.

Die Kultur des Altertums ist in ihrem Wesen zunächst städtische Kultur gewesen, und dies gilt trotz aller substantiellen Verluste auch noch für die Spätantike, wobei im Osten das hellenistische Erbe mit seinem reich entwickelten Städtewesen prägend blieb. Im lateinischen Westen jedoch war die Urbanisierungspolitik der Kaiser ausschlaggebend, wobei zivilisatorischer Fortschritt, effektivere Verwaltung und damit Kontrolle Hand in Hand gingen. Es entsprach dem nüchternen Sinn römischer Staatskunst, daß im Zentrum der städtischen Architektur immer der Zweckbau für öffentliche Erfordernisse stand. In gewisser Weise gehörten auch die Augustustempel als offizielle Kultzentren der städtischen Gemeinschaft und ihrer Verknüpfung mit der obersten Staatsgewalt dazu. Die riesigen Wasserleitungen dienten nicht nur der extrem entwickelten antiken Badekultur, sondern waren auch, wie die planmäßige Anlage umfangreicher Entsorgungssysteme (Kloaken) und die Verlagerung der Friedhöfe in Gelände außerhalb der Stadt, unabdingbare hygienische Voraussetzungen für das Leben der Massen in den Großstädten.

Mit der Zerstörung zahlreicher antiker Fernwasserleitungen starben auch viele antike Metropolen, doch blieben auch manche Aquädukte in Benutzung, so in Trier und Bonn. Die weitläufigen Foren, Kaiserpaläste und die riesigen Arenen gehörten ebenfalls als Orte für Massenveranstaltungen, Kommunikation und Handel zu diesen politisch-öffentlichen Erfordernissen und stellten zugleich Monumente der staatlichen und kommunalen Repräsentation dar. Die Bedeutung der Stadtmauer war in der Epoche des »Kaiserfriedens« zurückgegangen. Seit den germanischen Invasionen, die unter Kaiser Gallienus (gest. 268) einen ersten Höhepunkt erreichten, wurden jedoch die Städte wieder ummauert, wobei man zugleich das städtische Areal verkleinerte und Reste der außerhalb liegenden Gebäude, Tempel und Grabbauten als Spolien in der neuen Befestigung verwendete. Parallel dazu kam es zur systematischen Ansiedlung germanischer Volksteile auf dem vielerorts preisgegebenen flachen Lande, dessen Agrarstruktur sich schon damals stark veränderte – etwa in den großen Latifundien, auf denen nunmehr der senatorische Adel ständig lebte, der sich aus den Städten zurückgezogen hatte. Auch in der Spätantike bleibt der Vorrang öffentlicher Nutzbauten: der Kastelle, Speicher, Ställe, Straßen, Brücken, Wasserleitungen und später der Zisternen, die nach Zerstörung der großen Aquädukte an Bedeutung gewannen.

Gerade mit der Wassertechnik und dem Bauwesen haben die Römer in den Provinzen entscheidende Fortschritte bewirkt: Siedlungen konnten jetzt auch in Hang- und Höhenlage mit Wasser versorgt werden, Steinbrücken über Rhein und Mosel förderten den Warenverkehr, Fußboden- und Wandheizungen (Hypokaustik) erleichterten der römischen Oberschicht das Leben in nördlichen Regionen. Mörtelgebundene Steinmauern, Gewölbekonstruktionen, Glasfenster und Ziegeldächer ermöglichten das dauerhafte Wohnen an einem geschützten Platz, ein Grunderfordernis städtischer Zivilisation.

Eng mit diesen materiellen Errungenschaften verknüpft, die das Staunen der Germanen erregten, waren die dauerhaften Folgen der römischen Verwaltungsorganisation, die am Anfang zwar vor allem Instrument der militärischen Okkupation sowie der fiskalischen Nutzung und Ausbeutung der Provinzen gewesen ist, die aber dennoch innovativ den bis zu einem gewissen Grade zentralistischen Überbau des Reiches mit den Erfordernissen der jeweiligen Regionen verband. Es gab erstmalig Ansätze zu einem geregelten Instanzenzug und zugleich den im allgemeinen erfolgreichen Weg, die verbliebene gentile Oberschicht Galliens und der Donauländer durch die systematische Ausweitung des römischen Bürgerrechts an die Interessen der Zentralgewalt zu binden. Es kam gleichsam zur »Verstaatlichung« älterer, vorrömischer Herrschaftsstrukturen, zu ihrem Einbau in das imperiale System. Das gilt vor allem für die neu entstehende Schicht des Senatorenstandes, der später besonders in Gallien durch Ämter, aber auch durch

Klientel und riesigen Landbesitz ein machtvoller Faktor beim Aufbau der fränkisch-merowingischen Reichsverwaltung werden sollte. Die fortdauernde Wirkung dieser wichtigen, durch Bildung und langes politisches Training qualifizierten Bevölkerungsgruppe läßt sich sowohl in der merowingischen Finanzverwaltung wie an der Übernahme römischer Rechtsvorstellungen in den *leges* der germanischen Nachfolgestaaten feststellen, in ganz besonderer Weise aber in ihrer lange Zeit ausschließlichen Rolle im fränkischen Episkopat. Was die Gesamtwertung des spätantiken Imperiums anbelangt, das schon seit Diokletians Staatsumbau eine wirksame Herrschaftsideologie entwickelte, so begegnet das verbreitete negative Urteil über den autokratischen, militaristischen »Zwangsstaat«, der wie ein großer Polyp »seine Fangarme über das ganze Reich ausbreitet«, zunehmender fachlicher Kritik.

Der zweifellos wachsenden Berufsbindung von Bauerntum, Handel und Gewerbe steht ein starker Rückgang der Sklaverei gegenüber. Das gilt vor allem für das kasernenmäßig organisierte Sklaventum der riesigen Latifundien, wofür sowohl das Aufhören der Eroberungskriege und damit der Rückgang des Angebots von Kriegsgefangenen auf den Sklavenmärkten verantwortlich war wie auch die engere Verbindung von Staat und christlicher Religion. Unbezweifelt bleibt, daß die schwere Belastung durch die drückenden Militärausgaben, die mit den zunehmenden Invasionen fremder Völker sowohl im Osten des Reiches wie an den Grenzen der *Germania* verbunden waren, ihre negative Rückwirkung auf Lebensstandard und Sozialverfassung haben mußten. Dieser bedrohliche Trend führte in der Endphase des westlichen Imperiums in weiten, teilweise germanisch okkupierten Gebieten zur Zerstörung der Infrastruktur und teilweise auch zur Entromanisierung, die durch den Rückzug der Senatorenschicht auf ihre Latifundien noch verstärkt wurde. Das gilt ebenso für den Rückgang des Städtewesens als der für die spätere deutsche Geschichte wichtigsten Innovation an Rhein, Mosel und Donau.

Es sollte nicht übersehen werden, welche kulturelle Bedeutung für den Aufbau des mittelalterlichen Europa gerade das Erbe der Spätantike hatte: Die Kodifizierung der Rechtskultur, das geistige Kommunikationsnetz der Reichskirche und ihre theologisch-philosophischen Leistungen, die neuen Formen in Architektur und bildender Kunst, die Verchristlichung der lateinischen Sprache und deren Wirkung auf die germanischen Völker im Rahmen der Mission und vieles andere weisen weit über das vom Humanismus allein favorisierte »klassische Erbe« hinaus. Der Vorgang der Rebarbarisierung, der an Rhein, Mosel und Donau besonders stark gewesen ist und mit gravierenden Umbrüchen und teilweise Abbrüchen der Besiedlung verbunden war, darf dennoch in keinem Fall heruntergespielt werden.

Immer noch ungeklärt sind letztlich die Ursachen des Endes bzw. der grundlegenden Umwandlung der Antike. Sicher wirkte hier eine Vielfalt von Momenten struktureller und ereignisgeschichtlicher Art zusammen. Es gibt »endogene« Faktoren, wobei seit Edward Gibbon immer wieder der Anteil des Christentums am politischen Niedergang des Imperiums betont wurde, ein Urteil, dem aber mit gewichtigen Gründen widersprochen wurde. Man hat sozialökonomische Ursachen angeführt, »Rassenverfall« oder Verschlechterung der physischen Lebensbedingungen, sowie »kulturmorphologische«, etwa das pflanzenhafte Aufblühen und Verwelken großer Kulturen. Letztere Vorstellung liefert aber kaum brauchbare Erklärungen, sondern bestenfalls phänomenologische Beschreibungen und Analogien von fragwürdiger Stringenz. Als »exogenen« Faktor hat man den wachsenden militärischen Druck auf die Reichsgrenzen und die nachfolgenden Invasionen angeführt, ebenso das demographische, technische und politische Erstarken der Germanen, wobei der Norden Europas den Römern als schier unerschöpflicher Mutterschoß neuer Völker *(vagina gentium)* galt. Die zeitlich und quantitativ anschwellenden germanischen Einbrüche ins Reich waren sicher ebenfalls wesentliche Faktoren.

Von Bedeutung war hier in besonderem Maße die merkliche Klimaverschlechterung im Nord- und Ostseebereich, die, verbunden mit einer starken Bevölkerungszunahme, die Südwanderungen auslöste. Verstärkt wurde dieser Vorgang auch durch den Druck der hunnischen Expansion seit der 2. Hälfte des 4. Jahrhunderts Es kam dabei zu beträchtlichen germanischen Völkerzügen quer durch Europa, denen die römische Militärmacht nur deshalb noch lange gewachsen war, weil immer mehr Germanen die Legionen auffüllten und höchste Chargen erlangten. Auch die Gleichzeitigkeit schwerer Invasionen fremder Völker im Osten und Westen des Reiches spielte sicher eine Rolle. Der Umschlag erfolgte dann mit einer gewissen Folgerichtigkeit, als germanische Heerführer als Usurpatoren oder Regionalherrscher auch die politische Macht an sich rissen: Insofern bestanden zwischen Germanenfürsten wie beispielsweise Stilicho, der *Magister utriusque militum* und Mitglied der kaiserlichen Familie war, und Odoaker, Alarich, Theoderich, aber auch Chlodwig nur graduelle Unterschiede. Mit Recht ist auch darauf verwiesen worden, daß »die Auflösung des Reiches nicht nur als gescheiterte Abwehr, sondern ebenso als mißglückte Einbürgerung der Germanen« (A. Demandt) gedeutet werden kann.

Die Völker des Mittelalters allerdings sahen diesen Vorgang kaum als radikalen Bruch, sondern fanden im Begriff der *Translatio Imperii* eine adäquate Formel für dieses welthistorische Phänomen des Übergangs.

Formen und Phasen römischer Herrschaft: Germanische Invasionen – Reichskrise – Der neue römische Militärstaat seit Diokletian und Konstantin dem Großen

Die Macht Roms etablierte sich in Mitteleuropa erstmalig in dem nordöstlichen Ausläufer der 122/21 v. Chr. geschaffenen *Provincia Gallia Narbonensis*, an dessen Grenze die Helvetier um den Genfer See siedelten. Um 70 v. Chr. tauchen in dieser Region auch germanische Völkerschaften unter ihrem Heerkönig Ariovist auf, den die Sequaner als westliche Nachbarn der Helvetier zur Unterstützung herbeigerufen hatten.

War die römische Republik bislang hier eher defensiv verfahren, so änderte sich dies mit Julius Caesar grundlegend, der die Helvetier unterwarf und Ariovist besiegte. Erstere zwang er zum Wiederaufbau ihrer Oppida; gleichzeitig dürfte er die mit den Helvetiern ausgezogenen Rauriker im Raum Basel angesiedelt haben. Das Bündnis mit diesen Völkern wurde hinfällig, als sich jene 52 v. Chr. dem großen Gallieraufstand unter Vercingetorix anschlossen. Nunmehr entstanden zur Sicherung des Landes römische Kolonien, doch die eigentliche Eroberung des Westalpenraumes und die Sicherung der Paßroute über den Kleinen St. Bernhard durch die Gründung von Aosta erfolgten erst zwischen 25 und 15 v. Chr. Seit Augustus und seinen Nachfolgern entstanden als Vororte einzelner *civitates* neben anderen die Römerorte Curia-Chur, Octodurum-Martigny und Sedunum-Sitten. Nach der Niederlage der Römer in der Varus-Schlacht 9 n. Chr. wurde die militärische Präsenz durch Legionslager verstärkt. Seit 86 n. Chr. kam es zur Organisation zweier Militärbezirke (Ober- und Untergermanien) an der Rheingrenze. Gleichzeitig entstand eine Finanzverwaltung, die den Übergang zu einer auf Städte gegründeten zivilen Provinzialverwaltung einleitete.

Den Großraum zwischen Alpen und Donau hatten lange vor der römischen Okkupation größere keltische Völkergruppen besiedelt: Östlich der Helvetier waren es die Vindeliker und andere rätische Gruppen, an die sich im Bereich der Ostalpen die weiträumige Herrschaft der Noriker anschloß, die Ober- und Niederösterreich, die Steiermark und Teile Sloweniens umfaßte. Diese Keltenvölker wurden aber seit dem 1. Jahrhundert v. Chr. vom Nordosten her durch germanische Stammesgruppen eingeengt, die sich über Böhmen und die Mainmündung hinaus bis an den unteren Neckar vorschoben. Unter Ariovist ließen sich um 70 v. Chr. Elbgermanen beiderseits des Oberrheins nieder.

Mit den Norikern hatte Rom wohl schon seit der Mitte des 2. Jahrhunderts v. Chr. einen Bündnisvertrag, der dann stufenweise zur friedlichen Eingliederung führte, während die Räter lange in Feindschaft verharrten und mehrfach nach Oberitalien einfielen. Diesem Zustand machte Rom im Zuge einer umfassenden Militäraktion unter Drusus und Tiberius im Jahre 15 v. Chr. ein Ende, die nicht nur die Donaulande betraf, sondern auch der endgültigen Stabilisierung der Grenze am Niederrhein diente. Während das Legionslager von Dangstetten am Hochrhein und wohl auch das von Augsburg-Oberhausen als Aufmarschlager angelegt und benutzt wurden, kam dem gleichzeitig errichteten Legionslager von Vindonissa-Windisch eine längerfristige Aufgabe zu. Dieses Lager und zahlreiche kleine Militärstationen wie der Auerberg bei Schongau, Kempten, Abodiacum-Epfach und Gauting bei München sicherten das eroberte Gebiet.

Über das Schicksal der einheimischen Bevölkerung wissen wir relativ wenig, doch läßt das Ende des Oppidums Manching, das schon vor der Ankunft der Römer weitgehend verlassen war, auf starke Einbußen schließen; eine völlige Entvölkerung fand aber nicht statt. Seit Kaiser Tiberius nach 16 n. Chr. weitere Eroberungspläne aufgab, übernahmen kleinere Garnisonen die militärische Sicherung südlich der Donau. Mit der Einsetzung eines kaiserlichen Prokurators unter Claudius (41–54) begann die reguläre, zivile Verwaltung

Rätiens. Das reiche Fundmaterial von Augsburg-Oberhausen belegt ein bedeutendes römisches Militärlager bereits für die Zeit zwischen 8–5 v. Chr. und 15–17 n. Chr. Nach heutigem Forschungsstand hat es wohl keine Siedlungslücke zwischen dem Oberhausener Militärplatz und der Zivilsiedlung gegeben, die etwa 15–20 n. Chr. einsetzte und unter Kaiser Claudius (41–54) als Augusta Vindelicorum (Augsburg) zur Hauptstadt der Provinz *Raetia* aufstieg. Militär- und Zivilsiedlung finden sich auch am Beginn von Castra Regina-Regensburg, das in der Zeit Marc Aurels (161–180) und Commodus' (178–192) ein bedeutender Stützpunkt römischer Herrschaft an der Donau wurde. Es war Sitz eines Legaten, dem sowohl der militärische Oberbefehl wie die Zivilverwaltung unterstand. Mit Brigantium-Bregenz, Cambodunum-Kempten, Augusta Vindelicorum-Augsburg, Castra Regina-Regensburg und Castra Batava-Passau wurde Rätien bis zum 2. nachchristlichen Jahrhundert sowohl verkehrsmäßig wie strategisch durch Coloniae, Municipia und Castra erschlossen wie auch durch den obergermanisch-rätischen Limes und die anschließende Donaugrenze gegen die Germanen gesichert. Obwohl in Cambodunum bislang keinerlei weiterführende Inschriften gefunden wurden, nimmt man doch wegen der beträchtlichen archäologischen Hinterlassenschaft an, daß diese mehrfach in römischen Quellen bezeugte Siedlung am rechten Iller-Hochufer das erste römische Verwaltungszentrum der Raetia Secunda vor Augsburg gewesen ist. Neuere Grabungen haben die Bedeutung dieses Ortes erwiesen.

Östlich des Inn entwickelte sich die Provinz Noricum offenbar ohne Bevölkerungsverluste, die Besiedlung im norischen Hauptort Juvavum-Salzburg geht ohne Bruch von der Spätlatènezeit in die römische Epoche über. Die Kärntner und Steiermärker Eisengewinnung war offenbar schon lange für die Römer wichtig, und daher war Schonung am Platze. Kaiser Claudius erhob die Orte Virunum am Zollfeld, Celeia (Celje), Aguntum bei Lienz, Teurnia-St. Peter im Holz und Salzburg zu Munizipien mit Selbstverwaltung. Mit dem Aufstieg Virunums als norischer Provinzhauptstadt dürfte es zusammenhängen, daß die Siedlung auf dem Magdalensberg bei Klagenfurt, ein Zentrum des Metallwarenhandels, am Beginn der 40er Jahre n. Chr. rasch zu Ende ging. Bis zu Kaiser Marc Aurel (161–180) erlebten die Donaulande eine Blütezeit, dann waren die jahrelangen Markomannenkriege und im Osten die schweren Kämpfe mit den Parthern erste Anzeichen einer existentiellen Bedrohung der Grenzen, die zur Verlegung italischer Legionen nach Noricum und nach Castra Regina-Regensburg zwang. Doch beruhigte sich die Situation seit Septimius Severus (193–211) wieder. Die durch Markomanneneinfälle entstandenen Schäden konnten beseitigt, Fernstraßen erneuert werden. Immerhin war es ein Vorklang auf spätere Zeiten, daß militärische Belange und Bedürfnisse nun stärker in den Vordergrund traten: Es gab jetzt Legionsziegeleien, etwa bei Bad Abbach, und die Straßen wurden durch Wachtürme gesichert. Für die Romanisierung Noricums wurden dann vor allem die Stadtgründungen Kaiser Hadrians (117–138) wichtig, der Vindobona-Wien, Carnuntum, Cetium-St. Pölten und Ovilava-Wels zu Koloniestädten erhob, während Lauriacum-Lorch erst unter Caracalla (211–217) diesen Status erhielt.

Im Westen hatte schon Julius Caesar den Rhein bis ans Meer gesichert, zweimal überschritt er 55 und 53 v. Chr. den Fluß. Eine verwaltungsmäßige Durchdringung der linksrheinischen Gebiete, verbunden mit Straßenbau und Truppenstationierung, fand aber erst seit der Statthalterschaft des Marcus Vipsanius Agrippa (39–37 u. 19 v. Chr.) statt. Unter Kaiser Tiberius (14–37 n. Chr.) wurde die linksrheinische Militärzone in zwei Distrikte mit je vier Legionen Besatzung geteilt: in die spätere *Germania superior* mit dem Zentrum Mogontiacum-Mainz, die bei Remagen endete, und in die *Germania inferior* nördlich davon mit dem Sitz des Legionslegaten in der Colonia Claudia Ara Agrippinensium-Köln. Die

Germania inferior wurde vom Meer und im Westen von der *Provincia Belgica* begrenzt. Die von Augustus ursprünglich erstrebte Elbgrenze war nach der siegreichen Schlacht des Germanenfürsten Arminius gegen Varus im Jahre 9 n. Chr. aufgegeben worden.

Der weit um sich greifende Bataveraufstand am Niederrhein und die inneren Wirren des »Vierkaiserjahres« 69 n. Chr. konnten durch Kaiser Vespasian (69–79) rasch überwunden werden. Am Oberrhein ließ er durch einen spektakulären Straßenbau von Straßburg über Offenburg, Tuttlingen und Augsburg nach Noricum die ältere Kastell-Linie an der oberen Donau neu sichern; ebenso gliederte er den Raum am oberen Neckar, einen Teil der Wetterau und den unteren Main dem Imperium ein. Nach einem erfolgreichen Krieg Kaiser Domitians gegen die Chatten entstand nach 83 eine vorgeschobene dichte römische Kastellkette, die das okkupierte fruchtbare untere Neckarland auf der einen und bedeutende Teile der Schwäbischen Alb und vor allem das Ries auf der anderen Seite (Alblimes) schützte. In der Mitte des 2. Jahrhunderts wurde die Kastellkette nochmals vorgeschoben und zwischen oberer Donau, oberem Neckar und Main- Lahngebiet das ausgedehnte Wall-Grabensystem und die rätische Mauer als rechtsrheinische Verteidigungslinie gegenüber der *Germania libera* angelegt. Für etwa 150 Jahre vermochte dieser Limes (Militärgrenze) den Invasionen germanischer Völker standzuhalten, so daß sich in dessen Schutz am Rhein eine Blüte provinzialrömischen Lebens zu entfalten vermochte, bis der Grenzwall seit 233 und vor allem seit 259 in mehreren Durchbrüchen von eindringenden Germanen überrannt wurde.

Die Limes-Kastelle nördlich der Donau wurden dabei schwer in Mitleidenschaft gezogen. Daß diese Kastelle mit ihren Garnisonen nicht nur militärische, sondern auch kulturelle Bedeutung hatten, zeigt der spektakuläre Tempelschatzfund von Weißenburg in Bayern (Biriciana), dessen qualitätvolle Bronzestatuetten, Silbervotive und Paraderüstungsteile bei alamannischen (?) Einfällen sorgfältig vergraben wurden. Zugrunde gingen damals auch wohlhabende Handelsplätze wie Nassenfels (vicus Scuttarensium) bei Eichstätt. Größere Siedlungen finden sich östlich des Lech innerhalb Bayerns in München-Denning, in Gauting (Bratananium), in Pöcking, in Seebruck am Chiemsee (Bedaium) sowie an der Donau: Günzburg (Guntia), Eining (Abusina), Straubing (Sorviodurum) und Künzing (Quintana). Der erste große germanische Einbruch 233 zerstörte vor allem Kempten-Cambodunum und außer dem schon erwähnten Biriciana das Kastell Pfünz (Vetoniana). Versteckfunde mit Sachgütern konnten in Kempten und Dambach geborgen werden; ein besonders bedeutendes Depot von Helmen, Rüstungen und Statuetten stammt aus Straubing, Silbergefäße fanden sich bei Manching.

Erst gegen Ende des 3. Jahrhunderts und besonders unter Kaiser Diokletian (284–305) konnte die Grenze auf der Linie Donau-Iller-Rhein erneut stabilisiert und durch Kastellbauten gesichert werden. Das während der Flavierzeit römisch gewordene Dekumatenland zwischen altem und neuem Limes mußte man jedoch den Alamannen überlassen. Damit brach auch in diesem Raum die städtische Zivilisation ab, die im Municipium Arae Flaviae-Rottweil, in *civitates* wie Sumelocena-Rottenburg und in zahlreichen, zumeist an Kastellplätzen entstandenen Kleinstädten *(vici)* wie Grinario-Köngen und insgesamt in den fruchtbaren Regionen des oberen und mittleren Neckar Fuß gefaßt hatte.

Am unteren Neckar war es vor allem Lopodunum-Ladenburg, das 259/60 in germanische Hand geriet, aber offenbar nicht völlig ausgelöscht wurde. Es erhielt in valentinianischer Zeit eine Brückenkopfbefestigung. Am Oberrhein entwickelte sich Argentorate-Straßburg neben Mogontiacum-Mainz zum wichtigsten militärisch-politischen Zentrum Obergermaniens. Es spielte in den letzten schweren Abwehrkämpfen Kaiser Julians gegen die Alamannen und Franken zwischen 356 und 360 eine wichtige Rolle als Rückgrat der römischen Grenzverteidigung. Ähnliches gilt auch für das wohl schon vor Kaiser Valentinian I. (364–375) errichtete Kastell Brisiacum-Breisach. Weiter nördlich hatte rechtsrheinisch Aquae Mattiacorum, der Vorort der Civitas Aquae Mattiacorum-Wiesbaden, wegen der heißen Quellen als früher römischer Badeort seit dem 1. Jahrhundert eine besondere Bedeutung. Infolge der Germaneneinfälle des 3. Jahrhunderts verkleinerte sich das besiedelte Stadtgebiet stark, eine begonnene spätantike Befestigungsmauer wurde wohl nicht mehr fertiggestellt. Dagegen gingen um 260 der Hauptort der Civitas Auderiensium-Dieburg und Nida, der Hauptort der Civitas Taunensium nördlich Frankfurt, bei schweren Alamanneneinfällen zugrunde.

Kernstück der römischen Verteidigung und Verwaltung war am Mittelrhein Mogontiacum-Mainz mit seiner Rheinbrücke und dem rechtsrheinischen Brückenkopf Castellum Mattiacorum-Kastel. Seit 13 v. Chr. ein festes Lager für zwei Legionen, war Mainz zusammen mit Castra Vetera-Xanten Basis für zahlreiche Feldzüge nach Germanien. Nordöstlich des Lagers schloß sich die bis zum Rhein reichende Zivilstadt an, deren Stadtmauer aus der Mitte des 3. Jahrhunderts stammt. Etwa 100 Jahre später wurde das Legionslager aufgegeben und die dadurch entstandene Mauerlücke der anschließenden Zivilstadt geschlossen. Als 406 Wandalen, Sueben und Alanen bei Mainz den Rhein überschritten, verlor die Stadt zwar ihre Bedeutung als strategisches Zentrum und Verwaltungsmittelpunkt Obergermaniens, doch bestand sie als Bischofssitz mit allerdings stark reduzierter Bevölkerung weiter.

Die Anfänge der Provinz *Germania inferior* gehen auf Julius Caesar zurück, der wohl schon im ersten gallischen Kriegsjahr 58 v. Chr. die Rheingrenze ins Auge faßte; dies vor allem deshalb, weil germanische Verbände immer wieder den Rhein überschritten und in die wechselvollen Kämpfe eingriffen. Die Stämme der Belger und die der Treverer beiderseits der Mosel widersetzten sich hartnäckig der römischen Okkupation, und erst nach der Niederschlagung des großen gallischen

Aufstandes unter Vercingetorix im Jahre 52/50 v. Chr. konnte sich die römische Herrschaft stabilisieren. Sie blieb längere Zeit eine rein militärische Besetzung mit schweren Tributzahlungen. Das Gebiet der Eburonen in der Kölner Bucht, deren Bevölkerung Caesar weitgehend dezimiert hatte, wurde 39/38 v. Chr. den mit Rom verbündeten Ubiern zugewiesen. Andere germanische Völker wie die Tenkterer und Usipeter zwischen Niederrhein und Nordsee und die Sugambrer zwischen Ruhr und Sieg konnten entweder zurückgeschlagen oder ebenfalls unter römischer Kontrolle angesiedelt werden. All diese Maßnahmen standen im Zusammenhang mit dem großangelegten Versuch des Augustus und seines Oberkommandierenden in Gallien, Marcus Vipsanius Agrippa (gest. 12 v. Chr.), die Grenze des Imperiums bis zur Elbe vorzuschieben. Die bereits erfolgte endgültige Eroberung und Sicherung des Alpenraums und Rätiens durch Drusus und Tiberius 15 v. Chr. erlaubte eine starke Konzentration der Legionen am linken Rheinufer, wobei als Bereitstellungsplätze Vetera-Xanten und Mogontiacum-Mainz, aber auch die Garnisonen in Noviomagus-Nijmegen, Novaesium-Neuss und Bonna-Bonn dienten.

In den nächsten Jahren fanden konzentrische Feldzüge gegen die *Germania libera* statt, die aber immer wieder im Osten durch gefährliche Angriffe des Dakerreiches, schwere Aufstände der Illyrer auf dem Balkan, aber auch wegen der wachsenden Bedrohung durch die Parther in Kleinasien unterbrochen werden mußten. Ein bleibender Erfolg blieb Rom versagt, da sich die germanischen Stämme unter Arminius und Marbod zu größeren Bündnissen zusammenschlossen und der römischen Militärstrategie eine hinhaltende Volkskriegstaktik entgegensetzten, die 9 n. Chr. in der Varusschlacht eine Wende herbeiführte; diese war trotz des Vergeltungsfeldzugs des Germanicus nicht mehr rückgängig zu machen. In der Folgezeit wurde die Rhein-Donaulinie für Jahrhunderte eine zwar im einzelnen veränderbare, aber dennoch prägende

Grenze zwischen dem Imperium und der germanischen Welt, hinter der sich dann die planmäßige Romanisierung entfalten konnte. Gleichzeitig vergrößerte sich aber auch der zivilisatorische Unterschied zwischen der einheimischen Bevölkerung beiderseits des Rheins: Der linksrheinischen Entwicklung, an der Kelten und angesiedelte Germanen gleicherweise beteiligt waren, wurde der Stempel einer überlegenen Zivilisation sehr entschieden aufgeprägt, während rechts des Stroms die spätlatènezeitlichen, d.h. vorwiegend keltischen Bewohner durch eine nordöstlich anschließende germanische Kultur überformt worden sind; dabei sind auch manche Oppida verödet. Auf diese Weise wichen ältere, gleitende Übergänge seit der Zeitwende einer relativ klaren und die nachfolgenden Jahrhunderte stark prägenden Kulturgrenze.

Besonders aufgeschlossen für römische Innovationen scheinen die Treverer gewesen zu sein. Unter Augustus gaben sie offenbar ältere Oppida wie den Titelberg in Luxemburg auf und fanden in der von Augustus um 16–13 v. Chr. gegründeten Colonia Augusta Treverorum-Trier ihren neuen politisch-verwaltungsmäßigen Mittelpunkt, ohne daß es zu einem radikalen ethnisch-kulturellen Bruch kam. Eine Neugründung ohne ersichtliche vorrömischen Vorläufer war die Colonia Claudia Ara Agrippinensium-Köln, die unter Marcus Vipsanius Agrippa während seiner ersten Statthalterschaft am Niederrhein 39/38 v. Chr. entstand und zunächst den Namen Ara Ubiorum trug. Sie war wahrscheinlich auch topographisch die Vorgängerin der Colonia Claudia Ara Agrippinensium, lag nahe dem nicht lokalisierten älteren Militärlager für zwei Legionen und hatte einen gesicherten Hafen. Während Trier und das mittlere Moseltal sowie Teile der Eifel und des Hunsrück ein beträchtliches Maß keltisch-römischer Kontinuität bewahrten und die Kaiserstadt vor allem ein ziviles Verwaltungszentrum war, gewann Köln in erster Linie als Rückgrat der Rheinverteidigung und der Offensiven gegenüber den Germanen seine Bedeutung. Wahrscheinlich sollte es Hauptort der bis an die Elbe gehenden, von Augustus geplanten großen Provinz Germanien werden. Die Bezeichnung der Militärsiedlung änderte sich, als die in Köln geborene Tochter des Feldherrn Germanicus und Gattin des Kaisers Claudius, Agrippina, diesen Ort 50 n. Chr. zur Colonia (Veteranen-Kolonie) erheben ließ. Als Provinzmetropole Niedergermaniens erlebte die Stadt nach der Niederwerfung des Bataveraufstands 69/70 bis zur großen Reichskrise der 2. Hälfte des 3. Jahrhunderts wie andere Städte am Rhein eine Blütezeit. Die Einwohnerzahl betrug mit den Gewerbebezirken vor der Stadtmauer etwa 20000; als Zentralort der Verwaltung gewann Köln sowohl wirtschaftlich als auch kulturell überregionale Bedeutung. Die nachfolgenden Germaneneinbrüche beendeten auch hier diese positive Entwicklung; Siedlungsareal und Bevölkerung gingen stark zurück. Selbst die Gunst Konstantins des Großen brachte im frühen 4. Jahrhundert keine grundlegende Erholung mehr, doch scheint Köln, vom Sonderfall Trier abgesehen, insofern eine Ausnahme gewesen zu sein, als sich offenbar ein höherer Lebensstandard und ein verfeinertes gewerbliches Können erhielt. Der Bau einer Rheinbrücke und des schützenden Kastells Divitia-Deutz auf der östlichen Seite des Stroms fallen in diese Restaurationsepoche, die aber 355 mit der zehn Monate währenden Besetzung und Plünderung Kölns durch die Franken ein abruptes Ende fand. Als städtische Siedlung wie als Bischofssitz ist die Stadt aber nicht ausgelöscht worden, und auch die gewerbliche Tätigkeit scheint sich in gewissem Umfang fortgesetzt zu haben. Um 98/100 n. Chr. wurde am Niederrhein von Kaiser Trajan die Colonia Ulpia Traiana-Xanten gegründet, vermutlich als Ersatz für den Abzug einer Legion aus dem älteren Militärlager Vetera, das schon vor der Offensive gegen die Germanen 12 v. Chr. entstanden war. Der Zerstörung der Colonia Ulpia Traiana im Jahre 351 folgte zwar noch eine unter Kaiser Julian errichtete Militärstation, die aber nichts mehr mit der untergegangenen Großfestung aus der Zeit Konstantins des Großen zu tun hatte.

Man muß immer damit rechnen, daß Kontinuität oder Diskontinuität der römerzeitlichen Besiedlung auch in kleineren Räumen sehr unterschiedlich sein konnten. Die kontinuierliche Belegung des Gräberfeldes unter dem Xantener Dom und seiner Immunität zwischen Spätantike und Frühmittelalter und ebenso des großen Gräberfeldes von Krefeld-Gellep (Gelduba) zwischen dem 2. und 7. Jahrhundert sprechen hier eine deutliche Sprache, desgleichen die Tatsache, daß mindestens noch in der ersten Hälfte des 4. Jahrhunderts Guts- und Bauernhöfe in der Kölner Lößbörde weiter bestanden oder sogar neu errichtet wurden. Ungeachtet dieser Feststellungen wird man, aufs ganze gesehen, dennoch einen merklichen Siedlungsrückgang annehmen müssen.

Die meist ungeschützten kleineren Siedlungen, vor allem die römischen Gutshöfe *(villae)* auf dem Lande, hatten seit den politisch-militärischen Krisen des 3./4. Jahrhunderts insgesamt schwer zu leiden. Darüber geben archäologisch erschließbare Brand- und Zerstörungshorizonte Auskunft, manchmal auch schriftliche Quellen. Der Historiker Ammianus Marcellinus nennt für die Zeit um 360 für die Rheinprovinzen die wichtigsten noch existierenden Städte. Es waren dies Tongern, Köln, Mainz, Worms, Speyer, Straßburg und Kaiseraugst. Um 425/30 zählt die *Notitia Dignitatum* für den Abschnitt des *dux Mogontiacensis* noch elf Grenzbefestigungen auf, die auch Zivilsiedlungen waren, nämlich Seltz, Rheinzabern, Germersheim, Speyer, Altripp, Worms, Mainz, Bingen, Boppard, Koblenz und Andernach.

Am Hochrhein und an der Donau hatte sich seit den Kaisern Valentinian I. (364–375) und Valens (364–378) die Lage wieder stabilisiert. Nach frühen vorausgegangenen Befestigungsanlagen unter Kaiser Probus wurde ein tiefgestaffeltes, auf steinerne Wachtürme und Kleinkastelle *(burgi)* gestütztes Verteidigungssystem geschaffen, wie es schon im Hinterland der *Germania I* und *II* entstanden war, das von Chur über Schaan, Bregenz, Kempten an die Donau bis Regensburg und

Passau führte. Schon durch die diokletianische Reichsreform (284–305) war Curia-Chur Hauptstadt der Raetia I, Augsburg Metropole der Raetia II geworden. In letzterem Zentrum scheint sich aber um die Märtyrerkirche der hl. Afra und vielleicht auch um den Dom christliches und damit städtisches Leben über das 4. Jahrhundert hinaus besser erhalten zu haben, als man bislang annahm. So problematisch die Reorganisation des Imperiums, wie sie von Diokletian begonnen und von Konstantin dem Großen vollendet wurde, auch in ihrer Wirkung auf die inneren Verhältnisse gewesen sein mag, sie verlängerte die Existenz des Reiches immerhin um zwei Jahrhunderte.

Umstritten sind freilich die Langzeitwirkungen der Reichsreformen, die mit Diokletians dezentralisierender »Tetrarchie« und zweimaligen Anläufen zu Währungsreformen (294 und 301) eingeleitet wurden und mit der Bekehrung Konstantins zum Christentum auch zu einem umstürzenden religiösen Wandel führten. Dieser erwies sich als welthistorisch bedeutsam, ganz gleich, ob man die Hinwendung des Kaisers als eher politisches Verhalten oder als echte Überzeugungstat interpretiert. Im einzelnen ging es vor allem um die durchgreifende Heeresreform, die zur Entstehung des effektiven Bewegungsheeres führte. Des weiteren und als notwendige Folge der militärischen Reorganisation und der Verstärkung des Beamtenapparates kam es zu einer Münz- und Steuerreform, die in ihren Auswirkungen kontrovers beurteilt wird. In der zeitgenössischen Literatur finden sich zahlreiche Klagen über die Höhe der Steuern und über die Härte, mit der sie eingetrieben wurden; sogar Standespersonen wurden rechtswidrig ausgepeitscht, wenn sie die Zahlungen verweigerten. Die Steuerfreiheit Italiens und der Provinzialstädte mit *ius Italicum* entfiel, dafür kam es zu einer gleichmäßigeren Verteilung der Steuerlasten, die aber dennoch drückend blieben und später sogar eine Flucht von Teilen der Bevölkerung in germanisch okkupierte Regionen auslösten. In Zweifel gezogen wird neuerdings die bisherige Meinung, es habe eine kollektive Steuerhaftung und eine Zwangsrekrutierung der Dekurionen, d.h. des städtischen Mittelstandes, gegeben. Ebenso umstritten ist, ob es eine Realteilung zwischen den römischen Grundbesitzern *(possessores)* und den überwiegend barbarischen einquartierten Soldaten gegeben hat *(hospitalitas)*, wie dies im Geschichtswerk Prokops (ca. 500–562) mehrfach ausdrücklich bezeugt ist, oder ob nach wie vor die Versorgung und Einquartierung der Truppen über eine fortbestehende und funktionsfähige Finanzverwaltung erfolgte. Für letzteres spräche, daß die Merowinger in ihrem gallorömischen Herrschaftsbereich das spätantike Steuersystem weiterführten, allerdings unter Anpassung an die veränderten Verhältnisse. Das bedeutete u.a., daß die Besteuerung der Bevölkerung bis in die frühmittelalterlichen Polyptychen nachweisbar ist, während sie seit Chlothar II. und Dagobert I. für die Oberschicht entfiel. Mit Blick auf das fortbestehende und unter Justinian sich regenerierende oströmische Reich, das jetzt der militante Träger der Reichseinheitsidee wurde, muß man wohl auch im Finanzwesen mit starken regionalen Unterschieden rechnen, vor allem, was dessen Effizienz und Fortleben anbelangt.

Die Ereignisgeschichte setzte schließlich ihre irreversiblen Zäsuren: Als der Wandale Stilicho als Reichsverweser des Westens zur Bekämpfung der Italien bedrohenden Goten unter Alarich nach 400 Teile des Bewegungsheeres von Rhein und Donau zum Schutz Italiens abzog, war kein Halten mehr. Das Zusammentreffen von innerer Krise und äußerer Bedrohung des Imperiums im Norden und Osten löste schrittweise den Kollaps des lateinischen Westens aus. Zwar hat Stilicho die Flußgrenzen im Norden nicht völlig von Militär entblößt, aber die Schwächung der Verteidigung genügte doch für einen gravierenden Wandel der Situation an Rhein und Donau. Die germanischen Völkerschaften auf Reichsboden verselbständigten sich mehr und mehr, und neue Stammesverbände besetzten die Regionen hinter den aufgegebenen Grenzsicherungssystemen. Was an römischer Zivilisation an Rhein und Donau sich noch erhalten hatte, mußte sich nun ohne den Schutz des Imperiums zu erhalten und den neuen Gegebenheiten anzupassen versuchen: Dies war dann – trotz substantieller Einbußen – die Stunde des Christentums und seiner Kirchenorganisation. Wie eng die Kirche und vor allem ihre gebildeten Eliten mit dem Schicksal des römischen Reiches verbunden waren, erhellt aus dem Entsetzen von Heiden und Christen über die Eroberung und Plünderung Roms im Jahre 410 durch den Gotenkönig Alarich. Der Kirchenvater Hieronymus konnte vor Schluchzen nicht mehr weiterschreiben, als er diese Schreckensnachricht erhielt, während Augustinus in seinem ideengeschichtlichen Hauptwerk »De civitate Dei« die Schuldzuweisungen der Heiden an die Christen zurückwies und der Katastrophe einen heilsgeschichtlichen Sinn abzugewinnen verstand. Der Kirchenhistoriker Orosius (ca. 380/85 – nach 417) versuchte in seinem Geschichtswerk den Fall Roms sogar bewußt herunterzuspielen. Er tat dies allerdings mit recht fragwürdigen Argumenten; tief betroffen waren die Häupter der Kirche jedoch alle.

Für die spätere deutsche Geschichte war aber das Weiterleben der Kirche und christlicher Gemeinden auf ehemals provinzialrömischem Boden ein Grundelement ihrer Entfaltung, ohne dessen Wirkung sie in weiten Bereichen völlig anders verlaufen wäre.

Umbau der Römerherrschaft am Rhein und Donau – Trier als Kaiserresidenz

Mit Recht hat man der Krise des Imperiums im 3. Jahrhundert und ihrer Bewältigung durch Diokletian und Konstantin den Großen große Bedeutung für die Endphase des westlichen Imperiums zugeschrieben, vor allem was den Strukturwandel in der Verwaltung wie im sozialen und kulturellen Leben anbetrifft. Militärisch allerdings bedeutete die Epoche zwischen Kaiser Julian (355–363) und den Kaisern Valentinian I. und Valens (364–378) noch einmal eine Atempause und eine Phase der vorübergehenden Regeneration an Rhein und Donau. Für die dortige Stadtkultur waren die Veränderungen insgesamt gravierend, die Blüte des 2. Jahrhunderts wurde nie wieder erreicht, die Städte reduzierten sich nicht nur räumlich, sondern verloren zu einem beträchtlichen Teil ihre Selbstverwaltung. Im Zuge solchen durch die Reichskrise bedingten Strukturwandels der Städte wurden diese Zentren der Lokalverwaltung und behielten damit ihre Bedeutung. Als Bischofsstädte gewannen sie sogar zusätzlich an regionalpolitischem Gewicht. Deshalb wird auch neuerdings die ältere Auffassung von einer totalen Reduktion des städtischen Areals bezweifelt. Es gibt Hinweise auf eine fortdauernde Besiedlung der suburbia in Spätantike und Frühmittelalter, auch konnte die Entwicklung unter dem Einfluß regionaler Faktoren von Fall zu Fall sehr verschieden verlaufen. Unbestritten bleibt, daß die bischöfliche Stadtherrschaft und die Rolle von Märtyrerkirchen und christlichen Kultstätten fast überall eine Verlagerung der Siedlungskerne innerhalb und außerhalb der antiken Stadtmauern bewirkte. Die Germaneneinfälle und die an die Substanz gehenden militärischen Anstrengungen gegen diese Invasionen wirkten sich gleichermaßen belastend auf die provinzialrömische Kultur aus. Dabei ist es sicher übertrieben, dem spätantiken Imperium die alleinige Schuld an dieser Entwicklung anzulasten, aber der negative Trend ist nicht zu übersehen. Das läßt sich am deutlichsten an der Entwicklung der wichtigsten städtischen Institution, der *curia*, dem städtischen Rat, ablesen, aus dessen Reihen seit der Prinzipatszeit die städtische Amtshierarchie der Quaestoren, Aedilen, Praetoren sowie der *duumviri* besetzt wurde. Die *curiales* oder *decuriones* rekrutierten sich aus den wohlhabendsten Bürgern, der Sitz im Stadtrat war lebenslänglich; sie waren von den *munera sordida*, d. h. physischer Arbeitsleistung befreit, mußten allerdings in der Notzeit des 3. und 4. Jahrhunderts an den Arbeiten zur Verteidigung mitwirken; von Leibesstrafen blieben sie verschont. Zu ihren Aufgaben gehörten nach dem Vorbild Roms die Verteilung der kommunalen Lasten und Leistungen *(munera)*, die Ordnung und Sauberkeit der Stadt, die Sicherung der Lebensmittelversorgung und die Preisüberwachung, aber auch das Kult- und Bildungswesen sowie die Vergnügungszentren wie Theater und Arenen. Mit der Militarisierung der Reichsgewalt seit der Krise des 3. Jahrhunderts wälzte der Staat in steigendem Maße finanzielle Lasten auf die Städte ab. Es war dies eine Entwicklung, die Kaiser Julian zwar während seiner Regierung teilweise rückgängig machte, die sich aber nach ihm noch verstärkte, so daß sich die Ehre, Curiale zu sein, zunehmend in eine schwere Belastung verwandelte. Besonders gravierend war die Haftung für das Steueraufkommen der Stadt, der die Curialen nur entrinnen konnten, wenn sie in die höheren Ränge des Reichsdienstes aufzusteigen vermochten, wo sie als Senatoren, *viri* clarissimi und illustrissimi zu einer steuerlich weitgehend exemten Oberschicht gehörten, in deren Hand Staatsverwaltung und Politik lag. Parallel dazu und kausal mit dieser personellen Ausblutung der Städte verbunden war die Flucht der Reichen auf ihre oft riesigen Latifundien, die sich zu Bezirken eigenen Rechts und zu Sonderverwaltungen mit eigenen Truppen *(bucellarii)*, also zu Staaten im Staate, auswuchsen. Dieses sogenannte »Patrozinienwesen« wirkte sich auch als wachsende Ausbeutung der Landbevölkerung, der *coloni*, aus, ein Zustand, den sowohl Bischof Johannes Chrysostomos (345/49–407), der Rhetor Libanios (314–393) wie auch der Kirchenschriftsteller und Presbyter Salvian von Marseille (gest. um 475) in schärfsten Worten geißelten. Die Versuche der Staatsgewalt, besonders Kaiser Valentinians I., diese die Gesellschaft sprengende Kraft des Patrozinium-Wesens durch die Einrichtung des Amtes eines *defensor plebis* und entsprechende Gesetze zu bekämpfen, erwiesen sich als wenig wirksam.

Man hat wohl zutreffend die Kombination politisch-fiskalisch motivierter Stadtflucht und Bedrückung der Landbevölkerung in den Latifundien als eine Mitursache für den Untergang des westlichen Imperiums bezeichnet. Inwiefern dies allerdings für die *Germania romana* gilt, muß dahingestellt bleiben, da es ja hier schon seit dem 3. Jahrhundert als Folge der Germaneneinfälle zu einem Rückgang der ländlichen einheimischen, weitgehend schutzlosen Bevölkerung und gleichzeitig, wenn auch regional sehr unterschiedlich, zu einer Okkupation weiter Landstriche durch germanische Eroberer gekommen war. Der politische und soziale Gegensatz zwischen Stadt und Land hatte hier teilweise andere, nämlich auch ethnische Ursachen als in den mediterranen Kerngebieten des Imperiums.

Inseln der *Romania* bildeten nach wie vor besonders die Städte und ihr Umland, doch gab es im späteren deutschen Siedlungsgebiet eine größere Region, wo sich aufgrund einer herrschaftlichen Sondersituation die strukturelle und kulturelle Rückbildung und teilweise Rebarbarisierung noch nicht durchsetzen konnte, wo vielmehr nach der Reichskrise des 3. Jahrhunderts eine geradezu hektische Blüte römischen Lebens neu einsetzte, die bis ins 5. Jahrhundert währte: Es war dies die Formation des *Trierer Kaisertums*, das sich dann mit der konstantinischen Dynastie zu weltgeschichtlicher Bedeutung erheben konnte. Dabei darf nicht übersehen werden, daß Trier weniger in Parallele zu den militärisch geprägten Metropolen Ober- und Niedergermaniens, Mainz und Köln, zu sehen ist, sondern eher zu den zivilen Städten Lyon und Bordeaux. Alle drei waren im 3. Jahrhundert die Verwaltungszentren der großen innergallischen Provinzen Belgica, Lugdunensis und Aquitania. Trier überragte also schon in dieser Epoche als Metropole alle anderen Städte am Rhein und wurde daher an der Wende vom 3. zum 4. Jahrhundert nicht zufällig Kaiserresidenz. Politisch-strategische und wirtschaftliche Faktoren kamen hinzu, denn die Moselstadt war schon unter

Kaiser Maximian zwischen 286 und 293 dessen wichtigste Residenz gewesen und damit fester Standort kaiserlicher Elitetruppen geworden. Die tetrarchische Neuordnung des Reiches durch Kaiser Diokletian (284–305) war durch den zwangsläufigen Wandel der Reichsstruktur unter dem Eindruck schwerer Invasionen im Osten und Westen sowohl vorgegeben wie auch dringend nötig. Das galt auch für Trier und die Region an der mittleren Mosel, die seither ins Zentrum des großen politischen Geschehens rückten.

Die germanischen Völker, deren Angehörige inzwischen einen beträchtlichen Teil des mobilen römischen Heeres und dessen Offizierscorps stellten, waren ganz offensichtlich gut über die fast permanenten inneren Rivalitäten der Kaiser in West und Ost sowie über die Erfolge von Usurpatoren informiert, desgleichen über Truppenverschiebungen. Schon das gallische Sonderkaisertum (ca. 259–285) war in gewisser Weise ein Ergebnis der Dauerkonfrontation mit den Germanen gewesen. Diokletian erkannte dann aber, daß nur die Teilung kaiserlicher Gewalt in den bedrohten Regionen effektive Verteidigung ermöglichte, als er im Westen 286 seinen Mitstreiter Maximianus zuerst zum Caesar und dann zum Augustus erhob, der dann auch gleich von Trier aus 287/88 einen schweren fränkischen Angriff zurückschlug und einen Verwüstungsfeldzug ins Rechtsrheinische unternahm. Mit dessen Nachfolger in Trier, C. Flavius Valerius Constantius Chlorus (d.h. der »Bleiche«), verfestigte sich die Rolle Triers als Regierungssitz. Constantius, der schon unter Maximianus Caesar gewesen und mit der Verteidigung der Nordwestgrenze betraut war, warf am Niederrhein die Franken zurück und eroberte 289 in einer wohl mit Diokletian abgestimmten Zangenbewegung zeitweilig die damals erstmals erwähnte *Alamannia*. Nach dem Rücktritt der beiden Augusti Diokletian und Maximian im Jahr 305 folgten ihnen Constantius im Westen und Galerius im Osten. Beim Tode des ersteren wurde sein Sohn Konstantin am 25. Juli 306 vom Heer zum Augustus ausgerufen und konnte sich in einer Reihe von Feldzügen gegen Maximian, dessen Sohn Maxentius und gegen Licinius zum neuen Alleinherrscher aufschwingen. Gleichzeitig warf er die wieder eingedrungenen Germanen zurück und ließ für seine Feldzüge rechts des Niederrheins die Brücke bei Köln und das rechtsrheinische Sicherungskastell Divitia-Deutz erbauen.

Bereits um 269 war die kaiserliche Münzstätte für vier Jahre von Mainz nach Trier verlegt worden. Seit 293, als Constantius Chlorus als Caesar residierte, wurden dort fortlaufend Münzen in Gold, Silber und Bronze geprägt. Unter seinem Sohn Konstantin kam es dann zur Restaurierung und zu Neubauten in der Stadt, die im 4. Jahrhundert zur sechstgrößten Stadt des Imperiums avancierte und in deren weiteren Umland auch offene Siedlungen wie Ehrang überdauerten. Konstantins großzügige Stadterneuerung und -erweiterung gilt vor allem für die Großbauten: etwa den Ruwertal-Aquädukt aus dem 2. Jahrhundert, der jetzt erneuert wurde. Älteren Datums waren die umfangreichen Thermen, das Forum, das Amphitheater (um 100) und der gleichzeitig erbaute Zirkus und ebenso die Stadtmauer mit ihren gewaltigen Torbauten, vor allem der Porta Nigra aus dem letzten Drittel des 2. Jahrhunderts. Die mächtigen Bauwerke seit Konstantin dem Großen veränderten das Stadtbild. Ganze Stadtviertel wurden niedergelegt, um auf einem Areal von 800 mal 350 m eine imperiale Residenz zu errichten, von der die Thermenanlage, die zwischen 305/11 erbaute Palastbasilika sowie Wohnpaläste nachweisbar bzw. erhalten sind. Die umfangreichen Speicherbauten für die Großstadt in Oeren *(ad horrea)* entstanden im 4. Jahrhundert. Die ausgedehnten frühchristlichen Anlagen im Bereich des heutigen Doms, die man mit Kaiser Konstantin und seiner Mutter Helena in Verbindung bringt, passen nach Umfang und Ausstattung zum imperialen Charakter der Stadterneuerung, wie er sich auch in der Palastbasilika manifestiert. Der sogenannte Quadratbau, der Kern des Doms, dürfte schon in konstantinischer Zeit begonnen worden sein. Auch die große Kirchenanlage von St. Maximin nördlich der Stadtmauer könnte auf Konstantin zurückgehen. Hingegen entstand der Kirchenbau von St. Paulin erst unter Bischof Felix (386–398/99). Die ersten Trierer Bischöfe Eucharius und Valerius gehören mit großer Wahrscheinlichkeit in die 2. Hälfte des 3. Jahrhunderts; nach ihrer Translation um 454 ist ihr kontinuierlicher Kult in St. Matthias gesichert.

Trier allein hat an Rhein und Donau eine ununterbrochene Bischofsliste. Nirgends manifestiert sich die Kontinuität von Kult und kirchlicher Bausubstanz reicher als in dieser Stadt; in gewissem Abstand folgt das römische Köln. In beiden Fällen war es der Impetus Kaiser Konstantins und seiner Nachfolger, der hier das überdauernde Gehäuse christlichen Lebens festigte. Auch die Bautätigkeit in Köln war mit der Eroberung durch die Franken 355 nicht erloschen. Das großzügig gebaute Prätorium wurde 392/94 erneuert, etwa zur selben Zeit entstand der monumentale Zentralbau der Märtyrerkirche »Ad sanctos aureos« (bei den goldenen Heiligen), wie sie Gregor von Tours nennt, heute St. Gereon. Auf dem Areal einer kaiserzeitlichen Nekropole entstand im späten 4. oder frühen 5. Jahrhundert durch Umgestaltung eines Vorgängerbaus eine Kirche, das frühmittelalterliche Stift St. Severin. Dies und die Weiterbelegung des römerzeitlichen Friedhofs bis ins 8. Jahrhundert spricht für einen relativ bruchlosen Übergang in die Merowingerzeit.

Unter den Kaisern Julian (355–363) und Valentinian I. (364–375) gelang es noch einmal, Franken und Alamannen in schweren Kämpfen zurückzuwerfen; letzterer konnte sogar seit 369 ein erneuertes, gestaffeltes Festungssystem aufbauen. Sein Sohn Gratian (375–383) war der letzte dauernd in Trier weilende Kaiser, Valentinian II. (375–392) residierte nur noch zeitweise dort, ab 391 aber in Mailand bzw. Vienne. Die neuerlichen germanischen Invasionen seit Beginn des 5. Jahrhunderts setzten den Schlußpunkt; die Rückverlegung der gallischen Präfektur von der Moselstadt nach Arles zog die verwaltungstechnische Konsequenz aus dem allgemeinen Umbruch.

Die Datierung des Rückzugs der Trierer Verwaltungen nach Mailand bzw. Arles ist umstritten. Nimmt man innerrömische Auseinandersetzungen als Ursache an, dann dürfte er 394/95 erfolgt sein. Waren jedoch – was wahrscheinlicher ist – die Barbareneinfälle von 406/07 das auslösende Moment, dann gehört die Rückverlegung zentraler Institutionen in den Beginn des 5. Jahrhunderts. Die römische Herrschaft war danach zwar nördlich der Alpen noch vorhanden und konnte sich sogar unter dem Heermeister Aëtius (429–454) noch einmal stabilisieren, doch blieben große Regionen germanisch besetzt oder infiltriert, ganz gleich, ob die neuen Völker durch kriegerische Eroberung oder, einigermaßen integriert, aufgrund von Föderatenverträgen im Lande lebten und sogar zur Abwehr weiterer Germaneneinfälle eingesetzt werden konnten, wie dies bei den Franken der Fall war. Für die Zukunft sollte es sich als besonders wichtig erweisen, daß vor allem die fränkische Völkergruppe, weniger auch die Alamannen, genügend Zeit und Gelegenheit hatten, sich mit dem Erbe römischer Kultur und Verwaltungspraxis, so fragmentarisch es auch in weiten Gebieten damals schon gewesen sein mag, vertraut zu machen. Es fand, wenn auch regional sehr unterschiedlich, eine wechselseitige Annäherung, Symbiose und schließlich eine Integration statt, die zu einer neuen Kultur, nämlich der des Frühmittelalters führte. Der verschiedentlich verwendete Terminus »fränkische Reichskultur« dürfte aber zu hohe Erwartungen wecken. Es handelt sich im wesentlichen um Integrations- und Assimilationsphänomene von allerdings nachhaltiger Wirkung.

Wesentlich schwieriger als an Rhein und Mosel läßt sich ethnische und kulturelle Kontinuität zwischen Spätantike und Frühmittelalter an der Donau in Rätien und Noricum nachweisen. Eine gleichsam »flächendeckende« Fortdauer provinzialrömischen Lebens ist ohnehin nicht anzunehmen; diese ist bestenfalls im Bereich spätrömischer Festungen gegeben. Vor allem gilt dies für Regensburg, aber auch etwa für Eining-Kelheim und wohl auch für Alkofen und Steinkirchen, desgleichen für Neuburg an der Donau, Straubing, Künzing und Passau-Batavis, Passau Boiotro, wobei die vier zuletzt genannten Plätze Neugründungen der spätrömischen Zeit waren. Bei den älteren, mittelkaiserzeitlichen Kastellen war es zumeist so, daß verkleinerte Besatzungen nur noch einen Teil des Festungsareals belegten, wodurch sich die auf dem Lande von den Germanen bedrohte Bevölkerung in freigewordenen Lagerräumen ansiedeln konnte. Man hat dafür den nur scheinbar widersprüchlichen Begriff der »gebrochenen Kontinuität« (V. Bierbrauer) geprägt. Ein Rückgang der Bevölkerung ist seit den Alamanneneinfällen des 3. Jahrhunderts überall festzustellen; erst im 6./7. Jahrhundert kommt es zu einer Umkehr der Entwicklung. Eine Fortdauer politischer Strukturen ist bislang an der Donau nicht erkennbar; dies dürfte jedoch im Salzburger Raum und in Binnennoricum der Fall gewesen sein. In den Grenzkastellen im Donaugebiet waren zumeist nicht mehr die Nachkommen der ursprünglichen keltoromanischen Bevölkerung, sondern romanisierte Germanen stationiert. Ebenso scheint es auch für den bayerischen Donauraum charakteristisch zu sein, daß seit der zweiten Hälfte des 4. Jahrhunderts die Besiedlung des flachen Landes aufhört: ein Zustand, den für das ausgehende 5. Jahrhundert die »Vita Severini« drastisch schildert. Feldbestellung ist meist nur noch in Nähe der Festungen unter militärischem Schutz möglich, desgleichen ist man auf Lebensmittelzufuhr auf der Donau angewiesen.

Wichtiger Ort für die Kontinuitätsfrage an der Donau ist zweifellos die spätantike Festungsstadt Regensburg. Das ursprüngliche Römerlager in Kumpfmühl, das unter Kaiser Trajan (98–117) entstanden war, wurde dann für die 3. Legion durch ein gewaltiges *castrum* unter Kaiser Marc Aurel (166–180) ersetzt. Es ragt allein schon mit seiner Fläche von 24,6 ha unter allen anderen Befestigungen des Donaugebiets hervor, desgleichen durch seine repräsentative massive Bauweise. Einen schweren Bruch brachten die Alamanneneinfälle des 3. Jahrhunderts, aus denen eine räumlich und besatzungsmäßig reduzierte Festungsstadt Castra Regina hervorging, die ihrerseits durch den Juthungeneinfall von 357 stark geschädigt wurde. Der danach erfolgende Wiederaufbau führte zu einer weiteren Reduktion des bebauten Innenraums, wobei ein neues, elbgermanisches Bevölkerungselement auftaucht. Ob dieses aus Böhmen kam und für die Ethnogenese der Bajuwaren bedeutsam wurde, ist umstritten. Bedeutsam bleibt auch für unseren Zusammenhang, daß es zu keinem plötzlichen Abbruch des römischen Fundgutes kam, daß also mit einem Nebeneinander, vielleicht sogar Miteinander von einheimischer Bevölkerung und Germanen zu rechnen ist. Organisatorische Form dürfte es jedoch – wenn überhaupt – nur im kirchlichen Bereich angenommen haben. Man vermutet, daß es sich bei den Kastellbesatzungen um germanische Föderaten handelt, die bis spätestens 476 den Grenzschutz an der Donau wahrgenommen haben. Für eine fortdauernde Besiedlung Regensburgs spricht überdies, daß ein umfangreiches römisches Gräberfeld mit großer Wahrscheinlichkeit kontinuierlich durch eine römische bzw. romanisierte Bevölkerung bis ins Frühmittelalter hinein belegt worden ist.

Ähnlich verlief die Entwicklung in Straubing, dessen Kastell drei Gräberfelder sowie das nur drei Kilometer entfernte Gräberfeld Straubing-Bajuwarenstraße zugeordnet sind. Um 400 wurde es mit einer elbgermanischen, vielleicht aus Böhmen kommenden Besatzung belegt. Die dort anwesenden Föderaten dürften nach dem Ende der Römerherrschaft, d.h. nach 476, das Kastell verlassen und sich auf dem fruchtbaren Gäuboden angesiedelt haben. Auch das in der »Vita Severini« erwähnte Quintanis-Künzing läßt einen kontinuierlichen Übergang der Siedlung von römischer in bajuwarische Zeit erkennen. Unklar ist die Situation in Passau/Batavis und Passau/Boiotro-Innstadt. In Batavis, der Passauer Altstadt, gehen bislang die Funde in spätantik-romanischer Tradition nicht über das 5. Jahrhundert hinaus, doch deuten Funde aus einem Körpergräberfeld im Domhof auf eine kontinuierliche Belegung von der Spätantike bis ins Frühmittelalter; auch die Fortdauer des Siedlungsnamens würde für Kontinuität sprechen. In Boiotro-Innstadt entstand am Ende des 3. Jahrhunderts, nach den Alamanneneinfällen, ein trapezförmiges Kastell mit mehrgeschossigen Arkadenreihen, in das wahrscheinlich das in der »Vita Severini« erwähnte Kloster eingebaut wurde. Da im weiteren Umfeld nirgendwo Siedlungsunterbrechnung festzustellen ist, wird man auch hier eine »gebrochene Kontinuität« annehmen dürfen. Wie sich allerdings die Dinge nach der Brandkatastrophe am Ende des 5. Jahrhunderts, von der auch die 150 m entfernte Johanneskirche – der Standort der heutigen Severinskirche – betroffen war, konkret weiterentwickelten, muß vorläufig offen bleiben. Allgemein ergibt sich als Gesamtsituation an der Donau, daß nach dem Zusammenbruch des weströmischen Reiches ein »Macht- und Bevölkerungsvakuum« entstand, das nach der Mitte des 5. Jahrhunderts von alamannischen und thüringischen Volksteilen zumindest teilweise aufgefüllt wurde. Sie waren die vermutlich wichtigsten Komponenten bei der Ethnogenese der Bajuwaren.

Für die zentrale Frage der kulturellen Kontinuität zwischen Spätantike und Mittelalter stellt sich insgesamt im Bereich der *Germania romana* als neuer Aspekt die Frage, in welcher Weise die materiellen Relikte der Antike, Verwaltungsgebäude, Tempel, Bäder, Villen, Thermen, Aquädukte und Befestigungsanlagen, fortbestanden. In welcher Weise wurden sie weiter verwendet, umfunktioniert oder lediglich als »Steinbrüche« für den mittelalterlichen Städtebau benutzt? Gleichzeitig geht es um das mentalitätsgeschichtliche Problem, in welchen neuen, nämlich christlichen Verständnismustern waren diese Überreste im Bewußtsein des Mittelalters, d.h. in dessen schriftlichen Quellen vorhanden? Bei allem Erstaunen über die hohe Qualität der Relikte: des Baumaterials, der Kunstwerke, Münzen, Gebrauchsgegenstände und Gläser, die immer wieder zutage kamen, festigte sich doch seit dem 7./8. und 9. Jahrhundert das Bewußtsein, daß die Römerzeit eine abgeschlossene, ferne Epoche war. Aus Tempeln wurden Kirchen; Klöster wie Luxeuil oder St. Irmina in Trier/Oeren richteten sich in ruinösen antiken Baukomplexen ein, Wasserleitungen wurden restauriert oder als wertvolles Baumaterial anderweitig verwendet und sogar über weite Strecken exportiert. Insgesamt gab es bis ins Hochmittelalter eine bemerkenswert differenzierte Wahrnehmung der teilweise monumentalen Baureste, die im Frankenreich sogar einen kirchenpolitischen Aspekt haben konnte, nämlich bei den heftigen Auseinandersetzungen mächtiger Bischofskirchen um eine primatiale Stellung innerhalb der Kirchenorganisation. Der Hinweis auf die römische Vergangenheit von Bischofstädten wurde in Trier, Reims und Mainz zum wichtigen Argument für die Anciennität und damit für die Vorrangstellung einer Kathedralkirche. Seit dem 12. und besonders im 13. Jahrhundert trat mit dem Ausbau großer mittelalterlicher Städte ein starker Substanzverlust bei römerzeitlichen Überresten ein; man hat in diesem Zusammenhang sogar von einer Überwindung der Antike durch die Gotik gesprochen.

B

Die Franken: Invasoren als Reichsgründer

Das fränkische Großreich der Merowinger (511–714)

Vom Wanderkönigtum zur Regionalherrschaft

Das fränkische Großreich darf als die historisch wichtigste Reichsbildung seit dem Ende der Antike gelten. Sie war das Ergebnis eines Bündnisses und bald auch der Verschmelzung des fränkischen Stammesbundes und seiner Führungsschicht mit der gallorömischen Aristokratie. Ungeachtet der schrittweisen militärischen Eroberung Galliens durch die Franken wurde diese alte aristokratische Oberschicht, die als Latifundienbesitzer, Bischöfe und Stadtherren mächtig und einflußreich blieb, bald eine feste Stütze der fränkischen Monarchie. Letztere wiederum war das Ergebnis einer längeren Entwicklung, die unter den Königen Childerich (gest. 481/82) und Chlodwig I. (gest. 511) zum »fränkischen Reichsvolk« führte. Erstmalig tauchen die Salier (Salfranken) als Kerngruppe der Franken 358 in römischen Quellen auf. Der Historiker Ammianus Marcellinus berichtet vom Kampf Kaiser Julians (331–363) gegen die fränkischen Invasoren folgendes: »Nach diesen Vorbereitungen [Julians] wandte er sich zunächst gegen die Franken, die man gewöhnlich als Salier bezeichnet; sie hatten sich vor längerer Zeit erfrecht, auf römischem Boden in Toxandrien ihre Wohnsitze einzurichten.« Julian besiegte sie mit einer Kriegslist, gestattete ihnen aber die Ansiedlung auf Reichsboden mit der Pflicht der Grenzverteidigung, drehte sie also militärpolitisch um.

Die Heimat der salischen Franken lag wohl zwischen Deventer und Kampen-Zwolle; ob in diesem westgermanischen Volk auch Nordgermanen aufgegangen sind, ist umstritten. Einen Hinweis auf nordgermanische Wurzeln des salischen Königsgeschlechts der Merowinger hat man in der Überlieferung sehen wollen, daß diese Herrschersippe ihre Herkunft nicht vom Gott Wotan herleitete, sondern von einem Meergott in Stiergestalt. Zwischen dem 4. und 5. Jahrhundert vollzog sich offenbar eine Konzentration der germanischen Völkerschaften zwischen Wiehengebirge und Teutoburger Wald, die wahrscheinlich mit der fast permanenten Auseinandersetzung mit dem Imperium Romanum zusammenhängt. Das Fortbestehen älterer Stammesnamen im fränkischen Bereich läßt aber darauf schließen, daß die Franken kein fest organisierter, quasi homogener Stammesverband waren, sondern eher ein »Stammesschwarm« oder »Stammesbund«. Für die Ereignisse des 3. Jahrhunderts fassen römische Autoren des späten 4. Jahrhunderts die zahlreichen Völkerschaften am niedergermanischen Limes, die Chamaven, Brukterer, Chattuarier und Amsivarier, unter dem Frankennamen zusammen, der entweder die »Freien« oder nach neuerer Meinung die »Kühnen«, »Mutigen« bedeutet. Nach der Reichsgründung dürfte sich dann die Gleichsetzung Franke – Freier in den Vordergrund geschoben haben. Wann und in welcher Weise die einzelnen »Stammesschwärme« zu einem Großstamm der Franken verschmolzen, ist schwer festzustellen. Es muß jedenfalls ein längerer Prozeß gewesen sein, der im 4. Jahrhundert abgeschlossen war. Das gilt wie für die Franken so auch für die Alamannen. Schon im 3. Jahrhundert überschritten nicht näher bezeichnete germanische Verbände die Limesgrenzen; sie sind um 275 an der Maas bezeugt, erobern erstmalig die Kaiserresidenz Trier und bedrohen mit ihren Schiffen die nordgallische wie die britische Küste. Der Caesar Constantius Chlorus, Vater Konstantins des Großen, siedelte um 294/295 besiegte Germanen in Nordgallien an. Unter Konstantin dem

Großen festigt sich die römische Reichsverteidigung gegen die germanischen Invasionen, doch ging die militärische Grenzverteidigung Hand in Hand mit der Ansiedlung fränkischer Verbände auf Reichsboden. Unter dem Caesar Julian werden zwar 358 die in den Kölner Raum eingedrungenen Salier geschlagen, aber als *dediticii*, d.h. als zwangsweise Reichsuntertanen, in Toxandrien zwischen Maas und Schelde angesiedelt. In einer gleitenden, nach Region und Umständen sehr unterschiedlichen Entwicklung gelangt die germanische Bevölkerung mehr und mehr in den Status von *foederati*, gewinnt also einerseits aufgrund von Bündnisverträgen mit den Trierer Caesaren größere Eigenständigkeit, wächst aber auch andererseits in die Aufgaben der Reichsverteidigung hinein. Damit tauchen auch germanische Heerführer immer häufiger in dem von Kaiser Konstantin geschaffenen mobilen gallischen Feldheer *(exercitus Gallicanus)* auf. Sowohl am Trierer wie am Mailänder Hof Konstantins II. gibt es seit etwa 350 höchste germanische Truppenführer, im letzten Drittel des 4. Jahrhunderts allein vier fränkische Heermeister *(magistri militum)*; drei von ihnen erlangen sogar das Konsulat. Fränkische Verbände kämpften dann 406/7 gegen Wandalen, Alanen und Sueben, als diese den Rhein überschritten; dadurch blieb die *Germania secunda*, der Kölner Raum, von den Invasoren verschont. Zweifellos war der Beginn des 5. Jahrhunderts ein entscheidender Wendepunkt der Entwicklung, denn damals wurde nach dem Kaiserhof, der schon nach Mailand und Ravenna verlegt war, auch die Zentralverwaltung Galliens, die praefectura Galliarum, von Trier nach Arles zurückgenommen. Bald danach plünderten Franken 413 die Kaiserstadt Trier, und nach dem Tode des Kaisers Honorius 423 nahmen sie den Kölner Raum in Besitz. Zwar gelang es dem großen römischen Heermeister Aëtius 428, sie noch einmal über den Rhein zurückzuwerfen, aber auch er ließ es bei diesem militärischen Erfolg bewenden und gestattete ihnen die dauerhafte Ansiedlung links des Rheins. Neuere archäologische Untersuchungen haben aber erwiesen, daß auch nach 406 römische Kastelle am Rhein zumindest noch teilweise in Funktion waren bzw. erneuert wurden. Aëtius war es dann auch, der die salischen Franken, die 440 unter ihrem König Chlodio/Chlojo über den »Kohlenwald«, die *Carbonaria*, nach Arras und Cambrai vorstießen, besiegte, ihnen aber ebenfalls das Gebiet um Tournai südlich des »Kohlenwaldes« als Foederaten überließ. Die Siedlungs- und Gewässernamen der breiten romanisch-germanischen Mischzone zwischen Rhein, Schelde und Maas beweisen – ebenso wie archäologische Befunde – die Fortdauer der galloromischen Bevölkerung; deren Quantität ist aber regional sehr unterschiedlich.

Die Ermordung des erfolgreichen Heermeisters Aëtius (454) und Kaiser Valentinians III. (455) gab das Signal für den großen Aufbruch aller Franken nach Westen bzw. Südwesten. Die Einzelheiten dieser militärischen Expansion der bislang, wie angedeutet, als Foederaten »domestizierten« Franken bleiben unklar, doch scheint festzustehen, daß eine starke Gruppe vom Mittelrhein ausgehend seit dem Ende der 50er Jahre Mainz eroberte und Trier belagerte, während gleichzeitig am Niederrhein Köln endgültig in fränkische Hand fiel. In den 60er und 70er Jahren des 5. Jahrhunderts erlebte Trier, nach mehrfachen Eroberungen und Plünderungen, unter der Familie des fränkischen *comes* Arbogast eine Epoche der relativen Ruhe und Erholung. Arbogasts gleichnamiger Verwandter war ein berühmter römischer Heermeister gewesen, beide scheinen von Trier aus in kaiserlichem Auftrag amtiert zu haben. Bei dem anzunehmenden Ausfall einer effizienten imperialen Zentralgewalt kann es aber auch eine eher usurpierte Regionalherrschaft gewesen sein.

Man hat die bei dem anonymen Kosmographen von Ravenna (8. Jahrhundert) genannte *Francia Rinensis* mit dem Reich der Kölner Franken identifiziert, das sich in den 80er Jahren an die Mosel bis Trier und Toul erweiterte. Insgesamt bewirkte die fränkische Landnahme in Gallien jedoch eine

Auflösung der alten Stammesstrukturen zugunsten regionaler Verbände oder Kleinkönigreiche, die sich oft an ältere gallorömische *civitates* anschlossen, so etwa in Cambrai und Tournai. Die alten fränkischen Stammesnamen hingegen verflüchtigten sich, das Königreich um Köln dürfte sich auf Kosten kleinräumiger Herrschaften erweitert haben. In dieser Epoche treten mit König Childerich (ca. 460–481/82) die Salfranken entschieden in den Vordergrund: zuerst als Bundesgenossen des Heermeisters Aegidius in dessen Krieg gegen die Westgoten. Vermutlich war Childerich damals römischer General. Doch scheint es in den 70er Jahren bereits zu Konflikten mit Aegidius gekommen zu sein, der nach dem Bericht Gregors von Tours Childerich zeitweise als *rex* abgesetzt haben soll und selbst für einige Zeit als Römer von einem Teil der Salfranken zu ihrem König gekürt wurde.

Mag auch die Interpretation der Reste des Childerichgrabes in mancher Hinsicht umstritten sein – es geht vor allem darum, ob bei dieser Bestattung auch ein Frauengrab sowie Pferdegräber inbegriffen waren –, an der politischen Bedeutung von Chlodwigs Vater ist nicht zu zweifeln: Er war in jedem Fall mehr als ein »Zaunkönig« *(roitelet)* von Tournai. Wie stark die spätere Königssippe der salischen Merowinger aber bereits in die gallorömischen Verhältnisse der Endphase des Imperiums integriert war, geht schon daraus hervor, daß der charakteristische Namensbestandteil – *mero* – als Bestimmungs- wie auch als Grundwort in den Namen fränkischer Regionalkönige wie hoher römischer Truppenführer auftaucht. Hingegen ist die Feststellung bei Gregor von Tours, daß alle Frankenkönige zur Merowingersippe gehörten, entweder nur ein späteres Konstrukt zur Erhöhung der Königsfamilie, oder es handelt sich um Verschwägerungen der Könige, also um eine kognatische Verbindung. Was Ausmaß und Struktur der fränkischen Siedlung in Gallien anbetrifft, so hat eine großflächige Auswertung des archäologischen Materials der älteren Vorstellung von einem tiefgestaffelten, gleichsam

»auf breiter Front« sich vollziehenden Vorgang der »Landnahme« weitgehend den Boden entzogen. Statt dessen ist mit einem Einsickern von Germanen seit der Mitte des 4. Jahrhunderts und besonders im 5. Jahrhundert zu rechnen, wobei je nach dem Zustand der spätrömischen Verwaltung und Verteidigung sowie nach der Lage der jeweiligen Region diese germanischen Gruppen als freie Verbände, Abhängige, Unterworfene oder als Foederaten anzusehen sind. Aufgrund genauerer archäologischer Untersuchungen muß man auch von der traditionellen Vorstellung Abschied nehmen, »die Franken« wären als bereits gefestigte ethnische Einheit ins Linksrheinische vorgestoßen. Die im 4./5. Jahrhundert eindringenden oder einsickernden Germanen waren sehr verschiedener ethnischer Herkunft, also nur in sehr bedingtem Sinne schon »Franken«. Vielmehr hat sich die fränkische Ethnogenese erst auf römischem Reichsboden vollzogen, wobei die prägende Kraft des Dienstes im spätrömischen Heerwesen eine wichtige Rolle spielte. Erst jetzt entstanden die Regionalherrschaften der »Salfranken« und »Rheinfranken«.

Insgesamt lassen sich zwei Etappen der fränkischen Okkupation Galliens archäologisch feststellen: Ab Mitte des 5. Jahrhunderts das Vordringen Childerichs (gest. 482) bis zur Somme; sein reich ausgestattetes Grab wurde 1653 in Tournai gefunden. Unter seinem Sohn Chlodwig I. erfolgte dann der Vorstoß ins Pariser Becken. Die »fränkische Landnahme« führte, wie immer man ihre Intensität westlich des Rheins beurteilen mag, im Endergebnis zu einer ethnisch-kulturellen Zweigliederung des Merowingerreiches zwischen dem 5. und 7. Jahrhundert. Im westlichen Bereich mit seiner räumlich geschlossenen und zahlenmäßig wesentlich stärkeren galloromanischen Bevölkerung behauptete sich das »romanische Kulturmodell«, d. h. es kam zu einer Romanisierung der Franken, die sich u. a. im Abbrechen der Beigabensitte in den Gräberfeldern und in der Nicht-Adaption der germanischen Tierstile I und II manifestierte. Um 600 ist der Raum zwischen Seine, Marne und Maas frei von Waffenbeigaben, die im östlichen Frankenreich beiderseits des Rheins und an Elbe und Donau noch bis ins 8. Jahrhundert zur Grabausstattung gehörten. In diesen Regionen sind die vorhandenen Inseln der Romania an Mosel, Rhein und Donau schrittweise frankisiert bzw. alamannisiert oder bajuwarisiert worden. Parallel dazu kam es zu einer Abwanderung von Romanen nach Westen und Süden; die verbleibende romanische Bevölkerung geriet in eine Isolierung und verlor dabei zweifellos an zivilisatorischem Niveau. Dies galt selbst für intensiv romanisierte Räume wie das Trierer Land, doch vollzog sich dort aus diesem Grunde der Entromanisierungsprozeß wesentlich langsamer und endete teilweise erst im Hochmittelalter.

König Chlodwig I. (gest. 511): Krieger – Christ – Reichsgründer. Ein skrupelloser Weg zum Erfolg

Die Einbindung der salfränkischen Herrschaft in die Restbestände der sich seit 454/55 rapide auflösenden römischen Reichsverwaltung läßt sich noch deutlicher am Werdegang Chlodwigs ablesen, der 482 seinem Vater Childerich als König folgte. Während nämlich Gregors Frankengeschichte eher den gentilen, d.h. fränkischen Aspekt der Herrschaftsübernahme anklingen läßt, tritt uns in einem Glückwunschbrief des Bischofs Remigius von Reims, den er wohl 481/82 anläßlich des Regierungsantritts Chlodwigs schrieb, die römische Komponente seines Königtums entgegen. Der junge Herrscher wird hier nämlich nicht als Nachfolger seines Vaters Childerich, des Regionalkönigs von Tournai, angesprochen, sondern als Inhaber eines römischen Amtes, der *administratio* der *provincia Belgica secunda* mit der Hauptstadt Reims. Damit steht Chlodwig durchaus in der Tradition der germanischen Generäle mit Merowingernamen, die vor ihm in Heer und Staatsverwaltung tätig waren, wenn sich auch am Ende des 5. Jahrhunderts die letztere als flächendeckende römische Herrschaftsstruktur schon in voller Auflösung befand. Es blieben gleichsam nur noch feste Inseln im reißenden Strom des allgemeinen Wandels, und im Machtbereich der Franken war es vor allem das römische Restgebiet des Syagrius um Soissons, dem Chlodwig schon 486/87 ein Ende bereitete. Doch wäre es falsch, diese Konflikte rein ethnisch zu deuten, nämlich als Kampf zwischen Gallorömern und Franken, denn die Angehörigen des einflußreichen Familienclans der Syagrii und Aegidii besetzten nicht nur viele gallische Bischofsstühle, sondern hatten später auch höchste Ämter am merowingischen Königshof inne.

Die römische und daher quasi legale Komponente von Chlodwigs Herrschaft war neben seiner faktischen Herrschaft über Romanen und seinem militärischen Potential ein wichtiges Sprungbrett in dem nun folgenden Machtkampf. Der Frankenkönig muß sich dieser römischen Legitimation als regionaler Amtsinhaber wohl immer bewußt gewesen sein; dies legt auch die berühmte Szene nahe, die Gregor von Tours aus lokaler Tradition schildert. Nach seinem Sieg über die Westgoten 507 nach Tours zurückgekehrt, »... erhielt er vom Kaiser Anastasius ein Patent als Konsul ... von diesem Tage an wurde er Konsul oder Augustus genannt.« Es handelte sich somit um ein von Byzanz wohl oder übel legitimiertes Vizekönigtum Chlodwigs in Gallien. Dessen Anerkennung wurde allerdings durch die etwa zehn Jahre zuvor (498) erfolgte katholische Taufe des Herrschers in der Martinsbasilika von Tours durch Bischof Remigius sehr erleichtert; dies war ein wichtiger Unterschied zur Herrschaft Theoderichs in Italien.

Mit Recht wird Chlodwigs Taufe durch Bischof Remigius (ca. 438–533) am Weihnachtsfest 498 in der Kathedrale von Reims, was ihre Auswirkungen anbelangt, als ein zentrales Ereignis der frühmittelalterlichen Geschichte angesehen, denn sie leitete die Verschmelzung von Gallorömern und Franken zu einem Reichsvolk ein, und dies war wiederum eine Voraussetzung der Stabilität des Frankenreiches gegenüber den arianischen Staatsgründungen germanischer Herkunft; letztere waren grundsätzlich von der religiösen Spaltung belastet, welche den offen oder latent vorhandenen ethnischen Gegensatz verschärfte. Schon Childerich hatte, obwohl selbst Heide, gute Beziehungen zum Episkopat seines Herrschaftsbereichs, besonders zum Metropoliten von Reims, unterhalten. Chlodwigs Heirat mit der katholischen Burgunderprinzessin Chrodechilde führte dann zur katholischen Taufe ihrer Söhne Ingomer und Chlodomer, doch brachte der Tod des ältesten noch in der Taufwoche insofern eine Irritation, als der König nun doch wieder die Macht der alten Götter fürchtete. Die Einbeziehung des Merowingerreiches in das germanisch-arianische Bündnissystem Theoderichs des Großen gab vermutlich in der Königsfamilie arianischen Sympathien Raum: Chlodwigs Schwester Audefleda wurde die Gemahlin Theoderichs des Großen, und es ist wohl kaum ein Zufall, daß Lantechilde, eine weitere Schwester des Frankenkönigs, Arianerin war und blieb. Bei der strengen archaischen Hausherrschaft über alle Angehörigen und Hausgenossen, wie sie auch bei den Franken üblich war, fällt es schwer zu glauben, daß Lantechilde als Schwester des Königs ohne dessen Einwilligung diesen schwerwiegenden Schritt hätte unternehmen können. Vielmehr liegt die Vermutung nahe, daß es auch bei Chlodwig eine wohl politisch motivierte arianische Phase gegeben hat, die später, nach seiner katholischen Taufe, vom Hofklerus mit Stillschweigen übergangen worden ist. Auf jeden Fall zögerte der König lange, bis er, nach dem wohl glaubwürdigen Bericht Gregors von Tours, in der schweren Bedrängnis einer Alamannenschlacht Christus, den Gott seiner Gemahlin Chrodechilde, um Hilfe anrief, daraufhin den Sieg errang und so von der Macht des wahren Gottes überzeugt wurde. Parallelen zu diesem Verhalten bieten nicht nur die Bekehrung Konstantins des Großen, sondern auch ähnliche Begebenheiten bei germanischen Fürsten. Nach dem Gelübde der Alamannenschlacht stellte offenbar Chrodechilde die Verbindung zu Bischof Remigius von Reims her, während Chlodwig auf einem Märzfeld seines Heeres die Zustimmung des fränkischen *populus* für den Übertritt zum Christentum einholte.

Die Bedeutung der Taufe Chlodwigs hat schon der Metropolit Avitus von Vienne in seinem Glückwunschbrief an den König erkannt. In der Tat wurde damit nicht nur die religiöse Einheit des Frankenreiches gesichert, sondern dieser Übertritt zum Katholizismus hatte in der Folge auch eine gewisse Werbewirkung auf die katholisch-romanische Bevölkerung der arianischen Germanenreiche in Italien, Südfrankreich und Spanien. Politisch bedeutete Chlodwigs Konversion auch ein Ausbrechen aus dem von Theoderich sorgfältig aufgebauten Bündnissystem der germanischen Nachfolgestaaten des Imperium. Dies zeigte sich sogleich beim fränkischen Angriff auf das Westgotenreich in Spanien und Südwestfrankreich, in dessen Verlauf Bordeaux erobert wurde; doch kam es durch Theoderichs Vermittlung damals noch zu einem vorläufigen Frieden. Ein Bruderkrieg im Burgunderreich gab dann dem Frankenkönig die Gelegenheit einzugreifen, doch endete auch dieses Unternehmen ohne greifbaren Erfolg. Dafür gelang Chlodwig 506 die endgültige Niederwerfung der Alamannen. Umstritten ist in der Forschung, ob die Alamannen bei dieser gewaltsamen Südostverlagerung mittelbar auch einen Anteil an der Ethnogenese des Bayernvolkes hatten. Im Westen jedoch wurde jetzt der ursprünglich alamannische Grenzraum um Worms und Speyer frankisiert, während das Elsaß zwar unter unmittelbare fränkische Verwaltung kam, jedoch wie Alemannien rechts des Oberrheins seine ethnische Identität bewahren konnte. So stellt sich jedenfalls in der bisherigen Forschung der Vorgang der Integration Alamanniens unter Chlodwig I. dar. Dieses Bild wird jedoch neuestens mit gewichtigen Argumenten bestritten. Einem Brief Theoderichs des Großen von 506/07 an seinen Schwager Chlodwig ist zu entnehmen, daß Alamannen in ostgotisches Hoheitsgebiet geflüchtet waren. Der König mahnt den Frankenherrscher, diese Flüchtlinge nicht weiter zu verfolgen, da den Franken von ihnen keine Gefahr drohe. Vieles deutet indessen darauf hin, daß Chlodwig nach 500 eine gewaltsame Neuordnung Alamanniens nach vorausgegangenen Aufständen durchführte, wobei die alamannische Führungsschicht, soweit sie nicht schon länger der fränkischen Herrschaft eingegliedert war, durch Franken ersetzt wurde. Damit entstand ein Herrschaftssystem, das man als reichsfränkisches »Binnenterritorium« (H. Keller) bezeichnet hat. Archäologische Befunde stützen diese These. Die Ausgrabungen auf dem »Runden Berg« bei Urach und auf anderen alamannischen Höhenburgen haben ergeben, daß dieselben um 500 völlig zerstört wurden. Damit verschwand eine politisch-gesellschaftliche Organisationsform, die es im reichsfränkischen Bereich nie gegeben hat. Es liegt nahe, diesen radikalen Siedlungsbruch Chlodwigs durchgreifender Zwangsintegration Alamanniens zuzuschreiben.

Nach diesem entscheidenden Sieg im Südosten ging Chlodwig 507 erneut zum Angriff auf die Westgoten über, diesmal mit der religiösen Begründung, es handle sich um einen Kampf gegen die häretischen Arianer. Ausdrücklich rief der Merowinger jetzt Martin von Tours und Hilarius von Poitiers, die Vorkämpfer gegen den Arianismus im 4. Jahrhundert, als Siegeshelfer an. Anders als in Burgund scheint sich aber der katholische Episkopat des tolosanischen Westgotenreiches mit der Gotenherrschaft ausgesöhnt und daher zumindest neutral verhalten zu haben. Chlodwigs Heer wurde diesmal durch Franken aus dem Kölner Reich Sigiberts verstärkt, so daß in der Entscheidungsschlacht bei Poitiers Chlodwig einen glänzenden Sieg erringen konnte. Der Westgotenkönig Alarich II. fiel durch seine Hand; 508 eroberte der Franke zusammen mit den verbündeten Burgundern unter König Sigismund die westgotische Königsresidenz Toulouse. Theoderich der Große, der 508 zu spät zugunsten seines Schwiegersohns Alarich II. eingegriffen hatte, konnte zwar nicht verhindern, daß Teile Aquitaniens und der Novempopulana südlich der Garonne samt der westgotischen Königsstadt Toulouse fränkisch wurden, versperrte Chlodwig aber den Zugang zum Mittelmeer, den erst dessen Söhne erkämpften.

Parallel zur Eroberungspolitik, wenn auch chronologisch im einzelnen schwer einzuordnen, lief Chlodwigs gesamtfränkische Politik, die mit der Beseitigung des Syagrius-Reiches um Soissons 486/87 begann. An diesem Krieg gegen die Reste römischer Herrschaft in Gallien hatte sich auch der Frankenherrscher Ragnachar von Cambrai beteiligt. Ein anderer fränkischer Regionalherrscher, Chararich, wurde wegen seines Fernbleibens vom Krieg gegen Syagrius von Chlodwig gefangengesetzt, zum Kleriker geschoren und dann trotzdem mit seinem Sohn hingerichtet. Die Tonsurierung Chararichs läßt darauf schließen, daß der Merowingerkönig damals schon getauft war. Anschließend wandte sich Chlodwig gegen seinen Verbündeten Ragnachar, besiegte ihn und ermordete ihn eigenhändig. Danach unterwarf er 491/92 die »Thoringi« – wahrscheinlich ein linksrheinischer Teilstamm der Thüringer –, die um Tongern siedelten; doch ist auch eine erste Auseinandersetzung mit dem nach Westen expandierenden Thüringerreich am Main nicht auszuschließen. Nach dem erfolgreichen Westgotenkrieg von 507 stiftete er seinen Waffengefährten Chloderich, den Sohn König Sigiberts von Köln, zum Vatermord an, ließ aber dann Chloderich selbst durch seine Boten ermorden. Danach begab sich Chlodwig, seine Unschuld an diesen Morden beteuernd, nach Köln und ließ sich durch Schilderhebung zum König ausrufen. Sogar seinem Lobredner Gregor von Tours waren diese blutigen Ausscheidungskämpfe innerhalb der fränkischen Teilherrschaften zuviel, vor allem Chlodwigs selbst für damalige Zeiten extreme Brutalität und Tücke. Allerdings scheute sich Gregor keineswegs, nach einer detaillierten Schilderung der hinterhältigen Liquidierung des Frankenkönigs Sigibert von Köln die Handlungsweise Chlodwigs biblisch-feierlich zu paraphrasieren:

»Gott aber warf Tag für Tag seine [Chlodwigs] Feinde vor ihm zu Boden und vermehrte sein Reich, darum, daß er rechten Herzens vor ihm wandelte und tat, was seinen Augen wohlgefällig war.«

So erstaunlich auch Chlodwigs Expansion nach fast allen Richtungen war, Theoderichs Bündnissystem, das sich nach Chlodwigs katholischer Taufe naturgemäß gegen diesen richtete, verhinderte doch den Durchbruch zum Mittelmeer. Trotz der völligen militärischen Niederlage der Westgoten unter Alarich II. blieb das Westgotenreich erhalten, und ebenso hielten die Ostgoten die Provence in ihrer Hand. Theoderich hat auch die Alamannen vor der völligen Vernichtung bewahrt. Zwar war ein Großteil oder sogar die Gesamtheit des alamannischen Gebietes unter fränkische Oberhoheit gekommen, doch konnten sich beträchtliche Teile der von Chlodwig geschlagenen Verbände in den Raum südlich des Bodensees, in die Raetia secunda zwischen Iller und Inn, und wohl auch ins rätoromanische Churrätien zurückziehen, wo sie sich der Schutzherrschaft des Ostgotenkönigs unterstellten. An der mittleren Donau, im späteren agilolfingischen Bayern, sind nach dem Zeugnis der Anfang des 6. Jahrhunderts entstandenen »Vita Severini« bereits in der zweiten Hälfte des 5. Jahrhunderts alamannische Verbände unter einem König Gibuld bezeugt; sie dürften sich nach der Niederlage der Alamannen gegen Chlodwig wohl noch wesentlich verstärkt haben. Auf jeden Fall konnte nunmehr die fränkische Herrschaft in Alamannien endgültig als stabilisiert gelten; was folgte, war lediglich der territoriale und innere Ausbau dieser machtvollen Position.

Neben Chlodwigs Eroberungen, die von seinen Söhnen fortgesetzt wurden, war das wichtigste Werk des Frankenkönigs die Einbindung der Kirche in sein Reich. Diese vollzog sich nicht als gewaltsame Integration, die von den Bischöfen mehr oder weniger passiv mitvollzogen wurde, sondern als eine grundsätzliche strukturelle Neuordnung, die auf alle Bistümer Galliens abzielte. Schließlich war die Kirche nicht nur eine geistliche Institution und für Seelsorge und Mission unentbehrlich, sondern sie repräsentierte mit der Stadtherrschaft der Bischöfe auch die politisch-gesellschaftliche Organisationsform des Großteils der gallorömischen Bevölkerung, der zahlenmäßig den fränkischen Teil um ein Vielfaches überstieg. Die politischen Funktionen der Bischöfe hatten sich seit Kaiser Konstantin dem Großen gut eingespielt, und auch nach dem Zerbröckeln des Überbaus der römischen Reichsverwaltung hatten die Bistümer, soweit sie die germanischen Invasionen überstanden, eher noch an Bedeutung für die gallorömische Stadtbevölkerung gewonnen. Daß aber nicht alles beim alten blieb, zeigen schon die Schwerpunktverlagerungen in den Römer- und jetzigen Bischofsstädten von den alten munizipalen Zentren zu den neuen geistlichen Mittelpunkten: den Dom- und Märtyrerkirchen wie den Klöstern.

Chlodwig war sich wohl der Bedeutung dieses geistlichen und organisatorischen Erbes bewußt, denn er ließ es nicht bei einem Nebeneinander von Kirche und politischer Herrschaft bewenden, sondern schuf mit dem Konzil von Orléans im Juli 511 nach westgotischem Vorbild (Konzil von Agde 506) eine reichsfränkische Landeskirche. Er selbst hatte das Konzil einberufen und wohl auch das Programm der Beratungen entwickelt. Man hat den Kanon 4 dieser Reichssynode mit Recht dahingehend interpretiert, daß nicht nur, wie darin festgelegt, dem König das Recht zustand, bei der Ordinierung von Laien zu Klerikern seine Zustimmung zu erteilen, sondern daß er dann auch konsequenterweise das Recht beanspruchen konnte, maßgeblich bei der Einsetzung von Bischöfen mitzuwirken. So schwierig es im Einzelfall auch sein mag, die Bedeutung der Wahl des Bischofs durch »Klerus und Volk« gegenüber einem »Kooptationsrecht« der Bischöfe abzuwägen, am starken Einfluß des Königs bei der Besetzung der Bischofsstühle ist nicht zu zweifeln. Dies bedeutete aber, daß die Fülle von Befugnissen, die den Bischöfen als faktischen Stadtherren über ihre geistlichen Aufgaben hinaus zugewachsen waren, durch die Mitwirkung des Königs bei der Bischofsernennung wieder in die königliche Gewalt integriert werden konnte. Es versteht sich von selbst, daß diese Konstruktion nur unter einem effizienten Herrscher funktionierte, in Zeiten der Schwäche des Königtums aber sich bischöfliche Regionalherrschaften ausbilden konnten.

Bald nach dem Konzil von Orléans ist Chlodwig am 27. November 511 verstorben und wurde in der von ihm gestifteten Pariser Basilika beigesetzt, die ursprünglich den Aposteln, bzw. Petrus, bald aber der dort ebenfalls bestatteten heiligen Genoveva geweiht war. Als gemeinsamer Begräbnisort erlangte der Kult der spätantiken Heiligen dann, neben den »Reichsheiligen«, Martin, Hilarius und Remigius, im Merowingerreich eine große Bedeutung.

Daß die merowingische Kirche, entgegen früheren Auffassungen, von Anfang an auch eine »romverbundene Landeskirche« gewesen ist, erhellt aus der Übersendung einer Votivkrone nach Rom, die Papst Hormisdas nach dem Tode Chlodwigs in Empfang nahm; vermutlich handelte es sich um eine letztwillige Verfügung des Frankenkönigs. Es war dies eine bewußte Einbeziehung der Kirche in den Staatsaufbau, die einen grundlegenden Wandel bewirkte. Die gallorömische Bevölkerung und vor allem deren aristokratisch-senatorische Oberschicht dürften wohl noch jene Zeiten des 5. Jahrhunderts erlebt haben, wo die Germanen – ganz gleich ob als heidnische Foederaten oder als Invasoren – die Kirchen geplündert hatten und es besonderer Anordnungen von seiten der Teilkönige und noch Chlodwigs I. bedurfte, um den Schutz der großen christlichen Heiligtümer zu erlangen. Das galt etwa für die Martins-Basilika in Tours. Jetzt aber traten der König und seine Nachfolger selbst als Kirchenstifter, als Verehrer der Heiligen und als großzügige Schenker von Land und Leuten an Bistümer und Klöster hervor. Das oft zitierte Taufwort des heiligen Remigius für König Chlodwig: »Beuge still deinen

Nacken, Sicamber, verehre, was du verfolgtest, verfolge, was du verehrtest«, faßte in einem Satz sowohl programmatisch wie beschwörend diesen Wandel zusammen. Chlodwig war mit der organischen Eingliederung der Kirche in sein Reich in der Tat »ein neuer Konstantin« geworden, wie es in Gregors Tauferzählung heißt. Es war ein Akt von weitreichender Wirkung, denn er überbrückte die Kluft zwischen Galloromanen und Franken, zwischen christlicher Stadtbevölkerung und antiker Kult- und Verwaltungstradition einerseits und den neuen, das Land beherrschenden fränkischen Bewohnern. Es muß die alte christliche Bevölkerung Galliens tief beeindruckt haben, daß die Frankenherrscher und ihr Adel nun wie sie an den christlichen Märtyrergräbern und Altären beteten und daß ihre Bischöfe aus Schutzherren vor barbarischer Bedrohung nun zu geachteten und notwendigen, ja willkommenen Mitträgern und Stützen der neuen politischen Ordnung geworden waren. Das erklärt, warum sich im gallischen Episkopat bald ein unverkennbares fränkisches Reichsbewußtsein bildete, wie an der Frankengeschichte Gregors von Tours ersichtlich. Das familiäre wie politische Selbstbewußtsein dieser spätantik-christlichen Führungsschicht ist durch ihre große Rolle im merowingischen Herrschaftssystem zusätzlich bestätigt worden. Über der Kontinuität aristokratischer Familien in der kirchlichen Hierarchie darf aber nicht vergessen werden, daß es eine solche auch unter den weltlichen Amtsträgern des Merowingerreiches gegeben hat. Schon zu Chlodwigs Zeiten setzt die Verschmelzung der jeweiligen gallorömischen Oberschichten mit den fränkischen ein, so daß man zurecht das Frankenreich als einen »Schmelztiegel« der *Ethnica* bezeichnet hat. Es kam sehr bald zum Konnubium beider Gruppen, wenn auch der Einstieg fränkisch-germanischer Personen in die höheren Ränge der kirchlichen Hierarchie relativ langsam vor sich ging und erst im Verlaufe des 7. Jahrhunderts zahlenmäßig deutlicher faßbar wird. Sicher ist auf jeden Fall, daß Chlodwig die bereits in Gang befindliche Verschmelzung von

Galloromanen und Franken durch seine Kirchenpolitik und Verwaltungspraxis vorangetrieben und in geregelte Bahnen gelenkt hat. Mit der *Lex Salica* als königlicher Rechtsordnung und mit der Entwicklung klarer Herrscherattribute festigte er seine Dynastie in weiteren wesentlichen Bereichen. Das Reich erlebte unter ihm und seinen Nachfolgern eine Epoche des Friedens, was über den spektakulären Auseinandersetzungen in der merowingischen Familie nicht vergessen werden sollte.

Das fränkische Reichsteilungsprinzip und dessen Folgen (511–614)

Gregor von Tours weiß von der Erbteilung des Jahres 511 zu berichten, sie sei *aequa lance*, d.h. auf gleicher Waage, erfolgt. Es waren vier Söhne von sehr unterschiedlichem Alter, die erbten. Theuderich, der Älteste (511–533), stammte wohl aus einer Friedelehe Chlodwigs, d.h. aus einer kirchlich nicht voll anerkannten Verbindung. Dennoch erhielt er umfangmäßig das größte Erbe, ein gutes Drittel der *Francia*, also der salisch-fränkischen Kernlande zwischen Rhein und Loire, nämlich die drei ehemaligen römischen Provinzen *Belgica I* (Trier), *Germania I* (Mainz) und *II* (Köln) sowie aus der alten *Belgica II* die Residenz Reims und Châlons-sur-Marne, ferner Teile Aquitaniens. Dazu kamen große fränkische und alamannische Gebiete rechts des Rheins, die zwar fiskalisch wenig erbrachten, aber für die fränkische Heeresmacht stark ins Gewicht fielen. Man hat aus diesem unverhältnismäßig großen Anteil Theuderichs, der bereits einen militärisch tüchtigen Sohn hatte, wohl mit Recht geschlossen, daß die Teilung ein Kompromiß zwischen dem Chlodwigsohn aus erster Ehe und den drei Söhnen Chrodechildes gewesen ist. Chlodwig selbst hatte für die Rolle Theuderichs insofern schon früher eine Vorentscheidung getroffen, als er ihm 507 die Eroberung der Auvergne übertrug und ebenso die Regentschaft in der *Francia Rinensis*. Sein Reichsteil schirmte gleichsam die Anteile der jüngeren Söhne an den gefährlichen Flanken im Osten und Süden ab, womit der Älteste zum Garanten für den Bestand des Reiches wurde.

Chlothar I. (511–56), wohl der jüngste und wie die übrigen Erben ein Sohn Chrodechildes, erbte den Großteil der Provinz Belgica mit der Residenz Soissons, ferner Laon, Noyon, Cambrai, Thérouanne und Tournai. Schwerer zu definieren ist der Reichsteil Childeberts (511–558), dem aus der Belgica II Amiens, Beauvais und vielleicht auch Senlis zufielen, ferner die Provincia Lugdunensis II um Rouen, Teile der Touraine mit Le Mans, Rennes und der Bretagne, vor allem aber die Zentrallandschaft des Pariser Beckens mit Chlodwigs Hauptresidenz Paris und wohl auch die Kathedralstadt Meaux. Von der bevölkerungsmäßigen Dichte und finanziellen Ergiebigkeit dieses Reichsteils her gesehen, kann man nicht sagen, daß Childebert gegenüber Theuderich benachteiligt worden wäre.

Chlodomer (511–524) wurde mit Teilen der Provinz Sens (Sens, Auxerre, Chartres, Nevers) und mit Tours, Angers und Nantes ausgestattet, seine *sedes regia* war Orléans. Wie Theuderich erhielten auch die Söhne Chrodechildes Anteile am eroberten Erbe südlich der Loire in Aquitanien: Childebert und Chlothar Teile Westaquitaniens, Chlodomer den Norden dieses Großraumes mit den wichtigen *civitates* Bourges und Poitiers. Ob der Teilung ein Prinzip zugrunde lag – und gegebenfalls: welches –, ist nach wie vor umstritten. Es könnte sein, daß man 511, wie später bei den karolingischen Teilungen, auf eine möglichst gleichmäßige Aufteilung des merowingischen Königsgutes und seiner Erträgnisse achtete. In diesem Falle wären die reinen Gebietsumfänge der Teilreiche kein Indiz für eine willkürliche oder gar ungerechte Aufteilung des Erbes und damit auch kein Argument gegen das Prinzip der Aufgliederung des Chlodwig-Reiches *aequa lance*. Die Einheit des Reiches manifestierte sich trotz der Teilungen nach salischem Recht vor allem darin, daß sowohl vom Kerngebiet der *Francia* zwischen Rhein und Loire als auch vom neu hinzuerworbenen Aquitanien Teile an jeden Erben fielen. Auch lagen die vier Residenzen Paris, Reims, Soissons und Orléans relativ nahe beieinander im Herzen der *Francia*, so daß man daraus schließen kann, daß zwar eine Herrschaftsteilung stattgefunden hatte, aber die ideelle Einheit des Chlodwig-Reiches als Besitz des Königshauses erhalten blieb. Daß das Frankenreich von anderen ebenfalls als politische Einheit angesehen wurde, bezeugt Agathias (ca. 536–582), der Geschichtsschreiber der Epoche Kaiser Justinians, der durch seine griechischen Landsleute in Marseille gut über die Franken informiert war und hervorhebt, daß sie von römischer Verwaltung und römischem Recht Gebrauch machten und auch im Eherecht und der Gottesverehrung dem römischen Vorbild folgten.

Es scheint, daß die brüderliche Erbengemeinschaft etwa zehn Jahre in Frieden bestand; die Hauptursache war wohl der zwischen den Merowingern und dem Ostgotenkönig Theoderich um 513 geschlossene Friede, der auf einer wechselseitigen Respektierung des Status quo basierte. Dies änderte sich, als die Ermordung des burgundischen Königssohnes Sigerich 523 zu einer politischen Krise zwischen Ostgoten und Burgundern führte und die drei Merowingerkönige Chlodomer, Childebert und Chlothar das Burgunderreich angriffen. Dessen König Sigismund fiel durch Verrat in ihre Hände, er wurde auf Befehl Chlodomers samt seiner Familie getötet, eine Tragödie, die später hagiographisch als Martyrium umgedeutet worden ist. Sigismund war von Bischof Avitus von Vienne vom Arianismus zum Katholizismus bekehrt worden und hatte 515 die Abtei Agaunum-Saint Maurice im Wallis gestiftet; von dort aus verbreitete sich auch sein Kult. Sigismunds Bruder und Nachfolger Godomar besiegte aber das fränkische Heer in der Schlacht von Vézéronce bei Vienne. Chlodomer fiel, und damit begann die lange und verworrene Geschichte der Teilungen der Teilreiche. Sie beschleunigte sich, als sich mit dem Tode Theoderichs des Großen das gotisch-arianische Bündnissystem auflöste. Dabei ging die fränkische Expansion nach außen Hand in Hand mit den aus der jeweiligen Situation sich anbietenden inneren Umverteilungen.

König Theuderich, der sich aus dem Angriff der jüngeren Brüder gegen das Burgunderreich herausgehalten hatte, baute seine Position an der Ostflanke aus. Er verheiratete seinen Sohn Theudebert mit Wisigarda, der Tochter des Langobardenkönigs Wacho, dessen Herrschaft in Pannonien lag, dem heutigen Niederösterreich und Westungarn. Mit den von Norden nachdrängenden Sachsen griffen Theuderich und sein Halbbruder Chlothar 531 das mächtige Thüringerreich an, das sich bis an den unteren Main vorgeschoben hatte. In den 20er Jahren des 6. Jahrhunderts herrschte dort der König Herminafrid mit seinen Brüdern Baderich und Berthachar. Thüringen gehörte damals zum Bündnissystem Theoderichs des Großen, dessen Nichte Amalaberga mit dem König verheiratet war. Herminafrid entledigte sich gewaltsam seines Bruders Berthachar, der mehrere Kinder hinterließ, darunter Radegunde, die spätere Gattin des Frankenkönigs Chlothar I. Danach soll sich der Thüringerkönig mit Theuderich verbündet haben, um mit diesem gegen Baderich vorzugehen, wobei dem Franken als Beute das halbe Thüringerreich zugestanden wurde. Baderich fiel im Kampf gegen die Franken, aber der versprochene Lohn wurde Theuderich vorenthalten. Daraufhin griff dieser, zusammen mit Chlothar, 531 Herminafrid an. Mit Hilfe der herbeigerufenen sächsischen Verbände siegten die Franken an der Unstrut, doch konnte sich der Thüringer noch halten, war aber offenbar schon tributpflichtig. Scheinbar zum Frieden bereit, lud Theuderich König Herminafrid 533 nach Zülpich ein und ließ ihn von der Stadtmauer zu Tode stürzen. Die Witwe flüchtete mit ihren Kindern zu ihrem Bruder Theodahad nach Italien. Als Chlothar I. den jüngeren Bruder seiner Gemahlin Radegunde ebenfalls ermorden ließ, war dies wohl für die edle germanische Fürstin der Anstoß, sich in das von ihr gegründete Hl. Kreuzkloster in Poitiers zurückzuziehen. Damit war das Thüringerreich Teil des *regnum Francorum*, seine Grenzen erstreckten sich bis an die Unterelbe und im Süden zeitweise bis Böhmen und an die Donau. Das thüringische Gebiet nördlich der Unstrut mußten die Franken aber als Siegeslohn an die Sachsen abtreten, das westliche Thüringen verwalteten fränkische Amtsherzöge.

Zeitlich parallel lief der Krieg Childeberts von Paris gegen die Westgoten. Obwohl deren König Amalarich sein Schwager war, schlug er diesen bei Narbonne und konnte dadurch die Grenze des Frankenreichs bis an die Pyrenäen ausdehnen. Der flüchtige Westgotenkönig wurde 531 in Barcelona erschlagen. Aus dem Krieg heimgekehrt, verband sich Childebert mit Chlothar, um das Erbe Chlodomers von Orléans zu teilen. Chlodomers unmündige Kinder sollten jedoch nach dem Willen ihrer Großmutter Chrodechilde das väterliche Reich erben. Zwei Erbprinzipien standen sich hier gegenüber: Nach dem älteren »Anwachsungsrecht« konnten die Brüder Chlodomers in dessen Erbe eintreten, nach dem jüngeren »Eintrittsrecht« waren die Söhne des Verstorbenen erbberechtigt. Childebert und Chlothar bemächtigten sich dieser Söhne unter dem Vorwand, sie zu Königen zu erheben; Chlothar erschlug sie jedoch eigenhändig. Chlodoald, den jüngsten, retteten seine Getreuen, er wurde Kleriker und gründete das nach ihm benannte Kloster Saint-Cloud bei Paris. Die Teilung des Chlodomer-Reiches brachte Childebert mit den *civitates* Orléans, Chartres, Angers, Nantes und Bourges den größeren Anteil, doch erhielt Chlothar mit den Städten Tours und Poitiers zugleich die bedeutenden Heiligtümer der Frankenpatrone Martin und Hilarius sowie den Kronschatz des gefallenen Bruders. Bald darauf griffen die beiden Frankenkönige 532 wieder das Burgunderreich an und besiegten dessen König Godomar bei Autun; damit war auch diese germanische Herrschaft der Völkerwanderungszeit Teil des Merowingerreiches geworden. Doch spielte Burgund als historischer Begriff, wenn auch in partieller geographischer Verlagerung und unter völlig gewandelten historisch-politischen Umständen, weiterhin eine eigene Rolle. Die Germanisierung des Burgunderreiches war nicht tiefgreifend, da die romanische Kontinuität auch in Nordburgund weitgehend erhalten blieb.

König Theuderich war dem Burgunderfeldzug der Brüder ferngeblieben. Dafür eroberte sein Sohn Theudebert jene südaquitanischen Städte, die von den Westgoten nach Chlodwigs I. Tod zurückgewonnen worden waren. Es ging dabei um das Gebiet der Civitas Rodez und wohl auch um Albi und Javols. Darüber hinaus stieß Theudebert nach Narbonne und bis in die Provence vor, doch konnten dort die Ostgoten noch ihre Herrschaft behaupten, und auch die *Provincia Narbonensis* (Septimanien) blieb in gotischer Hand, so daß bis zur arabischen Invasion am Beginn des 8. Jahrhunderts hier eine relativ stabile Grenze zwischen Westgoten und Franken bestand. Als Theuderich 533 starb, versuchten Childebert und Chlothar I. das gleiche Spiel wie mit Chlodomers Erbe: Sie wollten das Königreich von Reims unter sich aufteilen, scheiterten aber an der Energie Theudeberts. Daraufhin stellte sich Childebert, der keine Söhne hatte, auf die Seite des Neffen Theudebert und adoptierte ihn auch als seinen Erben.

Die Teilung Burgunds von 534 brachte Theudebert den Nordteil mit Avenches-Lausanne, Octodurum-Sitten, Langres, Autun und Chalon-sur-Saône, vielleicht auch Nevers, Besançon, Genf und Tarantaise, womit eine Brücke zum Reimser Reich Theudeberts geschlagen war. An Childebert fiel der Süden Burgunds mit Lyon und Vienne. Chlothars Anteil ist ungewiß, man hatte ihn wohl benachteiligt. Der darüber ausbrechende Krieg der Merowinger untereinander wurde aber nicht bis zur letzten Konsequenz ausgetragen, weil der sich abzeichnende Verfall des Ostgotenreiches in Italien den Frankenkönigen gemeinsame Chancen weiterer Expansionspolitik eröffnete. Auslöser der Krise war die Ermordung der Regentin Amalaswintha am 30. April 535, die den Gotenkrieg des oströmischen Kaisers Justinian (527–565) unter seinem Feldherrn Belisar auslöste, ein Wiedereroberungskrieg, der durch ein kaiserliches Bündnis mit den Franken lokal begrenzt werden sollte. Der Gotenkönig Theodahad, Mitregent und Vetter Amalaswinthas und dann Veranlasser ihres gewaltsamen Todes, suchte nun seinerseits, da seine Herrschaft von innen und außen bedroht war, sich Rückhalt bei den Franken zu verschaffen. Er trat ihnen 536 die Provence ab, wodurch das Merowingerreich endlich den Zugang zum Mittelmeer erlangte. Als Theodahad noch im selben Jahr ermordet wurde, trat sein Nachfolger Vitigis (536–540) den fränkischen Vertragspartnern zusätzlich Churrätien und die Schutzherrschaft über alamannische Gebiete ab. Hatten die Merowingerkönige bislang gemeinsam gegenüber den Ostgoten und dem byzantinischen Kaiser operiert, wobei Childebert die Provence besetzt hielt, gingen ihre Wege seit dem Ende der 30er Jahre wieder auseinander. Childebert nahm 541 den Krieg gegen die Westgoten wieder auf, an dem sich auch Chlothar beteiligte.

Nunmehr trat aber König Theudebert (533–547/48) entschieden in den Vordergrund; er wurde für die Vorgeschichte der Deutschen insofern bedeutsam, als durch ihn erstmalig die später das mittelalterliche *regnum Teutonicorum* konstituierenden Stämme und Regionen östlich des Rheins in enge Verbindung mit dem Frankenreich traten und an dessen geschichtlicher und kultureller Entwicklung teilnahmen. Ausgangspunkt der Machtentfaltung Theudeberts war, neben den Kerngebieten der *Francia* um die Residenz Reims, seine Herrschaft über Thüringer und Alamannen. Seine 537 geschlossene Ehe mit Wisigarda, einer langobardischen Fürstentochter, festigte seine Stellung an der mittleren Donau, d. h. in jenem Raum, in dem fast zur selben Zeit oder bald danach die Bajuwaren auftraten. Nach dem frühen Tode Wisigardas gab Theudebert seinem Sohn Theudebald deren Schwester Waldrada zur Gattin. Es war besonders Rätien, das zum Ausgangspunkt des militärischen Eingreifens Theudeberts in Italien wurde, wo mit dem Vordringen des oströmischen Heeres unter Belisar eine neue Lage entstand. Kaiser Justinian hatte den Franken die noch von Vitigis verfügte Abtretung der Provence sowie

Churrätiens bestätigt und wohl auch auf ein antiarianisches Bündnis gegen die Ostgoten gebaut, doch sah er sich darin getäuscht. Theudebert hatte offenbar kein Interesse an einem völligen Umschwung in Italien, sondern wollte die byzantinisch-ostgotische Konfrontation zum eigenen Vorteil nutzen. Als der Ostgotenkönig Vitigis jedoch Theudeberts Angebot eines Bündnisses gegen Byzanz ablehnte, weil dieser die Hälfte Italiens für die Vertreibung Belisars forderte, fielen alamannische Truppen auf fränkischen Befehl unter großen Verwüstungen in Venetien ein. Da aber die ostgotische Belagerung Roms scheiterte und sich das Kriegsglück wieder auf die oströmische Seite neigte, schickten die Franken 538 zwar wieder burgundische Hilfstruppen für Vitigis, mit deren Hilfe Mailand erobert werden konnte, doch war diese Unterstützung nicht mehr als ein getarntes Eigeninteresse. Das zeigte sich 539, als Theudebert selbst mit einem großen Heer über die Westalpenpässe nach Italien vorrückte und nach Überquerung des Po nacheinander sowohl die Ostgoten als auch die Byzantiner besiegte, Genua eroberte und im Südosten Oberitaliens die Emilia zwischen Po und Apennin verwüstete. Seuchen im Heer zwangen aber den Frankenkönig zum Waffenstillstand mit Belisar; doch blieben Ligurien und das südliche Vorfeld der Alpen in fränkischer Hand. Der Frankenkönig baute nun ohne Rücksicht auf die Goten seine Macht zwischen oberer und mittlerer Donau und dem Alpenraum aus, festigte seine Herrschaft in den Provinzen *Raetia* I (Chur) und *Raetia* II (Augsburg), in den westlichen Teilen Ufernoricums (Salzburg und vielleicht auch Lorch) und in Innernoricum (Aguntum, Lienz, Teurnia, Spittal an der Drau). Von diesen Paßlandschaften aus konnte Theudebert 545 große Teile Venetiens mit Aquileia erobern. Der neue Ostgotenkönig Totila mußte diese Gebietsverluste anerkennen, ohne daß es ihm gelang, wenigstens durch eine Eheverbindung mit dem merowingischen Königshause eine sichere Rückendeckung im Norden für seinen Kampf gegen Belisar zu erlangen.

Theudebert, der als politischer Typus seinem Großvater Chlodwig ähnelte, verfolgte noch weiter gesteckte Ziele als die Ausdehnung seiner Machtsphäre. Mit der Herrschaft über mehrere nichtfränkische Völker und über einstige Kernregionen des Imperiums glaubte er, nun auch selbst imperiale Ansprüche erheben zu können. So war es programmatisch, daß er Goldmünzen auf seinen Namen prägen ließ und sich selbst den Titel Augustus gab; dies war bislang ein respektiertes kaiserliches Vorrecht gewesen. Er soll einen Angriff auf Byzanz geplant und sich zu diesem Zwecke mit den damals noch in Pannonien sitzenden Langobarden und mit den Gepiden verbündet haben. Abwegig war dieser Plan wohl nicht, denn noch war der Westen nicht durch den breiten Keil der slawischen Einwanderung auf dem Balkan vom oströmischen Reich getrennt, und überdies hatte sich Theudeberts Einflußsphäre weit über die rechtsrheinischen Regionen nach Osten und Südosten vorgeschoben. Dies erhellt aus einem allerdings nicht ganz sicher zu deutenden selbstbewußten Brief des Frankenkönigs an Kaiser Justinian, der um 545 zu datieren ist und worin die seiner Macht unterworfenen Völkerschaften und Länder aufgezählt werden. Dazu gehörten die Thüringer, Nordsueben und Sachsen, die nach Theudeberts Schreiben »nostrae sint dicione subiecte«. Das bedeutete aber keine völlige Unterwerfung, denn an anderer Stelle wird für das Abhängigkeitsverhältnis dieser rechtsrheinischen Völker der römische Begriff der *amicitia* verwendet, d.h. es gab zwar keine politische Gleichstellung der Partner, aber wohl eine Garantie ihrer gentilen Integrität. Somit kann man sich die fränkische Organisation der gentes rechts des Rheins ähnlich institutionalisiert vorstellen wie einst das römische Foederatensystem.

Auch innenpolitisch ahmte Theudebert das römische Vorbild nach: Er setzte bei seinen fränkischen Untertanen die Steuerpflicht durch, der sie allerdings nur sehr widerwillig nachkamen. Dagegen schonte und förderte er, wie sein Großvater, die Kirche, deren Bedeutung er offenbar erkannt hatte.

Das mag auch erklären, daß Gregor von Tours sein rücksichtsloses politisches Vorgehen zwar ebenso ungeschminkt darstellte, wie er dies im Falle Chlodwigs I. getan hatte, aber dennoch seine Herrschertugenden lobt: Er habe das Reich mit Gerechtigkeit regiert, die Bischöfe geehrt und die Kirchen beschenkt. Die Chronik des Bischofs Marius von Avenches gibt ihm sogar das Epitheton *magnus*, wohingegen ihn Agathias als kühnen und unruhigen Geist schildert, der die Gefahren mehr als nötig liebte. Nach seinem frühen Tod ging seine Gestalt als Wolfdietrich in die Heldensage ein. Die imposante Figur Theudeberts I. verdeckt einen wichtigen Trend der Entwicklung, der sich schon gegen die Jahrhundertmitte abzuzeichnen begann: das wachsende Gewicht und später auch Übergewicht der östlichen Regionen des Merowingerreiches beiderseits des Rheins. Zwar konnte Theudeberts I. Sohn Theudebald I. (548–555) die weit gegen Byzanz vorgeschobenen Positionen in Oberitalien und an der Donau nicht behaupten, aber die Anbindung der Gebiete östlich des Rheins – das agilolfingische Bayern eingeschlossen – an die fränkische Gesamtherrschaft, äußerte sich, so ungesichert sie auch zeitweise sein mochte, in der zweiten Hälfte des 6. und im 7. Jahrhundert im steigenden Einfluß des Adels dieser Gebiete. Nicht zufällig taucht 561 erstmalig die Bezeichnung *Auster*, *Austria* (Ostreich) auf. Damals starb Chrodechildes Sohn Chlothar von Soissons, der durch eine glückliche Erbkonstellation 555 das Erbe Theudebalds an sich bringen konnte und drei Jahre später auch das Teilreich Childeberts I. von Paris (511–558), so daß er für kurze Zeit das Merowingerreich in seiner Hand vereinigte. Bei der Teilung nach seinem Tode erhielt Chlothars Sohn Sigibert I. den Reichsteil Austrien mit dessen Annexen in der Auvergne und der Provence. Das einst geteilte Burgund erstand wieder als Einheit und gewann durch die sedes regia Orléans sogar eine feste Verbindung mit dem Kerngebiet der merowingischen *Francia*. Desgleichen kam das Gebiet von Bourges an Burgund. Chlothars Sohn Gunthram (561–593), den Gregor von Tours besonders sympathisch schildert, wurde König dieses Teilreiches, das fortan, zumeist in Verbindung mit Austrien, eine bedeutende politische Rolle in den schweren Auseinandersetzungen der dritten und vierten Merowinger-Generation spielte. Das Reich von Paris erhielt Charibert I. (561–567), das Teilregnum Soissons Chilperich (561–584), so daß alle vier Söhne am Erbe teilhatten, das erst jetzt ein Großreich war.

Das hinderte aber nicht den Fortgang merowingischer Erbkämpfe. Chilperichs Versuche, seinen Reichsteil auf Kosten des weit nach Osten ausgreifenden Erbteils Sigiberts zu erweitern, scheiterten zwar, und selbst nach dessen Tod verstand es seine Witwe, die Westgotin Brunichilde, die Herrschaft für ihren fünfjährigen Sohn Childebert II. (575–596) zu sichern. Dabei taucht aber als neues Moment der Herrschaftssicherung erstmalig die Macht des Adels auf, der jetzt ein Mitspracherecht erlangte. In den folgenden blutigen Kämpfen und intrigenreichen Wirren um die Herrschaft in den Teilreichen, die vor allem in den Jahrzehnten nach der Ermordung Chilperichs I. (584) eskalierten, kam es zu dramatischen Wendungen, bei denen sowohl Sigiberts Witwe Brunichilde als auch Chilperichs Witwe Fredegunde eine zentrale Rolle spielten; das Nibelungenlied dürfte in verfremdeter Form einen Nachhall dieser Ereignisse bewahrt haben. Es war auch ein Machtkampf zwischen den austrasischen Großen und dem Königtum – repräsentiert durch den burgundischen König Gunthram und Brunichilde –, der mit dem Vertrag von Andelot (586 oder 587) vorläufig zugunsten der »merowingischen Zentralistin« Brunichilde endete. In diesem Übereinkommen, das die innerdynastischen Spannungen beseitigen sollte, wurde Childebert II., der Sohn Brunichildes, als Nachfolger des kinderlosen Gunthram bestimmt; die Macht der Adelsgruppen einzudämmen gelang jedoch nicht. Damit war die Auseinandersetzung nicht abgeschlossen, denn 613 gelang es Chlothar II. (584–629) – dem Sohn Chilperichs und Fredegundes, der alle Rivalen überlebt hatte – von seiner stark reduzierten Machtbasis am Unterlauf der Seine überraschend zum Gesamtherrscher aufzusteigen. Dies wurde ihm möglich durch ein Bündnis mit dem burgundisch-austrischen Adel, an dessen Spitze bereits die beiden Stammväter der Karolinger, Arnulf, der *domesticus* Theudeberts II., seit 614 Bischof von Metz (gest. 629) und Pippin der Ältere (gest. 640), standen. Nachdem die Austrier Chlothar II. zur Übernahme der Herrschaft aufgefordert und auch der burgundische Adel Brunichilde verlassen hatte, wurde die Königin gefangen und grausam hingerichtet. Sie war bis zu ihrem Tode die konsequenteste Verteidigerin der Macht des Königtums wie der Reichseinheit gewesen.

Die unter Chlothar II. wiederhergestellte Reichseinheit war allerdings nur eine relative, denn die Herrschaft dieses Königs über drei Königreiche *(monarchia trium regnorum)* konnte nur gegen politische Konzessionen an den austrischen wie den franko-burgundischen Adel gesichert werden. Der König wählte wieder Paris zur Residenz, und damals taucht auch erstmals für den Reichsteil zwischen Pariser Becken und Atlantik die Bezeichnung *Neustria* (Neu-Westreich) auf, eine Gegenbildung zu Auster, dem Ostreich. Die Herrschaft Chlothars II. war eher eine Personalunion und von den Sonderinteressen der Teilreiche beschränkt. Erstmalig treten sich hier Königtum und Adelsherrschaft gegenüber, und damit zeichnete sich schon eine grundlegende Signatur mittelalterlicher Staatlichkeit ab. Ihren Niederschlag fand diese neue Konstellation im Pariser »Edictum Chlotharii« von 614, einem Kompromiß zwischen der siegreichen austrischen Adelsopposition und dem neuen König. Die harten Steuergesetze Chilperichs und der Königin Brunichilde wurden aufgehoben. Wichtiger war noch, daß in Zukunft nur noch Grafen aus den in der jeweiligen Region ansässigen Grundherren eingesetzt werden sollten, eine Bestimmung (Art. 12), die dem ursprünglichen Sinn des Grafenamtes zuwiderlief, ein zentrales Kontrollorgan des

Königtums zu sein. Der *comes* war damit sowohl Vertreter regionaler Interessen als auch Teilhaber an der Königsherrschaft geworden. Parallel dazu ist die schon zuvor von Chlothar II. getroffene Entscheidung zu sehen, für jedes Teilreich einen Hausmeier zu bestellen, desgleichen die Bestimmung (Art. 19), die den Indigenat auch für die Amtsträger aus den Reihen der Bischöfe und potentes festlegt. Insgesamt enthielt das Edictum nicht nur einseitige Zugeständnisse des Königs an die Großen des Reiches, sondern es war gleichzeitig eine eher pragmatische Verwaltungsmaxime, denn nur der im Sprengel ansässige Amtsträger konnte auch für Verfehlungen mit seinem Besitz zur Rechenschaft gezogen werden. Die kirchlichen Forderungen nach königlicher Anerkennung einer Bischofswahl durch Klerus und Volk wie auch der bischöflichen Amtsgewalt über den Diözesanklerus akzeptierte Chlothar II., doch behielt er sich das wichtige Recht vor, daß nach wie vor der Befehl des Herrschers zur Erteilung der Bischofsweihe notwendig war, die Königsherrschaft über die Kirche also im wesentlichen erhalten blieb. Eine »Magna Charta« des fränkischen Adels war also das »Edictum Chlotharii« nicht, sondern eher ein Kompromiß, der durch teilweise Regionalisierung der Herrschaft eine größere Rechtssicherheit gewährleisten sollte. Auch der Gesichtspunkt eines Schutzes der austrischen und franko-burgundischen Großen vor der Macht neustrischer Amtsträger mag dabei eine Rolle gespielt haben. Das ändert aber nichts an der Tatsache, daß im weiteren Verlauf des 7. und frühen 8. Jahrhunderts die Regionalisierung politischer Macht immer größere Fortschritte machte und besonders in der Kombination von regionaler Adelsherrschaft und Bischofsmacht in den *civitates* jene »Kirchenstaaten« oder »aristokratischen Republiken mit bischöflicher Spitze« (E. Ewig) entstanden, die den Bestand des Frankenreiches aufzulösen drohten und erst von den Karolingern wieder mit großer Mühe in den Staatsverband fest eingefügt werden konnten. Für den Moment jedoch verfehlte das Edikt nicht seine Wirkung, zumal Chlothar II.

im mächtigen Austrien seinen Sohn Dagobert I. als Unterkönig in Metz einsetzte und ihm nach den Hausmeiern Rado und Hugo mit Pippin dem Älteren und den Bischöfen Arnulf von Metz und Kunibert von Köln wichtige und einflußreiche Berater aus dem Lande selbst zur Seite gab. Mit Pippin gewann das Hausmeieramt seine überragende politische Bedeutung; zuvor war damit lediglich die Leitung der königlichen Haushaltung verbunden. Auch diese eher pragmatische Entscheidung des in Paris residierenden Gesamtherrschers sollte sich in ihren Auswirkungen als ambivalent erweisen, denn einerseits verstärkte die Etablierung der Königsmacht im Osten des Reiches eine gewisse Sicherheit gegenüber der sich abzeichnenden awarischen Bedrohung, andererseits bahnten sich mit dem austrischen Unterkönigtum Sonderentwicklungen an, die nicht im Interesse der Reichseinheit sein konnten.

König Dagobert I. (629–639): Die politisch-kulturelle Expansion des Frankenreiches östlich des Rheins

Beim Tode Chlothars II. folgte ihm sein Sohn Dagobert I. (629–639) unangefochten in der Gesamtherrschaft nach. Dieser verlegte seine Residenz von Metz nach Paris. Hatte der burgundische Autor der sogenannten »Fredegar-Chronik« Dagoberts Herrschaft als austrischer Unterkönig hoch gelobt und dies u.a. mit dem wohltätigen Einfluß Arnulfs von Metz, des Hausmeiers Pippin und Kuniberts von Köln begründet, so erfuhr seine Gesamtherrschaft seit 629 scharfe Kritik: Er habe alle Gerechtigkeit vergessen, den Königsschatz auf Kosten der Kirche rücksichtslos bereichert, sich der *luxuria*, der Fleischeslust, ergeben und drei Königinnen sowie zahllose Konkubinen unterhalten. Es war wohl die erfolgreiche Reorganisation der Königsherrschaft, die oppositionellen Adelskreisen mißfiel, denn Dagobert war zweifellos der letzte bedeutende und energische Merowinger. Er hat sich in raschem Zugriff Neustrien und Burgund gesichert und durch eine straffe Steuerpolitik die königlichen Ressourcen beträchtlich gesteigert. Da hiervon auch die Bistümer betroffen wurden, ist es kein Wunder, daß man ihm Ausplünderung reicher Kirchen und insgesamt eine erpresserische Finanzwirtschaft vorwarf. Im Kern handelte es sich um eine erste »Säkularisation« von Kirchengut. Da die finanziell ergiebigen *civitates* vor allem im Kerngebiet der *Francia*, d.h. im Westen, lagen und die Bischöfe oftmals reiche Stadtherren waren, mußte sich Dagoberts schroffer Fiskalismus dort wesentlich stärker auswirken als im agrarischen, zumeist städtearmen Austrien. Zu einer Reichsteilung kam es unter ihm nicht, denn Dagobert schickte nur den jüngeren Stiefbruder Charibert II. (629–632), der als einfältig (simplex) galt, als Unterkönig nach Toulouse. Dort entstand eine Art Großmark gegen die Basken und gegen die Reste der Gotenherrschaft um Narbonne. Nach Chariberts frühem Tod übernahm Dagobert die Herrschaft auch im südlichen Aquitanien.

Als wichtiger noch und für die spätere deutsche Geschichte von nachhaltiger Wirkung erwiesen sich Dagoberts Aktivitäten an der Ostflanke des Merowingerreiches, wo er als erster König seit Theudebert I. wieder reorganisierend eingriff. In Ost- und Ostmitteleuropa hatten sich seit der Wende vom 6. zum 7. Jahrhundert die Verhältnisse grundlegend gewandelt, und zwar sowohl durch die großräumige Awarenherrschaft als auch durch deren mittelbare Folgen für die slawische Einwanderung. Mit der slawischen Welt entstand eine mitteleuropäische Pufferzone zwischen dem Merowingerreich im Westen und der sich am Beginn des 7. Jahrhunderts wieder konsolidierenden Macht des byzantinischen Kaisertums. Slawische Verbände übernahmen im 6. Jahrhundert als Limitantruppen den Grenzschutz für Byzanz an der unteren Donau, schoben sich aber gleichzeitig auch nach Westen vor und drangen nach 572/79 in Binnennoricum ein, wo ihnen 591 der Bayernherzog Tassilo I. erfolgreich entgegentrat. Jedoch schon vier Jahre später siegten die Slawen, nach dem auf älteren Nachrichten basierenden Bericht des langobardischen Chronisten Paulus Diaconus (gest. 799), mit Hilfe eines awarischen Kagans über die Bajuwaren. 610 besiegten sie Tassilos Sohn Garibald II. bei Aguntum (Dölsach bei Lienz), wurden aber bald danach von den Bajuwaren geschlagen, womit ihr Vorrücken im Pustertal und im gesamten Ostalpenraum endgültig zum Stehen kam. Aus einem schwer genauer zu definierenden Zustand zwischen awarisch-slawischer Symbiose und harter awarischer Oberherrschaft über die Slawen entwickelte sich um 623/24 die Reichsgründung Samos, eines fränkischen

Kaufmanns. Samo, nach Fredegar *natione Francus*, trat offenbar an die Spitze slawischen Widerstandes gegen die Awaren und erlangte eine königsgleiche Herrschaft, die vom Erzgebirge bis zu den Ostalpen reichte und wohl in Westböhmen ihr Zentrum hatte. Der Druck der Awaren hatte sich vermindert, seit sich durch die vernichtende Niederlage dieser Nomaden vor Konstantinopel (626) ihr Großreich aufzulösen begann. Dafür kam es 631 zum Konflikt Samos mit König Dagobert I., der, vielleicht im Bunde mit den Langobarden, in drei Heersäulen zum Angriff überging. Während die Langobarden in Kärnten gegen die Slawen siegten und ein alamannisches Heer unter Herzog Chrodobert ebenfalls gegen Samos Truppen erfolgreich war, erlitt das Hauptheer bei Wogastisburc (Kaaden/Kadaň?) an der Eger eine schwere Niederlage, worauf sich die Sorben zwischen Elbe und Saale unter ihrem *dux* Derwan dem Samo-Reich anschlossen. Die Fredegar-Chronik führt diesen Fehlschlag auf ein Zerwürfnis Dagoberts mit den Austrasiern zurück, die sich vom König ausgeplündert gefühlt haben sollen.

Die Auseinandersetzung mit dem Samo-Reich muß im Zusammenhang mit der politischen Neuorganisation der Gebiete rechts des Rheins unter Chlothar II. und Dagobert I. gesehen werden. Dabei handelte es sich nicht einfach um ein Wiederanknüpfen an die Oberherrschaft in der Zeit Theudeberts I., sondern um einen viel tiefer in die Gesellschaftsstruktur eingreifenden Umbau der älteren gentilen Verhältnisse. Alamannien wurde davon zuerst betroffen, denn schon Chlothar II. hat im ersten Jahrzehnt seiner Gesamtherrschaft durch Aufzeichnung des *Pactus Alamannorum* eine neue, vom Königtum legitimierte Rechtsordnung gesetzt, die aber dennoch auf den Rechtstraditionen der älteren *gens Alamannorum* beruhte. Dies hing wiederum mit der multigentilen Grundstruktur des Merowingerreiches zusammen, die im 7. Jahrhundert zu einer »Regionalisierung« der Volkstümer führte. Einerseits wurde so eine zunehmende »Verfrankung« der rechtsrheinischen Gebiete bewirkt, andererseits die alamannische Oberschicht in die fränkische Reichsherrschaft integriert und den regionalen Voraussetzungen durch einen alamannischen Dukat Rechnung getragen. Gekoppelt war diese Entwicklung mit der Ausbildung erster Ansätze einer im engeren Sinne adeligen Gesellschaftsformation, wobei zweifellos der Anstoß von der fränkischen Königsmacht kam. Umstritten ist allerdings das archäologische Pendant dieser differenzierenden Entwicklung, doch dürfte sich in den »Adelsfriedhöfen« des 6./7. Jahrhunderts, in deren Separierung von den allgemeinen Nekropolen, ferner in Kirchengründungen und Stiftergräbern sowie in der Häufigkeit des typisch fränkisch-merowingischen Martinspatroziniums in adeligen Stiftungen der enge Zusammenhang zwischen königlichem und adeligem Herrschaftsaufbau manifestieren. Im 7. Jahrhundert kam es auch zu einer Wiederbesetzung und Renovierung fortifikatorischer Schlüsselstellungen und ehemaliger Römerkastelle, frühalamannischer »Burgen« und sogar alter keltischer Höhensiedlungen. Auch dies kann dem ordnenden, planenden Zugriff Chlothars II. und Dagoberts I. zugeschrieben werden.

Stärker noch als sein Vater Chlothar hat Dagobert als Organisator der politischen wie der damit eng verbundenen kirchlichen Ordnung im Elsaß wie insgesamt am Oberrhein und Hochrhein gewirkt. Auf ihn geht wohl die Gründung des elsässischen Herzogtums zurück, dessen Basis er durch den Sornegau zwischen Basel und Biel und durch das Gebiet bis zum Thuner See erweiterte. Vermutlich war damit auch die Einführung der fränkischen Grafschaftsverfassung verbunden, deren »Amtscharakter« man allerdings nicht anachronistisch überschätzen darf. Ob das Bistum Konstanz schon vor Dagobert I. bestand, ist umstritten, doch Konstanz selbst geht wohl als Siedlung auf eine spätrömische Befestigung des Kaisers Constantius II. (337–361) zurück; allerdings ist deren Fortbestehen nicht gesichert. Neben Dagobert I., der das Bistum mit Königsgut ausstattete, war auch der alamannische *dux* Gunzo an der Gründung beteiligt; genauere Nachrichten bringt jedoch erst das 8. Jahrhundert, als die Christianisierung des Bodenseeraums sowohl von Chur als auch von St. Gallen und der Reichenau aus intensiviert worden ist. Auf jeden Fall hat Dagobert Konstanz feste Diözesangrenzen gegen Avenches-Lausanne und Chur gegeben, vielleicht auch gegenüber dem Bistum Basel-Augst, das zur gleichen Zeit durch Bischof Ragnachar, einen Schüler des Abtes Eustasius von Luxeuil, gegründet wurde. Dies geschah bereits mit Unterstützung des irofränkisch-columbanischen Mönchtums, dessen entschiedener Förderer der Merowinger gewesen ist. Luxeuiler Mönche besiedelten auch die vom elsässischen Herzog Gundoin gestiftete Abtei Granfelden/Moutier-Grandval im Jura an der alten Straße vom Oberrhein nach Mailand. Sie war sicher eine adelige Gründung, aber auch dahinter dürfte sowohl vom politisch-herrschaftlichen Impuls als auch von der monastischen Orientierung her Dagobert I. gestanden haben, der überdies das erneuerte Bistum Straßburg mit Schenkungen aus dem gesamten Herzogtum Elsaß bedacht hatte. Auch den Ausbau des ebenfalls zwischenzeitlich erloschenen Bistums Speyer hat er mit Dotationen an die Germanus-Kirche gefördert. Im alamannisch-bajuwarischen Grenzraum ist Dagoberts Wirken gleichermaßen erkennbar: Das spätantike Afra-Heiligtum in Augsburg, das die Völkerwanderungsepoche überdauerte, erhielt im ersten Drittel des 7. Jahrhunderts eine neue, große Steinkirche und wurde bevorzugter Begräbnisplatz einer archäologisch feststellbaren neuen Oberschicht, die nach ihren Grabbeigaben auf Burgund und den Rhône-Raum verweist. Es ist wohl kein Zufall, daß Dagobert als einziger König vor Kaiser Konrad II. im Totengedächtnis von St. Afra erscheint. Wahrscheinlich ist damals das Bistum Augsburg gegründet worden, doch wären nach neuen archäologischen Befunden auch spätantike Wurzeln möglich.

Das, was man etwas allgemein als »fränkischen Ausgriff« in die Gebiete östlich des Rheins bezeichnet, hat aber noch andere, generelle Aspekte. Es handelt sich bei der »Regionalisierung der Volkstümer« nämlich auch um durchgreifende Akkulturationsvorgänge, die zur Angleichung sehr unterschiedlicher ethnischer Traditionen führten. Das gilt für die schon erwähnte »Verfrankung« der östlichen Teile des Merowingerreiches ebenso wie für die teilweise Integration der Romanen. Bewaffnung und Tracht passen sich im 6./7. Jahrhundert gegenseitig an, doch bleibt für das gesamte Frankenreich die Feststellung gültig, daß eine fränkische Volkssiedlung nur bis zur Seine, doch kaum darüber hinaus reichte. Erschwert wird das Urteil über die jeweilige ethnische Zuweisung von Grabbeigaben durch die Tatsache, daß man zwar für Lothringen als Kennzeichen romanischer Gräberfelder Beigabenarmut, Fehlen von Waffen- und Fibelbeigaben, ferner das Auftreten von Sarkophagen und Mehrfachbestattungen feststellen konnte, daß jedoch schon in der jüngeren Merowingerzeit, also für das 7. Jahrhundert, die Übernahme romanischen Grabbrauchs durch die Franken – auch dies ein Zeichen der »Akkulturation« – gesichert ist. Unter diesem Gesichtspunkt ist auch die sogenannte »Reihengräberzivilisation« des 7. Jahrhunderts zu sehen, die bei aller Schwierigkeit der Deutung doch zeigt, daß diese relativ homogene Bestattungssitte ohne einen gleichartigen religiösen und gesellschaftlichen Hintergrund kaum vorstellbar ist, und dieser kann nach Lage der Dinge für die rechtsrheinischen Regionen wohl nur die multiethnische, aber doch vereinheitlichende Expansion des Frankenreiches nach Osten gewesen sein. Es handelt sich bei den sogenannten Reihengräberfriedhöfen um unverbrannte, nach Osten ausgerichtete Bestattungen, wobei die Toten ihre Tracht sowie Beigaben ins Grab mitbekamen. Seit der zweiten Hälfte des 5. Jahrhunderts waren Reihengräber allgemein üblich; aufwendige Grabbauten finden sich aber ebenfalls. Seit Ende des 7. Jahrhunderts löst sich die Reihengräbersitte mit Beigaben schrittweise auf, wahrscheinlich unter dem wachsenden Einfluß christlicher Vorstellungen. Daß dennoch viele Fragen bei der Deutung offenbleiben, sei ausdrücklich betont, vor allem ist auf das methodische Bedenken Rücksicht zu nehmen, daß sich manche Rückschlüsse speziell auf die reichen Beigaben der Oberschichtengräber beziehen, das Gros der ärmer ausgestatteten bis beigabenlosen Gräber aber mangels Anhaltspunkten oft ausgeklammert bleiben muß. Immerhin wird man als gesichert annehmen dürfen, daß nach Ausweis der Verbreitung der Reihengräberzivilisation auch Alamannien und das frühagilolfingische Bayern zum politischen Verband und zur kulturellen Verkehrsgemeinschaft des Merowingerreiches gehörten. Dazu passen auch die irofränkisch-monastischen Aktivitäten in Bayern durch die Mönche Agrestius und Agilus zur Zeit des Abtes Eustasius von Luxeuil. Der Name des Missionars Agilus dürfte ein latinisierter Agilolfingername sein. Da dieser Mönch ein Verwandter der mächtigen Burgundofaronensippe von Meaux war, bestanden wohl auch Verwandtschaftsbeziehungen zur bayerischen Herzogsfamilie.

War man bislang eher skeptisch hinsichtlich der Wirksamkeit der Luxeuilmission in Bayern, liefern neue archäologische Ergebnisse den Beweis, daß sich seit 600 und während des 7. Jahrhunderts, also in der Epoche der bayerischen Luxeuilmission, die Christianisierung vor allem der Oberschicht fast schlagartig intensivierte. Die Funde von Goldblattkreuzen, eindeutigen Zeichen christlicher Bestattung, nehmen stark zu. Es besteht ein enger Zusammenhang zwischen Christianisierung und Herausbildung einer Herrenschicht, wie sie sich archäologisch in der Separierung der Oberschichtengräber von den allgemeinen Reihengräbern und deren Lozierung bei oder in neuerrichteten Kirchen manifestiert. Die »Selbstheiligung« des entstehenden Adels hatte somit eine sehr konkrete Folge im Wandel der Bestattungsformen oder, anders ausgedrückt: Die christliche Mission förderte fast paradoxerweise eine weitere starke soziale Differenzierung der germanischen Gesellschaft.

Wie auch in anderen Fällen bedurfte eine kontinuierliche und daher erfolgreiche Mission der politischen Unterstützung, die in der Zeit Dagoberts I. gegeben war. Wenn man bedenkt, daß dieser König den Bajuwaren befehlen konnte, mehrere Tausend nach Bayern geflüchtete Bulgaren zu töten, und daß der Grundstock der *Lex Baiuvariorum* unter diesem König redigiert oder ganz neu gefaßt wurde, dann rundet sich das Bild einer wohlorganisierten Expansion des Frankenreichs bis an die slawisch-awarische Grenzzone im Osten.

Die Mainlande, die Wetterau und Thüringen waren schon unter Childebert II. und Theudebert II. Aufmarschgebiete gegen die nach Westen bis an die fränkische Saale vordringenden Slawen. König Dagobert I. dürfte auch hier organisatorisch erneut eingegriffen und drei Amtssprengel geschaffen haben. Es war dies zum einen das Markherzogtum Thüringen, das nach der fränkischen Niederlage vor Wogastisburc Herzog Radulf zum Grenzschutz übertragen wurde. Um Würzburg gab es ein mainfränkisches Herzogtum, und in der Wetterau oder um Aschaffenburg vermutlich das Gebiet der Farasippe. Daß bei den schlechten organisatorischen Möglichkeiten überregionaler Herrschaft im Frühmittelalter immer wieder Regionalherrschaften zu politischer Sondermacht tendierten, zeigt der Konflikt Dagoberts mit Faras Vater Chrodoald am Beginn seines Metzer Unterkönigtums, ein Konflikt, den angeblich Arnulf von Metz und der austrische Hausmeier Pippin angestiftet hatten. Chlothar II. versöhnte Chrodoald mit Dagobert, doch dieser befahl dennoch, den Herzog in Trier zu töten; dem Sohn Fara beließ er aber seinen Amtsbereich. Die Würzburger Herzöge, die später, an der Wende vom 7. zum 8. Jahrhundert, für die Missionsarbeit des Angelsachsen Willibrord wichtig werden sollten, reichen genealogisch mit ihrem Stammvater Ruodi (Hruodi) bis in die Dagobertzeit zurück. Der Leitname Heden (Chedinus) taucht sogar schon 590 auf; vielleicht hatte bereits der Träger dieses Namens den Würzburger Dukat inne.

Am Niederrhein und in der austrasischen *Francia* ist die Wirksamkeit Dagoberts eng mit dem Bischof Kunibert von

Köln (626/27 – ca. 663) verbunden, der während dessen Unterkönigtum sein politischer Berater gewesen ist und ein Parteigänger des Hausmeiers Pippin war. Wie weit damals die Macht Austriens im Osten und Nordosten reichte, geht aus Dagoberts Schenkung von Soest und Utrecht an Kunibert hervor. Wie am Main spielte dabei bereits Mission eine Rolle, die dann am Ende des 7. Jahrhunderts in Friesland wieder von dem Angelsachsen Willibrord aufgenommen wurde. Numismatische Befunde aus der Zeit zwischen 630 und 650 deuten auf Präsenz des Merowingerreiches in Friesland, besonders in dem wichtigen Handelsplatz Dorestad bei Utrecht. Nicht nur die Kölner Kirche spielte unter Kunibert eine bedeutsame Rolle, sondern insgesamt der niederrheinische Dukat Ribuarien, denn die zweite Festschreibung des fränkischen Rechts trägt den Titel *Lex Ribuaria*. Diese Redaktion erfolgte unter Dagobert I., und zwar wohl anläßlich der Errichtung des austrasischen Unterkönigtums für dessen Sohn Sigibert III. Auffällig ist, daß die jüngeren Textschichten durch Berücksichtigung des Urkundenwesens auf eine Zunahme der Schriftlichkeit im Rechtsverkehr schließen lassen; desgleichen nehmen jetzt kirchliche Belange einen breiteren Raum ein, auch dies ein Zeichen der steigenden Bedeutung der Kirchenorganisation für das politisch-gesellschaftliche Gefüge des Merowingerreiches. Eine schwierige Frage ist allerdings die Art der Einbeziehung jener großen Regionen östlich des Rheins in die merowingische Reichsverwaltung. Zweifellos gehörten diese Gebiete noch voll zum Frankenreich, waren also nicht nur tributär an dasselbe gebunden. Aber die Rolle der von Merowingern eingesetzten Amtsherzöge in Alamannien, in den Mainlanden, der Wetterau und in Thüringen läßt doch erkennen, daß hier die Intensität der Königsherrschaft im Vergleich zur zentralen *Francia* abgestuft war und die autochthonen Kräfte eine stärkere Position innehatten. Diese mag im einzelnen verschieden gewesen sein und auch zeitlich variiert haben; dennoch ist man versucht, vor allem im Blick auf Alamannien und Bayern von einer Art Kondominium zu sprechen, nicht verfassungsmäßig, sondern eher pragmatisch-faktisch.

Stärker noch als bei Chlodwigs I. Taufe und in sehr viel deutlicherer Weise wird unter Dagobert I. eine kirchliche Herrschaftsideologie sichtbar, die einerseits das Königtum sakralisiert, gleichzeitig aber auch die Herrscher strengeren sittlichen Maßstäben nach christlicher Vorstellung vom Herrscheramt als einer von Gott verliehenen Aufgabe unterwirft. *Pietas*, *sapientia* und *clementia* gehören zu diesem neuen Bilde des christlichen Herrschers ebenso wie *iustitia* und die ihm verliehene Strafgewalt *(districtio)*. Die zeitgenössischen Quellen schildern Dagobert durchwegs als hochbedeutenden König, als *rex pacificus*, als gewaltigen Nährvater der Franken *(fortissimus enutritor)*, verschweigen aber auch keineswegs seine schwachen Seiten.

Dagoberts größte, weit über seine Zeit hinausweisende Leistung war die Reorganisation des Reiches mit Hilfe einer Gruppe von Bischöfen und Äbten aus dem Kreise des irofränkischen Mönchtums und teilweise des mächtigen Adels, so Bischof Desiderius von Cahors, Bischof Sulpicius von Bourges, Bischof Burgundofaro von Meaux, Bischof Eligius von Noyon, der Schatzmeister und Goldschmied des Königs, und Bischof Audoenus von Rouen. Die kirchlich-monastische Erneuerung des Frankenreiches, die Dagobert bewirkte, trug auch zur Akkulturation der Ethnika vor allem in der Oberschicht bei: Das irofränkische Mönchtum wurde gleichsam zum »Katalysator« der romanisch-germanischen Symbiose, die sich im Zeichen des Kreuzes in den neuen oder irofränkisch erneuerten Klöstern des Reiches vollzog. Dagobert selbst förderte diese Entwicklung durch großzügige Schenkungen für Klostergründungen columbanischer Observanz und für die alten berühmten Kultzentren wie St. Martin in Tours und besonders St. Denis bei Paris, das er prachtvoll ausstattete. Sein Thesaurarius Eligius, der spätere Noyoner Bischof, schmückte St. Denis mit Werken seiner Goldschmiedekunst, und so ist es nicht verwunderlich, daß ihm diese Königsabtei nach seinem plötzlichen Tod (gest. 639) ein besonders ehrendes Angedenken bewahrte. Auf Dagoberts Namen sind in späterer Zeit viele Urkunden gefälscht worden, ein Zeichen der Wertschätzung, die ihm die Nachwelt wohl nicht ohne Grund entgegengebracht hat.

Schwindende Königsmacht: Kampf der Hausmeier um die Herrschaft – Aufstieg der Frühkarolinger

Hatte schon unter Dagoberts I. Gesamtherrschaft (633–639) die Einsetzung Sigiberts III. in Austrien und Chlodwigs II. (639–657) in Neustrien als Unterkönige eine Auseinanderentwicklung von Ost- und Westreich allmählich eingeleitet, so verstärkte sich dieser Trend nach seinem Tode, als unter der Teilherrschaft Sigiberts zuerst Pippin der Ältere (gest. 640) und danach sein Sohn Grimoald als Hausmeier zusammen mit dem einflußreichen Bischof Kunibert von Köln die faktische Macht ausübten. Schon die Tatsache, daß die Gründung der Klöster Stablo-Malmedy in den Ardennen und St. Martin in Metz von Sigibert und den Pippiniden zusammen durchgeführt wurde, beweist den Aufstieg der letzteren. Dem entspricht, daß die Arnulfinger als der andere Zweig der Frühkarolinger seit 641 in Metz ihr eigenes Hauskloster besaßen. Trier tritt in dieser Epoche in den Hintergrund, vielleicht wegen seiner gallorömischen Kontinuität; erst gegen Ende des Jahrhunderts rückt es mit der Trierer »Bischofsdynastie« der Liutwine wieder stärker in den Vordergrund. Der Rückblick auf den Aufstieg der Karolinger darf nicht vergessen machen, welche Schwierigkeiten sich auf diesem Wege ergaben. Schon die Nachfolge Grimoalds im Hausmeieramt seines Vaters Pippin wurde eine Zeitlang durch den Erzieher Sigiberts III. namens Otto blockiert, der selbst diese Position anstrebte. Die Gegensätze am Metzer Hof wirkten sich auch nach außen aus, da ein von Grimoald und seinem Anhang begonnener Krieg gegen den Thüringerherzog Radulf durch konspiratives Verhalten der rivalisierenden Partei mit einem Mißerfolg endete. Radulf trat seither wie ein König auf und schloß mit den benachbarten slawischen Wenden und anderen Völkern Freundschaftsverträge. Es war dies ein Vorspiel auf die dann eskalierenden Machtkämpfe der Hausmeier untereinander, die zu großen Terrainverlusten an der Peripherie des Reiches führen sollten. Nach der fränkischen Niederlage gegen Radulf bahnte sich mit dem Vordringen der Sachsen (Engern) über Soest und Brilon bis zur Ruhr und in Westfalen bis zur Lippe und Issel eine dauernde Bedrohung der Nordostflanke des Frankenreiches an, die erst durch die Sachsenkriege Karls des Großen endgültig beseitigt wurde.

Da Sigibert III. lange Zeit kinderlos blieb und damit die Gefahr bestand, daß Austrien an das Westreich Chlodwigs II. bzw. an dessen mächtigen Hausmeier Erchinoald fallen könnte, bestimmte Grimoald den kränklichen König, seinen eigenen Sohn unter dem Merowingernamen Childebert zu adoptieren – dies in der Hoffnung, damit den Übergang der Königsherrschaft auf die eigene Familie herbeizuführen. Das schien zu glücken, doch wurden Sigibert in späteren Jahren eine Tochter, Bilihild, und ein Sohn, Dagobert (II.), geboren, womit sich die Nachfolgefrage erneut stellte. Als der König Anfang 656 schwer erkrankte, trat Grimoald gleichsam die Flucht nach vorn an. Er traf zusammen mit Bischof Desiderius von Poitiers die für den Fall des Todes von Sigibert nötigen Vorkehrungen; der Tod trat am 1. Februar ein. Desiderius nahm das Kind Dagobert zu sich nach Poitiers und ließ es nach Irland ins Exil verbringen. Sigiberts Leichnam wurde in die Königsstadt Metz überführt und in der Abtei St. Martin beigesetzt. Vermutlich war derzeit schon Chlodulf, der älteste Sohn Arnulfs von Metz, Bischof der Stadt, was den »Staatsstreich« Grimoalds erleichtert haben dürfte. Offenbar gab es keinen Widerstand gegen die Erhebung des Childebertus Adoptivus (656–662) zum austrasischen König; doch blieb Grimoald der eigentliche Regent. Die Opposition gegen ihn war jedoch keineswegs erloschen; sie nahm damals wohl Verbindungen mit dem neustroburgundischen Hof und dem dort faktisch herrschenden Hausmeier Erchinoald auf. Der unerwartete Tod Childeberts brachte jedoch das Machtgefüge der Pippiniden wieder ins Wanken, da mit dem Tode des Königs auch die Rechtsgrundlage von Grimoalds Hausmeieramt verlorengegangen war. Grimoald suchte nun seinerseits Verbindungen zur neustroburgundischen Regierung aufzunehmen und wurde zu Verhandlungen nach Paris eingeladen. Durch fingierte Freundschaftsschwüre auf falsche Reliquien in Sicherheit gewiegt, geriet er dort in einen Hinterhalt und wurde hingerichtet. Damit war der erste Anlauf der Frühkarolinger zur Königsherrschaft gescheitert; die Machtkämpfe der Hausmeier nahmen jedoch in unverminderter Härte ihren Fortgang.

Im neustroburgundischen Reich waren die Verhältnisse durch die Unmündigkeit des vierjährigen Königs Chlodwig II. ebenfalls instabil. Für den Minderjährigen regierte seine Mutter Nanthild, während in Wahrheit erst der Hausmeier Aega und seit 614 sein Nachfolger Erchinoald, zusammen mit Adelsgruppen, die Herrschaft ausübte. In den wirren Auseinandersetzungen – wie sie die Fredegar-Chronik knapp schildert –, bei denen die mächtige Sippe der Burgundofaronen von Meaux eine Rolle spielte, scheint Erchinoald lange Zeit das Heft in den Händen behalten zu haben. Um seinen Einfluß auf den jungen König auch nach dessen Volljährigkeit zu bewahren, führte er ihm seine angelsächsische Sklavin Balthilde zu, die Chlodwig sogar heiratete. Die Königin gebar drei Söhne: Chlothar, Theuderich und Childerich, der König selbst starb 657 mit 23 Jahren, und nun riß Balthilde energisch die Macht in Neustrien und Burgund an sich. Die schöne, energische Königin erwies sich bald als Gegenspielerin ihres einstigen Herrn Erchinoald. Nach dessen Tod (vor 660) erhob sie nicht seinen Sohn Leudesius zum Hausmeier, sondern Ebroin, einen Franken aus der Gegend von Soissons. Er galt den Hofkreisen als Emporkömmling, weil er nicht den höchsten Optimatenkreisen entstammte. Doch gehörten zu den Beratern der Königin auch die Metropoliten Audoin von Rouen und Chrodobert von Paris. Audoin stand in freundschaftlicher Verbindung mit dem mächtig gewordenen Ebroin. In die Zeit der faktischen Herrschaft Balthildes fallen zwei spektakuläre Ereignisse: Das eine war das Gerichtsverfahren gegen Erzbischof Aunemundus von Lyon und seine Hinrichtung, das andere Balthildes gleichartiges Vorgehen gegen Aunemundus' Bruder, der als *praefectus* eine starke Regionalherrschaft im Lyonnais ausgeübt hatte und ebenfalls hingerichtet wurde. Beide Morde lastete man der Königin an, ferner die Ermordung von insgesamt neun gallischen Bischöfen; doch dürfte hier auch Ebroin seine Hand mit im Spiel gehabt haben. Auf jeden Fall konnte Balthilde als Nachfolger des Metropoliten Aunemundus ihren Vertrauten, den Hofgeistlichen Genesius, durchsetzen. Der Kampf gegen die sich immer mehr stabilisierenden »Bischofsrepubliken«, in denen sich zumeist die weltliche und geistliche Macht in der Hand einer Familie vereinigte, war sicher eine Überlebensfrage für das »zentralistische« Königtum und damit ein Politikum ersten Ranges. Ähnliches gilt auch für Balthildes und Erchinoalds Vorgehen gegen die Pippiniden in Austrien, das mit deren vorläufigem Sturz und der Hinrichtung Grimoalds in Paris endete sowie mit der Einsetzung ihres unmündigen Sohnes Childerich II. (662–675) als austrasischer Unterkönig. Es war ein Kampf gegen die wachsenden zentrifugalen und regionalistischen Kräfte im Reich, nicht unähnlich dem rigorosen Vorgehen Brunichildes gegen ihre Feinde.

Als Balthildes Sohn Chlothar III. um 664/65 mündig wurde und damit ihre Regentschaft endete, gelang es Ebroin, sie zum Rückzug in ihr Hauskloster Chelles zu veranlassen. Ausgelöst wurde dies durch ihren Konflikt mit den neustrischen Optimaten, die den Bischof Sigobrand von Paris ermordet hatten, eine

Tat, die sie aufs schärfste mißbilligte. Die Königin, die außer Chelles auch das bedeutende Kloster Corbie in der Picardie gegründet und in den großen Basiliken des Reiches die in Luxeuil kombinierte benediktisch-columbanische Mischregel eingeführt hatte, starb um 680. Dem scharfen Verdikt Wilfrids von York über Balthilde als »neue Jezabel« steht das Urteil des frommen Metropoliten Audoen von Rouen entgegen, der sie »regina christianissima« nennt. Neben Chrodechilde, Radegunde und Brunichilde ist sie wohl die bedeutendste Frauengestalt der Merowingerzeit gewesen ist.

Die Endphase merowingischer Politik wurde durch die machtvolle Gestalt des Hausmeiers Ebroin geprägt, der in zweimaligem Anlauf unter dramatischen Umständen versuchte, die Königsherrschaft an sich zu reißen. Einer seiner Gegenspieler war dabei Bischof Leodegar von Autun, nicht minder aktiv und ehrgeizig wie Ebroin, mit dem er in einer Zwischenphase des großen Machtkampfes sogar die Klosterhaft in Luxeuil teilte. Es war ein Kampf aller gegen alle. Dennoch lassen sich gewisse Linien dieser Auseinandersetzung erkennen: Ausgangspunkt war der Tod Chlothars III. im Jahre 673, der die Macht Ebroins erschütterte. Seinen Gegnern gelang es damals, den jüngeren Bruder Chlothars, den austrasischen Unterkönig Childerich II. (662–675), auch in Neustrien und Burgund auf den Thron zu bringen. Dies geschah allerdings unter Konzessionen an die neustroburgundischen Optimaten, die sich unter Berufung auf das »Edictum Chlotharii« von 614 ihre regionalen Sonderrechte bestätigen und wohl auch erweitern ließen. Im Anschluß an die Königserhebung Childerichs in Paris versprach dieser, das Recht und die Gewohnheiten jedes Landes und das Indigenat der *rectores provinciae* zu respektieren. Das Hausmeieramt sollte künftig in regelmäßigem Turnus vergeben werden, damit niemand mehr wie Ebroin die Macht als Tyrann an sich reißen könne. Childerichs Bruder Theuderich III. (673–690/91) wurden die langen Haare, Kennzeichen der Merowingerfamilie, abgeschnitten, um ihn vor einer Hinrichtung zu bewahren. Der neue König wies ihm das Kloster St. Denis als Aufenthalt zu; doch blieb Theuderich nach wie vor eine Figur im Spiel um die Königsmacht. Childerich schwenkte nun sehr bald in die traditionellen Bahnen zentralistischer Königspolitik ein. Als er anstelle des eher ausgleichenden Leodegar von Autun den austrischen Hausmeier Wulfoald zu seinem Vertrauensmann machte, wurde er von revoltierenden Adeligen ermordet. Sowohl Ebroin als auch Leodegar von Autun versuchten nach dem Tod Childeberts II., nun Theuderich III. als Thronanwärter und Faustpfand in die Hand zu bekommen. Kompliziert wurde die Lage noch dadurch, daß Sigiberts III. gewaltsam exilierter Sohn Dagobert II. 676 aus Irland zurückkehrte und als König in Austrien regierte. Doch schon 679 fiel er einem Mordanschlag in den Ardennen zum Opfer, hinter dem wohl Ebroin und die Arnulfinger-Pippiniden standen, da er beiden Gruppierungen im Wege war. Er starb »durch die Tücken von Herzögen mit Zustimmung von Bischöfen«, eine aufschlußreiche zeitgenössische Charakterisierung der politisch führenden Gruppen. Nach dem schweren Rückschlag für diese Familien durch Grimoalds Ermordung griffen sie nun wieder aktiv in die Politik ein. Pippin der Mittlere (gest. 714), ein Sohn von Bischof Arnulfs Sohn Ansegisel und der Pippinidin Begga, einer Schwester Grimoalds, wurde jetzt der entscheidende Gegenspieler Ebroins, der sich nach seinem Sturz beim Tode Chlothars III. wieder durchgesetzt und Theuderich III. in seine Hand gebracht hatte. Dies war um so bedeutsamer, als mit der Ermordung Dagoberts II. die austrasischen Merowinger ausgestorben und nur noch die neustroburgundische Linie, repräsentiert von Theuderich III., vorhanden war. Der Endkampf wurde jetzt militärisch ausgetragen, nachdem Ebroin zuvor grausam mit Leodegar und seinem Bruder Gairenus (Warin) abgerechnet hatte. Mit Dagobert II. schied auch dessen Hausmeier Wulfoald, ein erklärter Gegner der Frühkarolinger, aus; jetzt gab es keine Alternative zur Anerkennung der nominellen

Gesamtherrschaft Theuderichs III., die de facto die neuerliche Herrschaft Ebroins bedeutete. Darüber kam es jedoch zum Krieg zwischen den austrasischen *duces* Pippin und Martin einerseits und Ebroin andererseits; letzterer siegte bei Laon, schloß den *dux* Martin, der wohl Herzog der Champagne war, in dieser Stadt ein und ließ ihn, als er sich ergab, hinrichten. Pippin konnte sich durch Flucht retten, eine Katastrophe schien unvermeidlich. Da brachte die Ermordung Ebroins durch den Franken Ermenfred 680/81 die entscheidende Wende. Da der Mörder zu Pippin floh, ist es nicht ausgeschlossen, daß dieser in den Anschlag verwickelt war. Die Neustrier schlossen jetzt unter ihrem neuen Hausmeier Waratto mit Pippin Frieden, doch hatte letzterer damit noch nicht das Hausmeieramt in Austrien erlangt. Auch in den Verhandlungen zwischen dem Ostreich und Neustrien, die der greise Metropolit Audoen von Rouen in Köln mit Pippin II. nach 683 führte, wurde der Frühkarolinger zwar als *dux* in der austrasischen *Francia* anerkannt, doch blieb Waratto bis zu seinem Tod 686 Hausmeier des Gesamtreiches.

Das folgende Jahr 687 brachte die letzte Entscheidung. In der Schlacht von Tertry an der Somme siegte Pippin II. über den neustrischen Hausmeier Berchar, den Nachfolger Warattos, ordnete aber danach die Verhältnisse mit großer Umsicht. Es wäre übertrieben, schon für die Jahre nach 687 von einer Alleinherrschaft des Karolingers zu sprechen, diese mußte erst schrittweise gesichert werden; die Konsolidierung seiner Macht in Austrien war dafür die wichtigste Voraussetzung. Pippin beließ Berchar im Hausmeieramt; damit war auch die nominelle Gesamtherrschaft Theuderichs III. anerkannt. Als Gegenleistung mußte wohl der König den weitverzweigten, auch Neustrien umfassenden Schwurverband von Optimaten wieder in Gnaden aufnehmen, der hinter dem Karolinger stand, und wahrscheinlich erweiterte er jetzt auch den Herrschaftsbereich Pippins um die ursprünglich austrasische Champagne (Reims, Laon, Châlons-sur-Marne) und um das

Gebiet von Cambrai. Einen Schritt weiter ging der Karolinger dann 688, als bei einem Streit in der Familie Warattos der Hausmeier Berchar erschlagen wurde. Pippin übernahm jetzt selbst das Hausmeieramt, residierte aber weiterhin als *princeps Francorum* und *vir inluster* in seinen austrischen Stammlanden. Beide Titel sind »Ausdruck einer vom Hausmeieramt unabhängigen Herrschaftsgewalt, die jedoch in ihrem ganzen Umfang erst mit Hilfe des Hausmeieramtes erworben wurde«. Hier deutet sich ein neues politisches Selbstverständnis der Karolinger an. Pippin ging nicht an den neustrischen Königshof, die traditionelle *sedes regia*, sondern er schickte als seinen Bevollmächtigten den Arnulfinger Nordebert an den Pariser Hof. Dieser hatte auch die wichtige Grafschaft Paris inne; damit war eine zusätzliche politische Kontrolle des Merowingerkönigs gewährleistet. Offenbar gehörte es auch zu den Abmachungen mit den Neustriern, daß im Rate Theuderichs III. Pippins neustrische Schwurfreunde saßen. Der neue Hausmeier knüpfte durch die Verheiratung seines Sohnes Drogo mit der Witwe Berchars familiäre Bande zum immer noch mächtigen neustrischen Adelsclan Warattos. Gleichzeitig erhob er den Sohn zum Herzog der Champagne. Es war insgesamt eine wohlüberlegte Schritt-für-Schritt-Politik, die Pippin faktisch zum Gesamtherrscher des Frankenreiches machte. Hatte sich schon unter Dagobert I. eine entschiedene Schwerpunktverlagerung des Frankenreiches nach Austrien und seinen östlichen germanischen Ausbaugebieten angebahnt, so intensivierte sich jetzt dieser Prozeß und zeigte mit dem Prinzipat Pippins II. von Köln aus auch institutionelle Züge: ein Vorgang, der für die spätere deutsche Geschichte wichtig werden sollte. Ob das Weiterbestehen des nominellen Königtums der Merowinger etwas mit der Fortdauer älterer paganer Vorstellungen zu tun hat, wonach der Königssippe sakrale Würde zukam, bleibe dahingestellt. Die Vorrangstellung Pippins war wohl unbestritten, doch gab es noch in der ersten Hälfte des 8. Jahrhunderts unterhalb der nominellen

Oberherrschaft der Merowinger die »Dynastien« gleichrangiger *principes* im Reich selbst, vor allem an dessen Peripherie, nämlich in den Dukaten, die ihre politische Rolle weiterspielten.

Germanenvölker rechts des Rheins und an der Donau: Entstehung und Integration ins Frankenreich

Alamannen und Bajuwaren

In den neuen Großstämmen, die das spätere Deutschland bilden sollten, sind zahlreiche kleinere Einheiten aufgegangen und durch einigende Kultformen sowie durch gemeinsames Handeln in der Rechts- und Friedenswahrung, aber auch auf Kriegszügen zusammengefügt worden. Dies hat sich nicht ausschließlich im Frankenreich vollzogen, sondern muß als ein langgestreckter Prozeß von der Spätantike bis zur Karolingerzeit angesehen werden, der mit der schriftlichen Fixierung der *leges* seinen vorläufigen Abschluß fand. Es handelte sich dabei nicht nur um eine ethnische Verschmelzung, sondern die Umformung hatte auch sozialstrukturelle Folgen, vor allem was Herkunft und Funktion der Oberschicht anbelangt.

Für das fränkische »Staatsvolk« war bestimmend, daß seine Entstehung zugleich der Werdegang des Frankenreiches selbst gewesen ist. Dies war ein Politikum ersten Ranges, insofern sich bei den anderen germanischen Großstämmen zwischen Rhein, Elbe und Donau die ethnische Genese entweder gleichzeitig mit der fränkischen oder bald danach vollzog, ohne daß sie vorerst an der Reichsbildung Anteil gehabt hätten. Ihr eigener *politischer* Werdegang wurde zumeist durch die Expansion des Merowingerreiches gestört, was vor allem für Burgunder, Alamannen sowie Thüringer und Friesen gilt, oder er kam erst später in Gang, wofür die bajuwarische Ethnogenese ein Beispiel ist. Es dürfte dies u.a. damit zusammenhängen, daß die Franken schon früh – trotz kriegerischer Auseinandersetzungen – in Gallien Mitträger spätantiker Staatlichkeit geworden sind und damit den anderen Germanenvölkern, vor allem rechts des Rheins, sowohl institutionell als auch zeitlich vieles voraus hatten.

Dies wird besonders durch den Vergleich mit den Alamannen klar, deren Geschichte ebenfalls vom Imperium Romanum mitgeprägt wurde, jedoch viel stärker als die fränkische durch eine lang anhaltende militärische Konfrontation. Der Name dieses Großstammes, *Alamanni*, soll auf dessen Genese verweisen, insofern eine durch kriegerische Unternehmungen neu entstandene Einheit die alten Stammesbindungen teilweise ersetzte und offenbar jedem, der teilnehmen wollte, offenstand: eine Hypothese, die durch Agathias' Mitteilung gestützt wird, die Alamannen hießen deshalb so, weil sie »zusammengespülte und vermengte Menschen« seien. Diese Deutung des Alamannen-Namens wird neuerdings mit stichhaltigen Argumenten von altgermanistischer Seite in Frage gestellt. Danach wäre *ala-man* – wie schon Jakob Grimm meinte – ein »ausgezeichneter Mensch oder Mann« (d.h. ein Mensch *katexochen*), der Name also eine selbstbewußte ethnische Selbstbezeichnung, wie sie sich im Katalog der Völkernamen oft findet. Die bislang favorisierte Interpretation des Griechen Agathias verlöre damit als eher »volksethymologische« Deutung aus weiter Ferne ihren Wert. Ein neuerlicher Augsburger Fund beweist, daß vor 260 von einem einheitlichen Alamannenvolk kaum die Rede sein kann.

Die Alamannen waren ein erst allmählich entstehender Kampf- oder Wanderverband, als dessen Grundstock man zumeist die elbgermanischen Sueben annimmt, weshalb auch der Sueben-/Schwabenname neben der Bezeichnung Alamannen immer erhalten blieb. Ursache des Zusammenschlusses waren, ähnlich wie bei den Franken, die Angriffe auf die Grenzlandschaften des Imperiums zwischen Limes und Rhein *(decumates agri)*, die mit einem ersten mißglückten Angriff 233/34 begannen und in erfolgreichen Durchbrüchen seit 259/60 gipfelten. Neuerdings wird mit Recht bezweifelt, daß in diesem Stadium bereits der Kollektivname *Alamanni* die Realität zutreffend umschreibt; zumindest sind die Römer frühestens seit der Mitte des 3. Jahrhunderts mit dem Alamannennamen bekannt geworden und haben ihn erst seit dem letztem Viertel des 3. Jahrhunderts für ihre Gegner am Oberrhein verwendet. Zuvor waren es Gruppen und »Völkerschwärme«, die sich wohl erst im Verlauf des 4. Jahrhunderts zum Großstamm der Alamannen vereinigten.

Vorsicht geboten ist gegenüber der generellen Annahme, die Zerstörungen von Kastellen am obergermanisch-rätischen Limes seien allein auf alamannische Invasionen zurückzuführen. Aufgrund genauerer Untersuchungen des Fundgutes in Limes-Kastellen und im Hinblick auf Münzfunde ist vielmehr anzunehmen, daß die Grenzverteidigung nach 260 noch existierte und Zerstörungen auch auf Kämpfe zwischen den Kaisern Gallienus (253–268) und Postumus (259–268) zurückgeführt werden können. Zwar ist der Münzumlauf rechtsrheinisch schwächer als links des Ober- und Mittelrheins, aber er setzt sich noch im 4. Jahrhundert bis zum Limes fort. Die spätrömische, archäologisch gut erschlossene neue Verteidigungszone seit Konstantin dem Großen mit ihrem gestaffelten Kastellsystem blieb trotz wiederholter alamannischer Durchbrüche bis ins 5. Jahrhundert bestehen. Kaiser Julian (331–363) besiegte 357 bei Straßburg ein Alamannenheer, an dessen Spitze ein König Chnodomar stand; weitere Niederlagen folgten 368 bei Chalon-sur-Saône und 378 bei Colmar. Römische Gegenangriffe im Limesgebiet führten wahrscheinlich bis Heidenheim. Ein schrittweises Einsickern der Alamannen in die höchsten Kommandostellen der spätrömischen Militärorganisationen hat verschiedentlich stattgefunden, jedoch nicht in so großem Maße wie bei den Franken. Trotz des gemeinsamen Alamannennamens lassen sich im 4. Jahrhundert aufgrund römischer Quellen Regionalherrschaften alamannischer *reges* und *reguli* ausmachen, die teilweise durch Integration früherer kleinerer Stammesgruppen entstanden sein dürften.

Nach Ausweis der um 510 geschriebenen Vita Severins von Noricum operierten alamannische Verbände im letzten Drittel des 5. Jahrhunderts unter ihrem König Gibuld bei Passau; ob es sich dabei um den *rex Gebavult* handelt, der gleichzeitig an der oberen Seine bezeugt ist, bleibt offen. Das eroberte Dekumatenland zwischen Oberrhein und Limes wurde von den Alamannen agrarisch genutzt, römische *villae rusticae* hat man verschiedentlich weiter verwendet, sie sind aber dann doch aufgegeben worden, da die neuen Bewohner bei der vorwiegend extensiven Nutzung des Landes die Wohnplätze häufiger wechselten; auch die römischen Kastelle verfielen. Die selektive und mobile Art der Okkupation römischer Gebiete im Südwesten wie an der mittleren Donau sowie die Beibehaltung der Brandbestattung bei einem Teil der alamannischen Zuwanderer erschweren die Deutung des archäologischen Fundgutes zwischen dem 3. und 5. Jahrhundert. Erst seit der zweiten Hälfte des 5. Jahrhunderts sind *ingen*-Siedlungen durch Reihengräberfriedhöfe datierbar. Eine Stabilisierung der Siedlungen brachte vermutlich erst die Festlegung der Grenzen Alamanniens durch die Franken.

Auffällig ist die starke Differenziertheit der frühalamannischen Siedlungsstrukturen. Seit dem 3. Jahrhundert haben sich »alamannische« Fürsten Höhenburgen geschaffen, die teilweise auf keltische oppida oder andere vorgeschichtliche Befestigungen zurückgingen, so auf dem Glauberg bei Büdingen, auf dem Lochenstein bei Balingen, auf der »Gelben Bürg« südlich Gunzenhausen und vor allem auf dem »Runden Berg« bei Urach. Auch der Zähringer Burgberg bei Freiburg dürfte zu diesen alamannischen Herrschaftszentren gehört haben. Mit der Unterwerfung der Alamannen nach den Niederlagen zwischen 497 und 506 gegen Chlodwig I. dürfte es zusammenhängen, daß diese fast stadtähnlichen Höhensiedlungen abbrachen. Die Grabungen auf dem »Runden Berg« haben ergeben, daß die Alamannen des 3. und 4. Jahrhunderts bereits den Steinbau kannten, sich römischer scheibengedrehter Gefäße bedienten, Gläser und Münzen zur Verfügung hatten und daß es in diesem Zentrum Eisengewinnung, Waffenschmieden, Bronze-, Silber- und Goldgießer sowie Glas- und Edelsteinverarbeitung, Weberei und ein auf byzantinische Gewichtsmaße eingestelltes Händlertum gab. Man hat die großen Siedlungen als alamannische »Gauburgen«, d.h. als Anlagen mit zentralörtlicher Funktion, gedeutet, die den *reges* und ihrem zahlreichen Gefolge bis zum Ende des 5. Jahrhunderts als ständige Wohnsitze dienten und der übrigen Bevölkerung notfalls als Fluchtburgen geöffnet wurden. Doch gibt es auch Parallelen zu den südgallischen Burgstädten des 5. und 6. Jahrhunderts, so daß man sich wohl auch die Bewohner des »Runden Berges« viel »romanisierter« und »verstädterter« wird vorstellen müssen, als man angenommen hat. Offen bleiben muß, ob die Neubesiedlung dieser um 500 aufgegebenen Plätze seit der zweiten Hälfte des 7. Jahrhunderts mit dem fränkischen Ausgriff nach Osten unter Dagobert I. und der Entstehung eines kräftigen alamannischen Herzogtums zusammenhängt. Auch in fränkischer Zeit gab es eine mächtige alamannische Oberschicht, die *primi* des *Pactus Alamannorum* (7. Jahrhundert), die den *mediani* und *minofledi* gegenüberstanden und offenbar über beträchtlichen Grundbesitz verfügten. Das Adelsgrab von Wittislingen etwa steht an reicher Ausstattung fränkischen Fürstengräbern nicht nach.

Ursprünglicher Kern Alamanniens war das Land am Neckar mit dem oberen Donautal bis zum Ries; seit dem 5. Jahrhundert kam es zur Besiedlung des Raumes zwischen Hochrhein und Voralpen um Basel und Zürich und damit zu einem neuen Schwerpunkt gegenüber Churrätien im Süden. Schon seit Mitte des 4. Jahrhunderts und besonders nach dem Tode des

Heermeisters Aëtius (454) beanspruchten Alamannen das Elsaß als Siedlungsland. Weiterreichende Eroberungen in Burgund (Besançon, Langres) bis ins Neuwieder Becken, ferner um Worms, Speyer, Aschaffenburg und Würzburg gingen wohl um 500 wieder an die Franken verloren. Diese Expansionen haben möglicherweise zur Ausbildung eines zentralen alamannischen Königtums geführt, dem dann Chlodwig I. gegenüberstand. Der Sieg des Frankenkönigs 496/97 stoppte den weiteren Ausgriff alamannischer Verbände, doch ist anzunehmen, daß zurückgeworfene Alamannen nach Südosten in das Voralpenland auswichen und damit an der Entstehung des Bayernvolkes beteiligt waren. Auf jeden Fall wird man sagen dürfen, daß für die endgültige Konstituierung des frühmittelalterlichen Alamannien der Einfluß des Frankenreiches entscheidend war.

Mit der fränkischen Oberherrschaft über die Alamannen traten auch gesellschaftliche Änderungen ein. Zu einer Konzentration der Herrschaftsbereiche jener »Gaukönige«, über die Ammianus Marcellinus relativ ausführlich berichtet, kam es wohl im 5. Jahrhundert. Unterhalb der Gruppe der Könige *(reges, reguli)* scheint es eine Aristokratie gegeben zu haben, die bei Ammianus mit den Termini *primates* bzw. *optimates* charakterisiert wird, doch gab es auch ein engeres Königsgefolge *(satellites, comites)*. Dieses war, so ist anzunehmen, eine zahlenmäßig starke Schicht waffenfähiger Krieger, die zu Fuß kämpften, so daß man rückschließen kann, daß die Reiterei Sache der Könige und der »Optimaten« gewesen ist. Vom archäologischen Befund her läßt sich ferner vermuten, daß es bereits in frühalamannischer Zeit seit der Mitte des 5. Jahrhunderts eine deutlich abgegrenzte, schmale Oberschicht gab, deren Vorrangstellung und politische Macht durch vererbbaren Reichtum abgesichert war. Aus dieser Gruppe rückten alamannische Optimaten in die neue austroburgundische Führungsschicht ein, die den festen Zusammenhang mit dem Merowingerreich sicherte und unter der sich sogar romanische Amtsträger befanden. Die alamannischen Heerführer Leuthari und Butilin, die mit einem fränkischen Heer 553/54 in Italien gegen Narses operierten, gehörten zu dieser integrierten Oberschicht.

Mit Recht wird neuerdings darauf verwiesen, daß es sehr schwierig oder sogar unmöglich ist, archäologisch zwischen fränkischen und alamannischen Grabbeigaben zu unterscheiden; das hat auch für die Beurteilung der politischen Verhältnisse Konsequenzen. – Man kann aber jedenfalls von einem Ausgleichsvorgang sprechen, und dies gilt auch für die vieldiskutierte Frage, ob der nach 561 entstandene alamannische Dukat, der aber nicht das gesamtalamannische Siedlungsgebiet umfaßte, von einem Herzog beherrscht wurde, der vom Merowingerkönig ein- und abgesetzt werden konnte und ein fränkischer Großer gewesen ist, oder ob der *dux* aus einem alamannischen Fürstenhause stammte und unter einer eher nominellen fränkischen Oberhoheit weitgehend selbständig regierte. Beide Positionen sind in dieser zugespitzten Form unhaltbar, weil sie die Variablen außer acht lassen, die sich aus dem Zustand des Gesamtreiches und der teilweisen »Frankisierung« der Oberschicht ergaben. In Epochen des noch starken merowingischen »Zentralismus«, d. h. bis zu Brunichilde und Dagobert I., konnte ein alamannischer Herzog, der zugleich ein Großer am Königshof war, ein- oder abgesetzt werden: so die Herzöge Uncilen (588) und Leudefrid (588). Diese Herzöge führten das alamannische Aufgebot in Reichskriegen, wie noch 630 Herzog Chrodobert in Dagoberts Krieg gegen das Samo-Reich. Sie konnten am Beginn der Hausmeierzeit aber auch selbständig in die Kämpfe der rivalisierenden Gruppen und Teilreiche eingreifen, wie dies 642 Herzog Leutfrid tat. In der Spätphase des Merowingerreiches wurden die Herzöge naturgemäß selbständiger. Doch ist aufgrund der Quellen schwer festzustellen, ob sie Franken oder Alamannen waren. Aber gerade diese Unklarheit ist ein Indiz dafür, daß die Zeit selbst dem ethnischen Kriterium keine entscheidende Bedeutung beilegte: Der »Regionalisierung der Volkstümer«

(E. Ewig) entspricht ziemlich genau die Regionalisierung der Herzogsmacht. Auch die Kriege der frühkarolingischen Hausmeier, die sie seit 709 gegen die Herzöge Gotefrid, Willehari und Lantfrid führten, sind nicht in erster Linie unter dem Aspekt alamannisch-ethnischer Selbständigkeit zu sehen, sondern Teilvorgänge der frühkarolingischen Reintegrationspolitik gegenüber den Außenbezirken des Frankenreiches, die sich gleichzeitig in Bayern wie in Aquitanien vollzogen.

Wichtiger als solche generellen Überlegungen ist der Strukturwandel Alamanniens selbst. Auszugehen ist von der Tatsache, daß die Schwerpunkte alamannischer Herzogsmacht südlich des Rheins und am Bodensee lagen und daß hier offensichtlich, wenn auch nicht immer unmittelbar, an Reste römischer Verteidigungsbauten oder Verwaltungszentren angeknüpft werden konnte. Der fränkische Anstoß zu dieser Entwicklung ist dabei unverkennbar und entspricht ziemlich genau den gallischen Verhältnissen.

Vorausgegangen waren aber schon seit dem 4. Jahrhundert im rechtsrheinischen Vorland der Grenze des Imperiums alamannische Siedlungen in Kastellnähe, so in Herten beim Brückenkastell Wyhlen. Man nimmt daher an, daß die dort siedelnden Alamannen im vertraglichen Verhältnis zur noch existenten römischen Herrschaft standen und daß sie auch die Kastellbesatzung stellten. Man darf ferner vermuten, daß sich auch die Merowingerkönige in diesem südlichen Bereich auf römisches Fiskalgut stützen konnten, doch fällt auf, daß von ihnen keine Aufenthalte östlich des Elsaß überliefert sind. Unter Chlothar II. und besonders Dagobert I. verstärkte sich aber der fränkische Einfluß auch östlich des Rheins. Neben der Aufzeichnung des *Pactus legis Alamannorum* ist hier vor allem um 630 das Auftreten der *Huntaren* als einer fränkischen Verwaltungsorganisation in Inneralamannien zu nennen. Diese umschloß vermutlich ein Kerngebiet der *Baaren*, was wohl zinstragendes Land bedeutet. Doch ist ungewiß, ob der Frankenkönig oder der Herzog Empfänger dieses Zinses war. Um spätrömische wie fränkisch-merowingische Einflüsse geht es aber auch in dem teilweise zu Südalamannien gehörenden Raum zwischen Genfer See und Hochrhein, der um 600 durch Siedlung, Bevölkerungsanstieg, intensive Herrschaftsbildung, durch Klostergründungen und Adelsherrschaften sowie durch neue Zentren und Bischofssitze von seiner spätantiken Kultur und Gesellschaftsstruktur zu einer mittelalterlichen Region umgepolt wurde. Es ist dies in gewisser Weise eine Parallele zum Aufholen und Aufstieg Austriens, wodurch der karolingischen Herrschaft der Weg geebnet worden ist, gleichzeitig aber auch ein Hinweis darauf, daß bereits im 7. Jahrhundert im Frankenreich wesentliche Weichen für die Entwicklung der bislang als spezifisch karolingisch geltenden Zustände gestellt worden sind.

In der zweiten Hälfte des 7. Jahrhunderts zeichnen sich für Alamannien zwei Entwicklungsstränge ab: Einerseits konnte sich der Dukat – wegen der Schwäche der Zentralgewalt und der Kämpfe der Hausmeier untereinander – verselbständigen, andererseits kam es im Inneren zu einer Allodialisierung der fränkischen Verwaltungsbezirke und damit zur Ausbildung regionaler Adelsherrschaften, etwa der Pleonungen und der Bertholde, die sich durch den Beginn des Landesausbaus stabilisierten. Die merowingische Prägung des Herzogtums verflüchtigte sich damit. Sie hatte sich im zweiten Drittel des 7. Jahrhunderts noch deutlich bei dem *dux* Gunzo gezeigt, der wohl mit jenem Gundoin identisch ist, der das irofränkische Kloster Granfelden im Sornegau/Moutier-Grandval südlich von Basel gründete. Gunzo stand in engen Beziehungen zum Metzer Hof König Sigiberts III. Um 700 jedoch übten agilolfingische Herzöge in Alamannien wie in Bayern eine vom Königtum relativ unabhängige erbliche Herrschaft aus. Erst den Frühkarolingern gelang es durch Pippin II. und Karl Martell seit 709, in mehreren Anläufen gegen die Söhne des Alamannenherzogs Gotefrid, Lantfrid und Theutbald, den Dukat wieder fester an die nunmehr neue, karolingische Zentralgewalt zu binden. Der Endpunkt dieser Entwicklung war dann die Vernichtung eines Teils des alamannischen Adels auf dem »Cannstatter Gerichtstag« 746, wobei auch das Herzogsgut konfisziert und an dessen Stelle die fränkische Grafschaftsverfassung eingeführt wurde.

Läßt sich die Geschichte der Franken und Alamannen, so verschieden sie sich dann auch entwickelte, mit bedeutenden antiken Zeugnissen bis ins 3. Jahrhundert zurückverfolgen und damit auch in ihren wesentlichen Zügen rekonstruieren, so treten die Bajuwaren erst in der Spätphase der Völkerwanderungsepoche, nämlich im 6. Jahrhundert, ins Licht historischer Überlieferung. Erstmalig werden die Bajuwaren in der sogenannten »fränkischen Völkertafel« genannt, die wahrscheinlich um 520 im Ostgotenreich redigiert worden ist, also zu einer Zeit, als Theoderich der Große eine Art Oberhoheit sowohl über Rätien-Alamannien als auch über das Voralpenland innehatte oder zumindest beanspruchte. Bald darauf weiß Jordanes in seiner Gotengeschichte um 550 zu berichten, daß die Bajuwaren ein seßhaftes Volk östlich der Alamannen seien, und der spätlateinische Dichter Venantius Fortunatus erwähnt fast zur selben Zeit, daß sie östlich des Lechs siedeln, aber offenbar die Verbindung von Augsburg nach Italien behindern. Archäologisch faßbare Niederschläge der Siedlungsvorgänge, die diese ersten schriftlichen Nennungen veranlaßten, sind zwar in stattlicher Zahl vorhanden, im Fundgut selbst läßt sich aber nichts typisch Bajuwarisches aussondern. Sicher hängt dies auch mit der immer noch ungeklärten Frage der Herkunft bzw. Entstehung des Bayernvolkes zusammen, dessen ethnische Heterogenität wohl außer Frage steht.

Während im deutschen Südwesten durch die politische Existenz Churrätiens bis ins 8. Jahrhundert hinein Rätoromanen und Alamannen relativ deutlich gegeneinander abzugrenzen sind, scheint in Bayern die romanische Bevölkerung im Alpenraum (Salzburg), um Kuchl und an der Donau (Regensburg, Passau und Lorch etc.) relativ früh in das agilolfingische Herzogtum integriert gewesen zu sein. Entgegen früherer Auffassung und der Darstellung der »Vita Severini«, wonach alle Romanen abgezogen seien, haben sich auch Teile der romanischen Oberschicht im Alpengebiet erhalten. Neben diesen Romanen, die allerdings kein großes, kulturelles Zentrum mehr hatten – wie die Rätoromanen in Churrätien oder die romanisierte Bevölkerung an der mittleren Mosel um Trier und um Metz –, trugen seit 400 zur Entstehung der Bajuwaren auch germanische Gruppen aus Böhmen bei.

Stärker ins Gewicht fallen germanische Funde westlicher Herkunft – Siedlungen und Friedhöfe – konnten seit der Mitte des 5. Jahrhunderts sowohl an der mittleren Donau als auch in der Münchner Schotterebene festgestellt werden und dürften auf alamannische Siedlergruppen zurückgehen. Das große Gräberfeld von Altenerding mit etwa 2200 bis 2300 Bestattungen läßt zwischen der Mitte des 5. und der Mitte des 6. Jahrhunderts zwei Phasen »alamannisch-westlichen« Zuzugs erkennen, seit dem Ende des 5. Jahrhunderts aber auch Zuwanderung aus dem »östlich-merowingischen« Reihengräberkreis (Langobarden, Thüringer), wobei auch Herkunft aus Böhmen nicht auszuschließen ist. Ein gewisser Anteil östlicher germanischer Gruppen und mitteldeutscher Elemente hat Spuren im älteren Fundgut München-Ramersdorf hinterlassen. Nimmt man die sprachwissenschaftliche Erkenntnis hinzu, daß im Frühmittelalter die sprachlichen Unterschiede zwischen dem Alamannischen und Bayerischen sehr gering gewesen sind, wird man kaum bezweifeln können, daß das Alamannische einen gewichtigen Anteil an der bajuwarischen Ethnogenese hatte. Gegenüber dem Tatbestand der Entstehung der Bajuwaren im Lande selbst tritt die ältere Streitfrage an Bedeutung zurück, ob für die Baiuvarii keltische Boier des norisch-rätischen Raums das namensgebende Element gewesen sind oder ob eine stärkere germanische Gruppe im ersten Drittel des 6. Jahrhunderts eingewandert ist, die entweder aus Böhmen-Boiohaemum oder aus der *deserta Boiorum* in Pannonien oder aber aus einem Lande *Baias* kam, das beim Kosmographen von Ravenna (8. Jahrhundert) erwähnt wird. Neuerdings hat man *Baias* wieder mit Böhmen bzw. eine elbgermanisch geprägte Fundgruppe beim Straubinger spätrömischen Kastell im Donautal mit südwestböhmischen Funden (Friedenhain-Přestovice) ursächlich in Verbindung gebracht. Danach wären seit der 2. Hälfte des 4. Jahrhunderts Germanen aus Böhmen nach Niederbayern eingesickert; ähnliche Funde enthält das Gräberfeld Straubing-Bajuwarenstraße. In Altenerding zeigen die Bestattungen seit dem 5. Jahrhundert, daß um 500 Alamannen, Ostgoten, Leute aus Mitteldeutschland und Böhmen und Germanen von der mittleren Donau, wohl Langobarden, eingewandert sind. Dies bestätigt zwar den polyethnischen Charakter der bayerischen Stammesbildung, doch bleibt nach wie vor zu erwägen, ob die »Männer aus Böhmen« (Přestovice) so etwas wie der ethnische Kern der Bajuwaren geworden sind. Umstritten ist ferner, ob es sich bei den fünf *genealogiae* der Huosi, Fagana, Hahhilinga, Draozza und Anniona, die als die vornehmsten nach den Agilolfingern in der *Lex Baiuvariorum* genannt sind, um Sippen handelt, aus denen ein Teil des Bayernvolks zusammengewachsen ist, oder um Adelsgruppen, die in einem »historischen Kompromiß« des 6. Jahrhunderts zwischen dem agilolfingischen *dux* und den *genealogiae* ins Herzogtum integriert wurden. Ob die kurze ostgotische Herrschaft im Donauraum bis zum Tode Theoderichs des Großen (gest. 526), die eher politischer Anspruch als verwaltungsmäßige Realität gewesen ist, einen Anteil an der bajuwarischen Ethnogenese hatte, bleibe dahingestellt. Mit einem verstärkten Zuzug von Ostgoten, aber auch von Langobarden und anderen Gruppen aus dem östlich-merowingischen Reihengräberkreis, besonders von Alamannen aus dem Westen, ist in jedem Fall zu rechnen. Für die politische Entstehung Bayerns will dies jedoch wenig besagen. Prägender für die Zukunft war in jedem Fall der fränkische Vorstoß an die mittlere Donau seit König Theuderich I. und besonders unter dessen Sohn Theudebert I. (534–548). Nach dem Stand der Forschung ist die Frage, ob die Goten oder die Franken die bajuwarische Ethnogenese ermöglichten oder maßgeblich beeinflußten, falsch gestellt. Es war wohl so, daß in den wenigen Jahrzehnten gotischer Oberherrschaft zwischen Alpen und Donau die Stammesbildung relativ ungestört anlaufen konnte. In einer zweiten und letztlich entscheidenden Phase bewirkte dann vor allem seit Theudebert I. die dauerhafte Präsenz des fränkischen Großreiches die politisch-militärische Organisation und Stabilisierung Bayerns als agilolfingisches Herzogtum im merowingischen Reichsverband: Ethnogenese und Herrschaftsbildung sind daher als gesonderte Vorgänge anzusehen.

In dieser Epoche dürfte die bajuwarische Stammesbildung erfolgt sein, und zwar im Lande selbst; daß sie politischer Natur war und gewissermaßen »von oben« erfolgte, geht auch aus der Tatsache hervor, daß die Bajuwaren, anders als Franken, Alamannen, Goten und Langobarden, kein Heerkönigtum kannten. Die maßgebliche Mitwirkung der Merowingerkönige am Aufbau der politisch-rechtlichen wie der gesellschaftlichen Struktur des bayerischen Herzogtums wird durch den Prolog und die Inhalte der *Lex Baiuvariorum* bezeugt, desgleichen durch die Tatsache, daß sich der erste bekannte Herzog Garibald I. (gest. um 590) in Abhängigkeit vom Frankenkönig befand. Ähnlich wie beim alamannischen Herzogtum schwankte in der Folgezeit das Ausmaß dieser Abhängigkeit je nach dem innenpolitischen Zustand und damit der Integrationskraft des Merowingerreiches. Ein erster Versuch eigener Politik der Agilolfingerherzöge ergab sich, als die Langobarden seit 568 in Ober- und Mittelitalien ihre Herrschaft errichteten und es 589 zur Heirat von Garibalds I. Tochter Theodelinde (570/75–627) mit dem Langobardenkönig Authari kam. Jedoch schon 592 wird mit Tassilo I. vom Frankenkönig ein neuer Herzog eingesetzt, der sich in der Abwehr der ersten slawisch-awarischen Invasionen im Donauraum bewährt; ähnliches gilt für seinen Sohn Herzog Garibald II. Sowohl Awaren als auch Slawen werden von diesen *duces* auf der Linie vom Pustertal über die Hohen Tauern, das Enns- und Trauntal zum Stehen gebracht. Gleichzeitig dringt die bajuwarische Besiedlung ins Inn-, Eisack- und auch ins Pustertal vor, dessen Name den Vorstoß der Slawen festgehalten hat. In der Mitte des 7. Jahrhunderts ist bereits in Bozen ein bayerischer Grenzgraf bezeugt. Wie das alamannische Herzogtum unter Gotefrid erfreut sich das agilolfingische Bayern unter Herzog Theodo (ca. 696–716) einer größeren Selbständigkeit, die von diesem auch zu dem Versuch genutzt wird, eine eigene bayerische Kirchenorganisation mit päpstlicher Unterstützung ins Leben zu rufen. Theodos Heirat mit Folchaid aus dem mittelrheinischen Adelsgeschlecht der Rupertiner zeigt aber, daß die Verbindungen zur spätmerowingisch-austrischen Reichsaristokratie nicht abgebrochen waren. In dieselbe Richtung weist die Missionstätigkeit Ruperts (Hrodperts) von Salzburg (gest. 716), der vom Mittelrhein unter Theodo nach Bayern kam. Was die Herkunft des agilolfingischen Herzogsgeschlechts anbetrifft, so weisen sowohl langobardische Quellen als auch die Einsetzung durch Merowingerkönige und die Garantie agilolfingischer erblicher Herrschaft in Bayern durch dieselben, wie sie in der *Lex Baiuvariorum* ausgesprochen wird, am ehesten auf fränkischen Ursprung. Möglich wäre aber auch eine langobardische oder burgundische Abstammung; doch würde letzteres eher eine frankoburgundische Herkunft bedeuten. Der gut bezeugte fränkisch-merowingische Einfluß auf Bayern schloß jedoch eine kräftige Eigenentwicklung nicht aus, und insofern geht auch die in der Literatur verschiedentlich zugespitzte, aber eher anachronistisch »staatsrechtliche« Alternative zwischen »Amtsherzogtum« und »Stammesherzogtum« an der geschichtlichen Realität vorbei. Der Anteil der Alpenromanen an der Ethnogenese des agilolfingischen Herzogtums ist in letzter Zeit stärker ins Kalkül gezogen worden. Grundsätzlich ist zu der Fülle widersprüchlicher Erklärungsversuche der bayerischen Ethnogenese zu bemerken, daß es seit den neuen Erkenntnissen über die Labilität der *gentes* des 5./6. Jahrhunderts immer fragwürdiger wird, »Stammesanteile« an der Ethnogenese zu diskutieren; ähnliches gilt für die ethnischen Zuweisungen der Archäologie, die um so vorsichtiger ausfallen, je subtiler sich die Interpretation von Grabinventaren und Siedlungsresten entwickelt.

Ähnlich wie in Alamannien ein südlich von Rhein und Bodensee gelegener, stark herzoglich bestimmter Raum sich von Inneralamannien unterscheidet, wo eine ursprünglich fränkische Verwaltungsorganisation allodialisiert und damit seit dem späten 7. Jahrhundert und im 8. Jahrhundert zur Adelslandschaft geworden ist, weist auch Bayern eine spezifische Binnenstruktur auf. Während der Agilolfingerherzog an der Donau um Regensburg und im Ausbaugebiet des Ostens bis zur Ennsgrenze eine starke Machtposition hat und dort auch Klöster gründet und reich beschenkt, tritt westlich der Inn-Salzach-Linie eine Adelsgruppe als landbeherrschend und klostergründend hervor, die nachweislich fränkisch orientiert und zum Teil mit der in der *Lex Baiuvariorum* genannten *genealogia* der Huosi identisch ist. Auf jeden Fall gab es enge genealogische Zusammenhänge zwischen dem Adel des Frankenreiches bzw. Alamanniens und dem des agilolfingischen Bayern.

Der Nordsüdstrukturierung von Adels- und Herzogsraum in Alamannien entspräche die Westostgliederung Bayerns; in beiden Fällen dürfte bei der Entstehung dieses herrschaftsstrukturellen Unterschieds die fränkische Reichsgewalt eine Rolle gespielt haben, und in beiden Fällen geht es, zumindest seit dem frühen 8. Jahrhundert, um agilolfingische Gegenspieler der fränkisch-austrasischen Hausmeier. War in Alamannien die Organisation bzw. die Reorganisation der Bistümer und Kirchensprengel seit Dagobert I. von weitreichender Bedeutung auch für die generelle Herrschaftsstruktur und Grenzziehung, so gilt dies auch für die Kirchenorganisation Bayerns. Die fränkische Bindung der bayerischen Kirche seit der irofränkischen Mission an der Donau unter dem Luxeuiler Abt Eustasius ist hier ebenso wichtig geworden wie – in noch höherem Maße – die Wirksamkeit reichsfränkischer Klostergründer und Missionare vor und nach 700. Zeitlich fast parallel laufen die Bestrebungen Herzog Theodos, 716 eine Rom verbundene bayerische Landeskirche zu schaffen. Doch dürften diese Pläne wohl erst unter Herzog Odilo mit Hilfe des Angelsachsen Winfrid-Bonifatius 739 endgültig verwirklicht worden sein.

Die Beziehung zu den Langobarden, die spätestens mit der Ehe von Garibalds I. Tochter Theodelinde und dem Langobardenkönig Authari 590 begonnen hatte, setzte sich im 7. Jahrhundert mit bayerischen Interventionen in langobardischen Auseinandersetzungen fort. Am Beginn des 8. Jahrhunderts stützte Herzog Theodo den nach Bayern geflüchteten langobardischen Thronanwärter Liutprand gegen Raginbert von Turin, führte ihn 711/12 erfolgreich nach Italien zurück und festigte das dynastische Bündnis durch die Heirat seiner Tochter Guntrud mit dem Langobardenkönig. Diese Politik wechselseitiger Hilfe setzte sich dann unter Herzog Tassilo III. (748–788) fort, fand aber auch mit ihm ihr Ende.

Thüringer, Sachsen, Friesen

Im Thüringerreich waren die elbgermanischen Angeln und Warnen, die vermutlich aus dem Raum Schleswig-Holstein und Mecklenburg kamen, die wichtigsten Träger des Stammesbewußtseins. Der Zusammenschluß zur größeren Einheit der Thüringer erfolgte wohl unter dem Druck der Sachsen. Aber noch das auf Veranlassung Karls des Großen 802/3 aufgezeichnete Volksrecht läßt durch seinen Titel *Lex Angliorum et Werinorum, hoc est Thuringorum* die Schlüsselstellung der beiden erstgenannten Stämme erkennen. Unsicher bleibt die sprachliche Herleitung des Thüringernamens von den Hermunduren, doch müssen diese der Kern des neuen Großstammes gewesen sein. Es ist anzunehmen, daß die heutige Landschaft gleichen Namens das Kerngebiet des Stammes gewesen ist, von wo aus Thüringer bis in die Mainlande um Würzburg und an den Obermain vordrangen. Der Versuch Theoderichs des Großen, durch Vermählung seiner Nichte Amalaberga mit dem König Herminafrid Thüringen in sein ursprünglich antibyzantinisches, dann antifränkisches Bündnissystem einzufügen, endete mit dem Tode des Ostgotenkönigs. Im frühen 6. Jahrhundert waren die Thüringer noch die Ostnachbarn der Franken; Ortsnamen und archäologische Indizien weisen darauf hin, daß das Thüringerreich sich damals im Norden bis in den Raum Hannover und in die Altmark erstreckte und im Osten die Elbe bis an die Mittelgebirge die Grenze gewesen ist. Nach der Beseitigung des Thüringerreiches durch die Merowinger ließen sich Sachsen unter fränkischer Oberhoheit nördlich der Unstrut nieder. Unklar ist, ob Teile der ursprünglichen Bevölkerung nach Süden zu den Bajuwaren und Langobarden auswichen. Eine fränkische Expedition gegen die ostthüringischen Warnen zwischen Saale und Elster diente wohl der Grenzsicherung nach Osten, wo seit 596 die Awaren erfolgreich angriffen. Die Franken suchten sich hier durch Hilfsvölker zu sichern, so etwa durch die »Nordsueben« von der Havel, die sich nach dem Wegzug sächsischer Volksteile um Aschersleben niederließen, während wesentlich später die slawischen Sorben die Region zwischen Elbe und Saale besetzten. Seit dem 7. Jahrhundert setzt von Südwesten her fränkische Besiedlung und Burgenbau ein; letzterer knüpft topographisch zwar verschiedentlich an ältere Befestigungen des 5. und 6. Jahrhunderts an, jedoch ohne funktionalen Zusammenhang mit den Vorgängeranlagen. Die seit dem 7. Jahrhundert einsetzende slawische Besiedlung östlich der Saale hat einerseits die älteren Traditionen beeinträchtigt und andererseits auch zu einer Westverlagerung des Thüringerreichs geführt, so daß entweder der neue von Dagobert I.

geschaffene thüringische Dukat gegen Ende des 7. Jahrhunderts sein Zentrum in Würzburg hatte oder, was neuerdings angenommen wird, zur Zeit dieses Merowingerkönigs zwei Dukate bestanden, nämlich Thüringen und Mainfranken/Würzburg. Im letztgenannten Herzogtum dürfte Dagobert I. den Alamannendux Chrodobert-Hruodi eingesetzt haben.

Seit dem 6. Jahrhundert war Hessen, die Wetterau, ein wichtiges Aufmarschgebiet der Franken gegen Thüringer und Sachsen. Obwohl dem Merowingerreich schon früh einverleibt, bewahrte es, wie Thüringen, eine gewisse Eigenständigkeit, da sich die Franken mit der Anerkennung ihrer Herrschaft in den führenden Schichten der ansässigen Bevölkerung begnügen mußten, so daß der politische Zusammenhang auch unter merowingischer Oberhoheit gewahrt blieb. Diese verpflichtete zur Heerfolge und verschiedentlich auch zu Tributen. Kernräume Hessens waren die Fritzlarer Ebene und das Kasseler Becken, die eine kontinuierliche Besiedlung seit der römischen Kaiserzeit aufwiesen und insofern eine Sonderstellung vermuten lassen, als es dort im 6. Jahrhundert noch keine (reichsfränkische) Reihengräberbestattung gab und Ortsnamen mit dem Suffix *-heim* weitgehend fehlen. Noch 738 nennt ein Papstbrief an Winfrid-Bonifatius regionale Gruppen: die »Hessi« an Eder, Schwalm und unterer Fulda, die »Nistresi« zwischen Diemel und Eder, die »Wedrecii« zwischen Eder und Lahn, die »Lognai« an der oberen Lahn und die »Suduodi« und »Graffelti« an der oberen Fulda und im Grabfeld; doch bleibt ungewiß, ob hier ältere Strukturen durchscheinen oder spätere fränkische Reorganisation vorliegt. Gegen das merowingische Rheinfranken waren die Diemel und das Rothaargebirge die Grenze, gegen Thüringen die Wasserscheide zwischen Werra und Fulda, gegen Süden die alte Limesgrenze, die nur bei Gießen und gegen die Wetterau darüber hinausgreift. Die Wetterau, der Rheingau und das Gebiet um Aschaffenburg und Würzburg waren wohl vor 500, ehe die Franken die Nordwestexpansion der Alamannen zum

Stehen brachten, alamannisch; danach setzte vermutlich die sowohl herrschaftliche wie siedlungsmäßige »Verfrankung« ein.

Von größter Bedeutung für den Beginn einer deutschen Geschichte wurde das Volk der *Sachsen*. Dessen Ursprünge sind trotz der bei Widukind von Corvey überlieferten Ursprungssage schwierig zu erhellen, weil es sich dabei um innergermanische Vorgänge handelt, die sich spätantiker schriftlicher Überlieferung weitgehend entzogen. Neuere Untersuchungen haben aber deutlich gemacht, daß auch bei der altsächsischen Ethnogenese und Expansion die Einwirkung des Merowingerreiches eine wichtige Rolle spielte. Was den Vorgang selbst anbelangt, so stehen sich zwei Erklärungsmodelle gegenüber: Einerseits werden die Sachsen als ein Zusammenschluß kleinerer Völkerschaften verstanden, der sich als intergentiler Verschmelzungsprozeß wie bei Alamannen und Franken relativ friedlich vollzog; andererseits geht man von einer von Norden nach Süden und Westen ausgreifenden, sich über ein halbes Jahrtausend erstreckenden Ausbreitung aus, dic mit der Unterwerfung anderer Völkerschaften verbunden war. Gegen diese alternativen Deutungen ist mit Recht geltend gemacht worden, daß die schrittweise Süd- und Westwanderung des Sachsen-Namens ein nach Zeit und Region sehr differenzierter Vorgang gewesen ist, bei dem Eroberung ebenso eine Rolle gespielt habe wie kultisch begründete Assimilation und – damit verknüpft – dauerhafte Bündnisse, die zwar eine politische Einordnung bewirkten, aber keine Unterwerfung waren.

Der Ursprung der Sachsen ist wohl im Norden zu suchen. In den ersten zwei nachchristlichen Jahrhunderten lebten sie nach Ptolemaios nördlich der Unterelbe (Nordalbingien). Allerdings ist es fraglich, ob sich diese Nachricht wirklich auf das Sachsenvolk bezieht; hinzu kommt, daß man wegen der schlechten Ptolemaios-Überlieferung überlegen könnte, ob es sich bei dieser ersten Erwähnung nicht um eine Verschreibung aus *Aviones* handelt, ein Volk, das auch bei Tacitus (Germania, c. 40) genannt ist. Auch wurde von archäologischer Seite darauf verwiesen, daß es im heutigen Niedersachsen zahlreiche kontinuierlich belegte Gräberfelder gibt, die von der älteren und jüngeren Kaiserzeit bis in die Völkerwanderungsepoche, d.h. von den westgermanischen Chauken bis zu den Sachsen reichen. Dies würde eher für eine Ethnogenese des Sachsenvolkes in diesem Raum sprechen. Westholstein und Dithmarschen gehörten aber nicht dazu, sondern zum anglischen Bereich.

Um 200 begann das Vorrücken der Sachsen nach Süden, im 3. und 4. Jahrhundert drangen sie als seefahrendes Volk an der Nordseeküste entlang auf Raubzügen nach Westen. Genaueres über die kontinentale Ausbreitung der Sachsen berichten dann fränkische Quellen des 6. und 7. Jahrhunderts, wobei Bündnisse der Franken mit den Sachsen, etwa gegen die Thüringer, und schwere Abwehrkämpfe abwechselten. Dabei konnte der sächsische Stammesbund bis Nordthüringen und an die Lippe vordringen. Ein Königtum wie bei den Franken und Alamannen haben die Sachsen entweder gar nicht oder nur sehr rudimentär ausgebildet. Nach Beda Venerabilis (gest. 735) wurde bei ihnen im Kriegsfall ein Herzog durch das Los bestimmt. Fraglich ist, ob die in den Sachsenkriegen Karls des Großen vorhandene sächsische Organisation von drei Heerschaften (*herescephe*, Aufgebotsverbände) der Westfalen, Engern und Ostfalen erst ein Ergebnis der jahrzehntelangen Auseinandersetzungen mit dem Frankenherrscher war oder ob sie schon im Rahmen der Stammesbildung im 4. und 5. Jahrhundert entstanden.

Man hat aufgrund der Tatsache, daß sich in den Kämpfen mit Karl schon sehr bald ein Teil des sächsischen Adels auf die fränkische Seite schlug, gemeint, daß es sich um einen Erobereradel gehandelt habe oder zumindest starke soziale Gegensätze vorhanden gewesen sein müßten. Die Schilderung der »Vita Lebuini« über die jährlichen Stammesversammlungen der Sachsen in Markloh an der Weser läßt, bei aller Vorsicht gegenüber dieser stilisierten, erst um 850 geschriebenen Quelle, doch erkennen, daß es eine strenge Scheidung der Sachsen in Adel (Edelinge), Freie (Frilinge) und Laten gegeben haben muß, wobei letztere statusmäßig nicht allzutief unter den Freien gestanden haben dürften. Jede Ehegemeinschaft war zwischen diesen Gruppen bei Todesstrafe untersagt. Im Adel, der durch ein besonders hohes Wergeld geschützt war, hat sich wohl der Kern einer grundbesitzenden, die Stammestradition repräsentierenden und kultisch bewahrenden Oberschicht erhalten. Dementsprechend gehörten wohl die Freien den unterworfenen Gruppen an und die Laten einer offenbar breiten Unterschicht, die aber bewaffnet war und ihre Vertreter nach Markloh schicken durfte. Aufgrund der in der »Vita Lebuini antiqua« geschilderten Versammlung unabhängiger Vertreter einzelner *pagi* bei Markloh hat man auch an einen föderativen Zusammenschluß benachbarter Stämme gedacht, die sich den Sachsen-Namen zulegten. Diese eher »bündische Einrichtung« (R. Wenskus) spricht wiederum gegen die Annahme einer generellen Unterwerfung ganzer Völker. Allerdings gab es im sächsischen Stammesbereich regionale Unterschiede, die sich südlich der Elbe als starke ständische Differenzierung äußern und die auf Überschichtung durch Eroberung schließen lassen könnten; sie fehlen im sächsischen Ursprungsgebiet nördlich des Stroms. Noch schwieriger ist die gesellschaftsgeschichtliche Interpretation der archäologischen Befunde. Ein Sonderproblem ist zudem die Abgrenzung zwischen Franken und Sachsen. Immerhin weisen für Sachsen reich ausgestattete Gräber des 8. Jahrhunderts mit zahlreichen Pferdebestattungen darauf hin, daß es eine sozial abgehobene und offenbar mächtige Oberschicht gegeben haben muß, die man zumindest als Vorform des Adels ansehen darf und deren Spitzengruppe sogar schon fürstlichen Charakter trug. Außer Frage steht wohl, daß der Sachsenstamm als späterer wichtiger Bestandteil des mittelalterlichen

Reiches am nachhaltigsten ursprüngliche, nämlich germanische Züge bewahrt und tradiert hat. Zwischen Altsachsen, Thüringen, dem Rheinland, Skandinavien und England gab es intensive Kulturkontakte, wobei die Sachsen eher der nehmende als der gebende Teil gewesen sind.

Neben den Sachsen waren es die *Friesen*, die zwischen Waal und Niederrhein die Franken aus dem Küstengebiet nach Süden und Südwesten abdrängten und selbst bis in den Raum Brügge vorstießen, wobei sie allerdings teilweise selbst wiederum unter sächsische Gewalt gerieten. In römischen Quellen tauchen die Friesen schon 12 v. Chr. auf, ihr ursprüngliches Siedlungsgebiet zwischen Ems und Zuydersee erweiterte sich zwischen dem 6. und 8. Jahrhundert im Westen bis zur Schelde und im Osten bis Jütland. Damals spielten sie eine wichtige Rolle im nordwesteuropäischen Fernhandel besonders mit England und Skandinavien, ebenso als Gründer präurbaner Handelsemporien. Unter ihrem König Radbod (gest. 719) leisteten sie den Frühkarolingern und der christlichen Mission, die schon seit Dagobert I. ihre Stützpunkte im friesischen Gebiet hatte, lange Widerstand. Die Bekehrung durch Winfrid-Bonifatius (672/75–754) vollendete dann ihre militärisch-politische Integration ins Frankenreich. Die Gesellschaftsverfassung der Friesen ist für die Frühzeit schwierig zu erhellen, weil die sogenannte *Lex Frisionum*, eine Gesetzessammlung von Rechtstexten sehr verschiedener Zeitstufen, wohl erst aus dem 9. Jahrhundert stammt. Ob es sich dabei um eine karolingische Endredaktion handelt, wie bei anderen *leges*, bleibt ungewiß. Hält man sich vor Augen, daß Friesen wie Sachsen wirtschaftlich und kulturell stark in den gesamten Nordseeraum eingebunden waren und daß andererseits Alamannen und Bajuwaren zeitweise enge Verbindungen zum langobardischen Italien hatten, dann muß man die einigende Kraft des fränkischen Großreiches für die rechtsrheinischen deutschen Stämme als eine wichtige Voraussetzung der Entstehung des deutschen Volkes hoch veranschlagen. Das gleiche gilt aber auch für die unifizierende Wirkung des weitgespannten Kommunikationsnetzes der Kirche, das sich mit der Mission sowohl geographisch erweiterte als auch verdichtete. Beide – Reich und Kirche – haben ein dauerhaftes Auseinanderdriften der südlichen und der nördlichen Stammesgruppen mit gravierenden politischen Folgen verhindert und damit »deutscher Geschichte« erst eine Grundlage gegeben.

Der Aufbau der westslawischen Welt zwischen Ostsee und Alpen: Konfrontation und missionarische Integration

Angesichts der Tatsache, daß sich deutsche Geschichte in einem Raum ereignete, der zu einem Drittel und lange Zeit fast zur Hälfte dem slawischen Siedlungsbereich angehörte, kann die slawische Welt nicht einfach als »Randphänomen« oder gar nur als »Rohstoff« oder Vorgeschichte der späteren deutschen Ostkolonisation behandelt werden, sondern muß in ihrer Bedeutung neben der *Germania romana* links des Rheins und südlich der Donau und ebenso neben der *Germania* im engeren Sinne, d.h. der Welt der frühen deutschen Großstämme, stehen: nämlich als *Germania slavica* oder *Slavia germanica* mit weitreichenden Auswirkungen auf die Entwicklung Deutschlands.

Ähnlich wie im 5. Jahrhundert die Großreichbildung der Hunnen einen wichtigen Anstoß für die Westwanderung der germanischen Völker gegeben hat, bewirkten die Awaren in Symbiose wie Konfrontation sowohl die West- und Südwestverschiebung der slawischen Stämme wie auch deren Ausformung zu regional faßbaren, ethnisch-politischen Gemeinschaften. Im Jahre 557 erschienen Reiternomaden unter dem Namen Awaren an der nordöstlichen Grenze des oströmischen Reiches; sie waren von ihren einstigen Unterworfenen türkischer Herkunft vertrieben worden und suchten in Byzanz um Zuweisung eines Siedlungsgebietes nach. Zwar wurden sie abschlägig beschieden, doch nahm sie der Kaiser gegen einen Jahrestribut als Foederaten in seinen Dienst, ohne sie in das oströmische Limitansystem einzuordnen. Ob es wirklich 20000 Awaren gewesen sind, muß bei der Unsicherheit antiker wie mittelalterlicher Zahlenangaben offenbleiben, doch dürfte es sich anfangs um getrennte Gruppen gehandelt haben, die sich erst später unter dem Kagan Bajan zusammenschlossen. Ihre Niederlassung im Donau-Theiß-Gebiet geschah teils auf römische Weisung, teils auf eigene Faust, also ähnlich wie zuvor im Westen bei den fränkischen Teilstämmen in Gallien. In beiden Fällen förderte der Zwang zu Verhandlungen und Auseinandersetzungen mit dem Imperium den eigenen politischen Zusammenschluß. Schon sehr früh sind aber slawische Völkerschaften unter awarischer Herrschaft bezeugt, deren Vorrükken nach Westen vom Awaren-Kagan entweder erzwungen oder unterstützt wurde. Die Ethnogenese der slawischen Welt, von Sklavenen und Anten, läßt sich zwar nicht monokausal auf die Expansion der Awaren zurückführen, hat aber zweifellos mit ihr zu tun, wenn auch in zeitlich und regional sehr unterschiedlicher Weise. Jedenfalls tauchen am Ende des 6. Jahrhunderts slawische Verbände unter awarischem Schutz an der Drau auf und geraten mit dem agilolfingischen Bayern in Konflikt. Während sich der Niederlassungsraum der Awaren im wesentlichen auf das Donau-Theiß-Gebiet konzentrierte, suchten sie durch fortgesetzte Einfälle ins Byzantinische Reich immer größere Tribute zu erlangen. Gleichzeitig waren sie bestrebt, die nach Westen und Südwesten vorgedrungenen slawischen Verbände unter ihrer Herrschaft zu halten, was aber nur teilweise gelang.

Ob die Einwanderung der Sorben östlich der Saale von Awaren veranlaßt wurde oder unter fränkisch-merowingischem Schutz gegen das awarische Vordringen erfolgte, ist umstritten. Jedoch fand die Expansion awarischer Herrschaft durch die verheerende Niederlage des Kagans vor Konstantinopel 626 und den fast gleichzeitigen Slawenaufstand unter der Führung des Franken Samo ein Ende. Böhmen, Mähren, Niederösterreich und wohl auch die Ostalpenregion wurden für eine Generation eine selbständige slawische Reichsbildung, die sich gegen fränkische wie langobardische Angriffe behaupten konnte. Nördlich des Karpatenbogens setzte die slawische Besiedlung Polens wohl schon während der ersten Hälfte des 6. Jahrhunderts ein, ausgenommen die baltischen Gebiete. Der Raum an der mittleren und unteren Elbe wurde in der zweiten Jahrhunderthälfte slawisch, die Region zwischen Saale und Weißer Elster sowie westlich der Saale folgte anfangs des 7. Jahrhunderts. Südlich der Karpaten findet sich slawische Siedlung seit der ersten Hälfte des 6. Jahrhunderts in der Slowakei und vielleicht auch in Nordmähren, hingegen in Südmähren, Böhmen und im Ostalpenraum erst nach dem Abzug der Langobarden nach Italien und dem Auftauchen der Awaren in Pannonien, also erst nach 568. Die Ereignisgeschichte spielte dabei eine nicht unwesentliche Rolle. So bildete das Merowingerreich, besonders nach der Zerstörung des Thüringerreiches 531, eine starke Barriere gegen eine weitere slawische Westwanderung. Fränkische Feldzüge gegen in Nordthüringen seßhaft gewordene Sachsen (555/56), die Umsiedlung von Sueben aus dem Havelgebiet in den späteren Schwabengau zwischen Wipper und Bode (556/65) und ebenso die Niederwerfung der germanischen Warnen östlich der unteren Saale (595) führten später zur Ausbildung einer schütteren Grenzzone zwischen dem Frankenreich und den Slawen und damit zu wechselnden politisch-militärischen Konstellationen, die etwa slawischen Einwanderern die Möglichkeit bot, das ehemalige Siedlungsgebiet der Warnen zu besetzen.

Dieser in seiner Chronologie bislang kaum bezweifelte Ausbreitungsvorgang erfährt aber jetzt – nach dem Wegfall »vorgegebener ideologischer Prämissen« – für den Raum nördlich der Elbe eine beträchtliche Revision. Ausgrabungen, die zu einer großflächigen Freilegung von Siedlungen und Burgwällen östlich der Elbe führten, haben ergeben, daß dort die slawische Einwanderung nicht ins 6./7. Jahrhundert fällt, daß sie vielmehr ihren Schwerpunkt in Brandenburg und Mecklenburg erst im 8./9. Jahrhundert hatte. Dementsprechend entstanden Burganlagen wohl kaum in der frühen Karolingerzeit, sondern zumeist erst seit der zweiten Hälfte des 9. Jahrhunderts und im 10. Jahrhundert.

Damit erhebt sich aber die naheliegende Frage, ob man es in jedem Fall mit slawischen Befestigungen und nicht auch mit westlichen fränkischen bzw. sächsischen Verteidigungsanlagen des 9. und 10. Jahrhunderts zu tun hat, wie dies neuerdings beispielsweise für die großen Burgen von Saßleben und Presenchen (Kr. Luckau) angenommen wird. Wegen der Uniformität der westslawischen archäologischen Hinterlassenschaften bleibt es nach wie vor schwierig, absolute Zeitangaben für die Ausbreitung der Slawen zu machen. Die in der Forschung bislang üblichen, von J. Herrmann vertretenen Zeitangaben sind wohl bis zu einem ganzen Jahrhundert später anzusetzen. Neue archäologische Ergebnisse aus dem Großraum Berlin haben hier größere Klarheit erbracht. Nach der Abwanderung der Germanen, die eher ein »sukzessives als schlagartiges Ereignis war, das bis zu einem gewissen Grade zum ›Selbstläufer‹ wurde« und mit germanischen Kleingruppen im 6. Jahrhundert auslief, setzte erst um 700 in diesem Raum eine slawische Aufsiedelung ein. Sie schloß sich an die weitgehend menschenleer gewordenen, günstigen germanischen Siedlungsplätze an und zeigte »ein geringeres Maß an gesellschaftlicher Arbeitsteilung in der nichtagrarischen Produktion als in germanischer Zeit«. Entgegen früheren, u.a. aus der Toponymie abgeleiteten Auffassungen bedeutete der zeitliche Zwischenraum von 100–150 Jahren, »daß es in den wesentlichen Lebensbereichen Wirtschaft, Gesellschaftsgliederung, Hausbau, Kunsthandwerk und Stilempfinden nicht zu Beeinflussungen [zwischen der vorangegangenen germanischen und der nachfolgenden slawischen Kultur] gekommen ist«. Das bedeutet u.a. auch, daß ein Teil der slawischen Burganlagen erst parallel zum ottonischen Burgenbau entstand. Die schon im 8./9. Jahrhundert entstandenen slawischen Burgen Schleswig-Holsteins lassen sich in ihren Anlageformen gut vom westlichen Burgenbau unterscheiden; doch schließt dies nicht aus, daß karolingische Vorbilder dabei eine Rolle spielten. Die Befunde in Alt-Lübeck, in Mecklenburg und in Oldenburg-Starigard (Wagrien) hingegen, das an einem heute verlandeten Meeresarm, der die Hochwachter und Lübecker Bucht verband, und inmitten eines Gebiets slawischer Burgwälle lag, beginnen schon im 8. Jahrhundert. Helmold von Bosau bezeichnet im 12. Jahrhundert Oldenburg-Starigard als Westgrenze des Slawenlandes *(terminus Slaviae)* und als Sitz mächtiger Fürsten der Obodriten.

Insgesamt jedoch ist an eigenständigen slawischen Befestigungsanlagen nicht zu zweifeln, weil große und kleine Fortifikationen sehr genau in das slawische Siedlungssystem eingebunden und somit Zentren von Siedlungskammern sind; so beispielsweise Bosau am Großen Plöner See und Ralswik auf Rügen. Auffällig ist dabei, daß im allgemeinen keine »strategischen« Funktionen dieser Burganlagen erkennbar sind, sondern eher ihr defensiver Charakter. So wurden vor allem Inseln, Halbinseln und Kuppen in versteckter Lage bevorzugt. Kleinere Burgen wie Tornow, Kreis Calau, waren vor allem Fluchtburgen mit Unterkünften für kurzzeitige Besatzung, zugleich aber auch Herrensitze. Immerhin gab es in Tornow 19 große Radialbauten in Blockbautechnik sowie Speicher mit Getreide, ferner Mühlen.

Inzwischen kann man auch die slawische Keramik der Karolingerzeit genauer datieren. Dabei ist nachgewiesen, daß es auch im slawischen Bereich methodisch unhaltbar ist, keramische Fundgruppen bestimmten Stämmen zuzuweisen. In dieser Epoche läßt sich auch ein wachsender Bestand karolingischen Fundguts im westslawischen Bereich belegen. Dies kam zustande einerseits durch Handelsbeziehungen, die teilweise über Skandinavien und in die Küstenregionen gingen, oder im »politischen« Geschenkaustausch, der auch Waffen umfaßte, ins Landesinnere, wodurch auch die materielle Kultur merklich verbessert wurde. Mit dem Erstarken des Frankenreiches unter den Karolingern und der damit verbundenen Stabilisierung der fränkischen Herrschaft an der Ostflanke, die sich u.a. im systematischen Burgenbau zeigte, mehren sich die Nachrichten über die slawische Völkerwelt, die sich inzwischen in Mitteleuropa entwickelt hatte, Rückschlüsse auf frühere Zustände sind daher kaum zu umgehen. Der sogenannte »Bayerische Geograph« nennt um 850 die slawischen Hauptstämme der Obodriten, Wilzen, Heveller, Sorben, Daleminzer, Lusizer, Milzener und Besunzanen sowie eine Anzahl von Teilstämmen, wobei jeweils *civitates* angegeben werden, d.h. burgartige, präurbane Zentren. Die Obodriten werden erstmalig 781 erwähnt, als sich Karl der Große mit ihnen zu einem Zangenangriff gegen die Sachsen verbündet. Ihre Wohnsitze liegen an der Ostseeküste zwischen Kieler Förde und mittlerer Warnow. Obodritische Teilstämme sind die Wagrier in Ostholstein, die Polaben zwischen Trave und Elbe, die Warnower an der oberen Warnow und Mildenitz. Die namengebenden und offensichtlich auch kultisch-herrschaftlich bestimmenden Gruppen der Obodriten siedeln von der Wismarer Bucht bis südlich des Schweriner Sees. Die Wilzen, seit dem Ende des 10. Jahrhunderts in westlichen Quellen als Lutizen bezeichnet, siedeln östlich der Obodriten. Nördlich der Peene ist das Wohngebiet der Kessiner und Zirzipanen, südlich davon das der Tollenser und Redarier zu suchen. Von allen Teilstämmen der Wilzen/Lutizen waren die Redarier die angesehensten, denn in ihrem Gebiet lag das Heiligtum des Gesamtvolkes, die Tempelburg Rethre. Der kleinere Stamm der Rujanen oder Ranen siedelte auf Rügen, an dessen Nordspitze das Heiligtum Arkona lag. Fast jeder Stamm scheint seine eigene Gottheit gehabt zu haben, Kult war auch hier der »Kitt« archaischer Staatlichkeit. Sowohl die Lutizen als auch die Obodriten vermochten ihre eigenständige politische Organisation teilweise bis ins 11. bzw. 12. Jahrhundert zu bewahren, ehe sie mit militärischen und kolonisatorischen Mitteln in das Reich integriert und von politischen Partnern oder Opponenten zu Objekten der königlichen oder fürstlichen Territorialpolitik des Reiches wurden. Slawische Stämme und Gruppen, die an der unteren Elbe, in der Altmark und im hannoverschen Wendland siedelten und unter denen die Linonen die wichtigsten waren, behaupteten sich sowohl gegen die Obodriten als auch gegen Franken und Sachsen; ihr Hauptort war Lenzen. Südlich der Obodriten und Wilzen/Lutizen trennte eine ausgedehnte Urwaldzone deren Siedlungsgebiet von dem der Havel-Spree-Stämme, deren herausragende Gruppe die Heveller waren, die sich selbst Stodoranen nannten. Ob ein ursprünglicher Zusammenhang mit den Wilzen/Lutizen bestand oder ob es sich lediglich um ein späteres Bündnis zwischen beiden slawischen Großgruppen handelt, ist unklar. Ein siedlungsfreier Höhenzug, der Fläming, trennte die Havel-Spree-Stämme von den Lusizern und Milzenern der Nieder- und Oberlausitz und von der Großgruppe der Sorben, zu denen sie später auch gezählt wurden. Gegen die Sorben wurde im 9. Jahrhundert der Limes Sorabicus errichtet, der wohl hauptsächlich der Saale folgte, die von Einhard (gest. 840) als Grenze zwischen Thüringern und Sorben erwähnt wird. Sorbische Niederlassungen gab es allerdings auch westlich der Saale, und zwar in Gemengelage mit thüringischen Siedlungen. Ähnliches gilt auch für die slawischen Siedler an Obermain und Regnitz um Bamberg und insgesamt in Nordostbayern, für die sich keine eigene Stammesstruktur nachweisen läßt. Man hat hier planmäßige Ansiedlung Karls des Großen vermutet, doch dürfte es sich eher um ältere Streusiedlungen in kleineren Gruppen gehandelt haben.

Nachdem an der Wende vom 6. zum 7. Jahrhundert die Westwanderung von Awaren und Slawen durch die agilolfingischen Herzöge sowohl an der Donau wie im Pustertal militärisch gestoppt worden war und sich gleichzeitig durch frühen Landesausbau die bayerische Siedlung bis zur Ennsgrenze vorgeschoben hatte, kam es hier zu einem gewissen Ausgleich, auch mit der awarischen Oberherrschaft. Der große Karantanensieg Herzog Tassilos III. im Jahre 772 und die von Salzburg und Kloster Chiemsee aus betriebene Karantanenmission erweiterten dann das bayerische Herrschaftsgebiet beträchtlich, ohne daß die slawische Bevölkerung verschwunden wäre. Sowohl Kloster Innichen im slawisch besiedelten Pustertal als auch Kloster Kremsmünster waren ausdrücklich auch zur Slawenmission bestimmt. Die Stiftungsurkunde des letzteren vom Jahre 777 läßt Rückschlüsse auf die Sozialstruktur der dem Kloster zugeordneten Slawen-Dekanie zu. In der klösterlichen Grundherrschaft bildete diese slawische Gruppe eine besondere Einheit mit einem eigenen Oberhaupt *(Jopan, Zupan)*, die zu Abgaben verpflichtet war und sich am planmäßigen Landesausbau beteiligte. Die slawischen Gruppen des späteren Ostösterreich, von Karantanien/Kärnten abgesehen, entwickelten keine so widerstandsfähige politisch-militärische Struktur wie im Norden der deutsch-slawischen Kontaktzone die Obodriten oder der Lutizenbund; diese sind noch für Kaiser Heinrich II. ein ernstzunehmender bündnisfähiger Partner gewesen. Doch lassen sich auch im Donauraum kleinere, herrschaftlich strukturierte slawische Siedlungsräume feststellen, desgleichen eine Oberschicht, die mit dem bajuwarischen Adel in Connubium treten konnte. Das Weinviertel nördlich der Donau gehörte zeitweise zum späteren Großmährischen Reich, und um Thunau gab es im 9. Jahrhundert einen zwar vom Karolingerreich abhängigen, aber geschlossenen slawischen Herrschaftsbereich. Insgesamt ist nach Ausweis der Orts-, Flur- und Gewässernamen sowie der Bodenfunde im Raum östlich des Haselgrabens mit einer slawischen Besiedlung zu rechnen; doch ist diese eher sporadisch gewesen. Kirchliche und adelige Grundherrschaften dürften an der Ostflanke Bayerns wie an Elbe und Saale im Rahmen des Landesausbaus deutsche wie slawische Siedlungskomplexe gleichermaßen umfaßt haben, wenn dies auch erst wesentlich später in schriftlichen Quellen bezeugt ist. Für den Südosten läßt sich dennoch mit aller gebotenen Vorsicht eine ethnische Grenzzone erkennen, die, ähnlich wie im Westen die germanisch-romanische Sprachgrenze, auf kleinräumigen Ausgleichsvorgängen beruhte. Sie verlief vom Pustertal nordwärts über die Hohen Tauern bei Radstadt über die Enns und Traun bis zur Donau; von dort über die Grenzscheide des Haselgrabens zur bedeutendsten Herrschaftsbildung der Slawen in Mitteleuropa: *Böhmen*. Ungeachtet einer umfangreichen deutschen Besiedlung der böhmischen Länder im Zuge des hochmittelalterlichen Landesausbaus blieb hier im Kern das Slawentum in allen Gesellschaftsformationen bis zu Adel und Fürstentum weitgehend erhalten.

Da die schriftlichen Nachrichten der fränkischen Annalistik relativ spärlich sind, kommt den archäologischen Erkenntnissen für die Frühgeschichte Böhmens erhöhte Bedeutung zu. Den älteren slawischen Brandgräberfeldern mit Keramik vom »Prager Typ« folgen unter dem Einfluß der Awaren wie vor allem der reichsfränkischen Mission Körpergräberfelder. Wie zwischen den Mittelgebirgen und der Ostsee finden sich auch in den böhmischen Ländern Burganlagen als Mittelpunkte größerer Siedlungskammern, die wohl mit kleineren Stammeseinheiten gleichzusetzen sind; so etwa in Alt-Kouřim. Das Gewicht des zeitweise überschätzten »Großmährischen« Einflusses ist umstritten. Endpunkt der Frühgeschichte war 845 die Taufe von 14 böhmischen Stammesfürsten in der ostfränkischen Residenzstadt Regensburg.

Überblickt man die gesamte, breite Kontaktzone zwischen germanischer und slawischer Völkerwelt, soweit sie nach den grundlegenden Veränderungen der deutschen Ostbewegung noch rekonstruierbar ist, so ergibt sich ein abgestuftes, regional sehr variables System von Integrations- und Assimilationsvorgängen, von Konfrontationen und Partnerschaften, die für beide großen Ethnika schicksalhaft wurden. Als eigenständige, politisch-kulturelle Einheiten haben sich Polen und Böhmen in Auseinandersetzung mit dem fränkischen und später dem deutschen Reich des Mittelalters entfaltet und zu europäischen Mächten entwickelt, Böhmen allerdings im Rahmen einer relativ festen, nicht unproblematischen Bindung an die mitteleuropäische Vormacht. Westlich von Polen und Böhmen konnten sich größere und zeitweise beachtliche Regionalherrschaften wie die Obodriten, der Lutizenbund, die Heveller und Sorben im Konflikt oder Bündnis mit dem Reich bis ins Hochmittelalter halten. In weiten Gebieten vollzog sich die sprachliche wie die kultisch-religiöse Umwandlung auf der untersten Ebene der geistlichen und weltlichen Grundherrschaften, wie dies am Beispiel der Slawen-Dekanie des Klosters Kremsmünster ersichtlich ist. Dabei darf nicht vergessen werden, daß besonders die kirchlichen und klösterlichen Großgrundherrschaften, die zugleich Träger der Christianisierung waren, wichtige agrartechnische Innovationen an die slawische Bevölkerung vermittelten. Es dürften aber auch aus dem Osten, etwa im Pflugbau, Neuerungen gekommen sein. Im Gefüge der bipolaren Villikationsverfassung war es dann möglich und sogar normal, daß slawische und deutsche Dörfer jahrhundertelang neben- und miteinander existierten, wodurch wiederum sprachliche Ausgleichsprozesse gefördert wurden, die überwiegend zugunsten der deutschen Oberherrschaft verliefen. Dennoch hat sich in der Toponymik Mittel- und Ostdeutschlands viel an slawischem Namensgut erhalten. Die militärische Komponente der fränkischen bzw. deutsch-slawischen Geschichte offenbart sich im Burgenbau, der sowohl offensiven wie defensiven Charakter haben konnte, etwa am Limes Saxoniae zwischen Sachsen und Obodriten. Das Pendant bildeten auf slawischer Seite Burganlagen von unterschiedlicher Größe und Struktur. Sie waren wohl vor allem Stammesvororte, also Volksburgen, und geben Hinweise auf die Herrschaftsstruktur des frühen Slawentums, die keineswegs egalitär-demokratisch gewesen ist, wie die ältere, romantisierende Forschung glaubte. Die christliche Mission unter den Slawen war seit dem 7. Jahrhundert die geistliche Seite der herrschaftlichen Integration, die mit dem Begriff der Unterwerfung nur unvollständig charakterisiert würde. In Mittel- und Osteuropa läßt die Übernahme indogermanischer und germanischer Orts- und Gewässernamen durch die Slawen auf das Fortleben germanischer Gruppen schließen, von deren selbständiger Weiterexistenz kann jedoch keine Rede sein. Was die materielle Kultur der slawischen Frühzeit anbelangt, so ist vor der Annahme zu warnen, daß spärliche oder fehlende Grabbeigaben hier auf einen niedrigen Stand deuteten. Es handelt sich um andere Totenriten als im merowingischen Westen. Die westslawische Welt hat für ihre Kultur keinen frühen Berichterstatter gefunden, wie er den Germanen mit Tacitus zuteil geworden ist. So sind wir über slawische Kultburgen und Heiligtümer wie Arkona auf Rügen und Rethra, die Tempelburg der Redarier, deren genaue Lage unbekannt ist, auf die meist dürftigen oder verzerrenden Nachrichten späterer kirchlicher Quellen angewiesen. Der enge Zusammenhang zwischen Eroberung und Mission brachte es zwangsläufig mit sich, daß – wie im Falle der Germanen – pagane Gegenschläge auch die Missionserfolge oft zunichte machten. Aber so, wie 100 Jahre nach der Taufe des Herzogs Widukind die Sachsen eine führende Rolle im Karolingerreich spielten, bedeutete auch für die Westslawen die Integration in den Reichsverband eine politische Chance. Das gilt für die Rolle des Lutizenbundes in ottonischer Zeit und mehr noch für die politische Stabilisierung Böhmens in derselben Epoche. Mit der christlich gewordenen westslawischen Welt trat das dritte Großethnikum neben Romanen und Germanen. Dies wurde die eigentliche Geburtsstunde Europas und damit etwas Neues, das sich trotz tiefer Wurzeln in der antik-mediterranen Welt dennoch entscheidend von dieser unterschied und neue Prämissen der Kulturentwicklung setzte. Daneben sollte nicht vergessen werden, daß alle drei Großethnien einen wesentlichen Anteil an der Entstehung des deutschen Volkes hatten – zumindest für die Regionen westlich des Rheins und östlich der Elbe. Im 9. Jahrhundert kam es zu einer Konfrontation mit der ersten bedeutenden, dem Christentum sich öffnenden Staatsbildung der Slawen, dem »Großmährischen Reich«, das am Beginn des 10. Jahrhunderts unter dem Ansturm des Reitervolks der Madjaren zusammenbrach. Während der Existenz dieses Reiches kam es im Zusammenhang mit der Missionierung zu Konfrontationen zwischen der westlich-lateinischen und der griechisch-byzantinischen Kirche, wobei das Papsttum mit wechselndem Erfolg einen Ausgleich zwischen beiden Missionskreisen versuchte.

Der krisenreiche Aufstieg der Frühkarolinger bis Karl Martell (687–714)

Der Weg jener zwei Familien, der Arnulfinger und der Pippiniden, die dann unter dem Namen *Karolinger* 750/51 die Königsherrschaft im Frankenreich erlangten, war schwierig und immer wieder durch empfindliche Rückschläge belastet, die sich auch auf ihren reichen Familienbesitz in Austrien auswirkten. Die drei Hausklöster Nivelles, Fosses und Andenne lagen im Kern des pippinidischen Hausbesitzes. Des weiteren war die Familie im Hasbengau und in Toxandrien begütert, d.h. um Tongern und Maastricht. So scheint es durchaus glaubhaft, daß nach den um 805/06 entstandenen »Annales Mettenses priores« schon Pippin der Ältere »das Volk zwischen dem Kohlenwald und der Maas bis zur Grenze der Friesen« regiert hat. Mit der Kirche dieses Raumes waren die Pippiniden nicht nur durch ihre Klostergründungen eng verbunden, sondern auch durch ihren Einfluß bei der Besetzung des Bistums Tongern-Maastricht, wohin Pippin der Ältere den heiligen Amandus berufen konnte. Mit dem politisch einflußreichen Kölner Metropoliten Kunibert waren sowohl Pippin als auch Grimoald durch Schwurfreundschaft eng verbunden.

Der Aufstieg der Familie schien sich geradlinig fortzusetzen, als die Pippinidin Begga, Schwester der Äbtissin Gertrud von Nivelles (gest. 659) und des Hausmeiers Grimoald (gest. 661/62), den Domesticus Ansegisel ehelichte, den Sohn Bischof Arnulfs von Metz (gest. 629). Sie waren die Alleinerben beider Familien; der mißglückte Staatsstreich Grimoalds warf 662 diese beiden mächtigen Sippen wieder zurück. Das Herzogsamt ging an Gundoin, und Ansegisel, der dies offenbar nicht hinnehmen wollte, fiel im Kampf gegen ihn. Stablo-Malmedy kam wieder unter königliche Gewalt und verlor einen Teil seines Besitzes, Bischof Theodard von Maastricht, ursprünglich Parteigänger der Pippiniden, ging auf die Seite König Childerichs II. über, und selbst Ansegisels Bruder, Bischof Chlodulf von Metz und sein Sohn Aunulf schlossen offenbar mit dem Merowinger Frieden. Nach dieser schweren Niederlage kam es aber schon um 665 zu einer Wende, als Pippin der Mittlere, der Sohn Beggas und Ansegisels, Plektrud ehelichte, die Tochter des fränkischen Großen Hugobert, der im Kölner Raum, an der Maas, am Niederrhein und ebenso um Trier reich begütert war. Zentrum dieser nunmehr wesentlich erweiterten Herrschaft Pippins II. waren die Güterbezirke Hermalle, Herstal mit etwa 2500 bis 3000 Hektar; es bleibt unklar, ob es sich um altes pippinidisches Hausgut handelt. Auf jeden Fall wurden sowohl Jupille mit dem Novum castellum und dem von Pippin gestifteten Klerikerstift wie auch Herstal wichtige karolingische Pfalzorte; erst Karl der Große verlegte seinen Aufenthalt endgültig von Herstal nach Aachen.

Als die weiteren Turbulenzen und Krisen mit dem machtvollen Aufstieg Pippins II. nach der Schlacht von Tertry 687 abgeschlossen waren, trat eine Konsolidierung ein. Doch wäre es verfehlt, schon für diese Epoche eine gewissermaßen homogene karolingische Herrschaft im gesamten Frankenreich anzunehmen, denn nicht nur Aquitanien war spätestens seit 675 der Zentralgewalt entfremdet. Auch das Rektorat über die Provence, das sich in den Händen einer alten gallorömisch-senatorischen Familie befand, hielt sich aus den Machtkämpfen des Nordens weitgehend heraus. Eigene Wege ging auch die südgallische Kirche, weil auch sie territoriale Sonderherrschaften entwickelt hatte, die oft nur noch lose, wenn überhaupt, mit der fränkischen Oberherrschaft verbunden waren. Ziemlich regelmäßig nahmen an frühkarolingischen Synoden die Bischöfe der Provinzen Reims, Rouen, Tours,

Sens und Lyon teil, aus Aquitanien kamen der Metropolit von Bourges und der Bischof von Poitiers; in Clermont konnten zwischen 690 und 700 die Bischöfe Bonitus und Nordebert mit Genehmigung des Merowingerkönigs und Pippins eingesetzt werden. Die große Kirchenprovinz Arles war zwar 660 noch durch ihren Metropoliten auf Reichskonzilien vertreten, aus der Zeit von Pippins Prinzipat sind aber weder aus Arles noch aus dem Metropolitanbereich von Vienne Bischöfe auf fränkischen Reichsversammlungen bekannt. Pippin vermochte das Neben- und Miteinander weltlicher und geistlicher Regionalherrschaften noch nicht grundsätzlich zu beseitigen, und auch die Einsetzung seines ältesten Sohns Drogo zum *dux Burgundionum*, d.h. zum Statthalter der frankoburgundischen Königsprovinz mit Sens und Lyon, und die Bestallung seines zweiten Sohnes Grimoald in Neustrien dürften diesen labilen Zustand noch nicht beendet haben.

Dafür setzte der Princeps in Neustrien mit einer Kirchenpolitik ein, welche die Struktur der Diözesen aufbrechen sollte, und zwar besonders durch die oft erzwungene Tradierung von Klöstern an ihn, die damit in Pippins *potestas* übergingen. Diese Politik bezog sich nicht nur auf Adelsklöster, sondern auch auf große Abteien in bischöflicher Hand. Sein Vorgehen hatte sowohl eine kirchenpolitische Seite, nämlich die Schwächung eines nach Selbständigkeit strebenden Episkopats, als auch eine materielle, da sich die Karolinger damit die großen Ressourcen der klösterlichen Grundherrschaften erschließen konnten. Mit der herrschaftlichen Abkoppelung der Abteien von ihren Bistümern ging eine harte Personalpolitik in den letzteren einher, die ebenfalls schon unter Pippin II. begann und mit Karl Martell einen ersten Höhepunkt erreichte.

Absetzung oder Verbannung mißliebiger Bischöfe und die oft rücksichtslose Einsetzung karolingischer Parteigänger waren seit Pippins Sieg bei Tertry (687) an der Tagesordnung. Die Vertreibung des Bischofs Ansbert von Rouen gehört ebenso zu diesen scharfen Eingriffen wie der Übertritt des Metropoliten Reolus von Reims ins karolingische Lager und mehr noch die gewaltsame Beseitigung burgundischer Bischofsherrschaften durch Karl Martell. Erleichtert wurde dieses Vorgehen durch die drohende Gefahr arabisch-islamischer Invasionen, die für den Süden des Frankenreiches politische Sonderwege abschnitt und Karl sowohl die geistliche Legitimation seiner Maßnahmen sicherte wie auch die Möglichkeit, unter dem Deckmantel des dringend erforderlichen militärischen Schutzes gegen das Vordringen der »Ungläubigen« die politischen Strukturen in Burgund wie zwischen Loire und Pyrenäen grundlegend zu seinen Gunsten zu verändern. Der »Kirchenstaat« von Lyon, den schon die Königin Balthilde zu beseitigen versucht hatte, wurde auf diese Weise 736 endgültig entmachtet, desgleichen die Regionalherrschaft einer »Bischofssippe« in Auxerre und Orléans, so daß innerhalb weniger Jahrzehnte die »Bischofsrepubliken« in Rouen, Reims, Angers, Autun, Sens, Tours, Orléans, Auxerre, Langres, Chalon-sur-Saône, Mâcon und Le Mans beseitigt bzw. der karolingischen Herrschaft eingefügt werden konnten. Aktuelle Politik und Verfassungswandel gingen dabei Hand in Hand, desgleichen militärische Notwendigkeiten, die sich durch die arabisch-islamischen Vorstöße ins Innere des Frankenreiches ergaben.

Damals entstand aus der Verpflichtung der Bistümer und Reichsabteien, aus ihren eigenen Mitteln Truppen für die Kriege der Karolinger aufzustellen und bereitzuhalten, die Stiftsvasallität. Das war eine schwere Belastung, die nur zu oft auf Kosten der im engeren Sinne kirchlichen Aufgaben ging. In der Praxis bedeutete die doppelte staatliche Nutzung des Kirchengutes durch die *precaria verbo regis* wie durch die Stiftsvasallität, daß die Kirche in zunehmendem Maße direkt und indirekt Trägerin der Wehrkraft des Reiches wurde – ob mit oder gegen ihren Willen, läßt sich im einzelnen schwer entscheiden. Die militärische Vormachtstellung der karolingischen und später, bis zum Investiturstreit, der deutschen Könige in Europa beruhte weitgehend auf dem Aufgebot der kirchlichen Vasallen, das zeitweise fast die Hälfte des Heeres ausmachen konnte.

In den teilweise erbitterten Auseinandersetzungen mit den regionalen Kräften und wohl auch unter geschickter innenpolitischer Ausnützung der Sarazenengefahr vermochten die Frühkarolinger immer mehr Bistümer und Abteien mit ihren engsten Anhängern zu besetzen, d.h. mit jener austrischen Adelsgruppe aus dem Maas-Moselraum, die auf diese Weise mit den Karolingern politisch aufstieg, teilweise mit ihnen verschwägert war und später als karolingische »Reichsaristokratie« die wichtigsten Kommandostellen – weltliche wie geistliche – innerhalb der neuen Zentralverwaltung des karolingischen Großreiches in die Hand bekam. Durch die Besetzung von Bistümern und Abteien mit ihren Parteigängern haben die Frühkarolinger, und speziell Karl Martell, wohl kaum viel für die dringend notwendige, vor allem geistliche Verbesserung der fränkischen Landeskirche getan. Die Einsetzung Bischof Milos von Trier, eines militanten Mitstreiters der Frühkarolinger, läßt eher das Gegenteil vermuten, obwohl dieses Negativbeispiel wiederum nicht verallgemeinert werden darf.

Aus dem gleichsam »parataktischen« Nebeneinander spätmerowingischer Bischofsrepubliken, die sich dem Herrscher oft nur zögernd unterordneten, war seit der Wende vom 7. zum 8. Jahrhundert ein eher »hypotaktisches« Gefüge geworden, in dem die Bischöfe und Äbte als delegierte Herrschaftsträger des Königs wirkten. In Grundzügen schufen also bereits Pippin der Mittlere und Karl Martell eine Form der Herrschaft über die fränkische Kirche, die Karl der Große dann energisch vervollständigte und handhabte. Es wäre aber sicher einseitig, den »Einbau« der Kirche nur als politischen Pragmatismus abzustempeln. Schon die aktive Hilfe der Hausmeier beim Ausbau der Germanenmission östlich des Rheins spricht dagegen. Auch haben sich die Karolinger, wie schon die Merowinger, eigene Stätten christlichen Heils geschaffen und konnten sich inzwischen auf zwei Heilige aus ihrer Familie berufen: Arnulf von Metz und Gertrud von Nivelles. Dies waren Stufen der »Selbstheiligung«, deren Wirkung man nicht unterschätzen darf.

Man kann von einer karolingischen Sakrallandschaft sprechen, die sich vom Hausbistum Metz mit dem Familienkloster St. Arnulf bis Fulda und von Utrecht bis zur Reichenau erstreckte. Hier finden sich auch andere wichtige Karolingergründungen wie die Pippinidenstiftung Nivelles, Süsteren, Stablo-Malmedy, Prüm, ferner Pfalzel und Oeren bei Trier sowie Echternach. Weiter im Westen kamen Lobbes und St. Wandrille hinzu. Es waren Stätten des allgemeinen Heils und der Heiligung der neuen Dynastie und später Träger der fränkischen Kulturblüte des 9. Jahrhunderts. Ebenso darf nicht übersehen werden, daß erst die Brechung der regionalen Bischofsherrschaften durch die Karolinger jenes innere, auch geistige Verbundsystem der Bischofskirchen und Reichsklöster entstehen ließ, dessen Effizienz die karolingische Renaissance mit ihren künstlerischen und geistigen Leistungen ermöglichte.

Auch bei der Ausdehnung der Herrschaft Pippins II. nach Osten und Norden spielte die Unterstützung der Kirche eine wichtige Rolle. Bei der Wiedergewinnung des um 650 verlorengegangenen Friesland, die ihm 690 in einem Feldzug gegen den Friesenkönig Radbod glückte, arbeitete der Princeps von Anfang an eng mit dem angelsächsischen Mönch und Missionar Willibrord (657/58–739) zusammen. Als Schüler des Erzbischofs Wilfrid von York begann Willibrord mit Erlaubnis Pippins seine Missionsarbeit in Friesland, sicherte sich aber danach durch eine Romfahrt die päpstliche Genehmigung seiner Tätigkeit. Antwerpen wurde sein erster Stützpunkt, wo schon der aquitanische Missionar Flanderns, Amandus (gest. 675/80) missioniert hatte. Die Fortschritte des Bekehrungswerkes zwischen Maas und Lek veranlaßten Willibrord 695 zu einer zweiten Romreise; Papst Sergius I. (gest. 701) weihte ihn damals zum Erzbischof des Friesenvolkes. Inzwischen hatte Pippin in neuerlichem Kampf mit Radbod die Grenze des Frankenreiches bis zum Alten Rhein vorgeschoben. Damit wurden Utrecht und das wichtige Handelsemporium Dorestad wieder fränkisch, so daß der Karolinger seinem Missionar Utrecht als Bischofssitz zuweisen konnte. Missionarische Vorstöße über die Grenze hinaus und bis nach Sachsen blieben aber ohne nachhaltige Wirkung, denn auch in diesem Falle war der Mission ohne den Schutz des Frankenreiches kein Erfolg beschieden.

Um 697/98 übertrug dann die Trierer Äbtissin Irmina von Oeren ihr Kloster Echternach an der Sauer an Willibrord, doch spätestens 704/06 konnten Pippin und seine Gemahlin Plektrud die Abtei übernehmen und machten ihr bedeutende Schenkungen. Dadurch kam die Abtei in die Schutzherrschaft *(mundeburdium)* des Princeps und wurde von nun an für Willibrord der sicherste Stützpunkt für den kirchlichen Aufbau in Friesland. Wie notwendig dieser fränkische Schutz war, zeigte die weitere Entwicklung. Willibrords Missionshelfer Suidbert wirkte bei den Boruktuariern zwischen Ruhr und Lippe, die »beiden Ewalde« missionierten nördlich der Lippe in sächsischem Gebiet, und Willibrord selbst suchte die Dänen für das Christentum zu gewinnen; er blieb ohne Erfolg. Die Ewalde erlitten in Sachsen den Märtyrertod. In Austrien bezog Pippin in umsichtiger Weise 714 das Kloster Süsteren an der Maas, das durch Plektrud gegründete Kölner Klerikerstift St. Maria im Kapitol und das vom Regentenpaar gemeinsam gestiftete Kaiserswerth auf einer Rheininsel (bei Düsseldorf) fest in seine Kirchenherrschaft ein. Von den Bistümern war, außer dem »Hausbistum« Metz, Trier in Pippins Hand, in Maastricht konnte nach Bischof Lamberts gewaltsamem Tod wohl ein Verwandter Plektruds, Hugbert, im Amt folgen, so daß auch hier sich der karolingische Einfluß als massive Herrschaft über die Kirche durchsetzte.

Sehr unterschiedlich war Pippins Einfluß in den östlichen Rand-Dukaten des Reiches, also in Alamannien, Churrätien, im Elsaß, in Bayern, Thüringen, Sachsen und Friesland. Zumeist hatte man dort die Erblichkeit der Herzogswürde *via facti* erreicht, auch wenn sie nicht, wie im agilolfingischen Bayern, legal abgesichert war. In Thüringen war Radulf Herzog, den König Dagobert vor 634/35 eingesetzt hatte, der sicher Christ und wohl auch Franke war, aber bald eigene Wege ging. Es kam vermutlich zu einer Teilung des Herzogtums, dessen westlicher, mainfränkischer Teil noch unter Dagobert an den Herzog Ruodi (Hruodi) ging, der in Würzburg residierte und der Stammvater der folgenden Herzöge bis Heden II. wurde. Wenig zuverlässig sind die Nachrichten der Passio des Iren Kilian, der unter Ruodis Enkel, dem Herzog Gozbald nach Würzburg gekommen und Mainfranken missioniert haben soll und als eine Art »Hofbischof« das Martyrium erlitt. Erst mit Herzog Heden II. betritt man festeren Boden; für dessen Tochter Immina wurde auf dem Würzburger Burgberg um 706 ein Kloster errichtet. Um 700 erbaute er auch in Fulda eine Herzogspfalz mit einer Kirche. Heden II. war es auch, der 704 und 716/17 an Willibrord Güter im östlichen Thüringen, das damals offenbar wieder zum Würzburger Herzogtum gehörte, schenkte; doch hatte dies noch keine nachhaltigen Folgen für die Mission. Erfurt scheint aber bereits damals eine Rolle gespielt zu haben, es war schon seit heidnischer Zeit eine Hauptburg der gesamten Region. Über das Verhältnis Herzog Hedens II. zum Princeps wissen wir nicht genug, doch läßt Willibrords vorübergehende Zusammenarbeit mit dem Würzburger Herzog auch auf die guten Beziehungen des letzteren zum Frankenherrscher schließen. Nach Hedens Tod (um 717?) scheint das Herzogtum an Karl Martell gefallen zu sein, der inzwischen die Alleinherrschaft erlangt hatte und für den der Besitz Thüringens als Aufmarschgebiet gegen die Sachsen wichtig war.

Auch für das Elsaß, wo um 666/673 Adalricus-Eticho durch König Childerich II. als Herzog eingesetzt war, fehlen jegliche Nachrichten über eine Verbindung mit Pippin dem Mittleren. Zwar scheiterte der Versuch Etichos, nach der Ermordung des Königs durch rebellische Große sich der Provence zu bemächtigen. Immerhin konnte er jeglicher fränkischer Einflußnahme ausweichen und seinen Sohn Adalbert im Herzogtum nachfolgen lassen. Gleichzeitig verschwinden die mit der Verwaltung des Königsguts von Dagobert I. eingesetzten Grafen im Elsaß. Auf Adalbert folgte dessen ältester Sohn Liutfrid als Herzog; sein jüngerer Bruder Eberhard bekam im Sundgau eine Unterherrschaft zugewiesen. Als Klostergründer traten die Etichonen, meist in Zusammenarbeit mit Pirmin, hervor. Sie stifteten die Klöster Ebersmünster und Odilienberg (Hohenburg) – in letzterem wurde die Herzogstochter Odilia Äbtissin –, ferner Honau bei Straßburg und St. Stephan in Straßburg selbst sowie Murbach und Masmünster. Mit dem Tode Herzog Liutfrids (um 740) endete die Selbständigkeit des elsässischen Dukats durch Karl Martell, die Herzogsfamilie fiel in Ungnade, gewann aber nach Jahrzehnten in hohen karolingischen Ämtern wieder an Bedeutung. Im Raum des späteren Hessen sind für die Zeit Pippins II. weder Grafen noch Herzöge nachweisbar, dafür aber eine Reihe von Großburgen gegen Sachsen, die wohl nur auf karolingische Initiative zurückgehen können und gleichzeitig Stützpunkte der Mission wurden: so die Büraburg bei Fritzlar, der Christenberg nördlich von Marburg und die Amöneburg östlich der Lahnberge. Auf seiten der Sachsen-Engern entsprachen dem gegen die Franken errichtete Volks- und Fluchtburgen. Wie nötig die fränkischen Burgen waren, geht schon daraus hervor, daß die Engern um 700 sich zwischen Diemel und Eder festsetzten und die Westfalen das Gebiet der Boruktuarier an der Lippe eroberten, den Missionsbischof Suidbert (gest. 713) vertrieben und in den Machtkämpfen nach Pippins II. Tod auch das Land an der Ruhr vorübergehend in Besitz nahmen, bis sie Karl Martell

718 wieder zurückwerfen konnte. Auch Willibrords Missionsarbeit erlitt nach 714 schwere Rückschläge.

Besser unterrichtet sind wir über die Reintegration Alamanniens und Bayerns unter Pippin dem Mittleren und Karl Martell. Diese großen, rechtsrheinischen Herzogtümer, welche die Schwäche des spätmerowingischen Frankenreiches zum konsequenten Ausbau ihrer eigenen Macht benutzten, hatten zwar einst mit der austrischen Adelsopposition gegen die Zentralgewalt gekämpft; jetzt aber, seit dem unaufhaltbar scheinenden Aufstieg von Arnulfingern und Pippiniden, erklärten sie, wohl den Königen, nicht aber dem Princeps Pippin II. Gehorsam zu schulden. Das galt besonders für den Alamannenherzog Gotefrid (gest. 709), nach dessen Tod aber Pippin zwischen 709 und 712 in mehreren Feldzügen in Alamannien eingriff. Das Ergebnis dieser Interventionen war wohl die Unterwerfung des südlichen Teils des Herzogtums, also vor allem des Bodenseegebietes, unter fränkische Oberhoheit, während der Herzog im nördlichen Teil, d.h. im Bereich der Schwäbischen Alb und im Neckarraum, die Herrschaft behielt. Ob damals eine grundlegende politische Umstrukturierung Alamanniens erfolgte, ist ungewiß, da Gotefrids ältester Sohn, Herzog Lantfrid, nach dem Tode des Princeps (714) sich wieder verselbständigte und sogar die *Lex Alamannorum* aus eigener Machtvollkommenheit neu fassen und verkünden ließ. Lantfrids jüngere Brüder Theutbald und Odilo wurden mit Teilherrschaften im Bodenseegebiet und im Thurgau versorgt. Selbst unter Karl Martell war die Macht der alamannischen Herzogsfamilie noch nicht gebrochen.

Ähnliches gilt für das agilolfingische Herzogtum in Bayern unter Theodo (ca. 680–725/28), dessen relative Unabhängigkeit vom Frankenreich wohl am größten war. Zwar gab es im kirchlich-monastischen Bereich gerade in dieser Epoche mit Emmeram, Erhard, Rupert und Corbinian starke fränkische Einflüsse, hinter denen teilweise Pippin der Mittlere stand, doch wäre es wohl verfehlt, politische und religiöse Entwicklungen einfach gleichzusetzen, mag auch deren Interdependenz bedeutend gewesen sein. Schon die engen Verbindungen Bayerns mit den Langobarden in dieser Epoche zeigen die politische Eigenständigkeit des Herzogtums, vor allem das agilolfingische Eingreifen in die langobardischen Thronfolgekämpfe seit 700, die mit dem Königtum Liutprands (712–744) endeten. Dieser heiratete Guntrud, die Tochter Theodos oder Theodeberts; das war wohl die Konsequenz aus der bayerischen Hilfe während des Kampfes um das Königtum. Für die vorübergehende Unabhängigkeit Bayerns von der Zentralgewalt steht auch die Teilung des Herzogtums unter seine vier Söhne, die Theodo um 715/16, also vor seiner Romreise, durchgeführt haben dürfte, wobei er sich wohl eine Oberherrschaft vorbehielt. Es ist anzunehmen, daß die späteren kirchlichen Hauptorte Bayerns im Rahmen der bonifatianischen Kirchenreform von 739 zuvor schon die Herzogssitze der Söhne Theodos gewesen sind, nämlich Regensburg, Freising, Passau und Salzburg: doch ist nur für den Herzog Grimoald Freising als Residenz in der »Vita Corbiniani« Bischof Arbeos von Freising einwandfrei bezeugt. Karl Martell konnte nach der Festigung seiner Herrschaft 725 einen ersten Feldzug nach Bayern unternehmen, wo ihm offenbar innere Streitigkeiten das Eingreifen erleichterten. Daß damit die Lage noch nicht endgültig zugunsten des Karolingers bereinigt war, beweist sein zweiter Feldzug im Jahre 728; vielleicht wurde damals die Freisinger Herzogsfamilie (Grimoald) beseitigt. Ob der nachfolgende Herzog Hucbert (gest. um 736) ganz Bayern beherrschte und ob er dies unter fränkischer Oberherrschaft tat, muß offenbleiben, doch war mit Karl Martell sicher eine Entwicklung eingeleitet, die in den nächsten Jahrzehnten zur völligen Integration Bayerns ins Karolingerreich führte.

Pippin der Mittlere hatte sicher als erster Karolinger die faktische Macht inne: Zwar gab es noch nominelle Merowingerkönige, aber er regelte ihre Nachfolge und dachte selbst, wie die Herzöge, dynastisch. So beteiligte er seine beiden legitimen

Söhne von Plektrud schon zu Lebzeiten an der Herrschaft: Grimoald bekam Neustrien zugeteilt, Drogo erhielt das neustroburgundische Teilreich als Unterherrschaft. Als Drogo schon 708 starb, bedeutete dies eine Erschütterung der karolingischen Position im Süden, die sowohl der *rector* und *patricius* der Provence, Antenor, als auch Herzog Eudo von Aquitanien zur Ausdehnung ihrer Machtbereiche nach Norden nutzten. Ob der Feldzug Pippins gegen Eudo (wohl 711/12) Erfolg hatte, ist ungewiß, doch spätestens 714 konnte der Aquitanier die Städte Poitiers, Bourges und Clermont seinem Herzogtum einverleiben. Grimoald hatte Neustrien fest in seiner Hand, aber als er im April 714, auf dem Wege zum Sterbebett seines Vaters, in der Lütticher Lambertuskirche von einem Friesen ermordet wurde, gerieten auch im Westen die Dinge ins Schwanken. Es sollte sich als ein Fehlgriff erweisen, daß Pippin damals, wohl unter Plektruds Einfluß, Drogos erwachsenen Sohn Arnulf überging und den unmündigen Theudoald, den Sohn Grimoalds, als Nachfolger im Hausmeieramt vorsah, für den die energische Plektrud die Herrschaft bis zu dessen Volljährigkeit ausüben sollte. Als aber Pippin II. am 16. Dezember 714 starb, scheiterte der Versuch seiner Witwe, die Nachfolge in ihrem Sinne durchzusetzen, sowohl am Widerstand der Neustrier als auch am unerwartet energischen Handeln ihres Stiefsohns Karl Martell, dem Sohn Chalpaidas. Diese war entweder eine Friedelfrau (Konkubine) Pippins oder dessen legitime Gattin in zweiter Ehe. Träfe letzteres zu, wäre dies eine Erklärung dafür, daß Karl Martell innerhalb weniger Jahre die karolingische Herrschaft endgültig auf feste Füße stellen konnte. Die Provence, die entgegen älterer Auffassung teilweise schon im 7. Jahrhundert ihre spätantike Gesellschaftsstruktur verlor, war seit dem Niedergang der merowingischen Königsherrschaft ebenfalls politisch eigene Wege gegangen, und zwar unter einer Familie, die am Hofe Dagoberts I. großen Einfluß erlangt hatte. Erst unter Karl Martell gelang die endgültige Reintegration des Rhôneraumes in den fränkisch-karolingischen Reichsverband.

C

Die Kirche als Brückenpfeiler zwischen römischer Spätantike und europäischem Frühmittelalter

Die Bistümer

Anfänge und Rückschläge in der Völkerwanderungsepoche

Die konstante, verändernde wie bewegende Kraft und eine unabdingbare Voraussetzung für die europäische Völkerwelt wurde das Christentum in seiner geschichtlichen Gestalt, der Kirche, wie sie sich seit Jahrhunderten erst abseits oder gar gegen den Staat und dann im engen Verbund mit ihm in der Spätantike als Reichskirche entwickelt hatte. Von ihr, die sich seit der konstantinischen Wende organisatorisch eng an die diokletianische Reichsstruktur angeschlossen hatte und deren Häupter die Bischöfe in den *civitates* waren, ging sowohl die Christianisierung des flachen Landes innerhalb des Imperiums aus als auch die missionarische Arbeit unter den germanischen und slawischen Völkern in den Grenzen wie außerhalb des Reiches. Noch ehe sich Germanen und Slawen in Teilbereichen des Imperiums endgültig festsetzen konnten, hatte sich die Kirche zum einen vom regionalen »jüdischen Mutterboden« (T. Schieffer) gelöst und zum anderen innerhalb der hellenistisch-römischen Hochkultur und teilweise mit deren philosophischem Rüstzeug nach schweren dogmatischen Auseinandersetzungen ein eigenes Lehrgebäude errichtet. Das entscheidende 4. und die erste Hälfte des 5. Jahrhunderts brachten mit den großen Reichskonzilien trotz immer wieder auftretender Spaltungen die organisatorisch und dogmatisch gefestigte Einheit der Kirche, die nicht zuletzt auch ein Werk der Kaiser seit Konstantin dem Großen gewesen ist. Gleichzeitig stabilisierte sich die Rolle der Kirche im Staate. Die Bischöfe wurden auch politische Funktionsträger, Staat und Kirche wuchsen schon in der Spätantike auf vielen Ebenen zusammen, und im 5. Jahrhundert blieb die Kirchenorganisation in weiten Regionen des Imperiums der einzige Teil römischer Verwaltung, der sich auch unter den radikal veränderten Verhältnissen der Völkerwanderungsepoche behaupten konnte. Es waren vor allem die *Bistümer*, die trotz regionaler substantieller Einbußen das stärkste Kontinuitätselement zwischen Antike und Mittelalter wurden. Seit das Christentum in den spätantiken *civitates* die vorherrschende und dann auch die alleinige Religion geworden war, kam es zu Wechselwirkungen zwischen Herrschaft und Kult, die dem Bischof von Anfang an eine Sonderstellung im städtischen Leben sicherten. Äußeres Zeichen dieser Entwicklung war in der Regel, daß das Patrozinium einer Kirche – entweder der Bischofskirche selbst oder einer Kirche mit Märtyrergrab – zu einem sakralen Stadtpatronat wurde: Der heiligmäßige Stadtpatron wurde gleichsam der geistliche Schutz- und Stadtherr, ein Phänomen, das es schon in der paganen Stadtkultur gegeben hatte. Durch den Heiligen und Patronus, etwa St. Petronius in Bologna oder St. Eucharius in Trier, legitimierte sich auch die Stadtherrschaft des Bischofs, weil letzterer für dessen Kult verantwortlich war und damit zum Mittler zwischen dem Schutzheiligen und der Civitas wurde. Hatte aber eine Stadt keinen originären Heiligen oder Blutzeugen der Verfolgungszeit, dann mußte auf andere Weise Ersatz geschaffen werden. Nach dem Vorbild des offiziellen Kaiserempfangs *(adventus)* suchte man von anderen Orten wirkkräftige Reliquien in die Stadt einzuholen und einen eigenen Stadtheiligenkult ins Leben zu rufen: so im 4. Jahrhundert die Bischöfe Victricius in Rouen und besonders Ambrosius mit der Erhebung der Reliquien von Gervasius und Protasius in Mailand. Seit dem 4. Jahrhundert signalisierten die feierlichen Reliquientranslationen und -erhebungen zugleich die Entstehung einer christlichen Elite von Bischöfen. Sehr deutlich wird der Zusammenhang zwischen politischer und kirchlicher Macht bei Papst Damasus I. (366–384), der in den Katakomben Roms nicht nur Märtyrergräber entdeckte, sondern sich überdies auch der persönlichen Verwandtschaft mit diesen Glaubenszeugen rühmen konnte. Das spätantike und merowingische Gallien bietet eine Fülle ähnlicher Belege. Die Verchristlichung der spätantiken Städte läßt sich auch an der steigenden Zahl paganer Tempel ablesen, die zu Kirchen umgewidmet bzw. umgebaut wurden. Im lateinischen Westen erreichte diese Entwicklung ihren Höhepunkt im 6. Jahrhundert.

Für die bischöfliche Stadtherrschaft der Spätantike wie des Frühmittelalters bedeutete die Einholung und feierliche Erhebung von Reliquien zugleich die festliche religiöse Integration *(concordia, consensus)* der gesamten Stadtbevölkerung in all ihren ständischen Gliederungen in die kirchliche Stadtherrschaft. Die Kehrseite dieser christlichen Sozialisation der städtischen Bevölkerung durch den bischöflich geförderten Heiligenkult in ihren Mauern war allerdings, daß das Christentum lange Zeit eine städtische, von der Oberschicht maßgeblich getragene Religion gewesen ist und daß erst das frühmittelalterliche Mönchtum missionarisch das flache Land durchdrungen hat. Die christliche Sozialisation der städtischen Bevölkerung in der Spätantike gewann an Kraft und zwingender Gewalt, seit Kaiser Konstantin der Große die Bischöfe auch für staatliche Aufgaben heranzog und damit der *episcopus* eine zunehmend politische Figur der Gesellschaft wurde. Nunmehr konnte in weit effektiverer Weise gegen das Heidentum wie gegen Häretiker und Juden vorgegangen werden. Gleichzeitig gewann der Klerikerstand insgesamt eine feste Struktur und hierarchische Formen. So bildete sich bereits in der Spätantike ansatzweise eine erstaunliche geistlich-politische Vollgewalt heraus, die sich unter gewandelten Rahmenbedingungen auch im Merowingerreich fortsetzte und von den

Karolingern erfolgreich in ihr Herrschaftssystem integriert wurde.

Heiligengräber, *loca sancta*, sind seit der christlichen Spätantike nicht mehr Privatsache einer Familie, sondern öffentliche Kultorte, ganz gleich, ob sie innerhalb oder außerhalb der Stadt lagen; letzteres gilt für das Petrusgrab beim Vatikanischen Hügel ebenso wie für das Grab des heiligen Martin außerhalb der Mauern der alten Civitas Tours. Man sieht wohl zu Recht in der bischöflichen Herrschaft über Heiligengräber einen Grund für den politischen Aufstieg der kirchlichen Hierarchie im Westen, während der byzantinische Osten diese Entwicklung nicht mitvollzog. Hält man sich dies vor Augen, dann gewinnt auch die topographische Umpolung der spätantiken Civitas zur frühmittelalterlichen Bischofsstadt mit der Schwerpunktverlagerung von den alten munizipalen Repräsentationszentren auf die Heiligen- und Märtyrerkirchen im engeren und weiteren Bereich der *civitates* eine gleichermaßen spirituelle wie kirchenpolitisch-herrschaftliche Bedeutung: Die *loca sanctorum* sind im einen wie im anderen Sinne die dauerhafteste Verankerung bischöflicher Herrschaft in der und über die Stadt und über deren Umland. Die Bischofsherrschaft der alten, zumeist senatorialen Oberschicht erfährt durch die vom aristokratischen Episcopus, der zumeist den Kult eines oder mehrerer Stadtheiliger ins Leben rief und jährlich mit der gesamten Bevölkerung feierte, eine religiöse Vertiefung von starker Intensität. Man könnte auch sagen, daß das Christentum auf dem Umweg über die im Heiligenkult legitimierte bischöfliche Stadtherrschaft zu jener Sakralisierung politischer Herrschaft gelangte, die es einst, als ursprünglich staatsfremde oder gar staatsfeindliche Religion dem heidnischen Kaisertum und seinen Kultformen radikal abgesprochen hatte. Die bischöfliche Stadtherrschaft – mental verankert im urbanen Heiligenkult und faktisch in der Hand des Adels – war somit ein wirksames Kontinuum zwischen christlicher Antike und Mittelalter und wurde in dieser dauerhaften, religiösen wie politisch-herrschaftlichen Struktur ein wesentliches Charakteristikum der mittelalterlichen Welt.

Angesichts der Wirksamkeit bischöflicher Stadtherrschaft ist es eine zweitrangige Streitfrage, ob sie bereits von den spätantiken Kaisern an die Bischöfe »delegiert« oder ob sie zwischen Spätantike und Merowingerzeit in quasi herrschaftsfreien Räumen vom Episkopat »usurpiert« worden ist; dabei macht die Not der Völkerwanderungsepoche, die den militärischen Schutz der Städte einfach erzwang, den Begriff der »Usurpation« staatlicher Rechte durch den Episkopat ohnehin fragwürdig. Auf jeden Fall aber ist die Kirchenorganisation nicht nur Erbe der Antike gewesen, sondern, weit in die Zukunft des Mittelalters hineinwirkend, ebenso das Organisationsmuster der politischen Herrschaft geworden, so daß man für die Epoche zwischen Spätantike und Frühmittelalter von »monarchischem Episkopat« sprechen kann. Vieles, was man bislang nur germanischer Tradition zugeschrieben hat, geht viel eher auf das prägende Vorbild der Kirche zurück, etwa das Mitspracherecht des Adels an politischen Entscheidungen und dessen Integration in die karolingische Königsherrschaft. Daß der hohe Klerus des Früh- und Hochmittelalters sich überwiegend aus dem Adel rekrutierte, hat sicherlich die Übernahme kirchlicher Organisationsformen in den weltlichen Herrschaftsaufbau gefördert und zu jener engen Verzahnung von weltlicher und geistlicher Sphäre beigetragen, die ein Wesensmerkmal des Mittelalters schlechthin geworden ist. – Zum Charakter speziell des Frühmittelalters gehört auch der Einfluß des Alten Testaments auf Recht und Kirche; es war eine Art »Wahlverwandtschaft« zweier weithin archaischer Gesellschaften, die hier wirksam wurde und die bis in die Thematik der Kunst spürbar ist, etwa bei der häufigen Darstellung des Priesterkönigs Melchisedech, der Kult und Herrschaft in einer Person beispielhaft vereinigt.

Das Netz der Bistümer Galliens und des Frankenreiches baute sich seit dem 2. Jahrhundert n. Chr. im Zuge des großen, alten Kulturstromes vom Mittelmeer her rhôneaufwärts ins Landesinnere Galliens auf. Gab es bis in die Epoche vor Konstantin dem Großen etwa 25 bis 28 Bischofssitze, so steigerte sich deren Zahl bis um 400 auf mehr als 100. Für Süddeutschland, speziell für Bayern, wurde auch der Ausbreitungsweg über Italien wichtig. Lyon scheint ein erster kirchlicher Stützpunkt seit etwa 170 gewesen zu sein, um 200 weiß Bischof Irenäus von Lyon schon von Kirchen in der *Germania superior*, also in Obergermanien, zu berichten. Da sich jedoch diese römische Provinz bis in die Nähe von Lyon erstreckte, wird man daraus keine allzu weitreichenden Schlüsse für eine frühe Berührung des Christentums mit der germanischen Welt ziehen dürfen. Der Rhôneraum wies wahrscheinlich schon im 2. Jahrhundert drei Bistumsgründungen auf: neben Lyon waren dies Marseille und Vienne. Im 3. Jahrhundert folgten Arles, Toulouse und Narbonne, in Aquitanien Poitiers, Bordeaux, Saintes, Limoges und Clermont, in der Gallia Lugdunensis Tours, Autun, Auxerre, Rouen und Paris, in der Provincia Belgica Reims und Trier; in den beiden germanischen Reichsprovinzen am Rhein entstanden im 4. Jahrhundert Tongern, Köln und Mainz. Die Bedeutung der Trierer Kirchengemeinde ergab sich aus der Stellung der Moselstadt als spätantiker Kaiserresidenz. In Köln ist 313 Maternus als Bischof nachweisbar, in Tongern um die Mitte des 4. Jahrhunderts der Bischof Servatius. Bischof Hilarius von Poitiers widmete 358/59 seine Schrift über die Synoden u.a. den Bischöfen der *Germania secunda*, deren Metropole Mainz war.

Seit der Zeit Konstantins des Großen entwickelte auch das Christentum Galliens eine feste Organisation, die sich eng an die diokletianische Reichseinteilung anschloß. Der Einfluß der gallischen Bistümer erhellt aus den dogmatischen Lehrstreitigkeiten des 4. Jahrhunderts. Kaiser Konstantin der Große berief 313 Bischof Maternus von Köln in ein Gremium zur Beilegung des nordafrikanischen Donatistenstreits. Eine radikale Strömung in der Kirche lehnte dort jede Nachgiebigkeit ab und verurteilte strikt jedes Versagen von Christen während der diokletianischen Verfolgungen und bestritt daher auch die Gültigkeit der Sakramente unwürdiger Priester. Auch soziale Probleme spielten in der donatistischen Kirche eine starke Rolle. Maternus und Agricius von Trier unterschrieben das Schlußprotokoll der Arler Synode von 314, auf der die donatistischen Streitigkeiten abgeschlossen wurden. In der folgenden Periode dogmatischer Auseinandersetzungen um die Lehre des Arius, bei der es um die Gottähnlichkeit Christi (Arianer) oder um dessen Gottgleichheit (Katholiken) ging, stand Bischof Maximin von Trier auf seiten der Konzilsbeschlüsse von Nicäa; er veranlaßte bei Kaiser Konstans die Berufung der Synode von Sardica (342/43). Nicänisch waren auch Bischof Euphrates von Köln und Bischof Servatius von Tongern. Die Verfolgung der gnostisch-mystischen Sekte Priscillians (gest. 385), des Bischofs von Avila, die sich besonders in Westgallien und Spanien ausgebreitet hatte, nahm 384/85, gegen den Widerstand Martins von Tours, von der kaiserlichen Residenz- und Bischofsstadt Trier ihren Ausgang. Nach einem fragwürdigen Prozeß, den sowohl Ambrosius von Mailand (ca. 339–397) als auch Papst Siricius (gest. 399) mißbilligten, wurde Priscillian in der Kaiserstadt 385 hingerichtet. Auch wenn Trier im 4. und teilweise auch im 5. Jahrhundert eine gewisse kirchliche Führungsrolle als Kaiserresidenz hatte, darf doch hier, wie überall in der *Germania romana*, die lange und oft kraftvolle Fortdauer des Heidentums in lokalen Kulten, etwa des Matronenkults, nicht übersehen werden. Mission betraf also nicht nur die germanischen oder germanisierten Siedlungsgebiete.

Die fränkische Eroberung und Reichsgründung brachte Gallien tiefgreifende Veränderungen, wobei die Kirche sowohl in ihrer Substanz wie in ihrer Organisation beträchtliche Einbußen durch das heidnische Frankentum erlitt. Diese waren um so schwerwiegender, als sich der Paganismus in gallorömischer, vorfränkischer Zeit außerhalb der Städte noch am Leben gehalten hatte, wie gerade auch die Missionsarbeit Martins von Tours zeigt. Zwar begann mit der Taufe Chlodwigs die Christianisierung der Franken zwischen Loire und Rhein, aber dieser Vorgang erstreckte sich bis tief ins 7. Jahrhundert und konnte vorerst die erlittenen Verluste und Rückschläge in der kirchlichen Entwicklung Galliens nicht ausgleichen. Kennzeichnend für diesen krisenhaften Übergang des Christentums in eine überwiegend germanisch bestimmte Herrschaftsbildung sind sowohl das Abbrechen von Bischofslisten zwischen 450 und 550 als auch die Bistumsverlegungen des 5. und 6. Jahrhunderts. Der Bischofssitz von Tournai wurde nach Noyon, der von Tongern nach Maastricht zurückgezogen; das Bistum Arras vereinigte sich mit dem von Cambrai. Die Verluste setzten sich in dieser Region fort: Tournai, Cambrai, Bavai und Thérouanne erloschen bis zum Beginn des 6. Jahrhunderts, Straßburg, Speyer und Worms erschienen erst wieder auf dem Konzil von Paris (614), die Bischöfe von Köln und Mainz werden erstmals wieder von Venantius Fortunatus (gest. 601) erwähnt. Zwar sind die Bischofslisten der *Germania romana* erst in Handschriften des 9. bis 13. Jahrhunderts überliefert, doch erlauben archäologische Zeugnisse sowie Konzilsakten mit Namens- und Ortsnennungen der Teilnehmer und ebenso Urkunden eine Kontrolle. In Trier sind als erste Bischöfe Eucharius und Valerius bezeugt, die sehr wahrscheinlich in der zweiten Hälfte des 3. Jahrhunderts lebten. Gesichert ist für 314 der schon erwähnte Bischof Agricius. Haben sowohl Trier wie Reims eine ununterbrochene Bischofsfolge für die Belgica I und II aufzuweisen, so finden sich in Tongern und auf der Rheinlinie von Köln bis Mainz und Worms Lücken in der Bischofsreihe, wobei die beiden letzteren wohl erst nach 342, d.h. nach dem Konzil von Sardica (Sofia), Bistümer erhielten; dort wurde beschlossen, daß jede Civitas ein Bischofssitz sein solle.

Tongern dürfte von Bischof Maternus von Köln gegründet worden sein, da Servatius von Tongern schon an der Synode

Keltische Bronzekanne aus dem Fürstengrab von Reinheim (5.Jh.v.Chr.)

Keltische Bronzekannen mit Tiermotiven und Emailleverzierungen

Silberkessel von Gundestrup (1. Jh. v. Chr.): wichtiges Zeugnis der keltischen Mythologie

Keltischer Goldhelm: ein Beispiel der hohen Schmiedekunst (4. Jh. v. Chr.)

Römische Wasserleitung zur Versorgung von Nîmes (erb. unter Augustus)

Die Tetrarchen (4. Jh. n. Chr., Porphyr): Ein Zeugnis diokletianischer Staatsideologie

Konstantin der Große

Kaiser Justinian mit Gefolge (Mosaik in San Vitale, Ravenna)

Grabmal Theoderichs des Großen in Ravenna (erb. um 520 n. Chr.)

Der germanische Heerführer und Konsul Stilicho mit Gattin und Sohn (um 400 n. Chr.)

◁ Trier, die Basilika, unter Konstantin dem Großen als Palastaula erbaut

Kopf eines Germanen (Welschbillig bei Trier)

Mausoleum der Kaiserin Galla Placidia: Christus als Guter Hirte ▷

Die Hagia Sophia, Konstantinopel/Istanbul
(erb. unter Kaiser Justinian, 532–537 n. Chr.)

Bischofsstuhl des Erzbischofs Maximian, 545–553 n. Chr. in Ravenna

Byzantinischer Spangenhelm eines germanischen Fürsten
(Fundort: Bad Kreuznach-Planig)

Kunstvolle Bügelfibel eines germanischen Fürsten (um 600 n. Chr.)

Irisches Hochkreuz (6. Jh.)
in Kloster Clonmacnoise (Irland)

Evangeliar aus der Hofschule Karls des Großen

Kloster Murbach im Elsaß, eine Gründung des hl. Pirmin

Kloster Mittelzell auf der Reichenau

von Sardica teilnahm. Die Verlegung des Bistums nach Maastricht erfolgte aber nicht unter ihm. Über eine Bistumsorganisation, die über den jeweiligen Stadtbereich hinausging, wird man sich keine übertriebenen Vorstellungen machen dürfen. Selbst im Trierer Land war sie eher rudimentär, obwohl hier die Voraussetzungen noch am günstigsten gewesen sein mögen. Um so erstaunlicher ist es daher, daß sogar in der schwersten Krise der moselländischen Metropole um die Mitte des 5. Jahrhunderts die Trierer Bischöfe eine bedeutende Rolle spielten. Das gilt bereits für Mauricius, den Nachfolger des Bischofs Felix, der in einem Brief des Papstes Bonifatius I. (418–432), bei dem es um den Primat der Arler Kirche ging, als alleiniger Adressat außer den unmittelbar Betroffenen genannt wird. Seinen Nachfolger Leontius (um 419–445/446) ernannte Papst Leo der Große 445 zum Ehrensenator der gallischen Kirche mit dem Vorsitz bei allen gallischen Synoden. Leontius wurde auch in die schweren Auseinandersetzungen der gallischen Kirche zwischen dem Metropoliten Hilarius von Arles und Chelidonius von Besançon verwickelt. Sein Nachfolger Severus (etwa 445/446 – um 450) stand mit dem vom Inselkloster Lérins geprägten Episkopat Galliens in enger Verbindung, nämlich mit Bischof Germanus von Auxerre und Bischof Lupus von Troyes, dessen Schüler er war. Zusammen mit Germanus von Auxerre und Lupus nahm Severus an einer Missionsfahrt nach Britannien 446/447 teil, die der Bekämpfung der pelagianischen Häresie galt. Der Pelagianismus war eine weitverbreitete theologische Richtung, die – anders als der radikale Kirchenvater Augustinus – die Willensfreiheit des Menschen verteidigte. Auch bei den *gentes* der beiden germanischen Provinzen, also bei Franken und Alamannen, war Bischof Severus als Missionsprediger tätig, womit er den Trierer Sprengel, der in der Belgica I lag, zu Untermosel und Mittelrhein erweiterte. Die Nachfolger des Severus, Cyrillus, Jamblychus und Miletus, sind wegen ihrer griechisch-orientalischen Namen auffällig; man hat deshalb ihre Herkunft aus dem Rhône-Raum angenommen. Cyrillus ließ zu Beginn der zweiten Hälfte des 5. Jahrhunderts für die ersten Trierer Bischöfe Eucharius und Valerius jene Inschrift anbringen, die deren Kult erstmalig bezeugt. Jamblychus, sein Nachfolger, der ebenfalls mit Lupus von Troyes in Verbindung stand, begegnet in einer metrischen Epistel des Bischofs Auspicius von Toul, desgleichen in einem Brief des hochgebildeten Bischofs Sidonius Apollinaris von Clermont. Aus der Bezeichnung des Trierer Bischofs als *papa noster* in der Epistel des Auspicius wurde geschlossen, »daß der ideell-moralische Vorrang, den die Trierer Kirche im 4. Jahrhundert eingenommen hatte, sich in Richtung auf eine rechtliche Überordnung, ja schon zu einem Metropolitanverband, zu dem auch Toul gehörte, gesteigert hatte«. Eines wird man für diese krisenreiche Übergangsepoche Triers auf jeden Fall sagen dürfen, nämlich daß die Moselstadt trotz der fränkischen Eroberungen und Plünderungen, die uns der Zeitgenosse und Lérins-Zögling Salvian von Marseille in so grellen Farben schildert, noch als Stadt und als kirchliche Metropole in Gallien einen hohen Rang besaß. Wenn auch die nachfolgende merowingische Epoche bis zur Mitte des 6. Jahrhunderts Trier in eine gewisse, durch den politisch-gesellschaftlichen Wandel bedingte Isolierung brachte, so ist dennoch keine totale Unterbrechung im Leben Triers anzunehmen. Gallien insgesamt trat in eine quellenärmere Epoche ein, die sich erst wieder gegen Ende des Jahrhunderts mit dem literarischen Werk des Bischofs Gregor von Tours lichtet, dem wir auch die Biographie des bedeutendsten Trierer Bischofs dieses Saeculums verdanken: Nicetius, dessen Episkopat die Jahre von 525/26 bis 566 umfaßte. Von seiner Zeit ab ist die Bistumsgeschichte der Moselstadt wieder genauer zu fassen, vor allem auch die Verstärkung der Kirchenorganisation durch südgallische Geistliche und der Ausbau der politischen Gewalt des Bischofs. Insgesamt trat mit der Stabilisierung der fränkischen Herrschaft auch eine merkliche kirchliche Regeneration im

6. Jahrhundert ein. Das gilt auch für Regionen, die erst später dem Machtgefüge der Merowinger eingegliedert wurden, so etwa für das Erzbistum Arles, dessen Metropolit Caesarius (ca. 470–542) eine herausragende Figur der Kirche in einer schwierigen Übergangsepoche wurde und der durch seine Predigten wie durch seine Klostergründungen ein wichtiger Zeuge für den Stand der Christianisierung und der fortlebenden paganen Volkskultur im Rhône-Raum geworden ist.

Wenn Trier seit der zweiten Hälfte des 3. Jahrhunderts die am besten belegbare Bischofsliste der *Germania romana* besaß, so hängt dies zweifellos auch mit seiner überragenden Rolle als Kaiserresidenz und damit als Ort kirchlicher Synoden zusammen. Das zeigt besonders der Vergleich mit der Bistumsgeschichte anderer Orte links des Rheins und südlich der Donau. Methodisch ergibt sich dabei in jedem Einzelfall die Schwierigkeit, zwischen den Anfängen einer Christengemeinde in spätrömischer Zeit und dem Beginn eines regulären Bistums zu unterscheiden. Theodor Mommsens These, daß die Notitia Galliarum (zwischen 386 und 450) ein Verzeichnis der gallischen Bischofssitze sei, kann nicht schlüssig bewiesen werden. Immerhin wurde für die Maxima Sequanorum festgestellt, daß die archäologischen Befunde den Angaben der Notitia Galliarum nicht widersprechen. Auch der militärische Sektor ist zu berücksichtigen, doch ist es unwahrscheinlich, daß an der Rheingrenze militärische Siedlungen *(canabae legionis)* vor der konstantinischen Wende episkopal organisierte Christengemeinden hatten. Deshalb kann für Worms und Speyer die Entstehung eines Bischofssitzes frühestens für die Zeit Konstantins des Großen angenommen werden. Das gilt wohl auch für Städte nahe bei Legionslagern, also für Straßburg (Argentoratum), Mainz (Moguntiacum), Bonn (Bonna) und Xanten (Colonia Ulpia Traiana). Köln hatte als Vorort Niedergermaniens aber schon vor Konstantin eine größere Christengemeinde und deshalb wohl auch einen Bischof, wenn er auch erst ab 313 bezeugt ist, als der Kaiser den Bischof

Maternus zusammen mit zwei gallischen und 15 italischen Bischöfen nach Rom zur Beilegung eines Schismas einlud. Der nächste bekannte Kölner Bischof Euphrates wurde wegen Irrlehren 346 abgesetzt. Nach Bischof Severinus (um 400) bricht die Kölner Bischofsliste bis etwa 565 ab. In der Provinz Obergermanien dürfte das Bistum Besançon (Vesontio) bis in die zweite Hälfte des 3. Jahrhunderts zurückgehen. In die Mitte des 4. Jahrhunderts reicht das Bistum Mainz und wohl auch das Bistum Straßburg zurück; letzteres taucht allerdings zunächst nur in der in ihrer Echtheit umstrittenen Synodalakte von 346 auf, an der ein Amandus als Bischof teilnahm. Auch Bischof Viktor von Worms und Bischof Jesse von Speyer gelten als Teilnehmer dieser Synode; beide Städte weisen danach in der Bischofsfolge große Lücken auf. In derselben Quelle wird auch ein Bischof Justinianus für Kaiseraugst (Castrum Rauracense) genannt. Falls es wirklich Bistum gewesen sein sollte, wurde es im Verlauf des 4. Jahrhunderts nach Basel verlegt. Das Bistum Basel erschließt man allerdings wiederum nur aus der Notitia Galliarum, wogegen Bedenken bestehen. Wenn dieselbe Quelle Mainz als Metropolis, Straßburg, Speyer und Worms als *civitates* nennt, dann besaß der erstgenannte Ort zweifellos eine Vorrangstellung, die sich auch auf dessen kirchliche Bedeutung bezog. Der Metropolis Besançon in der Maxima Sequanorum waren als *civitates* Noyon (Wallis), Avenches (Aventicum) und Basel zugeordnet, wobei wohl nur Aventicum Bistum gewesen und unter Bischof Marius (gest. nach 594) nach Lausanne verlegt worden ist. Köln war die Metropolis der *Germania II*, der aber lediglich das Bistum Tongern-Maastricht unterstellt war, so daß man auch Xanten als vorübergehend besetztes Bistum erwogen hat.

Umstritten ist nach wie vor, ob es in Köln bereits seit dem 4. Jahrhundert eine Bischofskirche gegeben hat, die unter dem »alten Dom« archäologisch erschließbar ist. Inzwischen steht fest, daß der von W. Weyres angenommene älteste Kirchenbau in dieser Form nicht existiert haben kann. Fraglich bleibt in diesem Zusammenhang auch, ob das gefundene antike Becken wirklich zu einem *christlichen* Taufbecken umgewidmet wurde. Hingegen käme als Beleg für eine Bischofskirche des 4. Jahrhunderts ein knapp 40 m langer, archäologisch gesicherter Estrich in Frage, der eine kleine Apsis besaß. Ob allerdings eine einzige gefundene Münze aus der Zeit des Kaisers Constantius II. (337–361) als Beweis für das Alter des zu diesem Estrich gehörenden Baus genügt, bleibe dahingestellt. Die fränkischen Plattengräber mit dem reichen Frauengrab (um 530) beweisen aber auf jeden Fall eine frühe christliche Bausubstanz, auch wenn sich die sakrale Konstanz innerhalb des späteren Dombaus verlagert haben sollte. Schließlich ist zu bedenken, daß es im 4. Jahrhundert nicht an repräsentativen Großbauten in Köln fehlte. Neben der steinernen Stadtmauer waren dies der Statthalterpalast unter dem heutigen Rathaus und der Kern von St. Gereon, der aus der Zeit von 345 und 394 stammt. Dieser Bau, der im Hochmittelalter neu ummantelt wurde, war ursprünglich als Coemeterialbasilika im Auftrag eines hohen spätrömischen Militärbefehlshabers erbaut worden und wurde wohl erst in nachrömischer Zeit dem Kult der Thebäischen Märtyrer geweiht. Dem 4. Jahrhundert sind in Köln auch die Gründungsbauten unter St. Severin und die dreischiffige Grabkirche unter St. Ursula zuzuordnen. Fraglich bleibt, ob die spätrömischen Spuren unter St. Johannes in Mainz auf eine frühe Bischofskirche hindeuten. Im 5. Jahrhundert bricht die Bischofsliste mit Auraeus (gest. 451?) ab und setzt erst um 540 mit Sidonius wieder ein.

So schwer die spätrömische Bistumsorganisation sowohl durch die germanischen Invasionen als auch durch den Hunnensturm der Mitte des 5. Jahrhunderts in Mitleidenschaft gezogen worden ist, so erwiesen sich im allgemeinen doch die Bistümer in den *civitates* am widerstandsfähigsten. Auch bei reduzierter baulicher Substanz und Bevölkerung blieben die Römerstädte an Mosel und Rhein als schützende Großfestungen von Bedeutung; von ihnen aus konnte sogar mit belagernden Barbaren verhandelt werden. Auch die ethnisch-sozialstrukturelle Auswertung der merowingischen Friedhöfe zeigt, daß im Umkreis der Städte die romanische Bevölkerung weiterlebte. Auf jeden Fall waren die Überlebenschancen der gallorömischen Bevölkerung im Bereich einer Stadt und ihres bischöflichen Stadtherrn größer als anderswo, so daß auch von diesen Zentren aus, in Verbindung mit den Klöstern, die Germanenmission wie später die Mission unter den Slawen ihren Ausgang nehmen konnte. Schon das 6./7. Jahrhundert brachte unter den völlig gewandelten politisch-gesellschaftlichen Verhältnissen einen Neuansatz der Kirchenorganisation, so im Falle von Konstanz, das vielleicht schon von Chlothar II., eher jedoch von Dagobert I. gegründet worden ist und sich in Rätien auf Kosten der älteren Bistümer entwickeln konnte. Es fällt auf, daß bei der Weihe des ersten Bischofs Johannes der benachbarte Churer Oberhirte nicht beteiligt war, sondern neben dem Bischof von Speyer nur ein *episcopus Augustodunensis*, der entweder Augst-Basel oder Augsburg zuzuordnen ist. Spätantike Bistumsorganisation und fränkisch-merowingischer Neuansatz scheinen hier wie anderswo nicht immer harmoniert zu haben, denn schließlich bedeutete eine merowingische Initiative bei Kirchengründungen auch deren grundsätzliche Umorientierung von italischen zu reichsfränkischen Metropolitanstädten. Das Bistum Chur, das zum Jahr 451 erstmals bezeugt ist, gehörte zum Metropolitanverband Mailand. Seine Entstehung dürfte in der ersten Hälfte des 5. Jahrhunderts erfolgt sein. Von 451 bis zum Jahr 548, in dem der Tod des Churer Bischofs Valentian bezeugt ist, fehlt jede Nachricht. Wenn 614 der Bischof Viktor am fränkischen Reichskonzil in Paris teilnimmt, dann spricht dies für eine beginnende politische Umorientierung Churrätiens zum Merowingerreich, ohne daß damit eine Loslösung vom Mailänder Metropolitanverband erfolgt sein muß. Auf jeden Fall entstand aber im 7. Jahrhundert die Doppelherrschaft der Viktoriden (Zacconen), die sowohl die Provinz als auch den Episkopat umfaßte und erst im 8. Jahrhundert in das Karolingerreich einbezogen wurde. Die Sonderentwicklung Churrätiens war ein Ergebnis der starken – archäologisch nachweisbaren – Siedlungskontinuität, deren Pendant die weitgehende Bewahrung der kirchlichen Substanz und Organisation gewesen ist.

In der Provinz Noricum, die in der diokletianischen Reichsreform geteilt wurde, ist bereits anfangs des 4. Jahrhunderts für Poetovio-Pettau-Ptuj ein Bistum bezeugt. Die zu Beginn des 6. Jahrhunderts entstandene »Vita Severini« kennt Bischofssitze in Lauriacum-Lorch, Tiburnia/Teurnia-St. Peter im Holz in Kärnten sowie in Celeia-Cilli-Celje (Slowenien) und möglicherweise auch in Favianis-Mautern an der Donau. Schwieriger noch als an der Rheingrenze ist es bei Rätien und Noricum, zwischen christlichen Gemeinden und regulären Bistümern zu unterscheiden, da die verschiedentlich allein vorhandenen archäologischen Befunde selten klare Aussagen erlauben. Deutlicher ist dies bei Märtyrerkirchen wie St. Afra in Augsburg zu erkennen, ein Heiligtum, das zwar archäologisch nicht vollständig erschlossen werden konnte, dessen Existenz zwischen Spätantike und Frühmittelalter wegen der räumlichen Nähe von *ad sanctos*-Bestattungen aber mit Sicherheit anzunehmen ist. Die Existenz einer frühen Bischofskirche ist hingegen noch nicht nachweisbar, so daß es weiterhin bei einer Datierung in die Zeit Dagoberts I. bleiben muß. Immerhin haben Grabungen in der Westkrypta des Doms das Trokkenfundament eines spätantiken Bauwerks ergeben, »das zu einem die bis heute vom Dom beibehaltene Orientierung aufnehmenden Gebäude zu gehören scheint« (W. Sage). Frühe christliche Kirchen hat man auf dem Lorenzberg bei Epfach, in Regensburg-St. Emmeram und in Lauriacum-Lorch an der Donau gefunden, im letzteren Fall sogar eine dreischiffige Hallenkirche, die als Bischofskirche gedeutet wurde. Ob für das große römische Militärlager Carnuntum (zwischen Hainburg und Deutsch-Altenburg) aufgrund archäologischer Befunde eine Bischofskirche angenommen werden kann, ist fraglich. In Binnennoricum überlebten bis zur slawischen Landnahme in der zweiten Hälfte des 6. Jahrhunderts die Bischofssitze von Aguntum (Dölsach bei Lienz), Virunum und Tiburnia-Teurnia. Auf dem Hemmaberg bei Globasnitz in Kärnten wurde ein frühchristliches Pilgerheiligtum mit fünf Kirchen ausgegraben. Doch nimmt man neuerdings an, daß mit der Zerstörung der dortigen Sakralanlagen durch slawische Einwanderer zwar »die offizielle und institutionalisierte Kirchenorganisation« im Ostalpenraum ein Ende fand, nicht aber das Christentum insgesamt. Die Gefährdung dieses Raumes erhellt auch aus dem Vorhandensein befestigter Siedlungen mit Kirchen auf den benachbarten Anhöhen. Die Existenz von römerzeitlichen Kirchen auf dem Martinsbühel bei Zirl und auf dem Säbener Felsenmassiv hat ebenfalls zu der Annahme geführt, daß man es mit Bistümern zu tun hat. Aufschlußreich ist immerhin, daß es in Sabiona-Säben schon früh eine Friedhofsgemeinschaft zwischen Romanen und christianisierten Bajuwaren gegeben hat.

Nach der ersten großen Zäsur, welche die germanischen Völkerwanderungen im 5. und 6. Jahrhundert bewirkte und in deren Verlauf der Metropolit von Aquileia vor den Langobarden nach Grado und der Erzbischof von Mailand zeitweise nach Genua auswich, brachte das Vordringen der Awaren und Slawen in Südosteuropa am Ende des 6. Jahrhunderts einen noch empfindlicheren Einschnitt in der kirchlichen Entwicklung. Vor 599 zog sich der Bischof von Celeia/Celje nach Istrien zurück. Mit diesem grundlegenden Wandel hängt auch zusammen, daß die Kirchen des Drautals, Teurnia und Aguntum, seit 572/577 nicht mehr auf Synoden in Grado vertreten sind und wohl auch Virunum nicht mehr existierte. Damit war eine Entwicklung abgebrochen, die sich in der Mitte des 6. Jahrhunderts angebahnt hatte, als unter dem Merowingerkönig Theudebert I. das Frankenreich an der mittleren Donau festen Fuß gefaßt und gallische Bischöfe im Metropolitanbereich von Aquileia Priester ordiniert hatten, ein Übergriff, der von Kaiser Justinian gestoppt wurde. Ein Brief der Bischöfe von Aquileia von 591 an Kaiser Maurikios, in dem es um das Schisma zwischen Aquileia-Grado geht, nennt ebenfalls benachbarte fränkische Bischöfe *(Galliarum episcopi vicini)* und ist zugleich das letzte uns erhaltene Dokument über die norische Kirchenorganisation. Insgesamt erfolgte im Donau- und Alpenraum sowohl die Missionierung als auch der Aufbau der Kirchenorganisation von den Zentren Aquileia, Mailand und von Sirmium-Sremska-Mitrovica an der Save aus. Doch gab es wohl noch keine voll ausgebildete Metropolitanverfassung; vor allem hier sind die negativen Wirkungen der aufeinander folgenden germanischen und slawischen Völkerwanderung in Rechnung zu stellen, die den Ausbau der Kirchenorganisation längere Zeit unterbrachen.

Neuansatz im Frankenreich

Mit der räumlichen Ausdehnung des Merowingerreiches und seinem Ausgreifen nach dem Nordosten ging dann seit dem 6. Jahrhundert der Neuaufbau und die Erweiterung der Kirchenorganisation Hand in Hand.

Die fränkische Reichsgründung förderte in besonderer Weise eine »mittelbare Kontinuität« der Kirchenorganisation, die sich an Mosel und Rhein insofern auswirkte, als im Rahmen der neuen merowingischen und dann karolingischen Herrschaft die christlichen Kerne, vor allem in den *civitates*, mit staatlicher Unterstützung sehr bald wieder erstarken konnten. Mit Hilfe des Personals aus den relativ intakt gebliebenen Bischofsstädten südlich der Loire, aber auch durch die irofränkische und angelsächsische Mission kam es bald zu einer kräftigen Regeneration der Kirche, die auch ihre materielle Seite hatte. Die Könige statteten ihre großen Bischofskirchen zwischen Loire und Rhein (Reims, Metz, Paris, Verdun, Köln, Trier, vermutlich auch Cambrai) mit reichem Fiskalgut aus, vielfach mit Besitzungen in Aquitanien. Es gingen aber auch Geistliche, Priester wie Bischöfe, aus der von der Völkerwanderung weniger berührten und daher intakt gebliebenen Kirche Südgalliens in die im Norden und Osten liegenden Kerngebiete fränkischer Macht und Besiedlung zwischen Loire und Rhein: so etwa Bischof Nicetius von Trier und Bischof Sidonius von Mainz. Desgleichen kamen südgallische Magnaten nach Austrien. Der Stillstand und Rückgang des 5. Jahrhunderts war damit überwunden. Die Besitzerweiterungen der Bistümer Verdun, Metz, Trier und Mainz nach Osten hin zeigen die große Rolle an, die der fränkischen Reichsgewalt beim Ausbau der Diözesen und deren materieller Sicherung durch Landschenkungen zukam. Infolge der engen Verknüpfung kirchlicher und staatlicher Interessen wird die Kirche erst jetzt im eigentlichen Sinne fränkische Landeskirche; ihre Bischöfe wirken oft im königlichen Dienst als Berater, Verwaltungsbeamte und Finanzmänner, so etwa im 7. Jahrhundert Arnulf von Metz, der Ahnherr der Karolinger, ebenso Modoald von Trier (614–ca. 646/47) sowie Audoenus von Rouen und Eligius von Noyon, der Schatzmeister König Dagoberts I. Es waren dies herausragende Persönlichkeiten, die den bischöflichen Einfluß auf dem flachen Lande durch Evangelisation und Klostergründungen verstärken konnten.

Mit der am Ende des 7. Jahrhunderts auf dem Festland beginnenden angelsächsischen Mission unter Willibrord, Winfrid-Bonifatius und anderen bedeutenden Kirchenmännern und mit dem Bündnis zwischen Papsttum und Karolingern setzte eine neue Phase von Bistumsgründungen rechts des Rheins ein. Dem Christentum des agilolfingischen Bayern, durch fränkische Mission und Neubelebung antik-christlicher Relikte wiedererstarkt, sollte der von Herzog Theodo anläßlich seiner Romfahrt (716) mit Papst Gregor II. vereinbarte Organisationsplan für neue Bistümer (Salzburg, Freising, Regensburg) den festen Rahmen einer bayerischen Landeskirche geben. Regensburg dürfte dabei schon eine Rolle gespielt haben, ebenso aber Salzburg. Inwieweit dieser Plan damals verwirklicht wurde, ist umstritten. Passau war jedenfalls schon vor der bonifatianischen Kirchenorganisation (739) ein Bistum.

Durch die Ausweitung der Kirchenorganisation auf die germanischen Großstämme an Rhein und Donau bis hin zur langsam sich ausbildenden Grenzzone der slawischen Völkerwelt wurde die einstige *Germania libera* in ein weitgespanntes Kommunikationsnetz eingebunden, dessen Bedeutung für die spätere Kulturentwicklung Deutschlands kaum überschätzt werden kann. Es handelte sich ja nicht nur um im engeren Sinne Kirchliches, das in diesem Netz aus der alten, hochkulturellen Mittelmeerwelt bis in die äußersten Regionen des fränkischen Großreiches und damit nach Zentraleuropa transportiert wurde, sondern ebenso um die Vermittlung überregionaler Verwaltungspraxis durch die kirchliche Metropolitanverfassung mit ihrem Instanzenzug, den regelmäßigen Synoden und deren enger Verbindung mit den Reichsversammlungen sowohl der Merowingerkönige wie der Karolinger.

Mit dem Konzil von Orléans, das Chlodwig I. im Juli 511 kurz vor seinem Tode einberief, begann eine lange Reihe von merowingischen Reichssynoden, an denen später auch die Metropoliten und Bischöfe Burgunds und der Kirchenprovinz Arles teilnahmen. Diese Synoden wurden nicht nur vom König einberufen oder zumindest genehmigt, sondern der Herrscher nahm auch, wie schon Konstantin der Große, inhaltlich Einfluß und machte sein Gewicht bei Bischofserhebungen geltend. Die auf dem 5. Konzil von Orléans 549 entwickelte Kompromißformel für die Kompetenzen von Königtum und Episkopat sah vor, daß die Weihe eines von Klerus und Volk gewählten Bischofs durch den Metropoliten der vorher einzuholenden Zustimmung des Königs bedurfte. Schon damals (549) hatten sich simonistische Praktiken, d.h. Geldzahlungen an den König für sein Placet, eingeschlichen, und im weiteren Verlauf des 6., vor allem aber im 7. Jahrhundert konnte der Herrscher unter Mißachtung des altkirchlichen Indigenatsprinzips und der Ämterlaufbahn Männer seines Vertrauens, auch Laien, zu Bischöfen erheben. Daß dies nicht grundsätzlich negative Folgen für die Kirche hatte, beweist der Episkopat von Männern wie Eligius von Noyon und Audoenus von Rouen, die den Kreisen der Klosterreform von Luxeuil eng verbunden waren. Überdies war die fränkische Reichskirche ungeachtet ihrer staatstragenden Rolle der Überzeugung, »daß die römische Kirche der eigentliche Hort der rechten Tradition sei«, eine Auffassung, die sich in der ersten systematischen Kanones-Sammlung des Merowingerreiches, der »Vetus Gallica«, findet, die universales und partikulares Kirchenrecht verband und wahrscheinlich unter dem Metropoliten Aetherius von Lyon (586/88–602/03) redigiert wurde.

Die begrenzte Rolle des Papsttums

Dies führt zur Frage nach der Rolle des Papsttums im Merowingerreich. Verstand sich die römische Kirche, zumindest von seiten des Papsttums, schon sehr früh als Kirche des Westens und als »petrinisch«, so dauerte es doch in Wirklichkeit sehr lang, bis mit den »romverbundenen Landeskirchen« des Frühmittelalters konkrete Auswirkungen päpstlicher Autorität spürbar wurden; letztere erreichte mit dem klar formulierten Primatsanspruch Papst Leos des Großen (440–461) einen ersten programmatischen Höhepunkt. Vorstufe dieses ersten Gipfels päpstlicher Autorität war vor allem, daß Rom die Grabstätte zweier Apostel, Petrus und Paulus, besaß und sich das Prestige der alten Hauptstadt des Imperium Romanum mit dem Ruhm dieser neuen *loca sancta* verband. Damit entstand eine christliche Rom-Idee für das Abendland, die sich auch in der frühen Verbreitung von Petrus- und Apostelpatrozinien im spätantiken Gallien und im Frankenreich manifestierte. Seit dem 2. Jahrhundert ist mit einem »monarchischen

Episkopat« zu rechnen, so dunkel auch die ersten drei Jahrhunderte des päpstlichen Rom bleiben. Primatansprüche sind wohl schon seit Papst Viktor I. (189?–198?) erkennbar, unter Papst Stephan I. (254–257) sicher belegt, doch ist für diese Epoche vor allem die Rolle Roms für die kirchliche Einheit im Gesamtepiskopat Italiens zu sehen. Als Kaiser Konstantin der Große das Zentrum politischer Macht in seine neue Hauptstadt am Bosporus verlegte, bedeutete dies für die römische Kirche eine Chance zur eigenen Machtentfaltung und zur Stärkung der kirchlichen Autorität Roms, bewirkte aber zugleich Konkurrenz mit dem Patriarchen von Konstantinopel, eine Situation, die immer wieder auf den großen Reichskonzilien des 4. und 5. Jahrhunderts spürbar wurde. Ungeachtet der Tatsache, daß die römische Kirche nach Weggang des Kaisertums im Westen und besonders in Italien einen Freiraum für ihre Entfaltung gewonnen hatte, blieb die Unterordnung unter das Reichskirchensystem vor allem Kaiser Justinians I. (527–565) sehr straff: Der Bischof von Rom stand im byzantinischen Italien, das vom Exarchen in Ravenna regiert wurde, unter der Oberhoheit des Kaisers; jede Papstwahl mußte über den Exarchen in Byzanz gemeldet werden. Erst dann konnte die Weihe erfolgen. Die ständige Bedrohung Roms durch die Langobarden brachte zwar das Papsttum in neue schwere Bedrängnisse, die weit über den Pontifikat Gregors des Großen (590–604) hinaus anhielten, lockerte aber gleichzeitig die Bindung an das oströmische Kaisertum. Die anhaltenden dogmatischen Streitigkeiten zwischen Rom und Konstantinopel konnten zwar auf dem Konzil von 680/81 in der byzantinischen Metropole noch einmal überbrückt werden; am Auseinanderdriften von Ost und West, das von vielen Faktoren bestimmt war, konnte dies aber letztlich nichts ändern.

Von entscheidender Bedeutung wurde es für den Anstieg der päpstlichen Autorität, daß es seit der katholischen Taufe des Frankenkönigs Chlodwig I. im Jahr 496 zu einer allmählich enger werdenden Verbindung des Papsttums mit dem fränkischen Großreich kam. Es gab noch andere konkrete, innere wie äußere Gründe, die zur Festigung der päpstlichen Autorität im geistlichen wie weltlichen Bereich führten. Zu den ersteren gehörte die Ausbildung vorbildlicher und bald auch verbindlicher Wahl- und Weiheformen und vor allem einer römisch-päpstlichen Liturgie, die sich im 7. Jahrhundert in den beiden Sakramentaren manifestierte, die »zum Inbegriff der römischen Liturgie« geworden sind: dem *Sacramentarium Gelasianum* und dem *Gregorianum*, dessen großes Ansehen darauf zurückzuführen ist, daß es seit dem 8. Jahrhundert als Werk Papst Gregors des Großen galt. Zu den äußeren Faktoren zählt die dominierende Stellung des Papsttums in Mittel- und Süditalien, die schon um 600 durch die Unterstellung der etwa 200 Bistümer unter Rom gegeben war und selbst in Zeiten schwerster Bedrohung durch die Langobarden nicht verlorenging. Die sich zögernd ausbildende Verbindung mit der fränkischen Reichsgewalt im 8. Jahrhundert kulminierte 751 mit der Königserhebung Pippins des Jüngeren, doch war dies keineswegs eine geradlinige Entwicklung, denn im 6. und 7. Jahrhundert blieben die Beziehungen zum Frankenreich noch relativ schwach. Eine allerdings wichtige Ausnahme bildete der Pontifikat Gregors des Großen, der mit der Merowingerkönigin Brunichilde, die in Autun Klöster gegründet hatte, deswegen Briefe wechselte. Noch wichtiger für die Zukunft waren aber das Missionsprogramm Gregors und dessen Wirkungen in der germanischen Welt. Schon die von ihm eingeleitete Angelsachsenmission, die zur Organisation der ersten romverbundenen Landeskirche unter den Germanen führte, läßt erkennen, daß der Papst auch an aktive Mithilfe des gallischen Episkopats dachte.

Im 7. Jahrhundert ist dennoch römischer Einfluß auf die gallisch-fränkische Kirche als institutionalisiertes Recht relativ schwach. Doch gehört die Ausbreitung der Regula S. Benedicti als Werk eines *Abbas Romensis* zweifellos dazu, wenn auch deren breite Akzeptanz als columbanisch-benediktinische Mischregel erst im Frankenreich erfolgte. Trotzdem wuchs die Autorität der römischen Kirche weiter an: Am Beginn des 8. Jahrhunderts erbat der Bayernherzog Theodo in Rom einen Organisationsplan für die bayerische Kirche, und etwa zur selben Zeit trugen angelsächsische Missionare die Konzeption einer romverbundenen Landeskirche mit Erfolg auch ins Frankenreich.

Die Bischöfe im Verbund des Frankenreichs

Mit dem Niedergang der merowingischen Monarchie erlitt auch die Kirche insgesamt, trotz des Aufblühens des irofränkischen Mönchtums, schweren Schaden, da sie in die regionalen Machtkämpfe der Adelssippen hineingezogen wurde und durch die Macht adeliger Bischöfe, die für die Interessen ihrer Familien sorgten, selbst solche Kämpfe auslöste. Auch die zahlreichen Schenkungen und Privilegien aus der Hand des Königs wie des Adels trugen zum Gewicht des hohen Klerus und zu dessen wachsendem Reichtum bei, so daß schon König Chilperich I. (561–584) sich beklagen konnte, daß der königliche Fiskus mit seinem Reichtum an die Kirche gefallen sei. Mag die Klage des Königs auch übertrieben sein – denn auch Bischöfe wie Berthram von Le Mans beschenkten Kirchen aus ihrem Erbe als Adelige –, so beschreibt sie dennoch einen Entwicklungstrend, der für die merowingische Reichskirche typisch war. Besonders reich beschenkt und privilegiert wurden das Martinsheiligtum in Tours und die königliche Hausabtei St. Denis bei Paris sowie die Bischofskirchen zwischen Loire und Rhein, also in den fränkischen Kernlanden; dasselbe gilt für die großen Reichsklöster. Aufgrund dieser Landschenkungen konnten die Kirchen umfangreiche Grundherrschaften mit Tausenden Bauernstellen organisieren, die agrar- und verwaltungstechnisch an der Spitze der Entwicklung standen, die aber auch für die sich im 6./7. Jahrhundert intensivierende Christianisierung des flachen Landes, vor allem in den germanischen Reichsteilen, wichtig waren. Die Privilegierung von Bischofskirchen, Heiligtümern und Klöstern brachte dem hohen Klerus zusätzlich Macht und Sicherheit; es waren dies besonders die schon in der Spätantike üblichen Immunitätsprivilegien, die Steuerautonomie sicherten sowie das Recht, öffentliche Lasten in eigener Regie zu erheben. Dadurch wurde der Zugriff des königlichen Fiskus weitgehend eingeschränkt. Seit dem 6. Jahrhundert verliehen die Könige des öfteren mit dem Privileg völlige Steuerfreiheit und Befreiung von Zöllen. Auch das in der Merowingerzeit hinzukommende Introitusverbot, wodurch den königlichen Amtsträgern nicht gestattet war, im Immunitätsbezirk der Kirchen Amtshandlungen vorzunehmen, förderte die Eigenständigkeit des Kirchenbesitzes. Damit wurde die Tendenz verstärkt, daß die Kirchenorganisation auf diese Weise nicht nur eine tragende Säule des Frankenreiches wurde, sondern auch ein »Staat im Staate«. In den Städten kam es häufig zur Verdrängung des *comes* (Grafen) durch den Bischof oder zur Vereinigung beider Ämter in der Hand einer Familie. Mit zunehmender Dekadenz der merowingischen Königsherrschaft seit der 2. Hälfte des 7. Jahrhunderts trat eine rasche Regionalisierung der politisch-militärischen Gewalt ein, an der auch die bischöflichen Stadtherren wesentlichen Anteil hatten. Was man als »Verwilderung« der Kirche in dieser Epoche bezeichnet hat, liegt zumindest teilweise in diesem Ausufern regionaler Gewalten begründet. Mit der Germanisierung des Episkopats im 7. Jahrhundert hat es kaum etwas zu tun. Wie komplex die Verhältnisse im einzelnen waren, läßt sich an Bischof Leodegar von Autun zeigen, der zwar als politischer Gegenspieler des Hausmeiers Ebroin ein blutiges Ende nahm, aber als Bischof ein eifriger Förderer des Luxeuiler Mönchtums gewesen ist. Ähnliches gilt für herausragende Gestalten wie den Metropoliten Audoenus von Rouen, einen der wichtigsten Förderer des irofränkischen

Mönchtums, für Arnulf von Metz, für Kunibert von Köln und andere.

Freilich, für tiefgründige theologische Spekulationen, in denen die östliche Reichskirche schon in der Spätantike gegenüber dem Westen tonangebend gewesen ist, blieb in merowingischer Zeit wenig Raum. Man sah sich einer Fülle drängender praktischer Fragen gegenüber: Die Völkerwanderungsepoche und die bewegten Jahrhunderte danach erforderten die ganze Kraft des Episkopats und des Klerus insgesamt für den Schutz der vielfach bedrängten Bevölkerung in den *civitates*. Hinzu kam die Notwendigkeit, über die Städte hinaus die Christianisierung auf dem flachen Land und durch Mission in den Gebieten rechts des Rheins voranzubringen. Heidnische Vorstellungen beherrschten noch weithin das Gros der Bevölkerung, und die Durchsetzung einer christlichen Ehemoral gegenüber heidnischer Polygamie und Friedelehe steckte erst in den Anfängen, ebenso das Gebot des Zölibats im Klerus. Arme und Waisen waren nach dem Gebot der Kirche in besonderer Weise auf bischöfliche Hilfe angewiesen, desgleichen Flüchtlinge und Pilger sowie Gefangene, deren Befreiung in der Hagiographie der Zeit eine besonders große Rolle gespielt zu haben scheint. Das fünfte fränkische Reichskonzil von Orléans (549) schrieb nicht nur die Bereitstellung von Mitteln für den Unterhalt von Gefangenen und die Pflege von Aussätzigen vor, sondern auch priesterliche Besuche von Gefängnissen, wobei es nicht selten zum Freikauf von Gefangenen kam und damit zu Konflikten mit der staatlichen Gewalt. Die Sklavenfrage hingegen wurde von der Kirche nicht grundsätzlich gelöst. Ein ständiges Anliegen hingegen war die kirchliche Fürsorge für Arme und Kranke und damit die Einrichtung von Pilgerhäusern und Hospitälern.

Wie sehr die Kirchenorganisation die Kontinuität des religiösen und geistigen Lebens insgesamt zwischen Antike und Mittelalter sicherte, zeigt beispielhaft die Synodalordnung des großen provençalischen Metropoliten und Lérins-Schülers

Caesarius von Arles (gest. 542), die vom merowingischen Episkopat auf dem 3. Konzil von Orléans (538) im wesentlichen übernommen wurde. Dabei ging es um die Regelung vermögensrechtlicher Fragen, wobei die Verwaltung des Kirchengutes grundsätzlich in bischöflicher Hand blieb, ferner um die Verpflichtung für Landpriester zu regelmäßiger Predigt, um eine Mindestausbildung für den Klerus, um die Einrichtung kirchlicher Schulen und von speziellen Bischofsschulen, von denen sich etwa zwanzig in der Merowingerzeit nachweisen lassen. Für die Kirchenorganisation wurde vor allem wichtig, daß auch das grundsätzliche Verfügungsrecht der Bischöfe über alle Kirchen ihrer Diözesen, wie es die spätantike Kirchenordnung vorsah, in der Epoche des germanisch-fränkischen »Eigenkirchenwesens« nicht durchzuhalten war. Die Grundherren als Stifter von Kirchen und Klöstern beanspruchten auch ein Ernennungsrecht für die anzustellenden Priester oder Äbte. Das 4. Konzil von Orléans (541) gestand ihnen zwar ein Vorschlagsrecht zu, verband dies aber mit der Verpflichtung, für den Unterhalt der Geistlichen durch Landschenkungen zu sorgen. Doch bleibt es fraglich, ob sich dieser Kompromiß in der Realität durchsetzen ließ, das eigenkirchliche Übergewicht des Stifteradels war wohl stärker. Insbesondere wurde dies bedeutungsvoll für den Einbau jener großen Laienbewegung der Spätantike in die Kirchenorganisation, aus der sich das Mönchtum als asketische Sonderform christlichen Lebens entwickelte. Grundsätzlich galt auch hier die beherrschende Stellung des Bischofs über alle Klöster und Mönchssiedlungen seiner Diözese, doch kam es in fränkischer Zeit zu einem teilweisen Auseinanderdriften von episkopaler Organisation und monastischer Entfaltung sowohl aus inneren wie aus äußeren Gründen. Das hatte ebenso mit dem asketischen Sonderbewußtsein der ersten Mönche zu tun wie mit dem anderen Selbstverständnis der irischen wie auch teilweise der angelsächsischen Kirche am Rande des Orbis Christianus, die seit dem 6. Jahrhundert einen bedeutenden Einfluß auf dem Kontinent ausübten. Es kam dann noch hinzu, daß die Klöster als Träger der Mission in den städtelosen Regionen der germanischen und später auch der slawischen Welt eine größere Selbständigkeit erlangten und teilweise sogar in ihrer Bedeutung die Bischofskirchen erreichten.

Mit der engen Verbindung von Kirche und politischer Herrschaft, die sich bereits unter den Merowingern anbahnte und dann von den Karolingern quasi institutionalisiert wurde, gewannen auch die Synoden eine wachsende, auch staatliche Bedeutung; gleichzeitig förderten sie die Vereinheitlichung des Kirchenrechts und der Stellungnahmen gegenüber dem Herrscher in religiösen wie weltlich-politischen Fragen. – Das spätantike Prinzip der Koinzidenz von weltlichen und kirchlichen Verwaltungsgrenzen blieb – zumindest als Ziel – in der Merowingerzeit erhalten, wenn auch an die Stelle der römischen administrativen Einheiten jetzt der organisierte Personenverband trat. Das gilt besonders für die Missionsgebiete östlich des Rheins und nördlich der Donau.

Das Mönchtum als erneuernde Kraft

Die Anfänge des Mönchtums als einer Sonderform christlichen Daseins liegen bereits in den Ursprüngen asketischen Lebens der ersten Christengemeinden. Anfangs war dies eher ein Asketismus innerhalb der Familie, dann entwickelte sich diese »religiöse Sonderwelt« (K. Heussi), die sich als neuer *ordo* zwischen Klerikern und Laien verstand, seit dem 3. Jahrhundert relativ selbständig. Asketentum war jetzt deutlich getrennt von Familie und lokaler Christengemeinde, blieb aber doch innerhalb der kirchlichen Organisation, ein Zustand, der im Laufe der Geschichte immer wieder zu Konflikten, aber auch zu kreativen Spannungen führte, wobei Kirche und Laienwelt durch das Mönchtum nicht selten aus Gefährdung und Weltverfallenheit zum Kern christlicher Existenz zurückgeführt wurden. Wie sehr das Verhältnis zwischen asketischer und allgemein christlicher Lebensform immer wieder der Neubestimmung bedurfte, zeigt schon der Versuch des Eusebius von Caesarea (gest. 339/40), beiden Formen christlicher Existenz, dem Mönchtum wie der Familie, Gerechtigkeit widerfahren zu lassen, wozu schon in seiner Zeit aktueller Anlaß bestand. Mit einer gewissen zeitlichen Phasenverschiebung erreichte das im griechischen Osten entstandene Mönchtum auch die westlich-lateinische Kirche, ein Vorgang, bei dem herausragende Figuren wie Ambrosius, Hieronymus und Augustinus sowie das päpstliche Rom als Zentrum des Westens eine maßgebliche Rolle spielten.

Für die Gebiete beiderseits des Rheins wurden die Formen des Mönchtums in Gallien und im Frankenreich bestimmend.

Bei diesem Vorgang von schlechthin welthistorischer Bedeutung, der in jeder Weise durch »Neuland« führte, nahm die frühe europäische Klosterkultur Formen an, die auch die mitteleuropäische Entwicklung nachhaltig beeinflußten und gleichzeitig auf die altchristliche Mittelmeerwelt zurückwirkten. Auf dem Wege aus seiner orientalischen Heimat bis in das Frankenreich hat das Mönchtum, bei aller Bewahrung typischer Züge seines Ursprungs, doch wesentliche Wandlungen erfahren. Wie die Bistumsgründungen nahmen auch die Klöster vom Mittelmeerraum her ihren Ausgang und erfaßten seit dem 4. Jahrhundert Gallien wie den Donauraum. Die Ausbreitung der monastischen Lebensform, die auf alten Kult- und Kulturstraßen rhôneaufwärts erfolgte, bedeutete eine zweite Phase und zugleich eine Vertiefung der Christianisierung. Drei Stadien monastischer Entwicklung lassen sich im Westen deutlich voneinander unterscheiden: zunächst die altgallisch-spätantike Phase, die vielleicht schon mit Bischof Hilarius von Poitiers (ca. 350–367/68), sicher aber mit dem heiligen Martin (ca. 336–397) im Poitou und der Touraine und mit Bischof Victricius von Rouen (ca. 340–vor 410) beginnt, vor allem aber mit den Klöstern der Provence einen ersten Höhepunkt erreicht. Es folgte die irofränkische Phase, die der heiligen Columban mit seiner Klostergründung Luxeuil in den Vogesen einleitete (etwa 590–690), und schließlich die angelsächsische Missions- und Klostergründungswelle der Frühkarolingerzeit (etwa 690–768). Sie wurde von Männern wie Willibrord, dem Gründer von Klöstern in Utrecht und Echternach, und Winfrid-Bonifatius, auf den das Kloster Fulda zurückgeht, maßgeblich bestimmt. Bis zum Ende des 8. Jahrhunderts entstanden in Westeuropa bis zur Elbe und mittleren Donau etwa 1000 Klöster. Die Regula S. Benedicti wird seit dem 7. Jahrhundert mehr und mehr die maßgebliche monastische Lebensnorm des lateinischen Westens.

Die spätantiken Wurzeln

Gesamthistorisch gesehen entfaltete sich das spätantike Mönchtum innerhalb eines Zeitraums, der den Zusammenbruch des römischen Imperiums in Gallien und die Gründung und Vergrößerung des Merowingerreiches unter Chlodwigs Söhnen und Enkeln umschließt (bis ca. 590). Das spätantike und frühfränkische Mönchtum ist bis zum 6. Jahrhundert im wesentlichen nicht über eine Nordgrenze hinausgedrungen, die von Trier westlich bis zur Somme verläuft. Das Moselgebiet selbst war schon eine vorgeschobene Insel der Romania, galloromische Kulturkontinuität und Verbreitung des frühen Mönchtums fallen hier zusammen. Sind auch die Spuren frühen monastischen Lebens in Trier, der größten Römerstadt nördlich der Alpen und auf später deutschem Boden, im 5. Jahrhundert noch relativ schwach, so gibt doch das Zeugnis des heiligen Augustinus sichere Auskunft darüber, daß in der Kaiserresidenz Mönche lebten, die dem altgallischen monastischen Bereich zuzuordnen sind. Auch das irofränkische Mönchtum scheint in der Stadt Eingang gefunden zu haben. Östlich der Mosel sind die frühen monastischen Spuren undeutlich, erst das irofränkische Klosterwesen des 7. Jahrhunderts überschritt die Rheingrenze. Hauptzentren dieses spätantik-frühmerowingischen Mönchtums waren die Klöster des heiligen Martin in der Touraine und die stark orientalisch beeinflußten Klöster des Rhônegebiets, allen voran Lérins bei Cannes, Cassians Klöster in Marseille und die von Lérins und Marseille geprägten Klöster Süd- und Mittelgalliens. Ein liturgisch weit ausstrahlendes monastisches Kultzentrum wurde Agaunum-St. Maurice im Wallis. Lérins' Aufblühen stand wohl in ursächlichem Zusammenhang mit der Räumung Nordgalliens durch die Römer am Beginn des 5. Jahrhunderts. Das Großkloster an der Côte d'Azur war gleichsam eine mittelbare Folge der Verlegung der römischen Zentralverwaltung

Galliens von Trier nach Arles, denn Vertreter der nordgallischen, in den Süden geflüchteten römischen Aristokratie bestimmten seinen Charakter. Das martinische Mönchtum der Touraine dagegen zeigte schon bald infolge seiner Nähe zum merowingischen Kerngebiet zwischen Loire und Maas erste Spuren germanischen Einflusses.

Neben dem antiarianischen Theologen und Bischof Hilarius von Poitiers stellte die theologische Schule der Mönche von Lérins den bedeutendsten Beitrag des lateinischen Westens zu den entscheidenden dogmatischen Diskussionen des 4./5. Jahrhunderts. Es war vor allem ihre vermittelnde Position zur schroffen Prädestinationslehre des Kirchenvaters Augustinus, dem sogenannten »Semipelagianismus«, welcher den radikalen Fatalismus seiner elitären Gnadenlehre entscheidend abmilderte: Der unerforschlichen Gnade Gottes kann sich – so die Lériner Position – der Mensch durch eigenes sittliches Streben würdig erweisen. Formell lehnte die Kirche zwar den Semipelagianismus ab, in ihrer praktischen Theologie folgte sie aber der ausgleichenden Tendenz der Schule des Inselklosters. Das martinische Mönchtum der Touraine trat hingegen theologisch kaum hervor. Lérins Sonderrolle im Westen hing wohl vor allem mit dem geistigen Niveau der führenden Aristokraten im Kloster zusammen, für die oft die monastische Schulung auf der Mönchsinsel ein Durchgangsstadium auf ihrem Weg auf bedeutende gallische Bischofssitze war. Sie repräsentierten als Mönche wie als Bischöfe einen neuen Typus des gebildeten, »aufgeklärten« Christen, der erst Jahrhunderte später in der karolingischen Renaissance wieder hervortreten sollte.

Der missionarische Impetus des irischen Mönchtums

Am Beginn dieser für das frühe Frankenreich wohl wichtigsten monastischen Phase steht die monumentale, streitbare Figur des irischen Mönchsvaters Columbans des Jüngeren (geb. um

543, gest. 615). Mit ihm und seinen Nachfolgern in Luxeuil sind auch Versuche verbunden, nach irischer Tradition die Bindung des Klosterwesens an die Bistumsorganisation zumindest zu lockern, doch lief die Auseinandersetzung mit dem gallofränkischen Episkopat letztlich auf eine gemilderte, durch Privilegien gewährte Exemtion der irofränkischen Klöster innerhalb des Diözesanverbandes hinaus.

Die zweite irofränkische Welle monastischer Kultur entwikkelte sich seit 590 schon ganz innerhalb der Machtsphäre des Merowingerreiches. Sie wurde ihrerseits am Ende des 7. Jahrhunderts von der angelsächsischen Mission überlagert bzw. abgelöst, wenn auch die irofränkischen Klostergründungen bis ins 8. Jahrhundert hineinreichten. Klostergründer wie Amandus, Audoenus, Remaclus, Filibert, Wandregisel, Romarich, Arnulf von Metz und Gertrud von Nivelles prägten diese Epoche. Zu den irischen Klöstern auf dem Kontinent, die unabhängig von Luxeuil entstanden, gehörte etwa Péronne an der Somme, während sich in Nivelles sowohl columbanische als auch originär irische Einflüsse verbanden. Überhaupt ist mit einer Vielzahl von monastischen Regelkombinationen zu rechnen, die neben der Luxeuiler kombinierten Benedikt-Columban-Regel existierten. Vermutlich war es der jeweilige Abt, der als *lex animata* die inhaltliche Zusammensetzung der *regula mixta* in seinem Kloster bestimmte.

Durch die Verbindung mit dem Adel und dem Königtum der Franken gewann das ursprünglich irische Mönchtum Columbans neue Energien, Hilfsmittel und Wirkungsmöglichkeiten. Es drang oft an führender Stelle in die neubesiedelten oder politisch neuerschlossenen Räume vor und nahm an der Urbarmachung weiter Sumpf- und Waldgebiete in Belgien, in den Ardennen und Vogesen, später auch rechts des Rheins in Alemannien und in Bayern teil. Die Klostergründungen hatten sich nun meist aus dem Bannkreis relativ intakter städtischer Kulturen entfernt und rückten in Gebiete vor, in denen seit der Völkerwanderung die städtische Zivilisation gänzlich oder zumindest in ihren höheren Lebensäußerungen erloschen war. Der fränkische Adel, der inzwischen die Mitglieder der immer noch einflußreichen gallorömischen, teilweise senatorischen Oberschicht in seine Reihen aufgenommen hatte, war sowohl über Klostergründer als auch mit zahlreichen Klostereintritten an der monastischen Lebensform beteiligt. Im Gefolge der weiteren Ostexpansion des Frankenreiches breitete sich das Mönchtum als Mitträger und Wegbereiter einer germanisch-romanischen Mischkultur weiter aus, es erreichte und überschritt den Rhein. Man kann von einem Zeitalter der Mischregeln sprechen, in dem irische, orientalische und altgallische Klosterordnungen mit derjenigen Benedikts verbunden und praktiziert wurden. Da der neue, reichsfränkische Adel die obersten Ränge der kirchlichen Hierarchie in der Hand hatte und sowohl die Bistümer als auch die Klöster leitete, verschwand die unter irischem Einfluß anfangs eingetretene Lockerung des Diözesanverbandes durch die Klöster und ihre Privilegien relativ rasch. Hingegen bedeutete das Eigenkirchenwesen von König und Adel eine zeitweise beträchtliche Einschränkung der Diözesangewalt über die Klöster.

Wenigstens einige Klöster der irofränkischen Welle sollen hier genannt werden: die Klöster der Brie: Rebais, Faremoutiers, Jouarre, dann Chelles bei Paris, Fleury-sur-Loire, ferner Jumièges und Saint-Wandrille am Unterlauf der Seine, Corbie in der Picardie, Saint-Amand-Elnone an der Schelde, das Pippinidenkloster Nivelles, Laon, Noyon, Saint-Trond, Lobbes, Stablo-Malmedy in den Ardennen, Saint-Martin und Saint-Arnoul in Metz, St. Symphorian in Trier und das Nonnenkloster Oeren nahe der Stadt, die Vogesenklöster mit dem zentralen Luxeuil, mit Remiremont, Saint-Dié, schließlich Granfelden im Sornegau, Honau bei Straßburg und St. Gallen, das aber wohl erst im 8. Jahrhundert ein wirkliches Kloster wurde. Anders lagen die Dinge auch bei den beiden Hausklöstern des neustrischen Hausmeiers Erchinoald, Lagny an der Marne und Péronne an der Somme, die als irische Gründungen nicht zum Luxeuiler Mönchtum gehörten. Das Verbreitungsgebiet des irofränkischen Mönchtums, das sich sowohl nach seiner inneren Organisation (Benedikt-Columban-Regel) wie nach seiner ethnischen Zusammensetzung stark vom altgallischen Klosterwesen unterschied, deckte sich nur zum geringen Teil mit dem Raum, den das antik-gallische Mönchtum erfaßt hatte. Vielmehr schließen sich die Hauptzentren dieses neuen Mönchtums von Luxeuil an die Nordflanke des spätantiken Klosterwesens an. Seine Zentren sind das Pariser Becken, der Unterlauf der Seine mit dem Bistum Rouen, das nördliche Burgund, die Vogesen, der Oberrhein und der weitere Bodenseeraum.

Der politische Umschwung von 613/614, als Brunichilde brutal beseitigt wurde und das neustrische Königtum nur durch große politisch-herrschaftliche Konzessionen an die austrische Führungsschicht unter Leitung von Arnulfingern und Pippiniden die Gesamtherrschaft im Merowingerreich erlangte, spiegelte sich auch in der klösterlichen Entwicklung wider. Sicher war es kein Zufall, daß die austrische Hauptstadt Metz im Verlaufe des 7. Jahrhunderts sechs neue Klöster erhielt, davon vier in den ersten Jahrzehnten (St. Symphorian, St. Felix-Clemens, St. Glossindis, Saint-Pierre-aux-Nonnaines). Auch das Vordringen des Luxeuiler Mönchtums ins Bodenseegebiet und in die Gebiete östlich des Rheins war ohne die gestiegene Bedeutung Austriens undenkbar. Das starke Hervortreten germanischer Namen in den Bischofslisten, das seit 613 festzustellen ist, signalisierte ebenfalls den Aufstieg des fränkisch-germanischen Ostens im Gesamtreich. Mit den jetzt entstehenden Landklöstern von König und Adel ging auch die notwendige Landmission in hohem Maße auf die großen Abteien mit ihren umfangreichen Grundherrschaften über, womit sich wiederum eine stärkere Selbständigkeit der *monasteria* gegenüber der bischöflichen Gewalt ergab. Die durch Columban verbreitete irische, bald jedoch irofränkische

Klosterkultur erhielt ihre epochale Bedeutung durch die enge Verbindung dieses rigorosen Mönchsvaters und seiner Nachfolger mit dem merowingischen Königtum von Paris und mit dem Hofbeamtentum der Pariser Reichszentrale. Chlothar II. und Dagobert I. spielten hier ebenso eine wichtige Rolle als Förderer wie später die Königin Balthilde. Daher kam es auch, daß die wichtigsten Klostergründungen im Geiste Columbans und des neuen irofränkischen Mönchtums im Pariser Becken und an der unteren Seine zu finden sind, während die unmittelbaren Filiationen von Luxeuil demgegenüber an Wichtigkeit zurückstehen.

Eine Sonderstellung nahm die bischöfliche Coemeterialbasilika Saint Denis bei Paris ein, die vor der Mitte des 7. Jahrhunderts wohl kein Kloster im engeren Sinne war. Sehr wahrscheinlich erfolgte aber damals die Umwandlung in einen Mönchskonvent mit benediktinisch-columbanischer Mischregel. Die Streuung und Gruppierung der merowingischen und frühkarolingischen Klostergründungen sowie der von Merowingern und Frühkarolingern dotierten und privilegierten Königs- und Adelsklöster zeigt ferner, daß es schon früh im 7. Jahrhundert einen kirchenpolitischen und damit auch herrschaftlich-politischen Kernraum karolingischer Macht in Austrien gegeben haben muß, der für die merowingische Herrschaft mehr oder weniger undurchdringlich war.

Angelsächsische Mönche als Reformer auf dem Kontinent

Die dritte und letzte Welle monastischen Lebens im Frankenreich vor Karl dem Großen, ausgelöst und großenteils repräsentiert durch die angelsächsische Mission auf dem Kontinent, wurde an der Wende vom 7. zum 8. Jahrhundert von dem Angelsachsen Willibrord (657/58–739) eingeleitet. Auf ihren Höhepunkt geführt und bis zu einem gewissen Grade auch abgeschlossen hat sie dann sein Landsmann Winfrid-Bonifatius (672/75–754). Am Oberrhein war der Vertreter dieser dritten monastischen Phase Perminius-Pirmin (gest. ca. 755), der Gründer von Murbach und der Reichenau sowie des Klosters Hornbach in der Pfalz. Organisatorisch unterschieden sich die Träger dieser Phase von der vorhergehenden irofränkischen dadurch, daß sie nun nachdrücklicher die Benedikt-Regel gegenüber der columbanisch-benediktinischen Mischregel durchsetzten. Doch hielt sich letztere vielfach noch bis zur Reform des Reichsmönchtums unter Benedikt von Aniane (779–821). Politisch waren die angelsächsischen Missionare eng an die aufsteigenden Karolinger gebunden, so daß sie, wie beispielsweise Willibrord , durch ihre Mission wichtige Helfer karolingischer »Ostpolitik« wurden. Utrecht, Kaiserswerth, Prüm, Echternach, Fritzlar, Fulda, die etichonischen, herzoglichen Klöster des Elsaß, Murbach und die Reichenau – letztere bis nach Niederbayern (Niederalteich) und Rätien (Pfäfers) ausstrahlend –, all diese Klöster lagerten sich an den militärisch gefährdeten Nord- und Ostrand des Frankenreiches. Sie waren bald auch missionarische Stützpunkte für Friesland, Sachsen, Thüringen, Alemannien und Bayern. Demgegenüber sind die Neugründungen im Inneren des Frankenreiches weniger zahlreich und meist von zweitrangiger Bedeutung: auch dies ein indirekter Hinweis auf die politisch-missionarische Funktion, die den Klostergründungen jener Zeit außer ihrem asketischen Hauptzweck zukam. Sorge um das eigene Seelenheil erfüllte Stifter wie Mönche, sie äußerte sich im mönchischen Gebet für die Lebenden und die Toten, dessen sich König und Adel durch reiche Schenkungen an ihre Klöster zu versichern suchten. Unter Karl Martell und König Pippin lagen die Zentren kirchlichen und monastischen Aufbaus in Austrien und in den Austrien zugeordneten Gebieten rechts des Rheins; man könnte von einer karolingischen Klosterregion zwischen Maas, Mosel, Rhein, Main und fränkischer Saale sprechen.

Anders als in Hessen und Thüringen, aber vergleichbar mit den Rheinlanden, ist in Bayern und Alemannien mit spätantiken Wurzeln des Christentums und vielleicht auch des Mönchtums zu rechnen. Das Salzburger Land, ein stark romanisch besiedeltes Gebiet, das jedoch – im Gegensatz zu Churrätien – kein politisches Eigenleben bewahren konnte, dürfte ältere kirchliche und monastische Relikte in die Agilolfingerzeit hinübergerettet haben. Die Anknüpfung an den spätantikchristlichen Afra-Kult in Augsburg kann als gesichert gelten, auch in Regensburg, Salzburg und Lorch ist christliche Kontinuität seit der Spätantike anzunehmen. Der Einfluß Italiens, der etwa im Bestand alter Patrozinien faßbar wird, riß mit der Entstehung des bayerischen Herzogtums nicht etwa ab, sondern wirkte unter dem Schutze des politischen Zusammengehens von Bajuwaren und Langobarden noch weiter. Die Spuren oberitalienischer Schriftkultur in Bayern machen einen wesentlichen Unterschied zur gesamtfränkischen Entwicklung deutlich, mag auch der Einfluß der fränkischen Mission seit dem Ende des 7. Jahrhunderts immer mehr zugenommen haben.

Lebensnormen des westlichen Mönchtums

Es war kein Zufall, daß die philosophisch und spirituell bemerkenswert entfaltete Theologie und die Mönchsväter-Literatur des griechischen Ostens auch das Muster für die westlich-lateinische monastische Kultur abgaben, auch wenn hier, römischer Tradition entsprechend, die pragmatischen Fragen der Organisation asketischen Lebens weit besser entwickelt wurden. Dennoch blieb das griechisch-orientalische Vorbild in den Anfängen auch für den Westen prägend, wie etwa die Schriften des Johannes Cassianus (gest. 430) zeigen. Der Kirchenvater Hieronymus spielte von Bethlehem aus bei der Umsetzung der orientalischen Asketen-Ideale, wie sie sich in den

Apophthegmata patrum, den »Sinnsprüchen« der Wüstenväter, zu höchster spiritueller Selbsterkenntnis gesteigert hatten, eine wichtige Rolle. Auch die für den lateinischen Westen stark prägende »Vita Martini« des ersten großen Mönchsvaters Galliens ist gleichsam gegen die spirituelle Übermacht des Ostens geschrieben worden. Augustinus, der für 388 in Rom sowohl Männer- als auch Frauenklöster bezeugt, hat selbst mit den Schriften »Ordo monasterii« und »Praeceptum« die frühesten erhaltenen normativen Texte für den lateinischen Westen geschaffen, aus denen die später veränderte Augustinusregel für Mönche und Nonnen hervorging. Wie gefährdet die asketische Bewegung am Rande oder auch innerhalb der Gesamtkirche blieb, zeigt die blutige Verfolgung der Priscillianer-Sekte in Spanien und Südwestfrankreich, die auf bischöfliches Drängen, aber gegen den Willen des Kirchenvaters Ambrosius und des Bischofs Martin von Tours 385 vom Trierer Kaiser Magnus Maximus durchgeführt wurde: Es war im lateinischen Westen die erste organisierte Christenverfolgung durch Christen.

Gefährdungen theologisch-dogmatischer Art war auch das einflußreichste westliche Kloster des 5. Jahrhunderts, Lérins, ausgesetzt, das sich, wie erwähnt, der extremen Prädestinationslehre Augustins entgegenstellte, wenn es auch in anderen theologischen Fragen auf der Linie des Kirchenvaters lag. Stark vom orientalischen Mönchsideal beeinflußt, besonders von den Schriften des Johannes Cassianus, entwickelte das provençalische Inselkloster nicht nur eine eigene Theologie, sondern auch nacheinander mehrere jeweils modifizierte Mönchsregeln. Grundlegend war die sogenannte »Vier-Väter-Regel«, die sich als Text der ägyptischen Mönchsväter Serapion, Makarios, Paphnutios und wiederum Makarios ausgibt. Anders als in der Augustinus-Regel wird hier die spirituelle *lectio* zugunsten der schon aus asketischen Gründen nötigen Handarbeit auf drei Stunden täglich eingeschränkt, eine Weisung, die für die Entwicklung und den pragmatischen Geist des abendländischen Mönchtums seit Benedikt von Nursia bedeutungsvoll werden sollte. Unter Abt Maximus, dem Nachfolger des Klostergründers Honoratus, entstand 426 eine kürzere »Zweite Regel der Väter«, die sehr stark den Gehorsam gegenüber dem vom Bischof eingesetzten Abt forderte. Eine unter Abt Porcarius entstandene, wiederum Makarios zugeschriebene Regel vermehrte die konkreten Vorschriften, etwa über die Aufnahme neuer Mönche. Ebenfalls in Lérins dürfte die »Regula Orientalis« entstanden sein, in der Elemente der Regel des östlichen Mönchsvaters Pachomios enthalten sind. Mit der »Dritten Väter-Regel« endet die normative Entwicklung Lérinenser Klosterordnungen; sie wurde 535 auf dem Konzil von Clermont formuliert. Im 7. Jahrhundert kam es dann in Lérins zur Übernahme der Benediktregel.

Mit den zahlreichen Bischöfen, die aus Lérins hervorgingen, wirkten dessen Regeln weit über die Provence nach Gallien hinein. Wichtigster Vermittler wurde hier Erzbischof Caesarius von Arles (ca. 470–542), der auch für seine Klostergründung St. Jean die erste für Frauen bestimmte lateinische Regel schrieb. Neben Lérins sind Einflüsse der Augustinus-Regel unverkennbar. Caesarius' Regel für Frauen läßt sich auch im Heiligkreuzkloster der Merowingerkönigin Radegunde in Poitiers nachweisen, ebenso in Besançon unter Bischof Donatus und in Clermont.

In dieser Epoche beginnt sich im Westen wie in Konstantinopel eine Neuerung durchzusetzen: An die Stelle der individuellen *cellae* oder Lauren, wie sie sowohl in Lérins als auch in Marmoutier bei Tours, dem Hauptkloster des gallischen Mönchsvaters Martin, rund um die Kirche bestanden hatten und in gewisser Weise trotz der monastischen Gemeinschaft eine Fortdauer der alten anachoretischen Lebensform ermöglichten, trat jetzt der gemeinsame Schlafsaal der Mönche, das *dormitorium*. Zwar gab es auch weiterhin die Möglichkeit anachoretischer Lebensweise im Bereich des regulären Klosters, aber dies war jetzt die Ausnahme und oft eine besondere

Auszeichnung. Die »Einzelzelle« aus anachoretischer Tradition wirkte aber insofern weiter, als sie in späteren Epochen des Mönchtums dazu führte, daß in der Klosterarchitektur die Einzelzelle für jeden Mönch vorgesehen war, wenn auch im Verbund eines Schlaftrakts.

In Italien entstand in der weiteren Umgebung Roms im ersten Drittel des 6. Jahrhunderts die »Regula Magistri«, ein in Frage und Antwort gegliederter, umfangreicher, von den monastischen Schriften des Johannes Cassianus beeinflußter Text, der aber auch relativ eingehend die konkrete klösterliche Organisation schildert. Wichtig ist die »Regula Magistri« vor allem, weil ihr spiritueller Gehalt in der »Regula Benedicti« rezipiert wurde. Letztere, die seit dem 9. Jahrhundert zur schlechthin beherrschenden Klosterregel des Abendlandes wurde, entstand wohl zwischen 530 und 560. Ungeachtet ihres spirituellen Grundtenors, der vor allem in dem berühmten Kapitel über die Demut *(humilitas)* gipfelt, zeichnet sich die Regel Benedikts durch ihren praktischen Sinn für das dem Menschen Mögliche und durch ihre organisatorisch ausgewogenen Bestimmungen aus. Auch verbindet sie die »vertikale«, vom Lehrer-Schüler-Verhältnis bestimmte Konzeption der »Regula Magistri« mit dem eher »egalitären«, »horizontalen« Strukturprinzip der Klostergemeinschaft bei Augustinus und stellt somit unter den etwa 30 Klosterregeln des frühen Mönchtums, die allesamt charismatisch beflügelte Anläufe zur Institutionalisierung asketischer Lebensformen waren, zweifellos den humanitären, ausgereiften Höhepunkt dar. Auf jeden Fall ist ihr spektakulärer Erfolg kein Zufall. Letzte Gewißheit über die Person des Verfassers ist bis heute nicht möglich, da die Authentizität der Benedikt-Vita in Gregors des Großen »Dialogi« umstritten bleibt. Auffällig ist immerhin, daß die Regel erstmals im frühen 7. Jahrhundert im Merowingerreich bezeugt ist, nicht jedoch in Italien, wo sie erst im 8. Jahrhundert auftritt, und hier auch nur in Klöstern mit fränkischen Mönchen.

Gegenüber der humanen Ausgewogenheit der Regula Benedicti bedeutete es dann einen gewissen Rückschritt, als im Merowingerreich seit Beginn des 7. Jahrhunderts irische Klosterregeln mit äußerst rigorosen Strafbestimmungen für Mönche auftauchten, allen voran Columbans Luxeuiler »Regula monachorum« und »Regula coenobialis«. Für eine weitgehend archaische und teilweise noch zu missionierende Gesellschaft mögen die zahlreich angedrohten Prügel noch ein adäquates Erziehungsmittel gewesen sein. Ob Columban bereits die Benedikt-Regel kannte, ist umstritten, aber spätestens Waldebert, der dritte Abt von Luxeuil, verfaßte eine Klosterordnung, in der bereits das Vorbild der »Regula Benedicti« die Einflüsse Columbans bei weitem überwiegt. Mehr noch: In den wichtigen Bußbestimmungen neigt er überwiegend der psychologisch ausgewogenen Bußpraxis Benedikts zu, die vor allem auf dem die Selbstreflexion fördernden antiken Bußverständnis beruht, das den Sünder ethisch umzuerziehen sucht, wohingegen die strengen, auch körperlichen Strafen bei Columban dem rigiden Prinzip der Tathaftung entstammen. Anders verhält es sich bei der Nonnenregel des Bischofs Donatus von Besançon, die zwar ebenfalls die Kombination von Benedikt-, Columban- und Caesariusregel kennt, aber doch weitgehend und, stellenweise sogar noch steigernd, den columbanischen Strafrigorismus beibehält. Beide Bußvorstellungen wirkten noch bis ins Hochmittelalter, doch setzte sich letztlich der antike Humanismus Benedikts durch. Die Donatus-Regel findet sich auch im Nonnenkloster des Bischofs Praejectus in Clermont. Im Laufe des 7. und vor allem seit dem 8. Jahrhundert schwinden die mannigfaltigen Regelkombinationen. Sie tauchen noch einmal als monastisches, gleichsam »historisches Erbgut« im Regelcodex des Klosterreformers Benedikt von Aniane auf, ansonsten jedoch behauptet die Benedikt-Regel im frühmittelalterlichen Europa das Feld.

Das Mönchtum insgesamt war schließlich auf seinem Entwicklungsgang von der Spätantike bis zum Frühmittelalter aus einer radikal christlich-asketischen »Gegenkultur« am Rande der Gesellschaft im Frankenreich zu einer unentbehrlichen Säule dieser Gesellschaft geworden. Mit der von ihm maßgeblich getragenen Mission und der Ausbildung der wohlorganisierten mittelalterlichen klösterlichen Grundherrschaft gewann das Mönchtum auch Teilhabe an politischer Herrschaft; es vermochte einen Großteil der Kultur und Erziehung, vor allem der Oberschicht, in seiner Hand zu vereinigen und wurde überdies zum Vermittler antiker Kulturtraditionen, soweit diese mit christlichen Werten und Paradigmen vereinbar waren.

Christliche Mission als Grundlegung europäischer Einheit

Mission und politische Herrschaft

Mission – das war und ist nicht nur Bekehrung anderer Menschen und Völker aus dem Geist der Verkündigung Jesu Christi, sondern zugleich permanente Selbsterneuerung der Gesamtkirche unter gewandelten Umständen. Die positive Rückwirkung der jungen irischen, angelsächsischen und fränkischen Kirche auf das päpstliche Rom im 7., 8. und 9. Jahrhundert ist hierfür ein beredetes Beispiel. Maßgeblicher Initiator und geistiger Vater der frühmittelalterlichen Mission war Papst Gregor der Große (ca. 540–604), der die Bekehrung der Angelsachsen in die Wege leitete und dafür praktikable, psychologisch kluge Anweisungen entwickelte. Bistümer und Klöster wirkten auch eng bei der Mission auf dem Lande zusammen, doch ebenso wichtig für die Christianisierung der germanischen Regionen des Frankenreiches wurde die Zusammenarbeit mit dem Königtum und dem grundbesitzenden Adel, denn Mission wurde in steigendem Maße Auftrag der Kirche an die Herrscher. Schon mit der Bekehrung Chlodwigs I. und seiner Kirchenpolitik taucht der enge Konnex von politischer Gewalt und geistlichen Zielsetzungen auf. Mit Chlodwigs Taufe ging seine mythisch begründete, heidnische Heilsmächtigkeit verloren, die einst zur Herrschaft berechtigte. Mit dem Ausschließlichkeitsanspruch des Christentums stellte sich von selbst die Frage nach einer neuen religiösen

Legitimierung der Königsherrschaft, die Chlodwig sehr konkret durch die Förderung spätantiker Heiligenkulte, wie den Martinskult, beantwortete und ebenso durch eine aktive Kirchenpolitik, die sich bald als staatlich geförderte Mission auswirkte. Damit wurde die Kirche aber auch eine legitimierende Macht für das mittelalterliche Fürstentum schlechthin. Wenn nach dem Bericht Gregors von Tours sich mit Chlodwig »mehr als 3000 aus seinem Heer« taufen ließen, dann beweist dies einerseits die Wirkung des »Heerkönigs« auf seine Gefolgschaft, andererseits aber wird damit klar, daß nur ein Teil des Frankenvolkes diesen Schritt vollzog und deshalb eine planmäßige Mission nötig war: Noch im 7. Jahrhundert sind im Merowingerreich heidnische Franken und sogar *duces* bezeugt. Auf jeden Fall gab es bei der Christianisierung sowohl ein starkes Süd-Nord-Gefälle als auch große Inseln der christlichen Romania im Norden, so etwa das Trierer Land. Schon Chlodwigs I. Sohn Theuderich I. holte Geistliche aus der Auvergne nach Trier und um die Mitte des 6. Jahrhunderts setzen die Bischofslisten von Maastricht, Köln und Mainz mit galloromanischen Namen neu ein. Man muß allerdings im Auge behalten, daß das spätantike bischöfliche Netz von Seelsorgestationen (»Urpfarreien«) noch sehr schütter gewesen ist und daher schon vor der germanischen Invasion das Heidentum in den kaum erschlossenen Randgebieten zwischen Maas und Rhein weitergelebt hatte, während das Christentum vor allem in den städtischen Zentren, *castella* und *vici* das Übergewicht besaß. Die von den Merowingerkönigen nachdrücklich geförderte Mission betraf also im Nordosten nicht nur die Germanen; für letztere wurde aber an vielen Orten – neben der spätantiken Pfarrkirche für die Romanen – eine zweite, ursprünglich nur für Neubekehrte germanischer Abkunft bestimmte Kirche errichtet, so in Kreuznach, Boppard, Andernach und Bitburg sowie in vielen Dörfern des Moseltals. Gleichzeitig erweiterten die Bistümer missionierend ihre Aktionsräume; von festen Sprengeln kann man in dieser Frühzeit nicht sprechen. Köln greift auf diese Weise in den Raum Nijmwegen-Xanten aus, Trier moselabwärts bis an den Rhein. Begleitet wurde diese Missionsarbeit von der Tätigkeit asketischer »Einsiedlermissionare« wie Wulfilaich in den Ardennen oder Goar, Ingobert, Wendelin und Disibod, über die man wenig Konkretes weiß, beiderseits des Rheins. Wie schon während der Missionsfahrten des heiligen Martin war auch diese Missionswelle großen Ausmaßes mit der Zerstörung heidnischer Heiligtümer verbunden. Radegunde, die Gattin Chlothars I., ließ 536/55 ein Heiligtum anzünden, von dem ausdrücklich gesagt wird, daß es fränkischem Kult diente. Ähnliches ereignete sich in der Gegend von Soissons und in Cambrai, wo Bischof Gaugerich an die Stelle eines heidnischen Heiligtums eine Medardus-Kirche erbaute. Für den salfränkischen Raum nördlich der Somme läßt sich sogar noch für das gesamte 6. Jahrhundert eine kirchliche Rückzugsbewegung feststellen, wobei offenbleiben muß, ob dort missionarische Gegenkräfte noch stärkere Einbrüche verhindern konnten. So fand um die Mitte des Jahrhunderts der heilige Vedastus, den Remigius von Reims als Bischof von Arras zur Frankenmission eingesetzt hatte, noch starkes Heidentum in der Umgebung König Chlothars I. vor.

In der zweiten Hälfte des 6. Jahrhunderts scheint es im Norden des Merowingerreiches zu einer Stagnation der Mission gekommen zu sein, die erst durch den Impetus Papst Gregors des Großen und vor allem durch die irische Mission auf dem Kontinent überwunden wurde. Aufschlußreich ist in diesem Zusammenhang, daß Eligius von Noyon (gest. 660) in Nordgallien lateinisch missionierte; von einer »protoromanischen« Sprache kann also im 7. Jahrhundert noch nicht die Rede sein. – Noch die Viten der Bischöfe Lambert (671/75–706) und Hugbert (vor 706–727) berichten von der Bekämpfung des Heidentums in den Ardennen und in Toxandrien (Nordbrabant). Dagegen dürfte im Rhein-Moselgebiet die frühmerowingische Germanenmission erfolgreich gewesen sein, denn nicht zufällig setzen seit dem Ende des 6. Jahrhunderts mit Magnerich in Trier und Ebergisel in Köln germanische Namen in den Bischofslisten ein. In Maastricht erscheint 614 der Bischof Bertulfus, doch begegnet hier schon um 500 ein germanischer Name. Worms und Speyer beginnen um 614 sogar mit Bischöfen germanischer Abkunft. Der ethnische und religiöse Wandel vollendete sich in der ersten Hälfte des 7. Jahrhunderts, seit in Trier und Köln nur mehr germanische Namen auftauchen.

Eine weitere Phase expansiver Mission setzt im 7. Jahrhundert mit der Regeneration des Merowingerreiches unter Chlothar II. und Dagobert I. ein; sie wird maßgeblich von der irofränkischen monastischen Bewegung getragen. In deren Klöstern wurde nicht nur die tiefere Christianisierung der fränkischen Oberschicht geleistet und ihr ein neues, christlich-adeliges Selbstverständnis vermittelt, sondern es wurde auch die Volksmission von monastischen Stützpunkten aus eingeleitet oder weitergeführt. Amandus (gest. 676), der »Apostel Flanderns«, entfaltete an Scarpe und Schelde seine Missionsarbeit und gründete das Kloster Elnone-St. Amand; sein Schüler Bavo wirkte um Gent und Antwerpen. Aus dem Kreise der mit Luxeuil eng verbundenen Hofbeamten Dagoberts I. kamen Bischof Eligius von Noyon und Tournai wie auch Bischof Audoenus von Rouen, die den Missionsauftrag in ihren Diözesen, dies in Zusammenarbeit mit dem fränkischen Adeligen Wandregisel und dem Adeligen Filibert, den Gründern von St. Wandrille und Jumièges an der unteren Seine, durchführten. Erst mit dem Ende des 7. Jahrhunderts beginnt in diesem Raum das Heidentum zu erlöschen. Die bedeutende Adelsfamilie der Burgundofaronen, die auch zum Pariser Hofkreis Dagoberts gehörte, förderte durch ihre Klöster in Meaux und Faremoutiers im östlichen Pariser Becken ebenfalls die irofränkische Mission. Mit dem Niedergang der merowingischen Königsmacht schwand der Einfluß der bischöflichen Zentralorte, soweit sie nicht eigene politische Herrschaft –

»Bischofsrepubliken« – ausgebildet hatten. Dagegen wuchs die Bedeutung der adelig-grundherrschaftlich organisierten Monasteria, die nun auch die Pfarrorganisation und damit die Mission vorantrieben. Das gilt vor allem auch für den Ausbau der rechtsrheinischen Pfarreien und monastischen Filiationen. Auch ist es kein Zufall, daß seit der frühen Karolingerzeit die Rolle der Äbte als Inhaber großer überregionaler Grundherrschaften auf Kosten der Bischöfe sich verstärkte. Dies führte dazu, daß im 7. Jahrhundert ein zähes Ringen zwischen Bischöfen und Klöstern um die Sicherung von Rechten und Besitzansprüchen einsetzte. Die meist vom Adel gestifteten Klöster wehrten sich dagegen, daß sie vermögensrechtlich wie eine Pfarrei dem Bischof unterstellt würden, und suchten auch in geistlichen Dingen dessen Korrektionsrecht zu entschärfen und seine Oblationsforderungen bei Besuchen und Weihehandlungen einzuschränken oder gar zu beseitigen. »Die Abtei gibt sich als Kirchenstadt, phänotypisch gleichwertig einem Bischofssitz« (A. Häussling). Wenn sich auch diese privilegierte »große Freiheit« der Klöster gegenüber der Diözesangewalt auf die Dauer nicht durchsetzen konnte und man sich schließlich auf der mittleren Kompromißlinie, einer »kleinen Freiheit«, fand, blieb doch die Spannung zwischen *episcopium* und *monasterium* ein Moment der weiteren Entwicklung. Die für die Zukunft so wichtige Klosterimmunität, die sich aus diesem Stand der Dinge entwickelte, hatte somit geistliche wie materielle Wurzeln. An der nicht störungsfreien Konkurrenz zwischen bischöflicher Seelsorgeorganisation und grundherrlichem »Eigenkirchenwesen« des Adels und der Adelsklöster konnte selbst die karolingische Kirchenreform des 8. Jahrhunderts nichts ändern; die Zukunft gehörte der Eigenkirche, die öfters mit dem Stiftergrab ausgestattet war. Aus rechtsgeschichtlichen wie archäologischen Gründen abzulehnen ist die Hypothese vom germanischen bzw. indogermanischen Ursprung des Eigenkirchenwesens, denn es findet sich ebenso bei slawischen und orientalischen Völkern und fehlt andererseits auch bei germanischen Völkern. Vielmehr handelt es sich um eine »Übergangsform in der allgemeinen Rechtsentwicklung«.

Die beschriebene Entwicklung wurde dann besonders für die Rheinlande, aber auch für Alamannien und das agilolfingische Bayern an der Wende vom 7. zum 8. Jahrhundert wichtig. Im rheinfränkischen Raum, wo die Luxeuil-Bewegung mit dem pippinidischen Hauskloster Nivelles sowie mit Stablo-Malmedy in den Ardennen um die Mitte des 7. Jahrhunderts Fuß gefaßt hatte und die Abtei Prüm in der Eifel seit dem frühen 8. Jahrhundert sich zu einem karolingischen Hauskloster entwickelte, sind die Erfolge der eigenkirchlichen Mission deutlich zu fassen: das Heidentum erlischt in diesem Zeitraum. In einer nächsten Etappe greifen die rheinischen Bischofsstädte missionarisch ins Rechtsrheinische aus. Die Grabsteine von Königswinter-Niederdollendorf und Leutesdorf bezeugen ein christliches Vorfeld östlich des Rheins, das dann in karolingischer Zeit nicht mehr missioniert zu werden brauchte.

Im Rhein-Main-Gebiet lebte das antike Christentum nachweislich in Mainz-Kastel und in Wiesbaden fort, die Mission des 7. Jahrhunderts erreichte den unteren Main bis zum Niddagau und auch den Spessart. Fränkische Macht und damit die Möglichkeit erfolgreicher Missionsarbeit von Mainz aus bestimmen auch die Situation in der Wetterau, von der aus wiederum über die fränkischen Kastelle Glauburg bei Büdingen, Amöneburg, die Kerstburg (Christenberg bei Wetter) und die Büraburg bei Fritzlar die Mission den hessischen Raum erschließen konnte. Vom Bistum Worms aus wurde der untere Neckar von Ladenburg bis Bad Wimpfen missioniert und ebenso der Odenwald mit dem Kloster Amorbach, einer Gründung des frühen 8. Jahrhunderts, die sich später wiederum in die Sachsenmission einschaltete. Das Bistum Speyer wirkte zusammen mit der um 660 gegründeten Abtei Weißenburg im Elsaß, einer Stiftung der austrasischen Adelsfamilie der Theodarde und Chrodoine, missionarisch im späten 7. und frühen 8. Jahrhundert im Kraichgau und im mittleren Neckargebiet, aber auch um Hammelburg und Schweinfurt, wo Weißenburg früh Besitz hatte. Auch die Trierer Kirche missionierte in Hessen, und noch Winfrid-Bonifatius traf auf deren Spuren.

Auch in den Randzonen des Frankenreiches waren Fürstensitze, römische und merowingische Kastelle, grundherrschaftliche Zentren des Königsgutes und des bereits christlich gewordenen Adels das Rückgrat der Mission. Nur selten ging es dabei um völliges Neuland für das Christentum. Die Mainlande um Würzburg, die Arnulf von Metz um 620/30 noch heidnisch vorfand, müssen Ende des 7. Jahrhunderts, als der Ire Kilian im Konflikt mit Herzog Gozbert den Tod fand, schon vom Christentum erfaßt gewesen sein. Für Kilian nimmt man neuerdings einen päpstlichen Missionsauftrag an, ob zu Recht, bleibe dahingestellt. Ausmaß und Wirkung einer irischen Frühmission in Mitteldeutschland werden allerdings heute eher skeptisch beurteilt. Gozberts Sohn Heden II., der um 700 auch das westliche Thüringen beherrschte, konnte dann für die Mission vorübergehend den Angelsachsen Willibrord gewinnen, dem er 704 Güter in Arnstadt, Mühlberg bei Gotha und Großmohra und 716 die Hammelburg im Saalegau übertrug. Auch Willibrords Landsmann Winfrid-Bonifatius missionierte 725 in Thüringen. Letzterer gründete in Eichstätt wohl ein Eigenkloster an einem Platz, an dem eine kleine römische und eine durch Feuer vernichtete frühmittelalterliche Siedlung vorausgegangen waren. Von diesem Kloster aus missionierte der 742 zum Bischof von Erfurt geweihte Angelsachse Willibald.

Für den alamannischen Bereich gilt, daß sich zwar weit verstreut immer wieder vor allem archäologische Zeugnisse für Christentum schon im 6. Jahrhundert finden, daß aber wohl das Urteil des frühbyzantinischen Historikers Agathias (ca. 536–582) zutreffen dürfte, der die heidnische Naturreligion der Alamannen schildert und dazu bemerkt, daß erst die

Einsichtsvollen unter ihnen Christen seien. So plündern alamannische Truppen beim Italienzug König Theudeberts I. ohne Scheu christliche Kirchen, während sich die Franken zurückhalten. Darüber hinaus scheinen die Alamannen am längsten unter den Germanenvölkern am kultischen Menschenopfer festgehalten zu haben. Seit dem Ende des 6. Jahrhunderts treten Goldblattkreuze auf; sie sind in der ersten Hälfte des 7. Jahrhunderts relativ stark verbreitet und laufen anfangs des 8. Jahrhunderts aus, als die Kirchenorganisation einigermaßen gefestigt war. Das bedeutet aber, daß sie vor allem für eine synkretistische Zwischenphase charakteristisch sind. Mit Recht hat man daher davor gewarnt, das Vorkommen von christlichen Goldblattkreuzen in Alamannien hinsichtlich des Standes der Christianisierung zu überschätzen. Insgesamt dürfte die durchgreifende, kirchenorganisatorisch gefestigte Missionierung der Alamannen außerhalb der altchristlichen Romania, d.h. außerhalb des Einflußbereichs der Bistümer Chur, Augst-Basel und Straßburg, erst im frühen 7. Jahrhundert, also mit Dagobert I., in Gang gekommen sein. Die Christianisierung des alamannischen Kernraums zwischen Burgund und Rätien einerseits sowie zwischen Iller und Oberrhein andererseits war dann das Werk des neu gegründeten Bistums Konstanz. Es hatte als einziges der vorbonifatianischen Bistümer des deutschen Südwestens keine römischen Wurzeln und mußte sich von Anfang an auf die neuen Gegebenheiten des Frühmittelalters einstellen. Ähnliches wird auch für das Bistum Augsburg als eine vorbonifatianische Gründung der Dagobertzeit gelten. Als Hauptstadt der römischen Provinz Raetia secunda ist wohl ein antikes Bistum anzunehmen, doch ist bis heute nicht geklärt, ob es ebenso fortexistiert hat wie das Märtyrerheiligtum der heiligen Afra am selben Ort. Möglicherweise können die Ergebnisse der Domgrabung weitere Aufschlüsse bringen. Es war dann vor allem die missionarische Kraft des Luxeuil-Mönchtums, die den Gang der Bekehrung in Alamannien bestimmte. Mit breiten Zonen synkretistischer Glaubensvorstellungen ist jedenfalls zu rechnen. Waren auch die Bistümer das Rückgrat des kirchlichen Ausbaus, der mit Hilfe einer regen, von Königtum und Adel geförderten Mission zunehmend in die Tiefe und Breite ging, so wurde Mission jetzt vornehmlich vom Mönchtum getragen. Sie griff mit bedeutenden gallischen Mönchsmissionaren und Bischöfen wie Eligius, Amandus, Filibert, Emmeram und Corbinian in den Norden und Osten aus. Synkretismus begegnete schon dem heiligen Columban, als er am Beginn des 7. Jahrhunderts am Bodensee missionierte und Alamannen, die sich teilweise als Christen fühlten, vor einem Bierkessel fand, aus dem sie die »Wodans-Minne« tranken. Columban zersprengte ihnen, den Vorfahren der Deutschen, – wahrlich ein tapferer Mann! – den Bierkessel mit seinem Hauch. Ansonsten jedoch bleibt der Missionsvorgang weitgehend anonym, vieles, wie die Gründung der Abtei St. Trudpert im Breisgau, bleibt im dunkeln. Auch die Einsiedelei des Columban-Schülers Gallus im Steinachtal im frühen 7. Jahrhundert war sicher noch kein Missionszentrum; erst mit der Entstehung des Klosters nach 700, an der Kräfte aus dem Bistum Chur beteiligt waren, konnte hier wirksam missioniert werden. Hingegen gehören die Gründung der Abtei Reichenau 724 und damit auch die gesamte Tätigkeit Pirmins im Elsaß, in der Pfalz und im Bodenseeraum wie auch die St. Galler Filiationen Füssen und Kempten bereits einer Epoche an, in der weniger die bahnbrechende Missionsarbeit als die Festigung und kirchlich-organisatorische Vertiefung des Christentums im Vordergrund stand. Das Schicksal des irofränkischen Klostergründers Pirmin, vor allem seine Vertreibung von der Reichenau, beweist aber auch die enge Verflechtung der kirchlichen Organisationsarbeit und Gründungstätigkeit mit den regionalen und überregionalen Gewalten und deren Konflikten. Das gilt auch für die angelsächsische Festlandsmission.

Ebenso wie in Alamannien sind die Spuren vorbonifatianischen Christentums in Bayern teilweise nur archäologisch zu erfassen, weswegen es besonders schwierig ist, zwischen ursprünglicher Mission und dem Auf- und Ausbau einer bereits im frühen 8. Jahrhundert entstandenen Bistumsorganisation klar zu unterscheiden. Mit der Völkerwanderung war das christliche Leben nicht völlig erloschen, doch ist dessen Nachweis mit vielen Unsicherheiten belastet. Immerhin lebten spätantike Heiligenkulte im agilolfingischen Bayern fort, so der Augsburger Afra-Kult und der Maximilianskult in Bischofshofen, der Florianskult an der Enns sowie die Verehrung des von Venantius Fortunatus erwähnten hl. Valentian im Inntal. Völlig unsicher ist die Herkunft der Heiligen Marinus und Anianus in Rott am Inn und am Irschenberg (Wilparting), doch Iren sind sie keinesfalls gewesen. Diskutiert wird die Existenz eines vorrupertinischen Klosters in Juvavum-Salzburg, das antiken Ursprungs sein könnte. Das Weiterleben romanischer Bevölkerung im Alpenraum, die mindestens teilweise christlich war, steht aber außer Frage. Während man bislang aufgrund der »Vita Severini« des Eugippius (um 511) eher von einem Abzug der christlich-romanischen Bevölkerung aus Ufernoricum ausging und damit auch von einem Ende der monastischen Gründungen Severins in Favianis-Mautern und Passau-Boiotro, läßt ein neuer archäologischer Befund für Passau-Innstadt durchaus die Annahme zu, daß dort eine christliche Gemeinde weiterexistierte.

Das 7. Jahrhundert brachte mit der irofränkischen Mission in Bayern eine deutliche Verstärkung der bereits in Ansätzen vorhandenen Christianisierung. Daß allerdings das Kloster Weltenburg bei Kelheim an der Donau eine irofränkische Gründung war, ist nach neuesten Untersuchungen eher unwahrscheinlich. Wichtig ist in diesem Zusammenhang die Tatsache, daß Herzog Theodo am Beginn des 8. Jahrhunderts von Rom zwar eine Bistumsorganisation erbittet, jedoch keine Missionare; doch war wohl auf jeden Fall missionarische Arbeit für eine durchgreifende Christianisierung Bayerns noch vonnöten, und ebenso ist es richtig, daß von der kirchlichen

Organisation der römischen Provinzen Noricum und Rätien zu der des frühmittelalterlichen Bayern kaum ein Weg führt. Auch die räumliche Nähe Italiens konnte den Bruch nicht verhindern. Vielleicht wurde schon 716 von Herzog Theodo Salzburg als kirchliches Oberzentrum bestimmt.

All dies wird man im Auge behalten müssen, wenn man die Tätigkeit der vier aus dem Westen nach Bayern kommenden »Missionare« Emmeram, Erhard, Rupert und Corbinian richtig beurteilen will. Der heilige *Emmeram*, der nach seiner Vita wohl um 660 oder um 700 aus Poitiers kam und ursprünglich Awarenmission betreiben wollte, aber auf Einladung eines Herzogs Theodo dann doch in Bayern blieb, um auf herzoglichen Wunsch Abt aller Klöster des Landes (vielleicht auch Bischof) zu werden, ist biographisch sehr schwer zu fassen. Kernpunkt seiner Existenz war wohl ein schwerer Konflikt mit dem Herzogshaus, der mit seinem als Martyrium gedeuteten Tode endete. Er wurde in Regensburg in einer alten, vielleicht spätantiken Georgskirche beigesetzt, und schon seit der Mitte des 8. Jahrhunderts wurde sein Festtag gefeiert; damals war St. Emmeram sicher schon Kloster. Ein anderer Regensburger Heiliger, *Erhard*, ist geschichtlich noch weniger greifbar; nach seiner späten Vita soll er aus Aquitanien stammen. Wesentlich besser sind wir hingegen über *Rupert* (Hrodpert) von Salzburg informiert, der um 696 aus Worms, wo er Bischof gewesen sein soll, nach Salzburg kam. Ob er in diesem Ort, der offensichtlich als spätantikes Oppidum noch bewohnt war, das Peterskloster gründete oder dort eine bereits bestehende Mönchsgemeinde erneuerte, ist umstritten; jedoch hat er auf dem Salzburger Nonnberg sicher ein Kloster gegründet, in dem seine Verwandte Erintrud Äbtissin wurde. Aus den Salzburger Güterverzeichnissen von 788/90 ist zu entnehmen, daß sich im weiteren Umland christliches Romanentum erhalten hat, daß *Romani exercitales*, also bewaffnete Romanen, in offenbar organisierter Form der Herzogsgewalt unterstellt waren und daß grundbesitzende Romanen als Schenker an das Peterskloster hervortraten: Restromanentum und fränkisch-agilolfingischer Neuansatz in den kirchlichen Verhältnissen sind hier sehr konkret zu fassen.

Über die Wirksamkeit des Freisinger Bistumsheiligen *Corbinian* im agilolfingischen Bayern sind wir am besten durch die Lebensbeschreibung unterrichtet, die ihm Bischof Arbeo von Freising aus relativer zeitlicher Nähe gewidmet hat. Aus der Gegend von Melun um 716 nach Freising gekommen, ließ sich Corbinian auf dem Domberg neben der Herzogsburg nieder. Pippin der Mittlere hatte ihn noch finanziell gut ausgestattet, so daß er vom Freisinger Herzog Güter für die Kirche kaufen konnte. Zwei Klöster, Weihenstephan und das Domkloster auf dem Burgberg, gehen wohl auf ihn zurück; allerdings könnte Weihenstephan schon vor seiner Ankunft in Freising als Klösterchen oder zumindest als Kirche bestanden haben. Ein Konflikt mit dem Freisinger Herzog Grimoald wegen dessen unkanonischer Ehe vertrieb Corbinian nach Mais in Südtirol, doch holte ihn der neue Herzog Hucbert zurück, als mit Karl Martells Einfall in Bayern Grimoald zugrunde ging und sich damit der karolingische Einfluß wieder stabilisierte. – Corbinians Schicksal wie das der übrigen »Missionare« Bayerns an der Wende vom 7. zum 8. Jahrhundert läßt deutlich erkennen, welche Rolle der reichsfränkische Einfluß trotz aller Schwankungen gespielt hat und wie eng die politische Gesamtsituation mit der kirchlichen Entwicklung verbunden war.

In der Forschung verschieden beurteilt bleibt für den gesamten Missionsvorgang die Frage, ob und in welcher Weise germanische Vorstellungen und Verhaltensweisen auf das Christentum eingewirkt haben, eine Frage, die dann auch für die Bekehrung der slawischen Völker relevant wurde. Abstriche sind hier gegenüber zeitbedingt übertriebenen, älteren Vorstellungen nötig, etwa was die »germanische Wurzel« des Eigenkirchenwesens anbelangt. Ähnliches gilt für das Fortwirken eines germanischen »Sakralkönigtums« im frühmittelalterlichen Herrscherkult. Auch die christliche Sakralisierung des frühmittelalterlichen Adels, die an die Stelle der heidnisch-mythischen Herkunft tritt, hat ihre Vorformen im christlichen Sendungsbewußtsein spätantiker Senatorenfamilien, doch dürfte hier das Selbstverständnis einer germanischen bzw. slawischen Führungsschicht diesen Trend wesentlich verstärkt haben. In diesen Zusammenhang gehört seit dem 6./7. Jahrhundert auch das häufige Auftreten von Königsgrabkirchen und Stiftergräbern in und bei Kirchen. Schon die Tatsache synkretistischer Phänomene zeigt die Fortwirkung paganer Glaubensinhalte, desgleichen das Auftauchen gefolgschaftlicher Vorstellungen im althochdeutschen biblischen Epos »Heliand«. Methodische Vorsicht ist dennoch geboten, da von seiten der Missionare, wie schon Papst Gregors des Großen berühmte Missionsanweisung für die Bekehrung der Angelsachsen zeigt, ein gewisses Eingehen auf germanische Tradition für den Erfolg der Mission offenbar für unerläßlich gehalten wurde. Eine Anpassung an germanische Denkmuster war also schon aus Gründen einer effektiven Mission unvermeidlich, wobei es letztlich unerheblich bleibt, ob dies – wie bei Gregor dem Großen – ein bewußtes Konzept war oder ob die Missionare, soweit sie dem germanischen Milieu entstammten, diese Anpassung schon innerlich selbst vollzogen hatten. Mit Recht hat man schließlich darauf verwiesen, daß in der Frühphase der Mission, um die es hier geht, mit der Taufe sich noch keineswegs ein Bewußtsein von der Tragweite der ethischen Forderungen des Christentums einstellte. Schuldgefühl und Sündenbewußtsein – dies zeigt die althochdeutsche Wortgeschichte – konnten sich erst später entwickeln. Es kam vor allem auf den rituellen Vollzug der Liturgie, an der die Bevölkerung kaum beteiligt war, und auf die zumeist als magisch empfundene Präsenz der Eucharistie sowie auf die Wunderkraft von Reliquien an, deren Nähe und Berührung man, allen theologischen Einschränkungen zum Trotz, als Schutz und unmittelbaren Segen empfand. Vor der Epoche Karls des Großen ist außerhalb von Klerus und Mönchtum und vielleicht abgesehen von der länger christianisierten romanisierten Bevölkerung links des Rheins und südlich der Donau kaum mit einer vollen Akzeptanz christlicher Wertvorstellungen zu rechnen, schon gar nicht für die Masse der Bevölkerung, die erst im Zuge der Kirchenreformen des Hochmittelalters intensiver erreicht wurde. Deshalb hat man für die Epoche bis zum Ende der Karolingerzeit von einer »versuchten Christianisierung« *(attempted christianization)* gesprochen.

Mission als Ursache europäischer Sprachkulturen

Was die Mission als Gesamtphänomen betrifft, so hat man sich verschiedentlich wieder deren germanischen Vorbedingungen zugewandt und von einer »religionsgeschichtlichen Zweiteilung« der Nordhälfte Europas gesprochen, wonach die christliche Mission auf die »Expansionsdynamik des polytheistischen Nordens« stieß. Damit ließe sich die Verzögerung bei der Ausbreitung und Festigung der Kirche im 6. Jahrhundert erklären. Die Ikonologie der nordeuropäischen Goldbrakteaten des 5. und 6. Jahrhunderts läßt Einflüsse der spätantikrömischen Reichskunst auf die Götterwelt der Germanen erkennen und damit alteuropäische Zusammenhänge. Es handelt sich um einen starken Polytheismus, gegen den anzukämpfen für die christliche Mission eine oft schwierige Aufgabe war. Hinzu kommt, daß mit dem planvollen Ausgreifen der Bekehrung über die Grenzen des Imperium Romanum seit Papst Gregor dem Großen eine Neuformulierung des kirchlichen Sendungsbewußtseins notwendig wurde. Nach Gregors Konzeption machte das erwartete baldige Weltende eine verstärkte Weltmission erforderlich, um möglichst viele Seelen vor der ewigen Verdammnis zu retten. Eine »dialogische« Auseinandersetzung mit der religiösen Vorstellungswelt der Germanen war unter diesen Umständen um so weniger zu erwarten, als allein schon die grundsätzliche Konfrontation von

»archaischer Gedächtniskultur« und christlicher »Buchreligion« ein wirkliches Eingehen auf den paganen Polytheismus fast unmöglich machte. Aus den Quellen der Missionszeit ist jedenfalls kaum etwas Konkretes oder gar Objektives über die germanischen Götter zu erfahren, es bleibt zumeist bei schematischen Beschreibungen des heidnischen »Götzendienstes«. Unter diesem Aspekt wird man auch Vorsicht bei der Interpretation »synkretistischer« Phänomene walten lassen müssen, die zwar Mißverständnisse der Betroffenen signalisieren, aber relativ wenig Genaues über die paganen Voraussetzungen der Mission aussagen. Auf jeden Fall aber haben die neuen Forschungsansätze mit dem ideologischen Konstrukt eines spezifisch »germanischen Christentums« aufgeräumt, dessen zeitgeschichtliche Bedingtheit einer sachlichen Erforschung der germanischen Mythologie allzulang im Wege stand. Eine zwangsläufige Folge der Mission war die Auseinandersetzung des Christentums mit magischen Vorstellungen und Praktiken, von denen aber die Kirche selbst in steigendem Maße beeinflußt wurde. Trotz der grundsätzlichen Konfrontation zwischen »Gut« und »Böse« erwies es sich oft als fragwürdig, zwischen Wahrsagerei und Prophetie, Zauberei und Wunder, Amuletten und Reliquien klar zu unterscheiden.

Über den hier zu behandelnden Zeitrahmen hinaus führt eine unmittelbare Folge der Mission, die gesamteuropäische Bedeutung hat, weil sie die Entstehung der Sprachen dieses Kontinents bewirkte: Ohne auf die inhaltlichen Momente dieses umfassenden Vorgangs eingehen zu können, der für den deutschen Sprachraum erst in der zweiten Hälfte des 8. Jahrhunderts beginnt, muß hier dennoch auf seine Anfänge in der germanischen und slawischen Welt sowie bei kleineren Ethnika mit einer eher allgemeinen Überlegung hingewiesen werden. Auszugehen ist dabei von einer Beobachtung, nämlich dem gravierenden Unterschied zwischen der antiken und der mittelalterlichen Sprachkultur.

Die pagane antike Welt hat, als Folge der politischen Machtentfaltung, zwei große, bleibende Hochsprachen und »Weltliteraturen« hervorgebracht: die griechische und die römische. Demgegenüber entfaltete das mittelalterliche, christliche Europa eine Fülle von Nationalliteraturen hoher Qualität: so in Irland, England, Frankreich, Deutschland sowie in den skandinavischen und slawischen Ländern und Reichen. Italien und Spanien als unmittelbare Erben lateinischer Sprachkultur gingen hier zwangsläufig einen etwas anderen Weg zur eigenen Nationalkultur. Ursache dieses grundlegenden Unterschieds zwischen dem alles beherrschenden griechisch-römischen »Dualismus« der Literatur einerseits und der Vielfalt europäischer Literatursprachen irischer, germanischer und slawischer Herkunft andererseits war vor allem das christliche Missionsgebot. Durch die Erfordernisse einer tiefgreifenden Bekehrung der heidnischen Völker und durch den damit gegebenen Zwang zur engen Kommunikation mit ihnen bot sich als notwendiges Hilfsmittel der Exegese allein die Vermittlung und Interpretation in der Muttersprache an. Dies führte schon früh zu volkssprachlichen Glossierungen von Bibeltexten und Schriften der Kirchenväter und bald darauf zu deren Übersetzung in die jeweiligen Sprachen, die sich ihrerseits am Vorbild der beiden klassischen Sprachen grammatikalisch, d.h. strukturell, sowie durch ihre Bereicherung mit antik-christlichen Inhalten weitgehend erst konstituierten. Darüber hinaus kam es aber auch schon seit dem 7. Jahrhundert und am frühesten im irisch-angelsächsischen Bereich zur schriftlichen Fixierung mündlich tradierter heidnischer Kulturtraditionen in der Muttersprache. Ob bei dieser Verschriftlichung eher ein »antiquarisches« Interesse im Spiel war oder echter gentiler Traditionalismus der Bekehrenden und Bekehrten, kann nur im Einzelfall entschieden werden. Das Ergebnis ist in jedem Fall von entscheidender Bedeutung für die europäische wie deutsche Kulturentwicklung: Aus der Glaubenseinheit des lateinischen Westens und des griechischen

Ostens entfaltete sich der faszinierende Reichtum der europäischen Nationalkulturen: ein Faktum von großer Tragweite, wenn man bedenkt, daß beispielsweise die römische Militärmonarchie die keltische Kultur Galliens, der noch jede schriftliche Fixierung fehlte, weitgehend auslöschte, desgleichen die germanischen Traditionen in den entsprechenden Provinzen des Imperiums. Das »romfreie« Irland hingegen entwickelte im Gefolge seiner christlichen Missionierung sehr bald eine reiche irische Literatur, in der das geistige Erbe der alten Sänger-Kultur, der *filid*, gleichsam im dreifachen Hegelschen Sinn »aufgehoben« wurde: Sie wurde erstens religiös-kultisch eliminiert, zugleich aber – wenigstens teilweise – schriftlich festgehalten, d.h. bewahrt, und dann in den neuen Kontext einer christlichen Gesellschaft emporgenommen. Ähnliches gilt für die angelsächsische Literatur, die sich nach dem Abzug der römischen Okkupationsmacht ebenfalls aus den Erfordernissen einer umfassenden Volksmission entwickelte und – wie etwa das Epos »Beowulf« zeigt – paganes Erbe in die Schriftlichkeit herüberrettete. Somit steht missionarische Überzeugungskraft in einem sehr konkreten Sinn am Beginn der europäischen Nationalliteraturen. Es ist das existentielle Interesse des Missionars an der Rettung heidnischer Seelen vor der ewigen Verdammnis, das hier wirksam war. Anfangs sprachlicher Notbehelf, der für die Bekehrung unumgänglich war, schuf er gleichzeitig Raum für eine Anerkennung des Eigenwerts heidnischer Sprachen und für deren Literalisierung. Griechen und Römer wären in der militanten Blütezeit des Imperiums wohl kaum auf die Idee gekommen, »barbarische« Sprachen zu pflegen. Erst der missionarische Impetus vermochte diese Barriere zur Mentalität anderer, noch heidnischer Völker zu überwinden; er wurde damit zum eigentlichen Auslöser der europäischen Nationalsprachen, die durch subtile christliche Inhalte erst vergeistigt wurden. Das gilt etwa für religiöse Grundbegriffe wie »Seele«, »Gnade«, »Barmherzigkeit«, die in schwierigen Anläufen ins werdende Althochdeutsche übertragen und interpretiert werden mußten. Damit erwies sich die oft gefahrvolle Missionssituation im Bereich der Sprache und Literatur des Frühmittelalters als vitale »junge Kirche in actu«.

Was die Entstehung des Althochdeutschen aus einem vorausgegangenen, oft schwer deutbaren sprachlichen Substrat und Wortmaterial anbelangt, aus dem durch Verschriftlichung eine mehr und mehr überregionale Sprache wurde, so sollte man nicht einfach deren faßbaren Ausgangspunkt in Glossen und Interlinearversionen zu lateinischen Grundtexten als normales »Übersetzen« bezeichnen. Denn Althochdeutsch als Schriftsprache erhielt erst durch die lateinische Vorlage als logisches Strukturmuster eine tradierbare, grammatikalische, d.h. verbindliche Form und wurde damit ein überdauerndes Gefäß für differenzierte Inhalte. Ohne den Wert der vorschriftlichen germanischen Kulturen infrage zu stellen, deren Kraft sich ja später in den großen Werken der angelsächsischen und althochdeutschen Poesie manifestierte, waren die Übersetzungen aus lateinischen Vorlagen eben nicht »normale« Übertragungen aus einer Sprache, sondern zugleich kreative Neuschöpfungen – im vorliegenden Fall des Althochdeutschen. Kreativ war dieser zentrale kulturelle Transfer von einer Sprache in die (werdende) andere auch deshalb, weil es um wechselseitige Spracherhellung geht, d.h. um ein neues, geradezu »dialektisches«, didaktisches Prinzip, dessen Bedeutung gegen Ende der althochdeutschen Sprachperiode kein Geringerer als Notker der Deutsche von St. Gallen (gest. 1022) in seiner Wechselwirkung erkannte und auf den Begriff brachte: eine sprachphilosophische Leistung von enormer kultureller Bedeutung für die Anfänge deutscher Geistesgeschichte. Das gilt auch für die anderen, nichtromanischen Nationalkulturen Europas: Latein als transethnische Sakralsprache steht in sehr konkretem Sinn am Beginn der europäischen Nationalkulturen, ein Faktum, das nicht nur für die neuen religiösen Inhalte, sondern auch für die rationalen Bauformen der neuen Sprachen gilt. Latein ist in diesem komplizierten Sinn in der Tat deren gemeinsame, ordnende Mutter gewesen.

Als kultureller »Überbau« der Völker und überregionales Verständigungssystem blieben Latein und Griechisch im Mittelalter als internationale Sakral- und Gelehrtensprachen auch in anderer Weise lebensnotwendig und nach wie vor bis zum Beginn der Neuzeit führend. Sie waren die übergreifende geistige Essenz im weitverzweigten, auf Effektivität angewiesenen Kommunikationsnetz der europäischen Kirchen. Beide Kirchensprachen bewahrten als spiritueller »Überbau« die Nationalkulturen vor geistiger Verengung und Unfähigkeit zur Kommunikation.

D

Die frühereuropäische Gesellschaft: Antike Elemente und neue Formen

Königtum und Adelsherrschaft

Der »Rex Francorum«: Stützen und Grenzen seiner Macht

So wie am Beginn des Frankenreiches das Zusammenwachsen zweier Kulturen steht, nämlich der christlich-spätantiken romanischen Welt einerseits und der noch weitgehend heidnischen Welt des Germanentums andererseits, so entstand das mittelalterliche Königtum ebenfalls aus diesen zwei Wurzeln. Der germanische König, wie er vor allem während der Völkerwanderungsepoche bei fast allen Völkern dieses Kulturkreises zu finden ist, steht an der Spitze eines Personenverbandes, der *gens*, er ist deren Repräsentant. Gegenüber dem nach städtischen Zentren organisierten Imperium Romanum, dessen Verwaltungsstruktur seit der Spätantike zunehmend durch die wachsenden Befugnisse des stadtsässigen Bischofs verändert wurde, ist das Königtum der Germanen nur sehr bedingt mit einem klar umrissenen »Territorium« verknüpft, denn gerade in der Wanderzeit wird es über weite Strecken hin geradezu zum Träger der Identität der *gens*, die sich im übrigen aus sehr verschiedenartigen ethnischen Gruppen konstituieren konnte. Nur teilweise ergiebig erweist sich die neuerlich wieder aufgenommene Diskussion darüber, ob für die Verfassung der jeweiligen Gesellschaften des europäischen Mittelalters die Bezeichnung »Staat« sachgerecht ist oder ob der Terminus »Herrschaft«, wie einst Otto Brunner postulierte, zutreffender ist. Es geht letztlich darum, wie weit man den Begriff

»Staat« faßt und welche Kriterien man jeweils pro und contra ins Feld führt. Immerhin darf man als Ertrag der Kontroverse verbuchen, daß die Elemente mittelalterlicher Staatlichkeit schärfer zu fassen sind und daß man die unübersehbaren Bestände spätantiker Staatlichkeit im Königtum des Frühmittelalters wie in seiner Rechtsordnung klarer vor Augen hat. Auf den Begriff der »Herrschaft« wird man andererseits schon deshalb nicht ganz verzichten können, da er für die vorhandenen Elemente personaler Herrschaft über Land und Leute steht, die im Begriff des »Staates« nicht untergebracht werden könnten. Man wird hinzufügen dürfen, daß »Staat« und »Herrschaft« nicht unbesehen mit »römisch« oder »germanisch« gleichgesetzt werden sollten, denn in der spätantiken Zerfallsphase römischer Staatlichkeit lassen sich im ausufernden Patrozinienwesen wie im Auftauchen regionaler Machthaber in Italien, Gallien und Spanien, die mit germanischen Häuptlingen konkurrierten oder kooperierten, bereits Elemente persönlicher Herrschaft ohne Legitimität im staatlichen Sinne fassen. Das sinkende Niveau römischer Staatlichkeit mag wohl die Integration der germanischen Völker auf dem Boden des westlichen Imperiums und besonders in Gallien gefördert haben, aber ihrem Wesen nach hatten solche spätrömischen Regionalherrschaften nur noch sehr bedingt etwas mit dem klassischen wie dem nachdiokletianischen Imperium und seinen Machtstrukturen zu tun. Die Deutung mittelalterlicher »Staatlichkeit« wirkt sich auch auf den Begriff des Königtums aus, dessen Charakter bislang aus germanischer Wurzel interpretiert wird. Königtum, als Garant der Freiheit des Stammes oder Volkes, erwächst aus heidnisch-sakraler Autorität, ist also, wie schon Tacitus erkannte, an bestimmte Familien gebunden, denen eine magisch-numinose Herkunft und damit auch Heilskraft zuerkannt wurde. Es ist anzunehmen, daß bei den Germanen ursprünglich dieses »Sakralkönigtum« die übliche Herrschaftsform gewesen ist. Der König garantierte der *gens* Fruchtbarkeit und Gedeihen in jeder Form, Wahrung des inneren Friedens, und oft war seine Stellung in frühgeschichtlicher Zeit mit priesterlichen Aufgaben verbunden. Während der Wanderzeit trat neben das ältere »Sakralkönigtum« ein »Heerkönigtum«, das sich wohl aus der zeitlich befristeten Befehlsgewalt des germanischen Kriegs-Herzogtums entwickelte und mit einer geglückten Okkupation oder erlaubten Ansiedlung zu dauerhafter Herrschaft wurde. Neuerdings betont man allerdings, daß der Begriff *rex*, König, aus römischen Quellen, vor allem aus den Schriften Caesars und Tacitus' stammt, also eine *interpretatio romana* darstellt, und daher wenig über die dahinter stehende Realität verrät, Der *rex Ariovist* etwa, ein politisch-militärischer Gegenspieler Caesars in Gallien, sei demzufolge ein rein römischer Ehrentitel ex autoritate romana, womit den älteren Anschauungen über »Sakralkönigtum« und »Heerkönigtum« zumindest teilweise die Grundlage entzogen würde. Allerdings zeigt gerade das beträchtliche Machtpotential Ariovists, daß er eine offenbar herrscherliche Stellung besessen haben muß, die nicht nur aus dem Zufall einer politisch-militärischen Konstellation stammen kann. Auch was Ammianus Marcellinus im 4. Jahrhundert über alamannische Könige berichtet, läßt geregelte Herrschergewalt bei germanischen Völkern erkennen. Daß dieses Heerkönigtum eng mit römisch autorisierter Militärhoheit in einer bestimmten Region verbunden sein konnte, läßt sich am Beginn der politischen Laufbahn Childerichs von Tournai und mehr noch bei König Chlodwig I. erkennen. Mehrere Elemente verbinden sich zu etwas Neuem und ermöglichen Chlodwig die Monopolisierung seines Königtums auf Kosten anderer Stammeskönige: Damit waren zum einen heidnisch-sakrale Komponenten wirksam, und damit die Verfügung über das fränkische Heer, zum andern waren die staatlich-römischen und alttestamentlich-christlichen Leitbilder von prägender Kraft. Die römische Komponente begründete eine Gebietsherrschaft, ebenso aber Oberherrschaft über die bischöflichen *civitates*, womit sich auch die innerfränkischgentilen Lebensordnungen grundlegend wandelten. Es versteht sich von selbst, daß damit das fränkische Königtum auch staatsrechtliche Vorstellungen der Spätantike übernahm und in Rechtskodifikationen festschreiben ließ. Nun erst konnte sich ein neuer, christlicher Königsgedanke entwickeln, der für das gesamte Mittelalter konstitutiv werden sollte.

Die Vorstellung vom christlichen Herrscher fand ebenso Eingang in die Liturgie und manifestierte sich auch in den zahlreichen Königsgrabkirchen, allen voran in St. Denis, der wichtigsten Grablege der merowingischen Königsfamilie. Für die Legitimität von königlicher Gewalt und von Herrschaft überhaupt wurde für das Mittelalter die schon in der christlichen Spätantike entwickelte Idee wichtig, daß bereits mit dem Sündenfall Herrschaft zur Zügelung der menschlichen Gesellschaft notwendig geworden sei. Diese Vorstellung erhielt durch die Jahrhunderte hindurch sehr verschiedenartige Ausformungen bis hin zu gesellschaftskritischen Konzeptionen. Die seit Konstantin dem Großen entwickelte Idee eines christlichen Kaisertums hat bei dem neuen Königsgedanken offenbar Pate gestanden, galt doch der seit den großen Reichskonzilien als *serenissimus*, *piissimus* und *tranquillissimus* bezeichnete Kaiser in römischen Augen als Vater der germanischen Könige an den Grenzen und später auf dem Boden des Imperium Romanum. Aus spätantiker Tradition stammen auch die ideellen Wechselwirkungen zwischen Gottesbild und Herrschaftsideologie. Christus als monumentaler »Pantokrator« bedeutete auch in gewisser Weise eine »Paganisierung des Christentums« (J.G. Deckers), die Hand in Hand ging mit einer Sakralisierung des spätantiken Herrschers, die ihn »dem tagespolitischen Kräftespiel von Senat, Militär und Volk entzog« (R. Warland) – ein Vorgang, der sich in der Bildpropaganda der spätantiken Staatskunst manifestierte, aber auch das Mittelalter prägte.

Gregor von Tours nennt Chlodwig I. einen »novus Constantinus«, wobei ihm das Konstantinbild der römischen Kirche vorschwebte. Das bezog sich konkret auf Chlodwigs religiöse Motivierung seines Krieges gegen die arianischen Westgoten, auf seine Leitung der Kirche seit der Synode von 511 und ebenso auf seinen und seiner Nachfolger Anspruch, Bischöfe einzusetzen. Die Verchristlichung des Königtums der Merowinger vollzog sich aber nicht in einem Zuge, denn noch im gesamten 6. Jahrhundert überwiegen die traditionellen Prädikate für den Herrscher, nämlich *iustitia*, *pietas*, *clementia*, die zwar aus kirchlicher Sicht konzipiert sind – etwa bei Papst Gregor dem Großen –, die aber wohl kaum eine genuin christliche Sakralisierung des Herrschertums bedeuteten. Erst mit dem Beginn des 7. Jahrhunderts verstärkt sich die christliche Komponente merowingischer Königstitel, ein Zeichen für den Wandel des königlichen Selbstverständnisses und zugleich ein Hinweis auf die Rolle der gallorömischen christlichen Senatorenaristokratie und der Bischöfe bei Hofe. Ein weiterer Schritt in dieselbe Richtung und zugleich ein Hinweis auf die kirchenpolitische Realität in den neuen Germanenreichen bedeutete dann die bei Isidor von Sevilla (599–636) in den »Sententiae« formulierte Auffassung, der König übe innerhalb der Kirche Gewalt *(potestas)* aus. In der merowingischen Liturgie des 7./8. Jahrhunderts wird um *pax*, *concordia* und *iustitia* für den König gebetet, und der »Liber Historiae Francorum« aus dem frühen 8. Jahrhundert nennt rückblickend Dagobert I. *rex pacificus*. Gleichzeitig wird aber auch eine Art »Gegenrechnung« von kirchlicher Seite aufgemacht, wenn Isidor etymologisierend die Sentenz formuliert, daß die Könige zu rechtem Handeln berufen seien und daß der unrecht handelnde König wegen seiner Sünde den Herrschertitel einbüße. Ob hinter solchen kirchlichen Auffassungen über die Absetzbarkeit sittlich untauglicher Könige schon reale Effizienz steht, bleibe dahingestellt, auf jeden Fall aber wurden hier bereits im 7. Jahrhundert die Weichen für eine durchgreifende Verchristlichung des Herrschertums gestellt, wie sie sich in karolingischer Zeit in den *Admonitiones* der Konzilien und später in den

»Fürstenspiegeln« genauer artikuliert, in denen sehr bewußt politische Macht an christlicher Ethik gemessen wird.

Es ist auch kein Zufall, daß die merowingischen Könige, anders als die germanischen Herrscher auf römischem Boden, nicht mehr vorwiegend repräsentative öffentliche Bauten errichteten, sondern der Bau großer Kirchen bei ihnen eindeutig im Vordergrund steht, wobei sicher das Vorbild Konstantins des Großen als des christlichen Herrschers par excellence eine Rolle spielte. Eine Erhöhung der sakralen Würde des Herrschers brachten auch seine Kirchenbesuche und Pilgerfahrten mit sich. Man sollte aber insgesamt nicht übersehen, daß Chlodwigs I. Verzicht auf den Mythos göttlicher Herkunft seiner Sippe, der mit der Taufe unvermeidlich war, keineswegs eine völlige Aufgabe heidnischer Herrschaftssymbolik bedeutete. Das lange Haar in der Königsfamilie und die sakrale Umfahrt in einem von Stieren gezogenen Wagen, die sich aber nur auf das Kerngebiet der *Francia* im Dreieck Paris, Chalon, Metz bezog und später von der karolingischen Geschichtsschreibung ironisiert wurde, dies waren nach wie vor Zeichen des alten heidnischen Königsheils; desgleichen die Einweisung in die Herrschaft mit Speer und Thron. Auch die Schilderhebung wird man als heidnisches Ritual betrachten müssen, wenn sie auch meist nur ein spontaner Akt in offenen Machtkämpfen gewesen sein dürfte. Ein von christlichen Vorstellungen geprägtes Königszeremoniell entwickelte sich aber schon seit Chlodwig I. und erreichte unter Chlothar II. und Dagobert I. einen ersten Höhepunkt, was aber auch konsequent zu einer herben christlichen Kritik am Regierungsstil Dagoberts als Gesamtherrscher führte. Dennoch ist dieser König der erste Merowinger, dem auch spezifisch christliche Herrschertugenden zugeschrieben werden. Jedoch geriet diese aufsteigende Tendenz mit dem Verfall der Merowingerdynastie ins Stocken. Eine bemerkenswerte, in kein Schema passende Ausnahme macht hier die energische Regierung der Königin Balthilde (bis 665), die wegen ihrer Klostergründungen und

Mildtätigkeit sowohl christliches Herrscherlob erntete, als auch wegen ihres Vorgehens gegen Bischöfe schärfste Kritik beim Biographen Erzbischof Wilfrids von York erfuhr. Wie stark die archaische Komponente von Herrschaft dennoch weiterwirkte, zeigt die Tatsache, daß auch die Frühkarolinger sowohl in der Fredegar-Chronik als auch im »Liber Historiae Francorum« noch mit traditionell antiken Epitheta wie *strenuus*, *efficax*, *utilis*, *elegans* charakterisiert werden, die kaum von kirchlichem Geist durchdrungen sind. Erst der Hausmeier Grimoald II. (gest. 714) wird als *pius*, *modestus*, *mansuetus* und *iustus* bezeichnet, also mit christlichen Herrschertugenden ausgezeichnet. Den entscheidenden Durchbruch einer konsequenten christlichen Herrscherethik brachte aber erst das karolingisch-päpstliche Bündnis von 750/51.

Was die realen Grundlagen merowingischer Königsmacht und später des königsgleichen Hausmeieramtes anbetrifft, so waren das kraft Eroberungsrechts erworbene reiche Königsgut und die finanzielle Ergiebigkeit der *civitates* die solide Basis. Mag auch das Ausmaß der merowingischen Fiskalsukzession, also der königlichen Inbesitznahme antik-römischen Staatsgutes, umstritten sein, an der Massierung königlicher Macht in Neustrien, speziell im Pariser Becken, ist nicht zu zweifeln, denn die Topographie der Hauptorte des Frankenreiches und besonders der *sedes regiae* läßt einen herrschaftlichen Verdichtungsraum erkennen, in dem Paris, Soissons, Reims, Orléans und Tours liegen und der sich noch im 6. Jahrhundert mit den Residenzen Chalon-sur-Saône und Metz nach Südosten und Osten erweitert. Zwar sind die *sedes regiae* keine Hauptstädte im antiken Sinn, weil sie keine Zentralbehörden beherbergen, aber als Mittelpunkt der Fiskalverwaltung, als Aufenthaltsorte der Herrscher, als Münzprägeorte und als königliche Grablegen – es gab deren 28 im Frankenreich – treten sie deutlich hervor. Im 7. Jahrhundert verlagert sich der Ort der Herrschaft oft in Landpfalzen, was man als Zeichen merowingischen Machtverfalls in den bischöflichen *civitates* gedeutet hat.

Regional ist aber festzustellen, daß in Austrien schon seit Dagobert I. und erst recht nach ihm Arnulfinger und Pippiniden mit ihrer weitreichenden Klientel das Land beherrschten oder zumindest Teilhaber der politischen Macht waren: Das gilt für die *sedes regia* Metz ebenso wie für die Pfalzen und Klöster dieser Großregion. Dennoch gab es auch an Mosel und Rhein Reste der spätantiken Fiskalorganisation, die nach dem Zusammenbruch der Reichsverwaltung in fränkische bzw. kirchliche Hand übergingen. Wenn von seiten der Archäologie festgestellt wurde, daß rein romanische Siedlungen ohne fränkischen Zuzug im Trierer Land alle in königlichem oder geistlichem Besitz waren, dann spricht das für eine merowingische Fiskalsukzession auch in diesem Raum; und wenn schon zur Zeit König Theuderichs I. (511–533) oberhalb von Trier ein fränkischer Herrenhof bezeugt ist, dann läßt sich daraus schließen, daß auch »das Königsgefolge an der Inbesitznahme des Landes beteiligt« war und vermutlich auch römische Landsitze *(villae rusticae)* übernommen hat. Den größeren Teil dürfte aber der Merowingerkönig okkupiert haben, da die Fiskalverwaltung vor allem in Städten und Kastellen, in Zülpich, Andernach und Koblenz verblieb. Für die Rechts- und Besitzgeschichte gleichermaßen wichtig ist die umstrittene Frage, ob die Landschenkungen der Merowingerkönige für die Beschenkten volles Eigentum begründeten oder jeweils nur für Lebenszeit galten. Anders als beim Lehen läßt sich kaum eine Entwicklung feststellen, da die Herrscher schon früh, aber doch nur von Fall zu Fall, Güter als echtes Eigentum vergaben.

Die lange Anwesenheit der Franken in Gallien und die sich daraus ergebende Vertrautheit mit den römischen staatlichen Institutionen brachten es mit sich, daß die Merowinger nicht nur ein in weiten Bereichen noch funktionierendes Finanzwesen übernahmen, sondern daß sie es auch gemäß den gewandelten Gegebenheiten adaptierten und in den nordöstlichen Regionen ihres Reiches wiederherzustellen suchten. Das ging nicht immer ohne Widerstände ab. Der Frankenherrscher trat in wichtige Rechte des spätantiken Staates ein, übernahm die noch vorhandenen Staatsdomänen *(saltus, fisci)*, nutzte die Hoheitsrechte über Verkehrswege und Gewässer, sofern sie Zölle erbrachten, beanspruchte die Münzhoheit und die oberste Gerichtsbarkeit, die sich aus der königlichen Banngewalt ergab, nämlich aus dem Recht, unter der Androhung von Strafe zu befehlen. Es gab den Friedens-, den Verwaltungs- und den Verordnungsbann, doch bleibt es fraglich, ob sich die königliche Banngewalt auch auf die aus genuinen Herrschaftsrechten des Adels entstandenen Grundherrschaften und auf die Immunitätsbezirke der Kirchen und Klöster bezog.

In die königliche Munt, *defensio* und *tuitio*, konnten sowohl Einzelpersonen, wie Kleriker, Witwen und Waisen, als auch Gruppen, wie Kaufleute, Juden, Spezialhandwerker, sowie Kirchen und Klöster aufgenommen werden. Zweifellos genoß damit der Schützling ein höheres Maß an Rechtssicherheit, aber da dieses *mundeburdium* auch eine Kommendation, also eine teilweise rechtliche Statusminderung bedeutete, war man dem König damit auch zu Abgaben und Diensten verpflichtet. Später wurde der Königsschutz ein wichtiges Instrument der Frühkarolinger, um in großem Ausmaß eine straff geführte Kirchenherrschaft aufzubauen. Aus diesen speziellen Schutzformen muß man aber doch wohl schließen, daß es beträchtliche Räume und Gesellschaftsformationen ohne Königsschutz gab, die vom Adel und von der vom Adel beherrschten Kirche organisiert worden sind. Das merowingische Königtum war schon deshalb keine »absolute« Monarchie, weil sich der Adel und die Kirche auch ein Mitspracherecht *(consensus fidelium)* bei der Wahl und Erhebung des Königs sicherten; es waren dies die Großen des Reiches, also eine »politisch, wirtschaftlich und sozial klar abgehobene Führungsschicht«, die in den Quellen terminologisch gut zu fassen ist.

Dennoch wäre es falsch, die Macht des Königs und später die Vollzugsgewalt der für ihn handelnden Hausmeier zu unterschätzen; denn neben Einkünften aus den gallorömischen *civitates* war es vor allem das Heer, das in massiver Weise den Herrschaftsanspruch auf das Gesamtreich nicht nur repräsentierte, sondern gegebenenfalls auch durchzusetzen imstande war. Heeresmacht konnte nicht nur die Königswahl beeinflussen, sondern auch die »Privatarmeen« der Optimaten und der bischöflichen Stadtherren im Zaum halten, dies allerdings nur so lange, als der König mit seinen Gefolgschaftsverbänden und den Truppen aus dem Bereich der »altfreien« Bevölkerung Herr der Lage blieb. Auch hatte schon Chlodwig I. im Zuge seiner Eroberungen Teile der römischen Garnisonen und Militärbezirke seiner Heeresmacht eingegliedert, wodurch die Integration von Franken und Gallorömern gefördert wurde. Unabdingbar war für den Herrscher ein königlicher Schatz *(thesaurus)* zur Entlohnung der Anhänger, der wiederum zum großen Teil aus Kriegsbeute und den königlichen und bischöflichen Münzstätten kam. Die Königsnähe selbst war für das Gefolge auch ein entscheidendes Moment des eigenen Aufstiegs in politisch-administrative Karrieren; für den schriftkundigen Romanen bot das Amt des *referendarius* bei Hofe entsprechende Chancen. Mit dem Verfall der merowingischen Zentralgewalt versiegten auch die finanziellen Mittel zur Anlage eines königlichen Hortes, und die weltlichen Regionalgewalten, d.h. vor allem die wechselnden Adelsfraktionen der Teilreiche Neustrien, Burgund und Austrien, beherrschten bald ebenso die Szene wie dies die kirchlichen Truppen der Bischofsstädte bewirkten.

Wie umstritten auch Ausmaß und Effizienz der auf spätantiken Grundlagen ruhenden merowingischen Reichsverwaltung sein mögen, so gab es doch auf jeden Fall einen Personenkreis am Königshof, der für administrative wie militärische Aufgaben herangezogen werden konnte; dieser rekrutierte sich gleichermaßen aus Franken und Gallorömern. Eine bevorzugte Stellung nahm die Gefolgschaft (Antrustionen) ein, deren besonderer Schutz durch den König sich u.a. darin manifestierte, daß denen, die zu ihr gehörten, das dreifache Wergeld ihres jeweiligen Geburtsstandes zustand. Die Romanen, die als *convivae regis* mit am Tisch des Herrschers saßen, stellten wohl die Mehrzahl der *referendarii* der Königskanzlei, die Urkunden und Gesetze entwarfen, gegenzeichneten und auch die Steuereinnahmen kontrollierten. Zur Zeit Dagoberts I. stiegen manche von ihnen aus der *schola palatii* in Paris, einem königlichen Regierungsorgan, zu Reichsbischöfen auf. Die materielle Versorgung der Referendare, die sie zum Dienst für den Herrscher als *missi* (Königsboten) und Verwaltungsmänner befähigte, bestand entweder in einträglichen Funktionen an der Spitze der Königsgüter, oder sie waren *comites* – Grafen, d.h. Repräsentanten des Herrschers in wichtigen Regionen und, soweit dies durchsetzbar war, in den bischöflichen *civitates*. Eine Ämterordnung bildete sich erst allmählich aus.

Seit dem letzten Drittel des 6. Jahrhunderts entwickelte sich das Amt des Maiordomus oder Hausmeiers als Leiter der Hofverwaltung, dem die Arnulfinger und Pippiniden ihren Aufstieg verdanken. Während in Neustrien die Wahl des Hausmeiers durch den Adel der Normalfall war, weshalb sich Erblichkeit des Amtes nur gelegentlich durchsetzen konnte, wurde diese von den Frühkarolingern zunächst in Austrien, dann im Gesamtreich erreicht, was auch den Sprung in eine königsgleiche Stellung bedeutete. Weitere Hofämter, die sich aber politisch als weniger folgenschwer erwiesen, waren der *thesaurarius* (Schatzmeister) oder *cubicularius* (Kämmerer), der *comes stabuli* (Stallgraf), der Schenk und der Pfalzgraf als Vorsitzender des Königsgerichts. Pracht und Umfang einer königlichen Hofhaltung, die sich am Kaiserzeremoniell orientierte, erhellt aus einem Bericht Gregors von Tours, wonach König Childebert II. seinen Sohn Theudebert II. als Unterkönig nach Soissons und Meaux schickte und ihm Grafen, Haushofmeister, Verwalter, Edelknaben und »alle Personen mit[gab], die zu einer königlichen Hofhaltung nötig sind«.

Die Frage nach der Effizienz des merowingischen Königtums ist schwer zu beantworten. Zweifellos waren das Heer und die königlichen Domänen wichtige Elemente königlicher Herrschaft, desgleichen Landschenkungen, Geschenke aus Kriegs- und Beutezügen, Einnahmen aus Zoll und Münze, also aus der Weiternutzung kaiserlicher Rechte. Schwieriger ist es, die Wirksamkeit königlicher Gesetzgebung und Privilegierungen zu beurteilen. Ähnliches gilt auch für die Grenzen der Königsmacht gegenüber den von der gallorömischen Aristokratie und den Bischöfen beherrschten *civitates*; deren politische Struktur wurde weitgehend belassen, doch konnte der König in Zeiten normaler Machtausübung auf die Besetzung der Bistümer Einfluß nehmen und hatte damit auch Anteil an den finanziellen Ressourcen der Städte. Bei labiler Königsherrschaft, vor allem seit der zweiten Hälfte des 7. Jahrhunderts und bis zur Wiederherstellung der Herrschermacht unter Karl Martell, entzogen sich die Regionen südlich der Loire und des Rhône-Raumes mehr und mehr der königlichen Gewalt und finanziellen Nutzung. Damit fiel eine der beiden Säulen merowingischer Macht, nämlich die Verfügung über die *civitates*, weitgehend weg. Die andere Säule merowingischer Herrschaft, Heer und fränkischer Adel, wurde ebenfalls seit der zweiten Hälfte des 7. Jahrhunderts brüchig, und zwar aus zwei Gründen: zum einen aufgrund der Zunahme regionalisierter Adelsmacht und damit des Aufstiegs der jeweiligen neustroburgundischen und austrasischen Hausmeier, die damit unmittelbaren Einfluß auf das Königtum gewannen; zum anderen wurde dieser Prozeß durch die zahllosen Kämpfe der Merowingerkönige gegeneinander beschleunigt, die dem Adel jeweils politische Optionen für die eine oder andere Seite ermöglichten; das war mit Reduzierungen der Königsmacht fast zwangsläufig verbunden.

Seit etwa 600 entzieht sich das Amt des Hausmeiers der Macht des Königs und wird eine Domäne der Adelsinteressen. Über den bisherigen Anteil an der Verwaltung des Königsgutes hinaus tritt der Hausmeier an die Spitze der königlichen Gefolgschaft *(trustis dominica)* und gewinnt damit eine machtvolle Stellung sowohl am Hofe selbst wie in den einzelnen Reichsteilen. Seine immer noch fortdauernde Abhängigkeit von den jeweiligen Adelsgruppen läßt sich aber am Scheitern des anfangs so erfolgreichen und energischen Hausmeiers Ebroin erkennen, der nach der Entmachtung des Königssohnes auch den Adel niederwerfen wollte, an dessen Widerstand aber zugrunde ging. Wie risikoreich der Weg vom Hausmeieramt und dessen Erblichkeit zur faktischen Herrschaft anstelle des Königs gewesen ist, zeigt insbesondere der mühsame, an Rückschlägen reiche Kampf der Arnulfinger und Pippiniden, also der Frühkarolinger um die Königsherrschaft. Im Gegensatz zum hochmittelalterlichen Königtum, das überwiegend ein Wanderkönigtum auf der Grundlage von Pfalzen gewesen ist – nur die Spätzeit Karls des Großen in Aachen macht hier eine gewisse Ausnahme –, blieb die merowingische Herrschaft vorwiegend an Residenzen gebunden, die ausschließlich im Kernraum der *Francia* zwischen Kohlenwald *(Carbonaria)* und Loire lagen. Residenzstädte waren, neben dem Hauptort Paris, Soissons, Reims, Metz, Chalon-sur-Saône und Orléans. Im Bereich dieser Residenzen fanden auch die jährlichen »Märzfelder«, die Großversammlungen, die Reichs- und Reichsteilsynoden der Kirche und die meisten Königshuldigungen statt, und in diesem Raum massieren sich auch die Königsgrabkirchen. Die karolingische Machtverlagerung in den städtearmen Osten des Reiches bedeutete daher auch herrschaftsstrukturell einen Bruch, der mit dem Begriff der »Regermanisierung« kaum zutreffend umschrieben werden kann.

Der Adel aus spätrömischer und fränkischer Wurzel als Partner des Königs

Genealogische, archäologische sowie rechts- und gesellschaftsgeschichtliche Forschungen haben in den letzten Jahrzehnten neue Erkenntnisse hinsichtlich Art und Funktion jener militärisch-politischen Führungsschicht gebracht, die gemeinhin mit dem allzu plakativ gebrauchten Begriff »Adel« bezeichnet wird. Die Skala der Lehrmeinungen über Adel im Frühmittelalter reicht von dessen völliger Leugnung, vor allem für die Frühzeit (6. Jahrhundert), bis zu dessen Rückverfolgung ins Germanische und konsequenterweise zur Annahme autogener Herrschaftsrechte über Land und Leute, die vor und neben den entsprechenden königlichen Rechten existierten. Eine Zusammenschau schriftlicher und archäologischer Quellen brachte in dieser Diskussion wesentliche Fortschritte, die durch die Analyse von »Stiftergräbern« konkret ergänzt und in ihrer Bedeutung modifiziert worden sind. Von seiten der Vor- und Frühgeschichte wurden aufgrund der Grabbeigaben entscheidende Modifikationen der bislang nur auf schriftlichen Belegen basierenden Adelsdiskussion erzielt. Die Forschung erbrachte dann aufgrund der Auswertung von Memorialbüchern, die dem liturgischen Totengedenken dienten, weiterführende Erkenntnisse sowohl über die familiären Zusammenhänge politisch führender, kognatischer Verbände als auch über adeliges Selbstverständnis und dessen Stabilisierung durch Königsnähe und Amt. Wenn archäologische Befunde bezeugen, daß es außer dem Königtum noch eine Schicht mächtiger Familien gab, die sich eine Bestattung mit reichen Beigaben in Kirchen oder gar an berühmten Heiligengräbern leisten konnten, dann ist der Adelsbegriff eine reine Definitionsfrage. Anachronistisch bleibt der Versuch, im Hinblick auf eine spätere »Institutionalisierung« des Adels dessen Existenz für das Frühmittelalter zu leugnen, denn am Vorhandensein einer Personengruppe »erhöhten gesellschaftlichen Ansehens« durch Geburt, kultisch gefestigte Familientradition und vererbbaren umfangreichen Besitz ist nicht zu zweifeln.

Wenn man ganz allgemein Adelsherrschaft und Adelsführung als eine zentrale Organisationsform wenig entwickelter Gesellschaften versteht, dann wird man ihr im Frühmittelalter in den mannigfachsten Ausformungen begegnen: als erbliche Teilhabe an der Macht infolge der Verfügungsgewalt über Menschen, als autogenes Herrenrecht in der allodialen Grundherrschaft, aber auch als Anspruch und Berechtigungsnachweis für ein Amt aus der Hand des Königs. Adelsherrschaft war anfangs ein Phänomen vorwiegend agrarischer Gesellschaften; sie wandelte sich im europäischen Frühmittelalter zum politischen Monopol einer bestimmten, durch Erbe und Amt legitimierten Gesellschaftsgruppe, die einen eigenen Lebensstil und ebenso kultisch begründete Legitimationsmodelle ihres Herrschaftsanspruchs entwickelte. Der enge Zusammenhang zwischen Adel/Oberschicht und Kult ist älter als das Christentum; im germanischen Bereich hatte u.a. der Ahnenkult legitimierende Funktion. Zu wenig bekannt ist bisher über den konkreten Strukturwandel mittelalterlicher Adelsgeschlechter, über Ursachen ihres Aussterbens, über die Rechte von Frauen und nachgeborenen Söhnen, über Heiratsalter und Erziehung. Funde von Jagdwaffen in reich ausgestatteten Grablegen, die wohl Adelsgräber waren, lassen vermuten, daß die Jagd als militärisches Training in Friedenszeiten schon in der Völkerwanderungsepoche und in der Merowingerzeit eine charakteristische Beschäftigung der Führungsschicht gewesen ist.

Adelsburgen scheint es bei den Germanen, vom alamannischen Siedlungsraum abgesehen, nicht gegeben zu haben, doch sind schon früh Herrenhöfe bezeugt. Auf jeden Fall ist die Entstehung adeliger Macht kein einmaliger Vorgang, sondern läßt sich von germanischer Zeit an bis ins Hochmittelalter hinein immer wieder feststellen; sozialer Aufstieg über den Königsdienst ist ebenfalls seit taciteischer Zeit bezeugt. Die Wurt Feddersen Wierde bei Bremerhaven läßt nach den Funden erkennen, daß sich zwischen dem 1. und 3. Jahrhundert n. Chr. aus einem zunächst gleichförmig strukturierten, bäuerlichen Siedlungsverband eine Familie durch einen zumindest zeitweise befestigten Herrenhof mit Getreidespeichern, Festhalle, Metallwerkstätten und römischer Importware von der übrigen Bevölkerung abgesondert hat. Das war zwar noch kein Adelsgut, aber dennoch ein Zeichen für soziale Differenzierung und damit auch für die Bildung einer Oberschicht. Die Völkerwanderung bot mit der kriegerischen Inbesitznahme weiter Landstriche dann die günstigste Gelegenheit, als Gefolgsmann mit dem Heerkönig zur Herrschaft über Land und Leute zu gelangen. Selbst wenig begüterte Freie oder gar ursprünglich Unfreie konnten im Dienst des Heerkönigs oder *dux* aufsteigen und sich materielle Mittel verschaffen, die zur wirtschaftlichen Grundlage politischer Adelsmacht wurden. Wenn man aus dem *Pactus legis Salicae*, der fränkischen Rechtsordnung, die kein spezielles Wergeld für einen Adel kennt, auf dessen Nichtexistenz geschlossen hat und sogar eine völlige Ausrottung der alten völkerwanderungszeitlichen Führungsgruppen durch Chlodwig annahm, dann ist dem entgegenzuhalten, daß es schon im 5. und bis zum 8. Jahrhundert reich ausgestattete Gräber gibt, die wohl nur als Grablegen einer mächtigen, über Land und Leute gebietenden Oberschicht zu deuten sind. Die rheinischen Fürstengräber von Morken und ebenso die alamannischen von Gültingen, Niederstotzingen und Wittislingen bezeugen wie Flonheim, Krefeld-Gellep und die Grablegen des 6. Jahrhunderts unter dem Kölner Dom sowie die des 7. Jahrhunderts beim Augsburger Afra-Heiligtum durch ihre hochwertigen, teilweise aus dem Mittelmeerraum stammenden Beigaben die Existenz einer Herrenschicht, die sich internationale Luxusware leisten konnte. Im Testament des *dux* Adalgisel-Grimo von 634 lassen sich schon sehr früh weitreichender Besitz von Land und Leuten, städtisches Eigentum und mit Tholey ein adeliges Eigenkloster im Raum Metz und Verdun erkennen.

Auch wäre es ein Mißverständnis, wenn man aus der Frankengeschichte Gregors von Tours ableiten wollte, daß es im 6. Jahrhundert keinen fränkischen Adel gegeben habe. Zwar behält sich Gregor als Abkömmling gallorömischer Senatorenfamilien die römische Adelsbezeichnung *(nobilitas)* für diese mächtige gallorömische Traditionsgruppe des Merowingerreiches vor, läßt aber durch seine Terminologie klar erkennen, daß es auch eine germanisch-fränkische Entsprechung gegeben hat, die er als *maiores natu*, *potentes* und *leudes*, d.h. als Leute von vornehmer Geburt, bezeichnet, öfter mit dem Zusatz »in ihrem Volke«; letzteres ein Beweis für die auch in den »Stammesrechten« noch bezeugte bewußtseinsmäßige Trennung zwischen Romanen und Germanen im 6. Jahrhundert, die erst seit dem 7. Jahrhundert im Zeichen des Kreuzes überwunden wurde. Es sind bei Gregor noch die fränkischen Großen der Reichsteile, deren Macht neben und gegenüber dem Königtum in seinem Geschichtswerk immer wieder zutage tritt. Auch die bei ihm häufig genannten *Franci* meinen kaum alle Franken, sondern einen kleinen Kreis politisch führender Personen. Auf diese adelige Schicht war der Merowingerkönig bei der Ausbreitung und Organisation der fränkischen Reichsherrschaft angewiesen, sie wirkte bei allen wichtigen politischen Entscheidungen mit, etwa beim Beschluß von Kriegszügen und bei Friedens- und Bündnisverträgen. Die Annahme, der Adel sei erst als merowingischer Dienstadel am Königshof entstanden, ist angesichts der archäologischen Befunde nicht zu halten.

Die gallorömische Senatorenaristokratie war aber ein mindestens ebenso wichtiger politischer Partner der Merowingerkönige, da sie schon vor der fränkischen Herrschaft die Reichsverwaltung beherrschte und teilweise riesigen Domänenbesitz hatte, der durch Immunitäten und durch eine zahlreiche, auch militärisch einsetzbare Klientelschaft gesichert war; sie konnte südlich der Loire bedeutende Regionalherrschaften ausbauen. Gegenüber älteren Auffassungen ist zu betonen, daß der bestimmende Einfluß der Aristokratie auf die Kirche nicht erst germanischen Ursprungs war, sondern daß hier römische Adelsethik und faktische Familienpolitik vor allem über den Episkopat wirksam wurde. Beide Gesellschaftsformationen, die gallorömische Aristokratie wie der fränkische Adel, wuchsen unter der integrierenden Kraft des Königtums im 6. und besonders im 7. Jahrhundert durch Konnubium und Ämterkarrieren zusammen; die teilweise Frankisierung des Episkopats war das deutlichste Zeichen dieser Symbiose, aus der später eine spezifisch merowingische Reichsaristokratie hervorging. Ein Indiz für die Verschmelzung und damit für die ideelle Gleichstellung der gallorömischen wie der fränkischen Führungsschicht war auch der Troja-Mythos des frühen 7. Jahrhunderts, wonach die Franken wie die Römer von den Trojanern abstammten, eine Legende, die sich auf den Namen der Colonia Ulpia Traiana (Xanten) stützte und auf die niederrheinische Herkunft der Franken verwies. Da der Kosmograph von Ravenna tatsächlich die Nachfolgesiedlung der Colonia Ulpia Traiana als Troja bezeichnet, hatte diese Herkunftssage eine nicht zu unterschätzende Bedeutung für das fränkische politische Selbstverständnis und damit auch Langzeitwirkung. Mit den Karolingern stiegen dann im 7. und 8. Jahrhundert austrasische Adelsgruppen vornehmlich des Maas-Moselraums auf, aus denen sich dann der Amtsadel der »karolingischen Reichsaristokratie« entwickelte. In dessen Reihen sind aber auch Mitglieder des älteren Regionaladels aufgenommen worden. Ob sich im Frühmittelalter eine spezielle »Adelsheiligkeit« gebildet hat, die dem numinos begründeten, vorchristlichen merowingischen »Königsheil« in etwa entspräche, bleibe dahingestellt; wahrscheinlicher ist eine kultisch-christliche Legitimierung einer faktischen Vorrangstellung, die sich seit der Mitte des 6. Jahrhunderts auch in adeligen Stiftergräbern in und bei Kirchen manifestierte. Ergebnisreicher als diese Kontroverse ist die sozial- wie stammesgeschichtliche Analyse adeliger Namen.

Die räumliche Gliederung der Königsherrschaft: Grafschaft und Herzogtum

Wie stark sich königlicher Dienst in jedem Fall auf die Stabilisierung und Ausweitung adeliger Herrschaft ausgewirkt hat, zeigt die neuere Diskussion um Wesen und Effizienz der Grafschaftsverfassung. Schon der römische Amtstitel des *comes* bezeichnet seit dem 3. Jahrhundert sehr verschiedene hohe Ämter in der Staatsverwaltung. Im Merowingerreich wechselte er des öfteren mit dem *dux*-Titel; er tritt schon seit dem 5. Jahrhundert in Autun, Trier und Marseille auf, und zwar als *comes civitatis*, nunmehr ausdrücklich auf die Stadt als Zentrum einer Region bezogen; besonders gilt dies für die Städte südlich der Loire. Die Franken haben den Titel und wohl zum Teil auch dessen sachliche Bedeutung aus der spätantiken Nomenklatur übernommen; jetzt aber war der *comes* Vertreter des Königs und als Richter auch mit der Friedenswahrung betraut. Zugleich stand er dem militärischen Aufgebot der Civitas vor und war für Steuereintreibung und Zollabgaben verantwortlich. Ob er das Fiskalgut verwaltete, ist unklar, doch trat er in Konkurrenz mit der bischöflichen Stadtherrschaft, der er in Zeiten der Schwäche des Königtums oft weichen mußte. Schon früh zeigen sich Tendenzen, das Amt erblich zu machen. Wenn von den etwa 70 namentlich bekannten *comites* des 6. Jahrhunderts fast die Hälfte romanische Namen trug, dann läßt dies einerseits darauf schließen, daß die gallorömische Regionalaristokratie diese Domäne ihrer Herrschaft in Südgallien erfolgreich behaupten konnte, andererseits ist die Tendenz zur Frankisierung des *comitatus* unverkennbar und zeigt eine deutliche Parallele zum Trend im Episkopat: Im

7. Jahrhundert tragen von 80 bezeugten *comites* nur noch sechs gallorömische Namen. Dafür tritt der »Comitat« jetzt auch im städtearmen Norden und Osten auf; seit 613 ist in dieser Region für *comes* auch der Titel *grafio* bezeugt. Anfang des 8. Jahrhunderts kommen *comites civitatis* nur noch vereinzelt vor, desgleichen treten die Grafen zurück, die einem *pagus* vorstehen. Aus den meisten Regionen war damals dieser Amtstitel verschwunden, weshalb es fraglich ist, ob es eine Kontinuität zwischen dem merowingischen und karolingischen Comitat gegeben hat; auch in diesem Fall läßt sich die Merowingerzeit strukturell eher der Spätantike zuordnen als der Karolingerzeit.

Da das Edikt Chlothars II. von 614 die bereits angelaufene Entwicklung festschrieb, daß der *comes* nicht mehr vom Königshof, sondern aus der Region kam, in der er Besitz hatte, wird man auch die Bedeutung des Grafenamtes für die Königsmacht in den Gebieten rechts des Rheins nicht überschätzen dürfen. Zwar tauchen seit Dagobert I. hier *comites* auf, doch bleiben sie relativ selten. Am Beginn des 8. Jahrhunderts scheinen sowohl im Elsaß als auch in Alamannien die Grafen beim Verfall der Zentralgewalt von den Herzögen abhängig geworden zu sein, oder sie sind gar Mitglieder der Herzogsfamilien gewesen. Ähnlich sporadisch sind die namentlich bekannten *comites* im agilolfingischen Bayern; sie finden sich erst häufiger in der zweiten Hälfte des 8. Jahrhunderts, dann aber meist nur im Westteil des Herzogtums, was auf eine Schwäche des Dukats in dieser Region hindeutet. Mag sich auch die Kompetenz der Grafen nicht nur auf die Verwaltung von Königsgut beschränkt haben, so ist doch nach wie vor die ältere, weitgehend anachronistische Vorstellung abzulehnen, es hätte rechts des Rheins eine quasi flächendeckende, von *comites* geleitete Verwaltungsorganisation gegeben. Doch steht fest, daß sich mit der karolingischen Herrschaft das Grafenamt als regionale Vertretung des *princeps* und späteren Königs wesentlich klarer ausprägte, was nicht nur mit der besseren Quellenlage zusammenhängt, sondern auch eine Intensivierung politischer Herrschaft signalisiert.

Anders als beim *comitatus*, der vor allem im merowingischen Kernraum feststellbar ist, hat sich der *ducatus*, das Herzogtum, vor allem in den Randregionen des Frankenreiches voll ausbilden können. Auch beim Dukat handelt es sich um ein ursprünglich römisches Amt bzw. um einen militärischen Rang, mit dem andere Aufgaben verbunden waren. Der Dukat umfaßte in der Regel mehrere *civitates*. Während im Westgotenreich sich der Dukat an der alten römischen Provinzeinteilung orientierte, wurden im merowingischen Gallien nur gelegentlich Dukate eingerichtet, die in ihrer Funktion und in ihrem Umfang schwer zu bestimmen sind, aber zwischen *regnum* und *comitatus* angesiedelt sein dürften. Schon die immer wieder feststellbare Austauschbarkeit von *dux* und *comes* deutet darauf hin, daß es sich im 6. und 7. Jahrhundert noch um keine feste, verfassungsmäßige Institution gehandelt haben dürfte. Im Kerngebiet der *Francia* deutet der *dux*-Titel eher auf eine regionale Herrschaft hin, die oft mit bischöflicher Herrschaft in Zusammenhang stand oder auf diese abzielte. Regionale Adelsmacht war hier die Grundlage des Dukats, weniger jedoch Aufgaben der Reichsverteidigung. Verschiedentlich setzten die Merowinger Söhne oder Verwandte ein, um eine erbliche Herrschaftsbildung zu verhindern. Mit schwindender Königsmacht war dies immer weniger möglich, dafür entwickelte sich der Dukat in den Randzonen zu einem wesentlichen und dauerhaften Element eines Herrschaftsaufbaus, den zwar die Merowinger einleiteten, der aber bald Eigendynamik entfaltete. Ob die alamannischen *duces* Leuthari und Butilin (gest. 554/55) das ganze Alamannenvolk beherrscht haben, wie der Byzantiner Agathias annimmt, scheint fragwürdig. Ihre wirklich einwandfrei belegte Funktion war die von Heerführern unter dem Merowingerkönig Theudebald (548–555); das schließt eine alamannische Regionalherrschaft allerdings nicht aus. Im merowingischen Teilreich Burgund sind um 600 eine ganze Reihe *duces* bezeugt, die vom König eingesetzt wurden. Mit dem merowingischen Herrschaftsaufbau rechts des Rheins unter Chlothar II. und Dagobert I. entsteht geradezu ein Gürtel von Dukaten, der von Ribuarien mit dem Zentrum Köln über Thüringen und die Maingegend um Würzburg bis ins Elsaß reichte, wobei offenbleiben muß, ob ältere Dukate erneuert oder neue erst eingerichtet wurden.

Zu einer echten Konsolidierung herzoglicher Macht mit wachsender Tendenz zur Selbständigkeit kam es seit der zweiten Hälfte des 6. Jahrhunderts, und hier waren es besonders die sogenannten »älteren Stammesherzogtümer« Alamannien und Bayern, bis zu einem gewissen Grade auch die Etichonenherrschaft im Elsaß, die mit der Erblichkeit des Dukats auch eigene innere Herrschaftsstrukturen ausbildeten. Diese Herzogsfamilien nutzten dann die Schwäche des Königtums wie die schwierigen Aufstiegsphasen der Arnulfinger und Pippiniden, um eigene Politik auch nach außen zu betreiben. Am ausgeprägtesten war dies beim agilolfingischen Herzogtum der Fall, das am Beginn des 8. Jahrhunderts mit Rom den Aufbau einer eigenen, vom Frankenreich unabhängigen Kirchenorganisation vereinbaren und teilweise auch realisieren konnte. Extrem war die politische Abschichtung Aquitaniens vom Merowingerreich seit etwa 673; sie wurde erst durch die Feldzüge Pippins des Mittleren teilweise rückgängig gemacht, bis die islamisch-arabische Invasion seit 711 die Verbindung zum Frankenreich vorübergehend völlig unterbrach. Der frühkarolingische Machtaufbau von Austrasien aus, bei dem neben der Funktion des Maiordomus auch der *dux*-Titel bis ins 8. Jahrhundert hinein immer noch eine Rolle spielte, zeigt aber zur Genüge, daß in verschiedenen Perioden und Regionen der Dukat sehr unterschiedliche Herrschaftsformen abdeckte, so daß terminologische Kontinuitäten wenig über die reale Fortdauer von Institutionen aussagen. Das gilt insbesondere für die Frage, ob und in welcher Weise der merowingische Dukat auch eine germanische Vorform hat, nämlich die schon bei Caesar bezeugte Rolle des *dux* oder Herzogs als Anführer gefolgschaftlich verfaßter Heerhaufen im Kriege. Tacitus (Germania, c. 7) unterscheidet sehr deutlich zwischen Würde und Funktion, wenn er feststellt, daß die Germanen ihre Könige *(reges)* aus dem Adel *(ex nobilitate)* wählten, die Herzöge *(duces)* aber nach dem Grade ihrer Tüchtigkeit *(ex virtute)*: Die Grenze zum Heerkönigtum der Wanderzeit ist auf jeden Fall fließend. Die für Herzöge bezeugte Schilderhebung wurde in der Wanderzeit Bestandteil des Königsritus.

Die Rechtsordnungen aus spätantiker und germanischer Tradition

Die »Stammesrechte« des Frankenreichs

Einer Auswertung frühmittelalterlicher Rechtstexte zur Rekonstruktion gesellschaftlicher Wirklichkeit stehen verschiedene Schwierigkeiten im Wege. Neben der quasi normalen und starken Schwankungen unterworfenen, jedem Historiker bekannten Differenz zwischen Rechtsnorm und Realität ist es oft auch Quellenmangel, der weite Bereiche des realen Rechtslebens – vor allem in den Familienverbänden – verhüllt, weil diese nur sehr begrenzt für die legislative Tätigkeit der Könige relevant waren. Des weiteren wirft der Einstrom spätrömischen Vulgarrechts in die merowingischen *leges* die Frage auf, inwiefern sich in diesen gesetzlichen Bestimmungen reale Zustände des Frankenreiches widerspiegeln oder ob hier nicht vielmehr vieles an längst obsoleter Rechtspraxis mitgeschleppt wurde. Einigkeit besteht darüber, daß wir es bei den *leges* weniger mit Volksrecht, wie die ältere Forschung meinte, als mit Königsrecht der germanischen Nachfolgestaaten des Imperiums zu tun haben und daß schon aus diesem Grunde viel an spätantik-römischer Rechtsmaterie in die Texte einfloß, germanische Rechtszustände also nur partiell und mit methodischer Vorsicht aus ihnen erschlossen werden können. Als gesichert kann auch gelten, daß in der ältesten fränkischen Rechtsordnung, der *Lex Salica*, der Anteil germanischer Rechtsüberlieferung noch am größten ist. Hinzu kommt, daß sich biblische, besonders alttestamentliche Vorstellungen nachweisen lassen. Dieser Aspekt ist bislang für die *leges* zu wenig beachtet worden, obwohl man seine Bedeutung in anderen Bereichen des Rechts- und Verfassungslebens längst erkannt hat, etwa bei der Entstehung des vasallitischen Treuebegriffs oder des herrschaftsbegründenden Consens-Gedankens der *leges* und später der karolingischen Kapitularien. Aus der Zusammenarbeit und Auseinandersetzung von Königtum und Episkopat und dem sich daraus ergebenden »Ineinandergreifen von königlicher Satzungstätigkeit und legislativer Aktivität der an gemeinschaftlich-solidarisches Handeln gewöhnten Bischöfe« ergab sich ein dritter, kirchenrechtlicher Traditionsstrang, der römisches wie germanisches Rechtsgut sowohl durchdrang als auch im Königsrecht auf neue Weise verknüpfte. Die neuere Forschung hat auch übertriebene Vorstellungen über Wirkungsbereich und Effizienz der *leges* kritisch reduziert. Zwar erlauben die Rechtstexte gewisse Einblicke in die vorhandene oder erstrebte Gesellschaftsstruktur, doch sind sie kaum Ausdruck einer gleichmäßig durchgesetzten und wirksamen Rechtsordnung. Andererseits ist aber festzuhalten, daß die *leges* dennoch einen Versuch darstellen, nach der Völkerwanderungsepoche in Teilbereichen das gesellschaftliche Leben zu regulieren. Auch die Tatsache, daß kirchliche und adelige Grundherrschaften zugleich Immunitätsbereiche der Grundherren gewesen sind und damit starke Barrieren gegen eine generelle Wirksamkeit königlicher Rechtspflege darstellten, mahnt zur Vorsicht gegenüber einer Überbewertung der Effizienz von Rechtstexten. Sie hatten nur dort Geltung, wo der rechtsetzende Herrscher in der Lage war, seine Autorität durchzusetzen, und diese endete zumeist an der autonomen Verfügungsgewalt der Herren über Leib, Leben, Heiratsverhalten und Arbeitsertrag der Grundholden ihrer *familia*; letztere war zugleich Rechtsgemeinschaft und Wirtschaftsverband, oft auch kirchliche Kultgemeinschaft; sie umfaßte den Großteil der Bevölkerung. Ob die *Lex Salica* als Gerichtsbuch verwendet wurde, ist nach wie vor umstritten. Allerdings kann die Frage der Effizienz nicht radikal in dem einen oder anderen Sinne entschieden werden; dies zeigt eine Analyse des gesamten Quellenbestandes (*leges*, Formeln, Urkunden, literarische Zeugnisse), wonach sämtliche »Zitate« der *Lex Alamannorum* Leerverweisungen sind, also nichts über deren Effektivität aussagen. Anders steht es mit ihrer kirchenpolitischen wie herrschaftlichen Bedeutung, denn der kirchenrechtliche Teil der *Lex Alamannorum* wurde, wie das Urkundenwesen zeigt, von der karolingischen Reichskirche weitgehend in die Wirklichkeit umgesetzt. Das Herzogsrecht hingegen verlor mit dem Untergang des älteren »Stammesherzogtums« seine Bedeutung von selbst; auch der Bußenkatalog des dritten Teils scheint kaum in die Rechtspraxis eingegangen zu sein. Auf jeden Fall aber ergibt sich daraus die wachsende Rolle der Kirche im Rechtsleben, wie sich sehr deutlich in der fortschreitenden kanonischen Ordnung der Ehe manifestiert.

Unter diesen Umständen und im Hinblick auf die normierende Tendenz der späteren karolingischen *leges*-Redaktionen und Neufassungen scheint es problematisch, daß die »Stammesrechte« immer wieder für »staatsrechtliche« Probleme als Beweismaterial herangezogen werden, etwa für die Frage der Abhängigkeit oder Selbständigkeit der Herzogtümer gegenüber der fränkischen Zentralgewalt. Ähnliches gilt für die konkrete Wirkung merowingischer Kapitularien. Damit hängt auch das Problem der verschiedenen Zeitschichten der *leges*-Texte zusammen. Für den ältesten alamannischen Text, den *Pactus Alamannorum*, nimmt man heute aufgrund des Handschriftenbefundes zumeist eine Entstehung unter Chlothar II. (584–629) an, wohingegen die jüngere *Lex Alamannorum* als Werk Herzog Lantfrids (gest. 730) gilt. Sind schon diese Meinungen von manchen unsicheren Prämissen abhängig, so gilt dies in noch höherem Maße für die inhaltlich und strukturell nah verwandte *Lex Baiuvariorum*. Deren Prolog spricht von einer Gesetzgebung der Frankenkönige Theuderich I., Childebert I., Chlothar II. und einer Überarbeitung durch König Dagobert I. Als Zeit der letzten Redaktion gilt 743/744; Einflüsse des Westgotenrechts, des burgundischen Rechts und der *Lex Salica* sind nachweisbar, werden aber verschieden gewichtet. Die im Titel III festgeschriebene Erblichkeit der Herzogswürde in der agilolfingischen Sippe hat man sowohl als Beleg für die Unterordnung des Dukats unter die merowingische Zentralgewalt herangezogen, weil der Merowingerkönig diesen Sonderstatus dekretiert, als auch als Hinweis auf eine ursprüngliche Selbständigkeit Bayerns, die durch einen politischen Kompromiß zwischen Merowingern und Agilolfingern abgelöst wurde. Haben sich bei der *Lex Salica* und *Lex Alamannorum* kaum Beweise für deren Effektivität in der Rechtspraxis ergeben, so finden sich in bayerischen Urkunden des 8./9. Jahrhunderts zahlreiche Hinweise auf die Verwendung der *Lex Baiuvariorum* im Gerichtswesen. Die konkreten Bestimmungen über Stellung und spezielles Wergeld der agilolfingischen Herzogsfamilie wie der fünf *genealogiae* der Anniona, Draozza, Fagana, Hahhilinga und Huosi unterscheiden das Bayernrecht deutlich von allen anderen Rechtskodifikationen. Da in den Quellen des 8. Jahrhunderts nur noch zwei der fünf *genealogiae* der *Lex Baiuvariorum* auftauchen (Huosi, Fagana), nimmt man an, daß die Bestimmungen über diese älter als das 8. Jahrhundert, also merowingisch sind; ähnliches gilt für den Passus über die Tötung eines Bischofs, für den man einen Zusammenhang mit dem Martyrium Emmerams angenommen hat.

Bedenken gibt es auch hinsichtlich der Relevanz der *leges* für die Erforschung der Sozialstruktur der frühmittelalterlichen Gesellschaft. Am ehesten sind substantielle Informationen über Rechts- und Lebensordnungen der fränkischen Frühzeit wohl noch von der *Lex Salica* zu erwarten, dem ältesten Rechtstext des Merowingerreiches. Sie ist das legislative Werk Chlodwigs I. und schließt zeitlich an die Gesetzgebung der Westgoten und Burgunder an, erweist sich aber »im Stoff und

Stil urwüchsiger« als diese. Der Anteil volkssprachlicher Wörter (»Malbergische Glossen«) ist wesentlich größer als in anderen *leges*, während es weniger spätrömische Traditionselemente gibt; desgleichen weist der angedeutete Geltungsbereich der *Lex* zwischen Kohlenwald *(Carbonaria)* und Loire auf ihr hohes Alter und auf ihre Verwurzelung in der alten *Francia* hin. Dennoch ist festzuhalten, daß wir es keineswegs nur mit germanischem Recht zu tun haben, sondern »daß – auf dem Boden der veränderten gesellschaftlichen und wirtschaftlichen Verhältnisse – vor allem die gallorömische Rechtspraxis beträchtlichen Einfluß auf das fränkische Recht ausgeübt hat«. Eine Zeitschicht jünger ist der längere Prolog I, der das Lob der Franken im Stil geistlicher Hymnik enthält und mit der Erwähnung der Taufe Chlodwigs, der Bekehrung der Franken und ihrer Rechtgläubigkeit den wachsenden kirchlichen Anteil an der Textfassung erkennen läßt. Für den schwierigen Übergang von der ursprünglichen Blutrache zu einer königlichen Rechts- und Friedenswahrung ist beispielsweise Titulus 58 aufschlußreich, der bei Mord im Falle nicht geleisteten Wergelds die Hausgenossen und schuldlosen Anverwandten zu dessen Aufbringung verpflichtet. Zur älteren Substanz der *Lex Salica* gehört zweifellos auch die Bestimmung, daß ein *Romanus* wesentlich weniger Wehrgeld beanspruchen kann als ein Franke. Doch scheinen sich innerhalb eines Jahrhunderts die anfangs sicher vorhandenen Gegensätze zwischen Franken und Romanen relativ ausgeglichen zu haben, denn bei Gregor von Tours ist die bewußtseinsmäßige Diskrepanz kaum mehr spürbar. Er hat bereits als Romane ein durchaus politisches fränkisches Reichsbewußtsein und denkt nicht in ethnischen Kategorien. Sein Anliegen ist die Einheit von Frankenreich und Glauben, die als Grundmuster auch unter der Fülle seiner Anekdoten erkennbar bleibt. Ethnische Unterschiede werden zwar wahrgenommen, aber nicht bewertet, die romanisch-fränkische Ethnogenese, für die Forschung ein aktueller Aspekt, ist weder für Gregor von Tours, noch für die sogenannte Fredegar-Chronik ein Thema; letztere grenzt sogar die *Franci* als politischen Sammelbegriff gegenüber den »Germanen« ab, wobei Bayern und Sachsen als außerhalb der Einheit des Frankenreiches empfunden werden. Reale politisch-ethnische Gegebenheiten reflektiert auch die Bestimmung, wonach die *Romani* in die Bußenskala einbezogen werden, desgleichen der Versuch, die Einheirat in eine *gens Romana* gesetzlich zu verhindern; letzteres fällt besonders deshalb auf, weil ansonsten eherechtliche Materien noch eine geringe Rolle spielen. Die *Lex Ribuaria* ist kein »Stammesrecht« im üblichen Sinne, sondern ein merowingisches »Gesetzbuch«, dessen Entstehung wahrscheinlich in die Regierungszeit Dagoberts I. (623–639) fällt, der für seinen unmündigen Sohn Sigibert III. ein austrasisches Kleinreich als Grenzmark gegen die Slawen einrichtete und damit Ribuarien sowohl fester an das Gesamtreich band als auch Ribuariens Streben nach Eigenständigkeit entgegenkommen wollte. Insgesamt scheint für alle *leges* konstitutiv gewesen zu sein, daß ein vulgarisiertes spätrömisches Recht mit seiner rückgebildeten, undifferenzierten Terminologie am ehesten geeignet war, auf das fränkisch-merowingische Königsrecht wie auf alle »Stammesrechte« einzuwirken. Dies wäre eine Parallele zu der kulturmorphologischen Beobachtung, daß die allgemeine Reduktion der hochkulturellen Standards in der Spätantike deren Annahme durch die germanischen Völker wesentlich erleichterte. Ähnliches gilt für Religion und Kirche.

»Stammesrecht« und reale Ständeordnung: Widersprüchliche Konzeptionen

Seit Justus Möser 1768 die Frage nach den Ursachen bäuerlicher Unfreiheit aufgeworfen hatte, stand im Mittelpunkt der Diskussion die sogenannte »Gemeinfreienlehre«, derzufolge es in merowingischer Zeit noch keinen Adel gegeben und sich das Gros der Bevölkerung unter königlichem Schutz in einem Zustande relativer Freiheit und Gleichheit befunden habe; erst mit dem karolingischen Lehnswesen sei durch einen neuen Dienstadel dieser Zustand beendet worden und die bäuerliche Bevölkerung in drückende Abhängigkeit geraten. Mit gewissen Modifikationen übernahm der historische Materialismus diese Auffassung.

Gegen diese Position, die sich stark auf die terminologischen Beobachtungen der *leges*-Forschung stützte und den Wandel der sozialen Schemata in den »Stammesrechten« entwicklungsgeschichtlich deutete, wandte sich seit den dreißiger Jahren eine neue Schule der Verfassungs- und Sozialgeschichte. Von zeitgemäßen Ideologien nicht unbeeinflußt, aber auch an den historisch-soziologischen Forschungsansätzen Max Webers orientiert, arbeitete man die entscheidende Rolle des Adels und seiner als autogen interpretierten Herrschaftsrechte als maßgebliche Komponenten der Entstehung der mittelalterlichen Gesellschaft heraus. Mit dieser neuen Sicht ergab sich zwangsläufig auch eine Neuinterpretation der *liberi*, die nun nicht mehr als »Gemeinfreie« angesehen wurden, sondern als eine relativ homogene Gruppe der »Königsfreien«, deren »Freiheit« als Sonderstatus gerade durch die Bindung an einen Herrn entstanden sei.

Kritik an diesem Forschungsansatz kam wieder von rechtshistorischer Seite, und zwar am Beispiel der bayerischen und alamannischen Verhältnisse mit dem Nachweis, daß sich die *leges* nicht an den eingeschränkten Adressatenkreis von »Königsfreien« wenden, sondern an eine breite Bevölkerungsschicht. Einen Schritt weiter führte die Erkenntnis, daß der Terminus *liberi*, *ingenui*, den die *leges* relativ stereotyp verwenden, sehr verschiedenartige soziale Wirklichkeiten abdeckt. Freie gab es als Inhaber von Allod, als Vasallen und Königszinser, aber auch in den unterschiedlichsten Formen grundherrschaftlicher Bindung. Fraglich geworden ist auch der Wirkungsbereich der »Sippe« als festgefügter Rechtsverband, ebenso der angeblich spezifisch »germanische« Treuebegriff und vor allem die Lehre vom »guten alten Recht« als germanisches Rechtserbe. In den meisten Fällen handelt es sich um die Übernahme von römischem Rechtsgut oder, noch häufiger, um kirchliche Vorbilder, die in die mittelalterliche Rechtssphäre eingegangen sind. Unberührt bleibt davon die Tatsache, daß sich in archaischen Gesellschaften vergleichbare Strukturen ausbilden und in ihnen, mangels einer effektiven staatlichen Rechtsordnung, Familie und kultisch legitimiertes Gewohnheitsrecht die entscheidende Rolle spielen.

Frieden und Krieg

Es gehört zu den Charakteristika der frühmittelalterlichen Welt, daß zwar das Christentum eine umfassende Friedensidee sowohl für den einzelnen wie für die Gesellschaft insgesamt entwickelt hat, daß es aber nichtsdestoweniger sehr schwierig war, den Gedanken einer effektiven Friedenswahrung in einer von Grund auf kriegerischen Welt mit ihren eigenen ethischen Standards zur Geltung zu bringen. Bei den germanischen Völkern war Friede in erster Linie auf den Familienverband bezogen – nicht zufällig hängt das Wort etymologisch mit »Freund« zusammen –, und nur im Bereich gentiler Verbände realisierte sich Friede als zentraler Begriff der Rechtsordnung. Mit der Übernahme römischer Rechtsinhalte durch die Franken ging dann auch die Idee der Pax Romana, d.h. der Gedanke einer übergreifenden staatlichen Friedenswahrung als Aufgabe des Fürsten in die merowingische Königsherrschaft ein. Auch in diesem Falle deutet der etymologische Zusammenhang von *pax* (Frieden) und *pacare* (unterdrücken, befrieden) auf den Zwangscharakter und damit auf die grundsätzliche Ambivalenz staatlicher Friedenswahrung hin. Als dritte Wurzel der mittelalterlichen Friedensordnung trat die christliche, umfassende und radikale Friedensidee hinzu, die den Herrscher zur

Wahrung von *pax et iustitia* verpflichtete. Augustinus definierte Frieden als *ordinata concordia* und *tranquillitas ordinis*, wenn er auch im Hinblick auf den Dualismus von *civitas Dei* und *civitas terrena* die Staaten sowohl als Instrumente der Friedenswahrung anerkannte als auch als *magna latrocinia* (große Räuberhöhlen) abwertete, insofern sie nicht der *iustitia* verpflichtet waren. Diese Gedanken wurden dann auch für die karolingische Herrschaftslehre wichtig.

Allgemeiner Frieden war im Frühmittelalter nicht durchsetzbar, erst die hochmittelalterliche Gottesfriedensbewegung und die Landfrieden brachten hier Fortschritte. Mit dem grundsätzlichen christlichen Friedensgebot stellte sich zwangsläufig die Frage der Legitimität des Krieges, ein Problem, das Augustinus durch seine Definition des »gerechten Krieges« zur Verteidigung des Vaterlandes oder zur Rückgewinnung geraubten Gutes zu entschärfen suchte. Für Augustinus wie für andere Kirchenväter war Krieg wegen des Sündenfalls im Grunde unvermeidlich und daher mit christlicher Lebenspraxis vereinbar. Das seit den Konzilien von Toledo (400) und Chalcedon (451) festgelegte Waffen- und damit Kriegsverbot für Kleriker scheint nach kirchlichem Selbstverständnis zwingend zu sein; und doch sind es im Früh- und Hochmittelalter immer wieder hohe kirchliche Würdenträger, die kämpfend an Kriegszügen teilnehmen. Man wird dies nicht nur auf deren Herkunft aus dem kriegerischen Adel zurückführen können, denn schon in der Spätantike fielen den Bischöfen neben anderen staatlichen Pflichten auch militärische Aufgaben zu; es gab sogar »Privatarmeen« bischöflicher Stadtherren.

Zeigt schon die Konfrontation von christlicher Norm und geschichtlicher Realität, wie schwierig es ist, die konkrete Entwicklung des Verhältnisses von Krieg und Frieden nachzuzeichnen, so erweist sich auch die christliche Tradition selbst als ambivalent. Schon die Gegenwart Gottes in den Schlachten des Alten Testaments – ein Gedanke, der mit ins Christentum übernommen wurde – bewirkte, daß Glaubenskriege oft schrecklicher waren als die Kämpfe der römischen Antike, weil es hier um »Gottes Willen« ging. Auch Gregor von Tours schildert sowohl die Kämpfe der Frankenkönige gegeneinander wie auch die Kriege gegen Alamannen, Burgunder, Westgoten und Sachsen ohne grundsätzliche Verurteilung des Krieges, und für Papst Gregor den Großen ist der Kampf mit der Waffe zur Ausbreitung des Glaubens sogar ein verdienstvolles Werk. Die eigentliche Rolle der Kirche war für das Mittelalter vor allem die Kanalisierung des Krieges, der Schutz der Nicht-Kombattanten sowie die Aussparung von Kirchen und Heiligtümern, aber auch geheiligter Zeiten und Kirchenfeste von jeglicher Form der Gewaltanwendung: Die Kirche verhinderte zwar keine Kriege, aber sie bereitete teilweise erfolgreich vor, was man als »Hegung des Krieges« bezeichnet hat.

Was die militärische Organisation in fränkischer Zeit selbst anbelangt, so darf man dabei nicht außer acht lassen, daß schon seit dem 4. Jahrhundert viele Franken und Alamannen im spätrömischen Bewegungsheer als Söldner und Offiziere eine Kampfausbildung erhalten hatten und auch Chlodwig I. eben nicht nur fränkischer »Volkskönig«, sondern auch römischer Regionalkommandant gewesen ist, ehe er zu seinen Eroberungskriegen aufbrach – wie so mancher römische oder barbarische Usurpator vor ihm. Auch vollzogen sich vom 5./6. bis zum 7./8. Jahrhundert sowohl Wandlungen der Kampfesweise wie eine aus den Grabbeigaben erschließbare Differenzierung der Bewaffnung. Eine zunehmende Bedeutung von Reitzubehör (Sporen, Pferdegeschirr und Sättel) in einer begrenzten Zahl von Gräbern wird wohl zu Recht als ein Indiz für die Existenz einer Adelsschicht bewertet. Ursprünglich war das fränkische Heer, abgesehen von den Anführern, ein Fußheer mit der charakteristischen Wurfaxt, der Franziska als wichtigster Waffe neben der Lanze und dem zweischneidigen Schwert (Spatha); letzteres führte aber nicht jeder Krieger. Die Franziska und andere Äxte wurden dann abgelöst durch das einschneidige Hiebschwert (Sax). Der Anteil der Reiter nahm, wie die archäologischen Befunde zeigen, merklich zu. Umstritten ist hingegen, ob man die Erfindung und schnelle Verbreitung des Steigbügels sowie die allgemein bessere Bewaffnung zwischen dem 6. und 8. Jahrhundert ursächlich mit der Entstehung des Lehnswesens in Verbindung bringen darf, was man damit begründet, daß die größere Kostspieligkeit der Ausrüstung eines Reiterheeres auch eine bessere Ausstattung des berittenen Kriegers mit mehr Land erforderlich gemacht habe. Was die Heeresstärke anbetrifft, die eng mit der politisch-gesellschaftlichen Verfassung zusammenhängt, so kann man über mehr oder weniger begründete Vermutungen kaum hinauskommen. Man hat 5000 bis 6000 Mann für die Zeit Chlodwigs I. angenommen. Auch die soziale Zusammensetzung des Heeres bleibt weitgehend unklar; freie *Franci* sind ebenso möglich wie Heerhaufen, die von Gefolgsherren angeführt wurden. Völlig offen ist schließlich, ob und auf welche Weise die gallorömische Bevölkerung zum Waffendienst herangezogen wurde. In der *Lex Salica* wird auf erhöhten Rechtsschutz der Franken und der königlichen Gefolgsleute auf einem Kriegszug verwiesen, *Romani* sind dabei aber nicht genannt. Für die folgenden Jahrzehnte scheint sich dies im Zuge der Integration von Franken und Gallorömern geändert zu haben. Es ist anzunehmen, daß auch die zahlreichen *comites* mit romanischen Namen in ihren gallorömischen *civitates* militärische Befugnisse und damit auch Rekrutierungsrechte unter der einheimischen Bevölkerung hatten.

Lebensordnungen der Gesellschaft

Die kirchliche und adelige Grundherrschaft – Dorf – Basisgesellschaft

Königs-, Adels- und Kirchenherrschaft des Mittelalters konnten nur deshalb so wirksam und dauerhaft sein, weil sie im wesentlichen auf der Basis der Grundherrschaft beruhten, in deren Verband der Großteil der Bevölkerung des Frankenreiches wirtschaftlich, politisch, rechtlich und bei kirchlichen oder klösterlichen Besitzungen auch kultisch eingeordnet war. Über das Leben der Grundhörigen wissen wir relativ wenig, sie treten meist nur als »Zubehör« in Schenkungsurkunden und in Abgabeverzeichnissen als dienende Glieder der Arbeitsorganisation auf, über die fast nach Gutdünken verfügt werden kann. Auch darf nicht übersehen werden, daß wir dieses Wenige für das Frühmittelalter nur aus königlichen und kirchlich-klösterlichen Aufzeichnungen wissen; Analogieschlüsse auf die Zustände in der adeligen Grundherrschaft sind daher nur mit Vorsicht zu ziehen. Wenn Adelsherrschaft Verfügungsgewalt über Land und Leute bedeutet, und zwar bis zum Recht über Tod und Leben der Abhängigen, dann bildet die mittelalterliche Grundherrschaft ihren dichtesten Kern, ohne den der Adel wohl keine selbständige Kraft der europäischen Geschichte geworden wäre. Umstritten ist, ob und in welcher Weise die Gewalt des Herrn über seine Grundholden durch Gewohnheitsrecht eingeschränkt worden ist. Aus der grundherrschaftlichen Organisation entwickelten sich nach dem Ende der Eroberungs- und Beutezüge der Wanderzeit sowohl der materielle Status als auch die Lebensformen des Adels wie des Königtums, dessen Pfalzen und Höfe Mittelpunkte von Großgrundherrschaften gewesen sind. Mit den materiellen Ressourcen arbeitsteiliger Grundherrschaften entfaltete sich auch das geistige Leben, denn nur in diesen Großverbänden konnten Menschen für Studium, Buchproduktion, für künstlerische Arbeiten für sakrale und laikale Zwecke sowie für die Erziehung freigestellt und trainiert werden. Wenn auch die Termini »Grundherrschaft« bzw. »Villikationsverfassung« moderne historisch-juristische Ordnungsbegriffe für eine Vielzahl von Einzelbefunden aus den Quellen sind, so werden damit doch sehr reale Lebensordnungen der frühmittelalterlichen Welt bezeichnet. *leges*, Kapitularien, Urbare und Schenkungsurkunden kennen nur die Begriffe *dominatio*, *dominium*, *curtes*, *curiae* (Fronhöfe) mit ihrem Salland *(terra salica)* und den von diesen herrschaftlichen Zentralorten abhängigen *mansus*, *hobae*, den Bauernstellen der Hörigen, die als *servi casati* (Behauste) die Felder bestellen und Hand- und Spanndienste für den Herrn leisten. Mit dem Ausbau und der inneren Differenzierung der Grundherrschaft im 8. und 9. Jahrhundert werden nicht nur die pflichtmäßigen Leistungen *(servitia)* der Abhängigen und damit auch deren ursprünglich sehr unterschiedlicher Rechtsstatus vereinheitlicht, sondern es entstehen auch grundherrliche Institutionen wie Hofrechte, Hofgerichte, spezifische Landleiheformen und Organisationen für Handwerk und Handel. Gegenüber der älteren Auffassung, daß eine allmähliche Akkumulation oder Usurpation von Herrenrechten zur Grundherrschaft geführt habe, ist zu betonen, daß primär nicht der Besitz von Ländereien die Ursache war, daß vielmehr umgekehrt die ursprüngliche »autogene Herrengewalt« als Kernstück der frühmittelalterlichen Sozialordnung sich zur Grundherrschaft verdinglichte und weiterbildete, wobei dem Herrn »öffentlich-rechtliche« Befugnisse zuwuchsen.

Dies führte zwangsläufig zu einer Abschnürung der bäuerlichen Bevölkerung von der Staatsspitze, da für den Abhängigen innerhalb der Grundherrschaft im allgemeinen kein Königs- und Landesrecht galt, sondern nur das grundherrliche Hofrecht. Man spricht daher von »autogener Immunität«, die keiner königlichen Privilegierung bedurfte.

Auch die Immunität steht in spätrömischer Rechtstradition; es handelte sich um eine Befreiung kaiserlicher Domänen von öffentlichen Abgaben, Diensten und öffentlicher Steuerleistung, und in dieser Form handhabten auch ursprünglich die Merowinger diese Privilegierung, dehnten sie aber über das Fiskalgut hinaus auf kirchliche Grundherrschaften aus, denen damit Steuerfreiheit, Freiheit von öffentlichen Lasten und ein eigenes Gericht für die grundherrschaftliche *familia* zugestanden wurde. Desgleichen war damit ein Verbot für königliche Amtsträger verbunden, den Immunitätsbezirk zu betreten (Introitusverbot), dort Steuern einzutreiben *(exactio)* und Straffällige ohne Genehmigung des Immunitätsinhabers zu verfolgen. Von den allgemeinen Leistungen wie vom Kriegsdienst waren die Immunitätsbezirke zwar grundsätzlich nicht befreit, aber eine Tendenz, sich auch von diesen Pflichten zu lösen, war in der späteren Merowingerzeit zweifellos vorhanden. Erst die Karolinger haben mit der energischen »Einstaatung« und »Instrumentalisierung« der Kirche und ihres Besitzes diese Entwicklung zu exemten, politisch-rechtlichen Sonderbereichen für ein Jahrhundert gestoppt, bis sie erneut zum Durchbruch kam.

Als Ursprung der Grundherrschaft nimmt die ältere Forschung die germanische »Hausherrschaft« an, aus der sowohl die Grundherrschaft wie deren autogene Immunität hervorgegangen seien, später auch die Vogtei. Sie war Munt *(mundeburdium)* über Personen und Gewere, d. h. Verfügungsgewalt über Sachen und Rechte. Rechtmäßige Gewalt, Schutz und Schirm bilden nach dieser nicht unumstrittenen Lehre von der Hausherrschaft als Lebensordnung eine Einheit. Mag dieses Konzept archaischer Herrschaftsinterpretation mit Begriffen wie Huld und Treue, Rat und Hilfe auch Gefahr laufen, die Beziehung zwischen Herr und Abhängigen allzu harmonisch zu sehen, wogegen schon die Häufigkeit bäuerlicher Erhebungen spricht, so trifft es dennoch mit dem Aspekt der engen Verbindung von faktischer Gewalt und Rechtsordnung ein wesentliches Element mittelalterlicher Gesellschaftsorganisation, von dem vieles in die »entwickeltere« Grundherrschaft eingegangen ist, die die spätere Trennung von privat und öffentlich noch nicht kannte.

Für die Genese der Grundherrschaft war aber nicht nur die germanisch-fränkische Komponente verantwortlich; sie ist komplexer, weil es auch spätantike Vorstufen grundherrschaftlicher Organisation gibt, die von den Franken mit dem römischen Fiskalgut übernommen und schon lange von der Kirche auf ihren Domänen praktiziert wurden. Zwar sind nördlich der Loire die römischen *villae* nach der Völkerwanderungsepoche zugunsten neuer dorfähnlicher Siedlungen zumeist aufgegeben worden, und damit auch die antike Bewirtschaftungsform mit kasernierten Sklaven, doch war letztere wohl schon in spätrömischer Zeit wegen des starken Rückgangs versklavter Kriegsgefangener dem Kolonat, d.h. der Ansiedlung der arbeits- und abgabenpflichtigen Landbevölkerung, gewichen. So sind spätantike Betriebsformen zweifellos auch für die Ausbildung der frühmittelalterlichen Grundherrschaft wichtig geblieben. Strukturierend wirkte hier bereits das spätantike Steuersystem, das die großen Domänenbesitzer für das Steueraufkommen ihrer Güter haftbar machte: Seit dem 4. Jahrhundert gab die staatliche Steueraufsicht *(inspectio, praequatio, ordinatio)* den Großgrundbesitzern die Möglichkeit, freie Bauernstellen zur Steuerleistung an ihre Domänen zu binden. Es war dies eine »Abgabenherrschaft«, die offenbar in der Merowingerzeit weiterlebte, denn noch Anfang des 7. Jahrhunderts diente die *ordinatio* vor allem der königlichen Steuererhebung.

Wir haben es also mit einer langen Entwicklung bzw. Umformung seit dem 5. Jahrhundert zu tun, in der die kirchliche wie die königliche, frondienstbezogene Grundherrschaft sich konstituierte. Rechtsformen wie Agrartechniken wurden aus der Spätantike Südgalliens übernommen und mit der personalen Leibherrschaft germanischer Herkunft in mannigfachen Variationen kombiniert. Zwei Entwicklungsstränge verbanden sich hier: eine »protogrundherrschaftliche« Betriebsform germanischen Ursprungs und das römische Kolonat. Auch in diesem Falle hat die Absenkung des Organisationsniveaus in der Spätantike die Adaption durch die fränkisch-germanische Welt gefördert; ebenso wird dabei die vorbildliche vermittelnde Rolle der kirchlichen Güterorganisation deutlich, die quellenmäßig am besten zu erschließen ist. Auf diese Weise entstanden weitverstreute, vor allem klösterliche Besitzkomplexe mit – wie im Fall von St-Germain-des-Prés – mehr als 17000 Bauernstellen.

Neuerdings hat man stärker als die germanische und spätrömische Wurzel der Grundherrschaft deren Neubildung zwischen Loire und Rhein im 7./8. Jahrhundert betont und sogar die antiken Vorformen bestritten. Danach hätte sich in diesem Raum nach dem Vorbild der merowingischen Fiskalorganisation und der geistlichen und weltlichen Führungsschichten eine zweigeteilte Domanialwirtschaft oder Betriebsgrundherrschaft entwickelt. In diesem »bipartiten« System ist der Grundbesitz in das vom Herren- oder Fronhof mit *mancipia*, *servi* bearbeitete Salland und in einen weiteren Bereich von Güterkomplexen gegliedert. Letztere sind an Abhängige *(servi casati)* aufgeteilt, die zu Abgaben und Dienstleistungen für den Grundherrn verpflichtet sind. Für den oft aus weitverstreuten Schenkungen an Kirchen und Klöster entstandenen Fernbesitz war diese Organisationsform besonders bedeutsam. Ob man das von der älteren Forschung als »Villikationsverfassung« bezeichnete bipartite Betriebssystem, welches offenbar nach dem Vorbild der merowingischen Fiskalverfassung entstand, als Neubildung des 7. Jahrhunderts bezeichnen kann, bleibe aber dahingestellt. Wenn man der nicht unberechtigten Meinung ist, daß die Frankenkönige spätrömisches Fiskalgut und dessen Organisation übernommen haben, muß man wohl eine – wenn auch sicher modifizierte – Kontinuität der Wirtschafts- und Herrschaftsformen auf dem flachen Lande annehmen. An einer großräumigen Siedlungskontinuität im merowingischen Kernraum zwischen Loire und Rhein ist trotz regionaler Rückgänge und Menschenverluste ohnehin nicht zu zweifeln. Schon wegen der starken regionalen Unterschiede – südlich der Loire erhält sich die spätantike Sozialstruktur bis ins 8. Jahrhundert! – kann man mit dem schroffen Gegensatzpaar *Kontinuität – Diskontinuität* der differenzierten Wirklichkeit kaum gerecht werden.

Das wird besonders deutlich an einem viel diskutierten Sonderproblem, nämlich der Pflugforschung. Einerseits ist davon auszugehen, daß tiefpflügende, schollenwendende Kehrpflüge mit Rädern und eiserner Schar sich im Rahmen der Entfaltung der Grundherrschaft vom Pariser Becken ausgehend sich bis in die Regionen rechts des Rheins verbreiteten und somit eine bedeutende frühmittelalterliche Innovation darstellen. Andererseits ist nicht zu bezweifeln, daß nach archäologischen Funden und bildlichen Darstellungen bereits in der Antike diese »modernen« Pflüge existierten, wenn auch nicht als überregional benutztes Ackergerät, wobei die jeweilige Bodenbeschaffenheit eine Rolle gespielt haben könnte. Auch an der deutschen Nordseeküste sind im ersten vorchristlichen Jahrhundert differenzierte Pflüge mit eiserner, symmetrischer Schar und Streichbrett archäologisch bezeugt. Der agrartechnische Fortschritt bestände dann darin, daß sich aus einem naturbedingten Nebeneinander verschiedener Pflugformen der Mediterranée und Nordeuropas durch den nachweisbaren Kommunikationszusammenhang vor allem der kirchlichen und königlichen Großgrundherrschaften und dessen normierende Wirkung als Innovationsträger auf vielen

Gebieten auch die Vorrangstellung der schollenwendenden Kehrpflüge mit Rädern, Sech und verstellbarem Streichbrett ergeben hat. Eine ähnliche Entwicklung ist für die bereits in der Antike bezeugten Wassermühlen und deren rasche Verbreitung im Frühmittelalter anzunehmen. Auch die Großsense ist bereits in römischer Zeit nachweisbar. Vor dem suggestiven Reiz klarer Entwicklunglinien muß daher gewarnt werden.

Mit den Anfängen der Grundherrschaft im Frankenreich wie auch mit der Stabilisierung der Verhältnisse insgesamt und dem Anstieg der Bevölkerung hängt eine Ausdehnung der Feldflur zusammen, ein Vorgang, den es erst seit dem Frühmittelalter (7./8. Jahrhundert) wieder gibt. Von der Eisenzeit bis ins Frühmittelalter hat es, was die Agrarlandschaft Mitteleuropas außerhalb des Limes betrifft, keine einheitliche Höherentwicklung der Kulturpflanzen, wie sie die Antike kannte, gegeben, wie sich aufgrund pollenanalytischer Untersuchungen sagen läßt. Vielmehr brachte die Völkerwanderungszeit einen deutlichen Bruch in der Ackerbautradition, der mit einem beträchtlichen Rückgang des Ackerlandes verbunden war. Für die bäuerlichen Unterschichten bedeutete dann die Ausbildung der Grundherrschaft nicht nur ein reguliertes Abgaben- und Leistungssystem, sondern auch eine festere Verknüpfung ihrer bislang ungesicherten Existenz mit einer Bauernstelle (Hufe, *hoba*). Die Hufe war wohl nicht das germanische Synonym zu *mansus*, sondern eher eine vorwiegend für Unfreie geschaffene Landausstattung. Ihre Verbreitung im germanischsprachigen Teil des Frankenreiches, also an Mosel, Rhein und östlich davon, signalisiert den Weg breiter Unterschichten aus der völligen Unfreiheit in die mittelalterliche Grundhörigkeit, ebenso aber das Absinken ursprünglicher bäuerlicher Freiheit in diesen Status. Keinesfalls läßt sich die Hufe bis in germanische Zeit zurückverfolgen. Karl der Große scheint dann die Hufe als Bemessungseinheit für den allgemein besteuerten Grundbesitz eingeführt zu haben.

Schwer zu durchschauen ist auch die Genese des mittelalterlichen Dorfes. Faßt man den Begriff des Dorfes nicht zu eng, sondern lediglich als Umschreibung einer »ländlichen Gemeinschaft« (*villa*, *locus*, *marca*, *curia* und *vicus*, letzteres vermutlich der Begriff für größere ländliche Siedlungen), dann fällt es nicht schwer, sich von einem älteren Entwicklungsbegriff zu lösen, wonach das mittelalterliche Dorf bis zur germanischen Landnahme zurückreicht und sich durch Ausbau kontinuierlich vergrößert und differenziert habe. Vielmehr konnte die Siedlungsarchäologie das Nebeneinander von stark variierenden Siedlungsgrößen erschließen: Entsprechend existieren in der Merowingerzeit sowohl kleine Hofgräberfelder, die wohl »Adelshöfen« zuzuordnen sind, wie große »Dorfgräberfelder« mit sehr zahlreichen Bestattungen. Schon in keltischer Zeit treten ländliche Gemeinschaftssiedlungen neben die zentralen Oppida; in ihnen gab es neben Landwirtschaft auch gewerbliche Produktion. In der *Germania libera* finden sich ebenfalls dorfähnliche Siedlungen (Wurten), die sich zwischen dem 1. und 5. Jahrhundert in steigendem Maße sozial differenzieren, aber in der Völkerwanderungsepoche zum großen Teil abbrechen. In der Merowingerzeit entsteht somit ein neues Siedlungsbild, wobei bislang noch nicht geklärt ist, ob schon in dieser Zeit die Grundherrschaft maßgeblich an der nun entstehenden Siedlungsstruktur, d.h. am Anstieg der Siedlungsfläche und damit am Wachstum der Agrarwirtschaft, beteiligt ist. Für die Organisationsform dieser frühen, dorfähnlichen Siedlungen gibt es kaum Hinweise, das typisch mittelalterliche Gewanndorf mit Flurzwang entstand erst seit dem Hochmittelalter. Die höher entwickelte Anbau- und Organisationsform der Dreifelderwirtschaft (Dreizelgenwirtschaft) – ein Begriff, der in plakativer Weise viele zeitliche Entwicklungsstufen und regionale Unterschiede umfaßt, aber auch verdeckt – läßt sich für Alamannien wohl schon im 8. Jahrhundert nachweisen. Die Abfolge von Pflügen und Säen im Frühjahr, von Brachpflügen im Frühsommer sowie Pflügen und Säen im Herbst ist wohl keine Übernahme aus der römischen Landwirtschaft, sondern eher eine Innovation des frühen 8., vielleicht auch schon des 7. Jahrhunderts; doch werden auch Zusammenhänge mit der antiken Agrartechnik für möglich gehalten. Man sieht, daß divergierende Deutungen möglich sind. Dieses Bewirtschaftungssystem setzt eine gewisse Dorforganisation voraus, um den Fruchtwechsel der jeweiligen Großfluren (Zelgen) bewerkstelligen zu können. Ob dies durch die Grundherrschaft geschah oder durch Übereinkommen der Dorfbewohner, muß offenbleiben. Dörfliche Wüstungen gab es nachweislich schon seit dem Ende des 2. Jahrhunderts, dann im 7. und 8./9. Jahrhundert.

Am Rande der Rechtsordnung: Sklaven und Arme

Sachlich wie terminologisch schwierig ist die Sklavenfrage im Frühmittelalter, weil nach wie vor unklar bleibt, ob der aus antiker Lebens- und Rechtswirklichkeit in Güterverzeichnisse und *leges* übernommene Terminus *servus* noch eine vergleichbare Bedeutung besessen hat. Der Ausweg, statt vom »Sklaven« jetzt vom »Unfreien« oder »Abhängigen« zu sprechen, verdeckt eher das Sachproblem, als daß dies weiterhilft. Hinzu kommt, daß im grundherrschaftlichen Verband sehr bald der ursprüngliche Rechtsstatus gegenüber der Funktion eines *servus* an Bedeutung zurücktrat. So waren im allgemeinen die *servi casati* mit einer eigenen Hofstelle besser gestellt als die *servi non casati*, weil sie trotz Abgaben und regelmäßiger Arbeitshilfe für den Grundherrn dennoch über Teile ihres Arbeitsertrags selbst verfügen konnten. Die Möglichkeiten der Kirche, in der Sklavenfrage zu intervenieren, waren relativ gering; auch beschäftigte sie selbst Sklaven. Daher gingen Ansätze zur Besserung des Sklavenloses, wie sie die heidnische und die christliche Antike kannte, nach der Völkerwanderung teilweise wieder verloren. Augustinus' Auffassung, Sklaverei entstehe durch schuldhaftes Verhalten, war ebenfalls nicht dazu angetan, grundsätzlich neuen Positionen zum Durchbruch zu verhelfen. Die germanischen Nachfolgereiche des Imperiums übernahmen weitgehend das antike Sklavenrecht. Dennoch hat die Kirche schon im Hinblick auf ihre Lehre von der Einmaligkeit jeder Menschenseele viel dazu beigetragen, um im Laufe des Mittelalters einen Mentalitätswandel herbeizuführen, so daß z. B. dem grundsätzlichen Tötungsrecht des Herrn gegenüber seinen Sklaven, wie es noch im Slavengesetz römischer Provenienz bis weit über das 4. Jahrhundert hinaus Rechtswirklichkeit gewesen ist, Einhalt geboten wurde. Generell spielte sicher auch eine Rolle, daß die *servi casati* mit ihrer Familie für den Ertrag einer bäuerlichen Hofstelle unentbehrlich waren, auch was die normale Reproduktion der Arbeitskraft betraf; beides war aber für den Lebensstandard des Grundherrn essentiell. Die *servi non casati* hingegen blieben »Zubehör« des Herrenhofes, der *domus instructa*, also unfreies Gesinde, oder sie wurden den Hofstellen der *servi casati* als Arbeitspersonal zugeteilt. Andererseits eröffnete die Tätigkeit der *servi non casati* in der *villa* oder der *curtis dominica* ihres adeligen oder kirchlichen Grund- und Leibherrn auch Chancen sozialer Mobilität und somit des Aufstiegs. Dies war vor allem der Fall, wenn sie sich als Spezialhandwerker qualifizierten oder im grundherrlichen Karawanenhandel zu eigenem mobilen Kapital kamen, womit sich für sie wiederum die Möglichkeit des Freikaufs und der Freilassung *(manumissio per chartam)* durch den weltlichen Herrn oder durch die Kirche in der Form der Wachszinsigkeit (Cerocensualität) eröffnete.

Neben den *servi* der Grundherrschaft gab es immer auch echte Sklaven, die zumeist Beute aus Kriegszügen waren. Christliche, jüdische und arabische Fernhändler tauschten bei den Westslawen gegen fränkische Waffen und mittelmeerische Luxuswaren Sklaven ein, und auch im friesischen Fernhandelsnetz des 7./8. Jahrhunderts spielten sie als »Ware« eine große Rolle. Doch dürfte der Sklavenanteil an der Gesamtbevölkerung relativ gering gewesen sein. Gegenüber älteren Auffassungen vom »statischen« Charakter der mittelalterlichen Gesellschaft ist mit Nachdruck der starke soziale Wandel zu betonen, der sich gerade in der frondienstbezogenen Grundherrschaft vollzogen hat, die Herrenland und Bauernland, Dienst und Schutz, Salhof und Mansus als Lebensgrundlage der Bauernfamilie organisatorisch wie rechtlich verband. Insgesamt läßt sich die Entwicklung zwischen Spätantike und Frühmittelalter dahingehend charakterisieren, daß sich der einst juristisch klar definierte Sklavenstatus, je nach Zeit und Region in unterschiedlicher Weise auflöste und daß er durch die allgemeineren, das Gros der Bevölkerung betreffenden Hörigkeitsverhältnisse der Grundherrschaft ersetzt wurde; das bedeutete zweifellos eine Verbesserung der Lebensverhältnisse.

Von den Sklaven im grundherrschaftlichen Verband sind die Armen zu unterscheiden, die sich zumeist ohne soziale Bindung durchbringen mußten. Oft waren es Hungersnöte, Seuchen, Verlust der Bauernstelle durch Verschuldung oder willkürliche Abstiftung durch den Grundherrn, übermäßige Abgaben oder Ruin durch Mißernten, die Massenarmut hervorbrachten. Schon Caesarius von Arles (gest. 542) beklagt in seinen Predigten die Verschuldung der Bauern und die Not, in die sie durch einen Zwangsverkauf gerieten. Deshalb war es nur zu verständlich, daß sich verarmte Bauern »freiwillig« in die völlige Abhängigkeit begaben, um sich ein Existenzminimum zu sichern. Aber nicht nur vertriebene *servi casati* tauchen in den Quellen des 6./7. Jahrhunderts als *pauperes* auf, sondern gleichzeitig deutet die synonyme Verwendung von *rusticus* – *pauper* auf das gedrückte, von Not bedrohte Leben der Landbevölkerung insgesamt hin. Daß Armut etwas mit Abhängigkeit und Ohnmacht zu tun hat, ist sicher richtig, wenn es sich nicht um die freiwillig gewählte Armut der Askese handelt. Doch vermag eine rein gesellschaftsgeschichtliche Interpretation der Armut, so förderlich sie auch in wichtigen Punkten ist, kaum das weitläufige und aus unterschiedlichen Ursachen entstandene Phänomen hinreichend zu erklären. Auch stellt sich Armut im ländlichen Milieu anders dar als im städtischen und wechselt überdies im Laufe der Jahrhunderte, besonders mit der religiösen Bewegung des Hochmittelalters, ihren Charakter.

Anderer Art als die Landarmut waren die strukturelle Dauerarmut und das Bettelwesen in den spätantiken Städten, wobei der orientalisch-byzantinische Bereich wohl stärker betroffen war als der lateinische Westen mit seinen schrumpfenden Städten. Der Kirche kam aber hier wie dort eine ihrem Selbstverständnis entsprechende tragende Rolle zu als Helferin der Armen, Witwen und Waisen; dennoch reichte dies nach neuen statistischen Untersuchungen nicht aus. Vor allem nach dem Zusammenbruch der spätantiken Staatsverwaltung sahen sich die Bischöfe der *civitates* mit massenhafter Armut und mit Bettlertum und rechtsfreien Existenzformen außerhalb der Gesellschaft (Räubertum) konfrontiert. Zweifellos hat die Kirche aber viel getan, um den Armen ihren Platz in der Gesellschaft zu sichern. Die berühmte Erzählung vom heiligen Martin, der vor den Toren von Amiens seinen Mantel mit einem Bettler teilte, der ihm dann in einem Traumgesicht als Christus erschien, ist als Leitbild christlich-caritativer Gesinnung in Literatur und Kunst eingegangen. Als Bestandteil asketischen Lebens, nämlich als *imitatio Christi*, hat die Armut in der mittelalterlichen Welt insgesamt eine hohe ideelle Bedeutung erhalten; sie wurde seit dem 11. Jahrhundert aber auch ein Ansatzpunkt scharfer Kritik der asketischen Welt wie der Laien an der reichen Herrschaftskirche.

Von der grundherrschaftlichen familia zur europäischen Familie

Am Bedeutungswandel des Wortes *familia* vermag man auch den Strukturwandel einer Gemeinschaftsform abzulesen, die nur teilweise biologische Voraussetzungen hat und daher auch in kulturanthropologischen und sozialen Zusammenhängen gesehen werden muß. Für das antike Recht bedeutete *familia* sowohl das Gesamtvermögen eines Mannes, zu dem ja auch die Sklaven gehörten, als auch »eine Mehrzahl von Personen, die von Natur aus oder auf Grund des Rechtes einem Einzigen untersteht«. Dieses fast unumschränkte Herrenrecht des *pater familias* über Frauen, Kinder und Gesinde findet sich in verändertar Form im Mittelalter wieder, doch trat die Kirche entschieden dem Tötungsrecht des Familienoberhauptes entgegen. Die Familie gab es damit als ein breites Spektrum möglicher Lebensgemeinschaften: als Verband der Abhängigen und Unfreien in der Grundherrschaft, als Klostergemeinschaft der Mönche und Nonnen unter der Herrschaft des Abtes oder der Äbtissin, als Hausgemeinschaft und als breitgefächerter Verwandtschaftsverband adeligen Charakters. Ob die kognatischen Verbände des Frühmittelalters, bei denen jede Ehe durch die Einbeziehung der Verwandtschaft der Frau einen neuen Familienkreis begründete, aus den bei Tacitus (Germania, c. 7) erwähnten germanischen Sippen *(familia et cognationes)* abzuleiten sind, bleibt offen, da diese im Frühmittelalter ihre Funktion verloren. Auch das »Haus« als Organisationsform der frühmittelalterlichen *familia* (ahd. *hîwisk*) ist nicht nur Teil oder Fortsetzung der Sippe, sondern ersetzt diese eher. Ob die Munt *(mundeburdium)* als Herrenrecht über alle Hausgenossen ausschließlich germanischer Tradition entstammt, wie vielfach angenommen wird, bleibe dahingestellt; auf jeden Fall gibt es Entsprechungen zur Rolle des *pater familias* im römischen Recht, aus dem der Begriff ursprünglich stammt. Doch kann man die Munt wohl als eine wesentliche Wurzel aller mittelalterlichen Herrschaftsformen, einschließlich der Königsherrschaft, betrachten. Beim Tode des Hausherrn ging die Herrschaft an den ältesten Sohn über, die Witwe wurde dessen Munt unterstellt. War der Sohn noch minderjährig, verwaltete sie den Besitz; oft bekam sie auch einen Teil desselben auf Lebenszeit. Merowingerköniginnen wie Radegunde oder Balthilde konnten mit ihrem Witwengut Klöster gründen und reich ausstatten. Töchter waren erbberechtigt, wenn es keine männlichen Nachkommen gab. Neuere Forschung hat ergeben, daß z.B. im Fundus von 800 Urkunden des Klosters St. Gallen und in zwei Redaktionen des Alamannenrechts Frauen als Immobilienbesitzer einen Anteil von etwa 30 Prozent hatten. Es waren also nicht nur Königinnen und Fürstentöchter erbberechtigt, sondern es gab eine offenbar generell mögliche weibliche Erbfolge, die auch Schwestern und Cousinen einschloß. Mit der Eheschließung erlosch keineswegs die Verfügung über das eigene Erbe, es scheint sowohl Gütertrennung wie eheliche Gütergemeinschaft gegeben zu haben. Auf jeden Fall haben in diesem konkreten Rechtsbereich die *leges* durchaus Realitätsgehalt, doch darf diese Feststellung nicht verallgemeinert werden. Überdies kennen die *leges* eine Fülle von Strafen für Mord, Verletzung, Berührung oder Kränkung einer Frau; vor allem die Schwangere wurde geschützt. Vor Gericht war die Frau zwar nicht rechtlos, aber handlungsunfähig, sie mußte sich vom Vater, Bruder oder Gatten vertreten lassen.

Aus der Hausherrschaft kommt auch die Gefolgschaft, die schon in vorchristlicher Zeit unter keltischem Einfluß als germanischer Männerbund entstand und Elemente des Gastrechts und der Waffensohnschaft in sich aufgenommen hatte. Ihre Bedeutung für die Wanderzeit ist kaum zu überschätzen, doch verschwand sie als Institution aus denselben Gründen wie die Sippe. Ob es eine spezifische Gefolgschaftstreue gab, ist umstritten. In der merowingischen Königsherrschaft haben sich im »Antrustionat«, den *fideles regis*, der *trustis dominica* Elemente des Gefolgschaftswesens erhalten. Die Vasallität knüpfte zwar an dieses an, kam aber vornehmlich aus der fürstlichen Hausgemeinschaft und war auf genau umschriebene Dienstleistungen beschränkt.

Freiheit oder Unfreiheit spielten auch eine entscheidende Rolle bei der Ehe, und zwar nicht nur hinsichtlich der Standesgleichheit, sondern vor allem auch bei den Unterschichten. Hier hatten die *servi casati* meist schon aus wirtschaftlichen Gründen vom Herrn die Erlaubnis zur Heirat, denn die Frau war der wichtigste Partner und Gehilfe im Bauernhof; mit ihren Kindern wuchsen neue Arbeitskräfte heran, die dann teilweise wieder das Personal für das Herrenhaus abgaben. Bis zu einem gewissen Grade kann man das »Ehe- und Arbeitspaar« als eine soziale Form verstehen, »in der Frauen und Männern in erster Linie die Befreiung aus Abhängigkeiten von Eltern und Dienstherren gelingt« (W. Affeldt). Der Herr bestimmte aber nicht nur die Ehepartner, sondern konnte sie auch wieder trennen, etwa beim Verkauf. Dies war möglich, weil die Eheschließung lange Zeit ein weltlicher Akt war und sich die Kirche erst seit dem 9. Jahrhundert stärker einschaltete und dafür dann auch einen festen kirchlichen Ritus entwickelte. Besonders schwierig war es allerdings für die Kirche, gegenüber den überlieferten heidnischen Formen der Raub- und Kaufehe sowohl die Monogamie als auch die Unauflöslichkeit der ehelichen Bindung durchzusetzen. Die merowingischen Synoden schweigen sich über dieses sicherlich brennende Problem aus, und noch im 8. Jahrhundert war man sich selbst in Rom über Möglichkeiten einer kirchlich erlaubten Scheidung im unklaren.

Ferner ist zu bedenken, daß eine legitime, dotierte Ehe nur für die Oberschicht von Bedeutung war, weil es hier um Besitz- und Erbverhältnisse ging, die mit der Eheschließung geregelt bzw. für die legitimen Nachkommen gesichert werden mußten. Für den unbehausten Hörigen oder Sklaven änderte die *copulatio carnalis*, die Geschlechtsgemeinschaft, in dieser Hinsicht wenig oder nichts. Deshalb ist es auch umstritten, ob es für die Unterschichten im Frühmittelalter generell so etwas wie eine »legitime« Ehe gegeben hat. Skepsis ist hier am Platze, wenn man bedenkt, daß in den Reihengräberfriedhöfen des 7. Jahrhunderts nur bei den reicher ausgestatteten Gräbern eine deutliche Zuordnung von Paaren feststellbar ist, die auf eheliche Zusammengehörigkeit schließen läßt, ansonsten jedoch bei den armen Grablegen eher ein beziehungsloses Neben- und Durcheinander vorherrscht. In der Frage der Ehe für die Unterschichten tritt der Sachcharakter des *mancipium*, wie ihn das römische Recht festgeschrieben hat, auch später noch klar hervor. Offen bleibt, ob die Anläufe einer spätantiken humanen Philosophie und dann der Kirche, eine legitime Sklavenehe zu ermöglichen, im Frühmittelalter mehr Erfolg hatten. Eine spürbare Besserung der Ehefähigkeit Abhängiger gab es erst seit dem 9. Jahrhundert, und hier war es neben der wachsenden Intervention der Kirche vor allem das praktische Bedürfnis der grundherrschaftlichen Organisation, die zu einer »Verwandlung der patriarchalischen Hofsklaverei zur grundhörigen Unfreiheit« und zur Abschichtung Unfreier vom Herrenhof als *servi casati*, als behauste Unfreie führte. Damit eröffnete sich für große Teile der abhängigen Bevölkerung die Möglichkeit entweder einer legitimen Ehe oder eines geduldeten Konkubinats; auch hier wirkte sich die normative Kraft des Faktischen aus, der auch die Kirche Rechnung trug.

Entgegen früheren Auffassungen hat es auch im Frühmittelalter schon die Kleinfamilie im heutigen Sinne gegeben, sie tritt nur in den vornehmlich organisatorischen Quellen zur Grundherrschaft nicht so deutlich in Erscheinung. Was den Nachwuchs betrifft, so dürfte die bäuerliche Familie wegen der hohen Kindersterblichkeit nur zwei bis drei Kinder aufgezogen haben. Anders als in der Antike wird Abtreibung grundsätzlich bestraft: vor dem 40. Tag nur mit einjähriger Kirchenbuße, danach aber als Mord. Aufschlußreich ist, daß Armut strafmildernd wirkte, also eine Art sozialer Indikation praktiziert wurde. Die medizinischen Lehrbücher des Mittelalters kennen zahlreiche Abortiva und Kontrazeptiva aus römischer und islamischer Tradition, doch sind diese Mittel wohl nur der ärztlich besser versorgten Oberschicht vorbehalten gewesen. Tötung weiblicher Säuglinge und Kindesaussetzung sind noch im 9. Jahrhundert bezeugt, doch geht es zu weit, daraus auf einen grundsätzlichen Mangel an Kindesliebe der Eltern zu schließen. Die Hagiographie seit Gregor von Tours bietet genügend Belege für eine innige Eltern-Kind-Beziehung und ebenso für eine in Wirklichkeit bessere familiäre und gesellschaftliche Stellung der Frau, als aufgrund der *leges* vielfach angenommen wurde. Auch gab es im Recht Schutzbestimmungen für Minderjährige.

Die Frauen in der Gesellschaft

Die Stellung der Frauen in der frühmittelalterlichen Welt wurde nicht nur durch ihren Rechts- und Sozialstatus bestimmt, sondern auch durch Traditionen unterschiedlichster Art, vor allem fränkisch-germanischer Herkunft (z.B. Raub- und Friedelehe) und spätantik-christlichen Ursprungs. Zwar wirkte sich die Auffassung des Aristoteles, daß sich die Überlegenheit des Mannes durch die Verbindung der Elemente Luft und Feuer – Aktivität und Superiorität – erweise, erst wieder im Hochmittelalter aus, aber mit den Werte-Standards der patriarchalischen Kulturen der Antike und der germanischen Völker war von Anfang an auch eine Minderstellung der Frau gegeben. Die im Alten Testament sich widerspiegelnde patriarchalische Gesellschaftsauffassung stabilisierte diesen Trend ebenso wie die grundsätzliche Abwertung der Sexualität durch Paulus und die Kirchenväter, von der die Frauen besonders betroffen wurden. Virginität und Witwenschaft wurden für besonders wertvoll gehalten, die eheliche Heilige kennt die Hagiographie überhaupt nicht, obwohl es in der heiligen Anna ein biblisches Vorbild dafür gab. Die Kirche entwickelte seit Ambrosius und Augustinus mit der Konzeption von Eva als »Schuldiger« am Sündenfall und Maria als Gottesgebärerin und »neuer Eva« eine breite Skala ambivalenter Wertungen der Frau, die durchweg folgenreich waren. Die zumeist positive Rolle des Marienkults für die Wertschätzung der Frau wirkte sich im Frühmittelalter allerdings noch nicht aus. Nur durch Sexualaskese konnte eine Frau ihre mindere Einstufung innerhalb der Kirche überwinden. Wegen der kirchlich monopolisierten Schriftlichkeit des Frühmittelalters, die unsere Überlieferung weitgehend bestimmt, sollte man allerdings die Wirkung theologischer Vorstellungen in der Laiengesellschaft nicht überschätzen. Schon die Hagiographie, obwohl kirchliche Literatur, läßt andere Wertungen erkennen. Aufschlußreich ist jedoch, daß zwar die Heilsgewißheit für Mann und Frau gleicherweise gilt, aber eine Statistik der Heiligenviten ergibt, daß nur 14% aller Heiligen weiblich waren. Der Großteil von ihnen ist im Frühmittelalter bezeugt, zumeist entstammten sie dem Adel. Die Einrichtung von Doppelklöstern für Männer und Frauen seit dem 7. Jahrhundert hatte für die Frauen sicher auch einen emanzipatorischen Nebeneffekt, doch war dies kaum die entscheidende Motivation für deren Klostereintritt. Vom römischen Recht bis zur Entwicklung des kanonischen Rechts im Hochmittelalter ist eine Verschlechterung der Rechtsstellung der Frau im öffentlichen Leben wie im liturgischen Bereich feststellbar. Man hat dies mit dem Einströmen germanischer Denkweisen in Verbindung gebracht; auf jeden Fall hat die mit der Munt gegebene personenrechtliche Gewalt des Mannes und des männlichen Verwandten dazu geführt, daß sich spätantike Ansätze zur Emanzipation der Frau, z.B. der Wegfall der Vormundschaft über erwachsene Frauen *(tutela mulierum)*, wieder rückbildeten. Andererseits bot die Entwicklung des kirchlich beeinflußten Eherechts für die Frau größere Sicherheit, jedoch ohne daß damit die Munt des Mannes wesentlich abgeschwächt worden wäre.

Im Hinblick auf die Lebenswirklichkeit des Frühmittelalters bleibt es problematisch, generell von *der* Lage der Frau zu sprechen. Die bäuerliche Frau unterstand zwar der Munt ihres Mannes, wie dies beim Adel der Fall war. Der Mann hatte ein Züchtigungsrecht; aber eine gewisse Ausnahmestellung nahm, wie bereits erwähnt, die schwangere Frau ein; hier waren Existenzfragen im Spiel, von denen auch der Mann betroffen gewesen ist, da Kinder in der Basisgesellschaft die wichtigste Form der Existenzsicherung waren. Beim Adel und bei der Mittelschicht der *ingenui* ging es etwa um Besitzsicherung durch den Leibeserben, ebenso um die Aufzucht von kampftüchtigem Nachwuchs. In der bäuerlichen Familie ging es außer der Besitznachfolge vor allem um den Nachwuchs für die Mitarbeit in der Landwirtschaft. Die Gebärfähigkeit der Frauen, deren Heiratsalter bei durchschnittlich 25 Jahren lag, war ein ebenso zentraler Wert wie die Wehrfähigkeit der Männer. Im übrigen gab es geschlechtsspezifische Frauenarbeit wie Spinnen und Weben sowohl in den Gynäceen, den Häusern für Frauenarbeit am Herrenhof, wie im bäuerlichen Haushalt. Im letzteren Fall war die Frau, die auch bei der Feldarbeit half, eine unentbehrliche Mitarbeiterin des Mannes, was sicherlich ihrem Status ebenso zugute kam wie ihrer Rolle als Gebärerin, die ja zugleich Existenzsicherung im Alter bedeutete. Während die Lebenserwartung im Mittelalter schon allgemein niedrig war und kaum 40 Jahre erreicht haben dürfte, waren die Frauen durch zahlreiche Geburten und durch die ununterbrochene übermäßige Beanspruchung durch Haus- und Feldarbeit im gebärfähigen Alter besonders gefährdet. Erst wenn sie das Klimakterium erreichten, hatten sie größere Überlebenschancen als die Männer. Gleichermaßen betroffen wurden Frauen und Männer vom Recht des Grundherrn, Ehen zuzulassen oder zu verweigern. Freie Gattenwahl war eher die Ausnahme, die wirtschaftlichen Interessen des Herrn blieben hier wohl ausschlaggebend; dies galt weitgehend für alle Schichten bis hinauf zum Adel.

Ob die »Friedelehe« – d.h. die freie Verbindung von Mann und Frau, die allerdings kaum so »frei« war, wie man vermutet hat, sondern oft als Folge von Entführung, Raub oder Kauf zustande kam – der legitimen, nämlich mit Eigenvermögen *(dos)* für die Frau ausgestatteten Muntehe der Oberschicht gleichgestellt war, ist umstritten. Doch spricht die Erbfähigkeit der Kinder aus Friedelehen, wie sie bei Merowingern und Karolingern bezeugt ist, eher dafür, daß die »Friedelehe« bei den Germanen anerkannt war. Erst die Kirche hat sie zugunsten der Einehe als »Konkubinat« zurückgedrängt, bei Herrschern allerdings meist stillschweigend geduldet. Wie weit rechtliche Normen und Lebensrealität auseinanderklaffen können, beweist die Rolle fränkischer Königinnen und Herrscherinnen, ihre Macht als Regentinnen und ihr Selbstbewußtsein als Erbinnen großer Besitzungen und Stifterinnen von Klöstern. Das gilt für Chrodechilde, die Gattin Chlodwigs I., für Radegunde und Brunichilde im 6. Jahrhundert und für Balthilde und Plektrud im 7. und frühen 8. Jahrhundert. Ebenso aufschlußreich ist der erbitterte Kampf der Nonnen aus merowingischer Familie im Radegundenkloster von Poitiers gegen ihre Äbtissin und die Bischöfe. Auch die amüsante »Eheanbahnung« für die Königin Arnegunde (gest. 565/70), Gattin Chlothars I., deren reiches Grab man 1959 in der Basilika von St. Denis entdeckte und deren Karriere Gregor von Tours schildert, spricht für eine gewisse Offenheit ehelicher Verbindungen, denn erst seit dem 9. Jahrhundert entwickelte die Kirche festere, auch liturgisch fixierte Normen.

In viel stärkerem Maße als dies später bei Stabilisierung der Sozialordnung möglich war, gelangten auch Konkubinen zur Königsherrschaft. Spektakuläres Beispiel war in der Merowingerzeit Fredegunde (gest. 596/97), erst Geliebte, dann Gattin König Chilperichs I. und Erzfeindin der Königin Brunichilde. Ebenso gehört hierher die angelsächsische Kriegsgefangene

Balthilde (gest. nach 680), die nach dem Tode ihres Gatten Chlodwig II. (gest. 657) das neustroburgundische Königreich bis zu ihrem Sturz 665 regierte und sich dann in ihre Klostergründung Chelles zurückzog. Sicher gab es, wie kirchliches und weltliches Recht sowie biologische Gegebenheiten zeigen, Gemeinsamkeiten, die das Leben jeder frühmittelalterlichen Frau mitbestimmten; in der Realität jedoch war dennoch der gesellschaftliche Rang oder die weitgehende Abhängigkeit im Verband der Grundherrschaft ausschlaggebend für ihr Schicksal. Schwer zu entscheiden ist, ob und in welcher Weise es der Kirche gelang, notleidenden Witwen und Waisen hinreichend Hilfe zu gewähren. Desgleichen ist neuerdings in Frage gestellt, daß die Kirche, wie allgemein angenommen wird, schon in der Spätantike die Frauen immer stärker als Funktionsträgerinnen verdrängte: Auf jeden Fall war es aber zwischen Spätantike und Frühmittelalter ein gravierendes Problem, wie man das Eindringen religiös motivierter Witwen über diakonische Tätigkeit in den Klerus kanalisieren oder gar verhindern konnte. Seit dem 6./7. Jahrhundert veränderte sich diese Frage insofern, als der Klostereintritt eine neue Möglichkeit weiblicher religiöser Selbstverwirklichung bot. Es ist jedoch übertrieben, darin eine Form der Emanzipation zu sehen: ganz abgesehen davon, daß diesem modernen Begriff in der christlichen Spätantike wie im Frühmittelalter keine psychische und soziale Realität entspricht.

Ernährung und Hunger

Zwischen Spätantike und Frühmittelalter wandelten sich auch die Grundlagen der Ernährung, und zwar sowohl aus ethnischen Gründen als auch durch die geographische Verlagerung und Vergrößerung der früheuropäischen Welt: Es zeigt sich eine Zweiteilung dieser neuen Großregion, die sowohl die Mittelmeerwelt als auch West-, Nordwest- und bald auch Mitteleuropa umfaßte: Erstens gab es eine traditionell bleibende, südlich-mediterrane Zone, in der Getreide-, Hülsenfrüchte-, Obst- und Gemüseanbau vorherrschten, ebenso Weinbau und Oliven. Schafzucht und Kleintierhaltung deckten den Fleischbedarf, der teilweise durch Rinderzucht oder -import für die Oberschicht ergänzt wurde. Bereichert wurde diese überwiegend pflanzliche Ernährung des Mittelmeerraumes und seiner Anlieger durch Fischfang und Milchprodukte. Gegenüber Landwirtschaft und Baumzucht als Grundlage der griechisch-römischen Wirtschaft entwickelten die »Barbaren« des Nordens und Nordwestens, also Kelten und Germanen, eine recht unterschiedliche Weise, für Nahrung zu sorgen. Jagd und Fischerei, die Haltung wild lebender Tiere in den großen Wäldern, besonders von Schweinen, aber auch Pferde- und Rinderzucht bildeten die Grundlage der Ernährung; Speck und Butter standen als Fette zur Verfügung. In spätrömischer Zeit ist auch Rinderexport aus der germanischen Welt bezeugt. Im fränkischen Großreich, das bald am Nordufer des Mittelmeers Anteil hatte, aber auch schon in den anderen germanischen Herrschaftsbildungen auf römischem Boden ergab sich eine teilweise Vermengung beider Ernährungsweisen, doch blieb das Grundmuster der Zweiteilung weitgehend erhalten. Eine Neuerung ergab sich aber insofern, als der antike, traditionelle Weizenanbau seit dem Frühmittelalter zugunsten neuer Getreidearten wie Gerste, Hafer und Spelt zurückging. Letztere Getreideart verschwindet aber seit dem 11. Jahrhundert. Als Neuzüchtung kam der Roggen hinzu, der auch auf den kargen Böden des Nordens gedieh. Seit dem Frühmittelalter entwickelte sich eine zusätzliche Durchkreuzung der klimatisch-ethnisch bedingten Ernährungsweisen durch die wachsende Differenzierung der Gesellschaft. In der Oberschicht, bei Adel und höherem Klerus, aß man »internationaler« und versorgte sich sowohl mit der reichen Gewürzpalette des Orients als auch mit Zitrusfrüchten und Kompotten des Südens. Braten, Wildbret und Geflügel galten als »Herrenspeise«, während für die Basisgesellschaft, also für etwa 90 Prozent der Bevölkerung, Mus, Brot und Suppenfleisch Hauptnahrungsmittel waren. Bei allgemeiner Nahrungsknappheit und häufigen Hungerkatastrophen blieb gutes und reichliches Essen ein Statussymbol. Aus der Antike stammende Kochbücher waren in Klosterbibliotheken keine Seltenheit, hinzu kam der Wein als kultisch legitimiertes Getränk, das sich auch nördlich der Alpen einbürgerte, soweit es nicht schon die Römer an Mosel, Rhein und Donau heimisch gemacht hatten. Die klösterlichen Fastenzeiten sowie die aus antiken medizinischen Werken bekannten, sehr differenzierten Diätvorschriften für Kranke, wie sie auch in der Regula S. Benedicti (c. 35–41) bezeugt sind, trugen sicher dazu bei, daß die mediterrane, weitgehend auf pflanzlicher Basis beruhende Ernährungsweise auch nördlich der Alpen teilweise Eingang fand und Verfeinerung erfuhr.

Hunger blieb seit der Antike ein fast ständiger, gefürchteter Begleiter des Menschen. Selbst unter Kaiser Augustus, als die Kornkammer Ägypten ein fester Teil des Imperiums geworden war, kam es in Rom noch zu Ernährungsengpässen, die den Kaiser veranlaßten, alle Fremden aus der Stadt auszuweisen; doch war es hier wohl in erster Linie ein logistisches Problem. Sicher war es auch kein Zufall, daß im vielfach von Hungersnöten heimgesuchten Mittelalter in zahlreichen Heiligenlegenden Nahrungswunder auftauchen. Im 5. und 6. Jahrhundert stiegen Zahl und Ausmaß von Hungersnöten und Seuchen als Kriegsfolgen stark an. Der byzantinische Historiker Prokop (ca. 500–562) schildert anläßlich der Wiedereroberungskriege Justinians gegen das gotische Italien sehr drastisch die dortige Hungersnot, und Gregor von Tours berichtet von einer *magna famis* in fast ganz Gallien zum Jahr 585, allerdings ohne kriegerischen Hintergrund. In den Quellen der Zeit ist immer wieder von Kannibalismus die Rede. Schon seit Diokletian, Konstantin und später bei Justinian werden in der kaiserlichen Gesetzgebung immer wieder *agri deserti* – verlassene Äcker – erwähnt, ohne daß diesem Mißstand Einhalt geboten werden konnte. Das Schrumpfen der Anbauflächen in der Spätantike ist paläobotanisch zu erschließen. Erst seit dem 7. Jahrhundert läßt sich im Merowingerreich neuerliche Aufsiedlung und bald auch Rodung und damit ein erneutes Anwachsen der Ackerflächen feststellen. Mit der Einführung der Dreifelderwirtschaft auf den Grundherrschaften konnte durch die intensivere Bodennutzung seit dem 9. Jahrhundert die Ernährungslage merklich verbessert werden. Allerdings sind auch in der Karolingerzeit größere Hungersnöte bezeugt, wobei sich aber die Frage stellt, ob solche Nachrichten nicht mit der wesentlich dichteren Quellenlage des 8./9. Jahrhunderts zusammenhängen. Man kann insgesamt dennoch von einer beginnenden, durch den Landesausbau begünstigten »Vergetreidung Europas« sprechen, die einen starken, auch politisch relevanten Bevölkerungsanstieg bewirkte und zumindest teilweise den wachsenden Nahrungsbedarf der entstehenden Städte befriedigen konnte.

Antike Medizin – Krankenhaus – Klostermedizin

Heilkunst als wissenschaftliches Erbe, so wie sie von der Antike in die Welt des Mittelalters kam, war griechischen Ursprungs. Sicher hat es schon zuvor im Orient medizinische Versorgung gegeben, aber diese war durchweg an kultisch-religiösen Vollzug, d.h. an Tempel, gebunden und damit Teil der alten Götterwelt. Das gilt auch noch weitgehend für die ältere, vor-perikleische Epoche Griechenlands. Mit dem rationalen Trend der griechischen Kultur, einem Novum der Weltgeschichte, löste sich die Medizin aus ihrem religiösen Kontext und wurde nunmehr streng auf die reale Physis des Menschen bezogen. Schlüsselfigur dieser rationalen Welterfassung war im Bereich der Heilkunde Hippokrates (460–375 v. Chr.), der wohl größte Arzt des Altertums, der aus der medizinischen Schule der Insel Kos (um 440/410 v. Chr.) kam und dessen schwer faßbare Persönlichkeit bereits seit dem 4. vorchristlichen Jahrhundert zur »Symbolfigur des Arzttums« (G. Keil) wurde. Mit seiner Lehre vollzog sich die Abkoppelung der Heilkunst vom Kult. Der rein empirischen Medizin wurde die logisch-rationale Komponente und damit eine systematische, d.h. schriftlich tradierbare Lehre gegenübergestellt. Das war, ideologisch gesehen, selbst im 5. Jahrhundert v. Chr. nicht ungefährlich. Denn diese rationale Auffassung von Krankheit war um so bemerkenswerter, als zur selben Zeit in den großen Asklepios-Heiligtümern der Alten Welt noch eine durch Wunderheilungen berühmte religiöse Heilkunst florierte: so in Korinth, Athen, Epidauros und auch in Kos, der Heimatstadt des Hippokrates. In seinem Buch »Über die heilige Krankheit« der Antike, die Epilepsie, umging Hippokrates deshalb den gefährlichen Vorwurf des Atheismus mit der Feststellung, daß alle Krankheiten zugleich natürlich wie göttlich seien und daher einer normalen Behandlung bedurften. Das gelte auch für die »heilige Krankheit«. Auch das »Corpus Hippocraticum«, der Grundtext der Überlieferung hippokratischer Medizin, ein Sammelwerk von ca. 60 Einzelschriften, das z. T. von Hippokrates selbst und z. T. von der Ärzteschule von Kos verfaßt wurde, hütete sich daher wohlweislich, rationale Medizin konfrontativ zur Heilkunst der reichen und mächtigen Asklepios-Tempel zu vertreten. Hier stand gewissermaßen »Heilkunst« gegen »Heilkult«. Die mit dem »Corpus Hippocraticum« eingeleitete rein wissenschaftliche Medizin hatte die entschiedene, allgemeine Hinwendung des griechischen Forschergeistes zur realen Welt der Natur zur Voraussetzung, die im 4. Jahrhundert v. Chr. der Philosoph Aristoteles (348–322 v. Chr.) in seinem weitgespannten Œuvre logischer und besonders naturwissenschaftlicher Schriften vollzog. Diesen realienkundlichen Trend philosophischen Denkens, also systematische Wirklichkeitserfassung, führte sein Schüler Theophrast (371–287 v. Chr.)

konsequent weiter. Leider sind dessen Schriften nur bruchstückhaft überliefert oder nur mittelbar aus der Tradition zu erschließen.

Anders als im byzantinischen und islamisch-arabischen Bereich rezipierte das europäische Mittelalter niemals das gesamte »Corpus Hippocraticum«. Vielmehr hat der letzte große Arzt des Altertums und Leibarzt Kaiser Marc Aurels, Galenos aus Pergamon (129–199 n. Chr.), die Lehre des Hippokrates in kommentierter, systematisierter Form an das Mittelalter weitergegeben. Er blieb bis ins 16. Jahrhundert die unbestrittene medizinische Autorität. Die weitere Rezeption naturwissenschaftlich fundierter griechischer Medizin erfolgte zwischen dem 5. und 7. Jahrhundert in lateinischen Übersetzungen, die meist zusammenfassende Kompilationen waren: so etwa das anonyme Werk »Sapientia artis medicinae«, worin die Lehren des Hippokrates und des Galenos mit Puls- und Harndiagnostik verbunden wurden.

Unmittelbares medizinisches Wissen, das im Mittelalter deshalb auch gut rezipiert wurde, boten die Bücher 20, 23 und 24–27 der weitverbreiteten »Naturalis Historia« Plinius' des Älteren (C. Plinius Secundus; 23/24–79 n. Chr.), die der Heilkraft von Gartenpflanzen und Bäumen gewidmet sind, wohingegen Buch 28 eher volksmedizinischer Art ist und auch menschliche Sekrete wie Kot und Urin behandelt. Eine Therapie »von Kopf bis Fuß« für Mensch und Tier bieten die Bücher 29–30, wobei neben einem medizingeschichtlichen Abriß auch Aphrodisiaka und Psychodrogen behandelt werden. Plinius' beträchtliches medizinisches Wissen gelangte entweder als »Medicina Plinii« oder in zahlreichen Kombinationen mit anderen Autoren ins Mittelalter. Den Theorien zur Physiologie des Menschen und den verschiedenen griechischen Medizinschulen stand Plinius eher skeptisch gegenüber, was vermutlich die Rezeption seines pragmatischen Wissens in späteren Epochen förderte. Anders als Marcus Porcius Cato (234–149 v. Chr.), aus dessen Lehrbuch der Landwirtschaft er viel Heilkundiges übernommen hat, hielt Plinius nichts von magischen Praktiken.

Der Hauptstrom medizinischen Wissens kam aber zweifellos aus dem griechischen Osten. Ravenna war daher in byzantinischer und gotischer Zeit ein wichtiger Vermittler heilkundlichen Wissens, vor allem auch durch lateinische Übersetzungen. Als Einführung in die Heilkunde diente ein Kommentar zu Galenos, der unter dem Namen des Metropoliten Agnellus von Ravenna (487–557) überliefert ist. Auch Cassidor bezeugt die Übersetzung hippokratischer und galenischer Schriften ins Lateinische; ebenso kannte er Auszüge aus dem Hauptwerk griechischer Pharmakologie des Pedanios Dioskurides (60–78 n. Chr.) »De materia medica«. Dieses grundlegende Werk der Botanik und Drogenkunde wurde schon im 6. Jahrhundert ins Lateinische übersetzt und dann in zahlreichen Varianten im Mittelalter benutzt und tradiert. Es beeinflußte auch die arabische Medizin.

Es ist dem unmittelbaren Lebensbezug der Heilkunde zu verdanken, daß exaktes medizinisches Wissen antiker Herkunft bereits vor der islamisch-arabischen Vermittlung desselben im Hochmittelalter relativ gut über die Schwelle der Völkerwanderungszeit und des Zusammenbruchs des Imperiums im Westen ins Frühmittelalter gelangte. Die Überlieferung erfolgte zwischen dem 5. und 7. Jahrhundert in sehr heterogenen Texten, die von einfachen Rezepturen bis zu lateinischen Sammelwerken (Kompendien) auf der Grundlage älterer griechischer Originaltexte reichen. Unter dem Titel »articella« (*ars parva*, kleine Kunst) wurde eine medizinische Einführungsschrift für die europäischen Ärzte des Mittelalters wichtig. Ähnliches gilt für das heilkundliche Lehrgedicht des Quintus Serenus Sammonicus (2. Hälfte 4. Jahrhundert), dessen Benutzung seit dem 7. Jahrhundert bezeugt ist und das in 1107 Hexametern Rezepte für immerhin 64 Krankheiten enthielt.

Die »Etymologiae« des Enzyklopädisten Isidor von Sevilla (ca. 560–636) bezeugen in einer berühmten Passage wie kein anderes Werk am Übergang von der Antike zum Mittelalter die wieder neu entstehende Wertschätzung der Heilkunde. Hippokrates wird einerseits als der Erste bezeichnet, der die Heilkunst »rationabiliter« ausübte (Etym. IV,4,2), andererseits wird die Medizin als »zweite« Philosophie bezeichnet und dies folgendermaßen begründet: »... tatsächlich nimmt die eine wie die andere Disziplin den ganzen Menschen in Anspruch. Wird durch die eine die Seele behandelt, so durch die andere der Körper.« Pointiert heißt es dann, Aristoteles zitierend, weiter: »Die Medizin ist die Philosophie des Körpers, die Philosophie ist die Medizin der Seele« (Etym. IV,13).

Mit dem Sieg des Christentums als Staatsreligion des Imperiums im 4. Jahrhundert und mit der anschließenden Missionierung der neuen Völker kehrte die Heilkunst gleichsam in verwandelter Gestalt wieder zu ihren religiösen Ursprüngen zurück und wurde insgesamt, abgesehen von den weiterhin an Fürstenhöfen wirkenden jüdischen, arabischen und italienischen Ärzten, zur Klostermedizin des Frühmittelalters. Das war keine geradlinige Entwicklung, denn die gewaltsame Auslöschung berühmter Kultheilstätten, wie sie Theodosius der Große 391 etwa für das medizinisch wichtige Serapisheiligtum in Alexandria angeordnet hatte, zerstörte auch gewachsene Organisationsformen medizinischer Versorgung, für welche die spätantiken und frühmittelalterlichen christlichen Xenodochien als Pilgerherbergen und Orte medizinischer Betreuung nur teilweise Ersatz bieten konnten. Hinzu kam, daß an diesen Stätten keine ärztliche Wissenschaft schulmäßig gelehrt, sondern eher Bruchstücke überlieferter Heilpraxis angewandt wurden. Dies führte zu einer Vermischung von wissenschaftlicher Medizin und Volksheilkunde. Dennoch breitete sich im 5. und 6. Jahrhundert das Institut der Xenodochien als Einrichtung caritativer Armen- und Krankenpflege in Italien, Gallien und Spanien aus, wobei der Terminus »Hospital«, der seit dem 6. Jahrhundert verstärkt auftritt, den älteren Begriff schrittweise verdrängte und damit die Funktion des Krankenhauses mehr und mehr in den Vordergrund rückte. Unter Erzbischof Caesarius von Arles (ca. 470–542), dem großen Metropoliten Südgalliens, gab es eine relativ gut entwickelte Krankenpflege und Armenfürsorge. Bistümer und Klöster waren gleichermaßen an caritativen Einrichtungen dieser Art beteiligt. In Gallien gab es von ihnen im 6./7. Jahrhundert zwischen 40 und 50, die quellenmäßig erschließbar sind, doch dürften es in Wirklichkeit viel mehr gewesen sein.

Von den beträchtlichen Restbeständen des einst schulmäßig organisierten medizinischen Wissens profitierten also vor allem die Klöster, deren Bibliotheken die entsprechenden Texte samt Kommentaren überlieferten. Sie übernahmen auch die antike Botanik und die damit verbundene Bereitung von Drogen. Schon die Benedikt-Regel (6. Jahrhundert) kennt medizinische Krankenpflege in gesonderten Räumen. Das Kapitel 36 der Benedikt-Regel, »De infirmis fratribus«, bringt Aufschlüsse über die medizinische Versorgung der Klosterbrüder, doch ist anzunehmen, daß sich eine solche Versorgung auch auf den außerklösterlichen Bereich erstreckte. Ebenso gibt es im St. Galler Klosterplan aus dem frühen 9. Jahrhundert ein besonderes Ärztehaus, das mit dem Aderlaß-Haus, dem Heilkräutergarten, der Küche und dem Bad des Hospitals sowie mit der dazugehörigen Doppelkapelle eng verbunden war. In welchem Maße aber Bistümer und Klöster als Herrschaftszentren zum Teil großer Grundherrschaften auch die medizinische Versorgung ihrer Grundholden besorgten, bedarf noch weitgehend der Klärung.

Die breite Rezeption griechischer Medizin vollzog sich allerdings erst im Hochmittelalter, und zwar mit wichtigen Kommentaren aus der Praxis versehen, über die islamische Welt, wobei auch die Übersetzerschule von Toledo wichtig wurde. In Italien hatte diese Brückenfunktion zur lateinischen Heilkunde die berühmte Medizinerschule von Salerno. Sie ist seit dem Ende des 10. Jahrhunderts nachweisbar und erreichte mit Constantinus Africanus um 1063 ihren ersten Höhepunkt.

Hier ist der Einfluß der arabisch-islamischen Medizin unmittelbar greifbar, ebenso der durch diese vermittelte starke Einfluß Galens. Es dürfte wohl mit der Herkunft grundlegenden heilkundlichen Wissens aus der islamischen Welt zusammenhängen, daß sich die mittelalterliche Heilkunst immer wieder von kirchlicher Seite Verdächtigungen ausgesetzt sah, da »weiße Magie«, d.h. ärztliche Kunst, und »schwarze Magie«, also Zauberei, je nach Standpunkt schwierig voneinander zu trennen waren. Innerhalb der Klostermedizin und in den mittelalterlichen Xenodochien kannte man offenbar schon früh solche Vorbehalte, denn in der Vorrede das Lorscher Arzneibuchs des späten 8. Jahrhunderts verteidigt der Verfasser die Medizin gegen Kritiker und Verächter als ein gottgefälliges Werk. Dabei beruft sich das Lorscher Arzneibuch nachdrücklich auf die lateinischen Übersetzungen der großen griechischen Ärzte, Plinius den Älteren und auf Dioskurides. Es waren also nicht erst die hochmittelalterliche Medizin von Salerno und die der arabisch-islamischen Welt, die eine Hochschätzung der Heilkunst propagierten, sondern schon die frühmittelalterliche Klostermedizin.

Stadt und Wirtschaft: Grundlagen und Entfaltung

Vor- und Frühformen an Rhein, Mosel und Donau

Die Stadt als ursprünglich orientalisch-mediterrane Lebensform haben die germanische wie die slawische Welt durch das Medium des Imperium Romanum und des Byzantinischen Reiches kennengelernt. Städtisches Leben, so empfindlich es auch durch die Völkerwanderungsepoche reduziert wurde, erwies sich in der Ausprägung der bischöflichen Stadtherrschaft als der wichtigste Träger kultureller Kontinuität zwischen Antike und Mittelalter. Vorformen städtischen Lebens entwickelten aber schon die Kelten in West- und Mitteleuropa unter dem Einfluß der Mittelmeerwelt. Max Weber betont in seiner Typologie des Städtewesens neben der politischen Funktion der Stadt als Herrschaftssitz und rechtliche Einheit vor allem auch deren Bedeutung als Produktions- und Konsumentenzentrum, als Nahmarkt und Treffpunkt der Fernhändler; weitere Kriterien urbanen Lebens sind eine gewisse Größe, dichte Bebauung und die Ummauerung. Hinzuzufügen ist die wohl älteste Rolle der Stadt als Kultzentrum. Da die Germanen ursprünglich zwar in Norddeutschland und Alamannien befestigte Siedlungen, aber keine Städte im Vollsinn kannten, ist Stadtgeschichte hinsichtlich ihrer Anfänge in Mitteleuropa zugleich eine zentrale Frage des genetischen Zusammenhangs zwischen Spätantike und Frühmittelalter. Daß dabei die Stadt als Bischofssitz und die Kirche überhaupt wesentliche Momente der Kontinuität antiker *civitates* sein konnten, wurde schon in anderem Zusammenhang dargelegt, doch dürfen darüber nicht die schweren regionalen Substanzverluste, Schrumpfungen und radikalen Siedlungsabbrüche oder -verlagerungen innerhalb der städtischen Areale übersehen werden, die in jedem Fall eintraten. Es kam im Zuge der Christianisierung vielfach zu einer stadttopographischen Umpolung der spätantiken *civitates* von den verfallenden, weil funktionslos gewordenen alten Stadtzentren – dem Forum, den staatlichen Verwaltungsbauten und Tempeln, den Großbädern, Theatern und Arenen als Stätten von Luxus und *luxuria* – auf die neuen Siedlungskerne um Kirchen, Domklöster und Märtyrergräber. Dabei rückten im letzteren Fall die neuen Siedlungskerne vielfach an die Peripherie der alten Städte, nämlich in den Coemeterialbereich. Das gilt gleichermaßen für Gallien wie für Italien und das Patriarchat Aquileia. An Städten wie Trier, Köln, Mainz und Augsburg läßt sich dieser topographische Wandel auch im späteren deutschen Sprachbereich nachweisen. Am Niederrhein wurde die Colonia Ulpia Traiana als zweitgrößte Stadt Niedergermaniens Mitte des 4. Jahrhunderts verlassen. Eine Märtyrermemoria existierte aber fort, an die das karolingische Xanten anknüpfen konnte. Ähnliches gilt für Neuss, auf dessen spätrömischem Kultplatz sich St. Quirin und die mittelalterliche Stadt entwickelten. Im Südwesten gingen etwa zur gleichen Zeit Cambodunum-Kempten, Sumelocenna-Rottenburg am Neckar und Arae Flaviae-Rottweil unter. Weiter südlich zerfiel Augusta Raurica-Augst, die älteste Römerstadt am Rhein, von der jedoch ein um 300 gebautes Kastell (Castrum Rauracense-Kaiseraugst), das die Brückenstelle schützen sollte, weiterbestand. Es war Standort einer Legion und hat auch die Zivilbevölkerung aufgenommen. Seine umfangreiche Nekropole bezeugt das Weiterleben einer christlichen, romanischen Bevölkerung im 6. und 7. Jahrhundert, die alamannischen Zuzug erhielt. Nach ähnlichem Muster wurde nicht das römische Castrum Bonna der Ausgangspunkt für das mittelalterliche

Bonn, sondern die spätantike Märtyrerkirche St. Cassius außerhalb der Lagermauern, deren Friedhof weiterhin Bestattungsort der verbliebenen gallorömischen Bevölkerung in frühfränkischer Zeit war. Die beiden letzten Beispiele zeigen, daß es oft nicht um radikalen Bruch oder geradlinige Kontinuität, sondern viel eher um Übergänge mittelbarer Art geht, die mit stark reduzierten Restsiedlungen ebenso zusammenhängen können wie mit Umverlagerungen innerhalb des weiteren städtischen Areals, wobei zumeist die neuen kirchlichen Siedlungskerne eine bedeutende Rolle spielten.

Das gilt auch für die großen spätrömischen Metropolen an Rhein und Donau. Köln in der *Germania II*, das den Franken am frühesten in die Hand fiel, scheint relativ unversehrt geblieben zu sein; es wurde Sitz der rheinfränkischen Könige, doch war die vorgermanische Bevölkerung nicht untergegangen, wie der Fortbestand der Kirchen St. Severin, St. Gereon und St. Ursula beweist. Die Besiedlung innerhalb des Stadtbereichs ging weiter, vielleicht auch die Glasmanufaktur; selbst Hofgoldschmiede für die Kölner Teilkönige werden vermutet. Die Kölner Münze prägte Goldsolidi für König Theudebert I.; möglicherweise kam es auch zu einer Verlagerung des Siedlungsschwerpunktes nach Osten zum Rhein hin, wie dies ähnlich in Mainz der Fall war. Auch Tongern und Nymwegen scheinen die fränkische Invasion überdauert zu haben. Trier ist trotz mehrfacher fränkischer Eroberung nicht ausgelöscht worden. Es war insofern ein Sonderfall, als seine Blütezeit als Kaiserresidenz (284–406/7) in eine Epoche fällt, in der allgemein ein merklicher Rückgang des städtischen Lebens festzustellen ist, sei es durch kriegerische Ereignisse oder durch die allgemeine strukturelle Schädigung, die das Imperium seit der diokletianischen Reichsreform erfahren hatte. Die konstantinische Doppelkathedrale erlitt zwar im 5. Jahrhundert Schäden, doch wurden sie noch im 6. Jahrhundert behoben; möglicherweise sind auch andere Kirchen im engeren Stadtbereich römischen Ursprungs. Mit Sicherheit überdauerten die Grabkirchen außerhalb der römischen Stadtmauer, nämlich St. Maximin, St. Paulin, St. Eucharius-St. Matthias und Heiligkreuz-St. Martin, die sich in der Merowingerzeit weiterentwickeln konnten. Noch im 7. Jahrhundert ist in Trier eine senatorische Familie bezeugt, ebenso ist das Weiterleben romanischer Bevölkerung in Stadt und Umland gesichert.

Schon an der Zahl der vor und nach der Völkerwanderungsepoche überall in Gallien gebauten Kirchen läßt sich die Bedeutung der Kirche für die kulturelle Kontinuität ablesen: Ob es in Metz etwa 40, in Paris 26, in Reims 22, in Trier 20 waren, wie man aus frühmittelalterlichen Quellen rückgeschlossen hat, bleibe dahingestellt. Auch für Köln, Mainz und Besançon sind mehrere Kirchen bezeugt. Da schon seit der Spätantike die städtische Selbstverwaltung und ihre Ämter sich auflösten und viele Kompetenzen an den bischöflichen Stadtherrn übergingen, kann es nicht verwundern, daß wir so wenig über die innere Organisation der Städte und deren Träger erfahren. Zu erwähnen sind hier, neben dem Bischof, besonders die Oberschicht der *honorati*, *possessores* und *nobiles*, die auch auf Grabsteinen genannt werden, eventuell noch die *curiales* und die *defensores* und *comites* als Vertreter der Staatsgewalt. Skepsis ist am Platze gegenüber Versuchen, fränkische Amtsinhaber in zufällig erhaltenen römischen Gebäuden zu lokalisieren. Ähnlich wie in Trier läßt sich auch in Mainz, der obergermanischen Metropole, seit der Mitte des 6. Jahrhunderts unter Bischof Sidonius eine Phase der Restauration feststellen. Die vorherige Entwicklung ist unklar, doch lebte um St. Alban mit Sicherheit eine christliche Bevölkerung fort; eine merowingische Stadtpfalz konnte bislang nicht festgestellt werden. Für das 352 von den Alamannen eroberte Straßburg ist eine Stephanskirche des 5. Jahrhunderts anzunehmen, desgleichen Rudimente einer romanischen Bevölkerung im Areal des antiken Argentoratum. Auch kleinere römische Orte wie castra und castella hatten Überlebenschancen, vor allem, wenn sie, wie Maastricht oder Bonn, entweder Heiligengräber besaßen oder früh zu politischen Zentralorten des Frankenreiches wurden. Maastricht war unter Childebert II. neben Köln und Andernach Ort fränkischer Heeresversammlungen (Märzfelder) und erlebte wie andere Orte an der Maas schon früh einen wirtschaftlichen Aufschwung; um 630 sind bereits Münzmeister bezeugt. Römerzeitliche Kastellkirchen wurden in Bonn, Koblenz, Boppard, Kreuznach und Alzey gefunden, beschriftete christliche Grabsteine in Andernach, Worms und vor allem in Trier; sie sind Belege für die Fortdauer romanisch-christlichen Lebens im 6. und 7. Jahrhundert. An der Mosel überlebten auch unbefestigte Siedlungen wie Kobern und Gondorf, letzterer Ort hatte sogar nach Venantius Fortunatus einen intakten Flußhafen.

Ein weiteres Phänomen ist wichtig, das gleichermaßen Kontinuität wie Diskontinuität signalisiert: der Rückzug der romanisierten Bevölkerung und des Militärs in ummauerte Siedlungen, des weiteren auch auf leichter zu verteidigende Anhöhen. Das gilt für Kaiseraugst, für Säben bei Brixen und vor allem für Orte im Raum zwischen Donau und Alpen. Binnennoricum insgesamt, dessen spätantike Höhensiedlungen besonders gut erforscht sind, weist noch eine andere Besonderheit auf, denn neben den Bischofskirchen von Aguntum (Dölsach), Virunum (Zollfeld bei Klagenfurt) und Teurnia (St. Peter im Holz) fanden sich auf Anhöhen befestigte Kirchen und Pilgerheiligtümer wie Hemmaberg bei Globasnitz (Kärnten); hier kam die endgültige Zäsur wohl erst mit der slawischen Einwanderung an der Wende vom 6. zum 7. Jahrhundert. Ob das im frühen 8. Jahrhundert bezeugte Salzburger *castrum superius* auf dem Nonnberg ebenfalls in diese Kategorie gehört oder ob sich auch im Bereich der alten Römerstadt Juvavum mit dem Peterskloster Reste der alten Bevölkerung erhalten haben, bleibt offen, doch ist deren Weiterleben im Raum Salzburg gesichert. Für das pannonische Carnuntum zwischen Hainburg und Altenburg, das um 400 zerstört worden ist, läßt sich bislang keine Fortdauer der Besiedlung feststellen, obwohl es vermutlich, wie Lauriacum und Mautern, Bischofssitz war. Für Lauriacum/Enns ist im 4. Jahrhundert eine frühchristliche Basilika im Legionslager und eine Laurentiuskirche bezeugt und damit Siedlungskontinuität über die Römerzeit hinaus. Auch das Römerlager Vindobona-Wien, seit dem 3. Jahrhundert *municipium*, fiel um 400 der Zerstörung anheim, doch beweisen Siedlungsreste unmittelbar oberhalb der Brandschicht den Zuzug einer neuen Bevölkerung im 5. und 6. Jahrhundert, zu der vermnutlich auch Germanen gehörten. In Passau konnte die aus der Severins-Vita bekannte *basilica* beim spätantiken Militärkastell Boiotro in der Innstadt archäologisch nachgewiesen werden, bei der Severin ein Klösterchen gründete. Der Friedhof bei dieser Kirche wurde zwischen dem 7. und 10. Jahrhundert weiterbelegt, weshalb Siedlungskontinuität nicht auszuschließen ist.

Castra Regina-Regensburg, das uns Arbeo von Freising im 8. Jahrhundert als mauerbewehrten agilolfingischen Herzogssitz mit steinernen Gebäuden, hohen Türmen und als mit Brunnen reichlich versehene Stadt schildert, weist zwischen dem 4. und 8. Jahrhundert eine »gebrochene Kontinuität« auf; der römische Friedhof bei St. Emmeram wurde offenbar weiterbelegt. In Regensburg-Niedermünster hat man bei Grabungen einen spätrömischen Bau gefunden, dessen Fläche vom 5. bis zum 6. Jahrhundert genutzt wurde, ehe man dort den heiligen Erhard bestattete. Da das Regensburger Umland Ende des 4. Jahrhunderts so gut wie siedlungsleer ist, kann man annehmen, daß Bevölkerungsreste, soweit noch vorhanden, sich in die Stadt zurückgezogen haben. Am schwersten zu durchschauen ist wohl die Situation in Augsburg, der alten Hauptstadt Rätiens, die Tacitus einst als *splendidissima Raetiae provinciae colonia* bezeichnet. Seit der Mitte des 6. Jahrhunderts ist der Kult der spätantiken Märtyrerin Afra bezeugt, die inmitten eines spätrömischen Gräberfeldes mit vorwiegend christlichen Bestattungen beigesetzt und deren Grabstätte spätestens seit dem 6. Jahrhundert in einem entsprechenden

Heiligtum verehrt wurde. Während im Süden der Stadt durch das Afra-Grab die Fortdauer christlichen Kultes und damit zumindest eine »Insel« von Bevölkerungskontinuität gesichert ist, lassen die bisherigen Grabungen unter dem Augsburger Dom im Norden der Stadt noch keine sicheren Aussagen zu. Offen bleibt, wie in den meisten Fällen, allerdings die Frage, ob man diese reduzierten Formen des Weiterbestehens einer christlich-romanischen Bevölkerung noch als Fortdauer städtischen Lebens bezeichnen darf. Noch schwieriger ist dies bei kleineren Siedlungskomplexen wie Epfach nachzuweisen. Hier bestehen gravierende qualitative Unterschiede zur Situation der Städte in der Provence und südlich der Loire.

Neben dem Erbe antiker Stadtkultur auf deutschem Boden sind auch andere Ansätze für die städtische Entwicklung wichtig geworden, nämlich Höhensiedlungen, Burganlagen sowie Handels- und Handwerkersiedlungen in den bislang städtelosen Regionen rechts des Rheins und nördlich der Donau. Für das 7. und frühe 8. Jahrhundert waren dies vor allem die Burganlagen von Würzburg, Erfurt und Büraburg, die durch ihre politisch-strategische Bedeutung, aber auch durch die Verbindung von Herrensitz und Handwerkersiedlung Vorformen städtischen Lebens in der ehemaligen *Germania libera* bildeten. Ob das Erfurter Peterskloster in merowingische Zeit zurückgeht, ist umstritten; jedenfalls steht eine vorfränkische Burg als Hauptzentrum des alten Thüringen am Beginn der städtischen Entwicklung. Besser sind wir über die Frühzeit Würzburgs unterrichtet, das im 7. Jahrhundert Herrschaftssitz *(castrum, castellum)* der thüringischen Herzöge war. Auch in Magdeburg war eine vorkarolingische Burganlage im späteren Dombereich der Ausgangspunkt der Entfaltung als Herrschaftssitz, kirchliche Metropole und Handelsplatz. Die Büraburg bei Fritzlar, schon in vorgeschichtlicher Zeit als Wohnsiedlung genutzt, ist vielleicht schon seit dem Ende des 7. Jahrhunderts im Zuge der fränkischen Durchdringung Hessens als starke Festung mit Dauerbesiedlung und einer wohl gewerblich-agrarischen Vorburg ausgebaut worden; Winfrid-Bonifatius sah sie 741 als Bistumssitz vor, doch wurde die gesamte Anlage um 850 zugunsten des nahen Fritzlar aufgegeben. Vergleichbare Anfänge finden sich im westslawischen Bereich, so etwa die großen Volksburgen der Wilzen und der Obodriten in Mecklenburg, die auch der ländlichen Bevölkerung bei Gefahr Schutz boten. Daneben entwickelten sich auch bei den Fürstenburgen frühstädtische Siedlungen. So entstand in strategisch günstiger Position am Havelübergang des Fernhandelswegs von Magdeburg zur Odermündung anstelle einer älteren Siedlung auf einer Insel inmitten des Flusses, der späteren Dominsel Brennabor-Brandenburg, schon sehr früh eine umfangreiche slawische Burg, in der Keramik und Gerät für die Region produziert wurden. Sie war ein Herrschaftszentrum der Heveller (Stodoranen); der Geographus Bavarus (9. Jahrhundert) zählt sie zu den acht *civitates* dieses slawischen Großstammes. Es handelt sich wohl um eine Fürstenburg, die man mit der 789 genannten Civitas Dragowiti identifiziert. Auch die bedeutendsten Siedlungszentren des späteren Großmährischen Reiches – Staré Mesto (bei Ungarisch Hradisch) und Mikulčice (bei Hodonín) – beginnen jeweils mit einer Siedlungsphase des ausgehenden 7. und frühen 8. Jahrhunderts, die deutlich durch Handwerk geprägt ist. Daraus entwickelten sich dann teilweise befestigte Zentralorte, die nicht nur für Schutz, Herrschaft und Kult angelegt waren, sondern schon Handwerkerviertel, Hafenanlagen und seit der Christianisierung auch zahlreiche Kirchen hatten.

Der Handel: Formen und Wege

Wenn bei den frühmittelalterlichen Volks- und Herrenburgen die ältesten städtischen Funktionen, nämlich Herrschafts- und Kultzentren zu sein, eine primäre Rolle spielten, Handwerk wie Handel jedoch eher sekundär waren, so treten letztere

Faktoren schon seit dem 6. Jahrhundert als dynamisches Element bei der Entstehung der mittelalterlichen Stadt in den mittel- und nordeuropäischen Handelsemporien in Erscheinung. Diese finden sich als neue Siedlungskerne auch im Schutz alter Römerorte; Beispiele sind die merowingischen *vici* Namur, Huy, Dinant und Maastricht. Sie entstanden, weil im 7./8. Jahrhundert die Maas-Route, die wirtschaftlich vom politischen Aufstieg der Karolinger profitierte, eine im Vergleich zum Rhein wichtigere Handelsstraße wurde. Eine ähnliche Entwicklung gilt für die *portus* von Tournai und Metz und für merowingische Münzorte, wie etwa Marsal, Vic-sur-Seille – letzterer ein Umschlagplatz für die Salzgewinnung dieser Region –, ferner für Moyenvic und Dieuze im Seille-Gebiet und ebenso für die späteren friesischen Niederlassungen bei Köln, Mainz und Worms. Der topographische und wohl auch organisatorisch-soziale Dualismus zwischen Burg- und Handwerkersiedlung findet hier seine folgenreiche Parallele in der Symbiose von älterer, herrschaftlicher Bischofsstadt und genossenschaftlicher Kaufleutesiedlung, in der sich dann auch, wie im städtischen Zentrum, das Handwerk entwickelte. Friesische und nordeuropäische Fernhändler waren wie jüdische Kaufleute am einträglichen Handel mit Luxusgütern, Wein, Glas, Gewürzen, ätherischen Ölen, orientalischen Spezereien und Stoffen sowie mit rheinischer Keramik beteiligt, aber auch am Sklavenhandel von Osten nach Westen.

Sie beherrschten den Handelsverkehr zwischen der Mittelmeerwelt und dem Frankenreich; dabei kam es zu einem Abfluß der Goldvorräte nach Osten. Der awarisch-slawische Durchbruch von Osteuropa bis an die Adria unterbrach seit dem 6./7. Jahrhundert die traditionellen Handelswege über den Balkan ans Schwarze Meer und damit auch die alte Verbindung zur Ostsee über die Bernsteinstraße. Nunmehr mußte der Fernhandel des Ostseeraums über das Rheinmündungsgebiet und über Maas und Seine zur Rhône und weiter zum Mittelmeer umgeleitet werden. Die Eroberung der südlichen

Mittelmeerküste durch den Islam und dessen Vorstoß nach Spanien lösten eine byzantinische Blockade der Seewege aus, wodurch das antike Fernhandelsnetz zusätzlich verändert wurde; dies führte insgesamt zu einer Umverlagerung, in deren Verlauf Nordwesteuropa wirtschaftlich aufstieg. Die beträchtliche Vermehrung der Münzprägestätten an Maas und Rhein signalisiert diesen Wandel. Fränkische Kaufleute zogen aber auch nach Osten, so der aus Sens stammende Samo, der zwischen 620 und 658/59 über slawische Stämme in Böhmen und wohl auch an der Donau als König herrschte.

Neben den professionellen Fernhändlern spielte der Karawanenhandel der Großgrundherrschaften, vor allem der klösterlichen, eine bedeutende Rolle. Da die wirtschaftlichen Beziehungen nach Süd- und Mittelgallien seit dem 7. Jahrhundert schwächer wurden und dafür der Güteraustausch mit England und Skandinavien in den Vordergrund trat, entwickelten sich in Nordwesteuropa an den Flußmündungen ins Meer von der Somme bis zur Ostsee selbständige Emporien, die hauptsächlich Handelsniederlassungen unter königlichem Schutz waren, die aber auch Handwerker beherbergten. Als Zentren des Fernhandels, aber auch als Produktionsstätten sind vor allem zu nennen: Quentovik an der Canche, dann der archäologisch erschlossene *vicus* Domburg auf Walcheren, Dorestad an der Gabelung von Rhein und Lek sowie weiter östlich die Südsiedlung von Haithabu am Südufer der Schlei, ferner das schwedische Helgö im Mälarsee. Helgö lag in einer Region hochentwickelter Metallproduktion, und auch in Haithabu verhüttete man schwedisches Erz. Auch der Handel im Ostseeraum und bis in die Kiewer Rus entwickelte sich in dieser Zeit. Als Vorformen der mittelalterlichen Stadt und als Anzeichen einer kräftigen Belebung des Handels insgesamt im Merowingerreich und in Nordeuropa sind die Emporien auch dann zu werten, wenn sie durch Änderung der naturräumlichen Verhältnisse, wie in Dorestad und wohl auch in Quentovic, später untergingen oder wenn ihre Funktionen auf andere, nunmehr schon städtische Neugründungen übergingen. Die Initialzündung von Handel und Gewerbe für die Stadtentwicklung Nordwest- und Mitteleuropas war jedenfalls ein wichtiges Element dieser Entwicklung.

Neuere Detailforschungen ergeben, daß H. Pirennes berühmte These, der Zusammenbruch des alten mittelmeerischen Verkehrssystems durch die arabisch-islamische Expansion habe die ökonomischen Machtgrundlagen des merowingischen Königtums zerstört und damit die Karolinger ans Ruder gebracht, in dieser pointierten Form nicht haltbar ist. Schon vor 630 war der Handel zwischen den östlichen, südlichen und den westlichen Mittelmeerländern erheblich zurückgegangen und hatte sich zumeist auf Luxuswaren reduziert. Andererseits lief aber der Keramik-Import aus dem nunmehr arabischen Nordafrika jenseits der islamischen Zäsur weiter. Gleichzeitig kam es zu einer Schwerpunktverlagerung vom Süden und Südwesten des Merowingerreiches nach Norden und Osten, wobei Maas und Rhein eine größere Bedeutung gewinnen. Archäologische Befunde, etwa in Haithabu, lassen auch erkennen, daß es im Norden nicht nur um Handel mit Luxusgütern ging, sondern auch um Waren des täglichen Bedarfs wie Getreide, Salz, Wein, Textilien und Metallwaren. An Bedeutung gewannen im Güterverkehr auch die Klöster mit ihren wohlorganisierten großen Grundherrschaften, und zwar sowohl als Produzenten wie als Konsumenten, so etwa Corbie, St. Calais und besonders St. Denis, das Kloster und Königspfalz war und im 7. Jahrhundert Messeplatz wurde. Nivelles, Prüm und Lorsch besaßen Salinen, und aus Privilegien wissen wir, daß fränkische Klöster aus ihren südlichen Gütern Wein und andere mittelmeerische Produkte wie Öl und Gewürze einführen durften, ohne sie in Marseille (Fos) verzollen zu müssen. Aufschlußreich ist in diesem Zusammenhang der Bericht Gregors von Tours, wonach Bischof Desideratus von Verdun (gest. ca. 550) von König Theudebert I. für seine darniederliegende Stadt zur Förderung des Handels 7000 Goldsolidi erhielt, eine

Maßnahme, die Erfolg hatte und sowohl die Fürsorge des Bischofs für seine Bürger beweist wie auch dessen Teilnahme am wirtschaftlichen Geschehen.

Syrer, Juden und Griechen spielten im Fernhandel mit Luxusgütern und Sklaven eine große Rolle, wobei dies vor allem für Südgallien zu gelten scheint, denn in Austrien überwogen fränkische, angelsächsische und friesische Fernhändler. Man nimmt daher an, daß der mittelmeerische Fernhandel die Regionen nördlich der Loire kaum erreichte und die Klöster Neustriens und Austriens deshalb gezwungen waren, selbst Handelsfahrten in die Provence zu organisieren. Auch andere Faktoren waren für die Umstrukturierung des Handelsverkehrs seit dem 6. Jahrhundert ausschlaggebend. Daß der Geldverkehr im unterentwickelten Osten des Frankenreiches schwächer war als im Süden und Westen, liegt auf der Hand. Doch ist es problematisch, daraus einen grundsätzlichen qualitativen Unterschied dieser Großregionen in »Monetärland« und »Feinwaagenlandschaft« abzuleiten. Wichtig wurde, daß die Unterbrechung des Landweges nach Byzanz durch Awaren und Slawen seit dem 6. Jahrhundert eine Umorientierung des gesamten Handels im Ostseeraum nach dem Westen bewirkte. So wurde über Rhein, Maas und Seine ein neuer Anschluß an den Mittelmeerhandel möglich, der naturgemäß die wirtschaftliche Bedeutung dieser Flußregionen erhöhte. Im Mittelmeerraum selbst scheint sich der Levantehandel erst seit der zweiten Hälfte des 8. Jahrhunderts stark reduziert zu haben; deshalb gab es weniger Orientalen in Italien und im Frankenreich. Jüdische Händler spielten aber nach wie vor eine wichtige Rolle; sie wurden durch königliches Privileg in ihrer Freizügigkeit und in ihrer religiösen Sonderstellung geschützt, durften nicht zum Kriegsdienst herangezogen werden und blieben auch vom Gottesurteil der Feuer- und Wasserprobe verschont. Auch sicherte ihnen der König bei Streitigkeiten mit Christen ein relativ faires Beweisrecht zu. Papst Gregor der Große verbot zwar grundsätzlich Zwangstaufen und setzte ganz auf eine Konversion durch Predigt, dennoch kam es im Frankenreich verschiedentlich zu erzwungenen Bekehrungen. Neben wirtschaftlichen und sozialen Gründen war es vor allem der theologische Ausschließlichkeitsanspruch beider Religionen, der schon früh die Judenschaft als eine mißtrauisch beobachtete Randgruppe von den Christen separierte. Ursprünglich als *religio licita* eine geduldete Minderheit, verbot bereits der »Codex Theodosianus« 438 den Juden die Bekehrung von Christen zum Judentum, Mischehen, Sklavenhaltung (aber nicht den jüdischen Sklavenhandel), ferner die Ausübung öffentlicher Ämter, den Heeresdienst, akademischen Unterricht sowie den Neubau von Synagogen. Ob diese gesetzlichen Bestimmungen nach der Völkerwanderungsepoche noch geltendes Recht waren, muß bezweifelt werden, aber die theologisch begründete Judenfeindschaft dauerte fort und verstärkte sich wieder seit dem 8./9. Jahrhundert. Dennoch blieb der Anteil der Juden am Wirtschaftsleben bedeutend, hier waren sie lange unentbehrlich.

Der Sklavenhandel scheint im Merowingerreich beträchtlich gewesen zu sein, hier erwies sich das angrenzende muselmanische Spanien als kapitalkräftiger Absatzmarkt, aber auch das Frankenreich selbst hatte Bedarf an unfreien Arbeitskräften. Selbst Papst Gregor der Große wies seinen Priester Candidus an, in der Provence 17–18jährige Sklaven, und zwar Angelsachsen, zu kaufen. Angelsächsische Sklaven tauchen in den Quellen relativ häufig auf, während Handel mit slawischen Kriegsgefangenen erst seit dem Ende des 8. Jahrhunderts sicher bezeugt ist. Wenn in der merowingischen Hagiographie das Motiv der Gefangenenbefreiung durch Kirchenmänner und Heilige sehr häufig vorkommt, so läßt dies darauf schließen, daß die Sklavenfrage offenbar ein Problem der Zeit war.

Mit England und ebenso mit Skandinavien hängt auch der Aufschwung des friesischen Handels seit Beginn des 8. Jahrhunderts zusammen. Die günstige Lage im Mündungsgebiet der drei großen Ströme Rhein, Maas und Schelde verschaffte den friesischen und angelsächsischen Kaufleuten zeitweise eine Vorrangstellung, die sich auch in der Prägung von Silbermünzen, den *Sceattas*, zeigte. Friesisches feines Wolltuch war ein Exportartikel; Händler in den südlichen Niederlanden verkauften im 7. und 8. Jahrhundert massenhaft aus England und Osteuropa importierte Sklaven über Verdun nach Südeuropa in die islamischen Länder. Sichere Indizien für die Ausweitung des merowingischen Handels nach Norden und Osten bietet die Münzgeschichte. Bis ins 6. Jahrhundert hinein lassen sich in Gallien Nachahmungen jener echten römischen Goldmünzen *(solidi)* feststellen, die noch bis Mitte des 5. Jahrhunderts in Lyon und Trier geprägt wurden. Die Zahl der Nachahmungen stieg im 5./6. Jahrhundert an, Prägestätten waren Amiens, Arles, Lyon und Trier, doch traten seit dem 6. Jahrhundert merowingische Königsmünzen in den Vordergrund, und zwar besonders unter Theudebert I. und Dagobert I. Die Zahl der Münzstätten hatte sich inzwischen bedeutend vermehrt – man nimmt etwa 800 an und kann an die 2000 *monetarii* (Münzmeister) identifizieren. Hatten sich um 650 schon die angelsächsisch-friesischen *Sceattas* als Silbermünzen für kleinere Teilbeträge eingebürgert, so begann man in der zweiten Hälfte des 7. Jahrhunderts generell die Goldmünze, den *Solidus* bzw. den *Triens*, der den Wert eines Drittel *Solidus* hatte und nicht nur wie letzterer als Rechnungseinheit diente – durch den Denar in Silber zu ersetzen. Aber erst durch Karl den Großen erfolgte im Rahmen einer Münzreform eine Vereinheitlichung der neuen Silberwährung und deren zentrale Kontrolle durch den Herrscher. Es fällt auf, daß zwar zahlreiche Münzstätten im Linksrheinischen nachzuweisen sind, aber keine östlich des Rheins. Die Herkunft des Silbers seit dem 7. Jahrhundert ist unklar; man hat sowohl an Import aus dem arabisch-islamischen Bereich gedacht wie auch an eine gesteigerte Produktion im Frankenreich selbst.

Es gab drei münzprägende Institutionen: den König, die Kirche und die Münzmeister selbst, die besonders seit dem

Ende des 6. Jahrhunderts stark vertreten sind. Daß die *monetarii* meist »private« Unternehmer waren, wird zwar vielfach angenommen, muß aber schon wegen des funktionierenden merowingischen Zollwesens bezweifelt werden. Es wird sich eher um delegierte Prägerechte handeln, wie sie auch die bischöflichen *civitates* besaßen, von denen etwa 65 eigene Münzstätten hatten. Chalon-sur-Saône scheint eine »Verkehrsdrehscheibe« gewesen zu sein; ein Schatzfund zwischen Chalon und Metz markiert die große Fernhandelsstraße von der Rhône über die Saône und Maas bis Maastricht und weiter bis zur Nordsee. Unklar ist, ob die zahlreichen merowingischen Münzmeister mit latinisierten germanischen Namen auch ethnisch Germanen waren oder ob es sich um eine »Personennamenmode« der Zeit handelt. Das ungemein dichte Netz von Münzstätten an Maas und Rhein beweist die wachsende Bedeutung Austriens im Wirtschaftsleben; dies dürfte auch mit der ertragreichen Salzgewinnung des Seille-Gebietes bei Metz für den Fernhandel zusammenhängen.

Insgesamt änderte sich seit dem letzten Drittel des 7. Jahrhunderts durch den Übergang zu spätmerowingisch-frühkarolingischen Silberdenaren bzw. friesisch-angelsächsischen *Sceattas* – und damit zu kleineren Münzen, die gegenüber den spätantiken Goldmünzen und deren Derivaten den Vorteil hatten, für den Markt geeignet zu sein – das gesamte Monetärsystem. König Pippin III. monopolisierte 755 die Münzprägung, und Karl der Große vollendete das neue Monetärsystem, mit dem dann auch Grundherren und Bauern ihre Naturalabgaben ablösen konnten. Gleichzeitig wurden bei Bischofsstädten reguläre Märkte eingerichtet und Maß und Gewicht kontrolliert (MGH Capit. 12, c. 6 vom Jahr 744). Im 9. Jahrhundert gab es zwischen Rhein und Loire etwa 100 Märkte, auf denen auch die Großgrundherrschaften ihre Produkte absetzten.

Was das gesellschaftliche Ansehen der Händler anbetrifft, so wissen wir darüber hauptsächlich aus kirchlichen Quellen, und deren Urteil ist entschieden negativ. Augustinus nennt ihre Tätigkeit sündhaft, weil sie notwendigerweise mit Betrug verbunden sei. Salvian von Marseille erwähnt sie in einem Atemzug mit Kurialen sowie Zivil- und Militärbeamten und wirft ihnen insgesamt Betrug und Meineid vor; später warnen Cassiodor und Isidor von Sevilla vor der Unredlichkeit der Kaufleute. Wenn Augustinus zusätzlich an ihnen kritisiert, daß sie sich ihrer Leistungen rühmten und deshalb nicht die Gnade Gottes erlangen könnten, dann läßt sich daraus aber doch eine positive Selbsteinschätzung dieses Standes erschließen, der vom kirchlichen Urteil unabhängig war. Auch den merowingischen Kaufleuten mangelte es nicht an Selbstbewußtsein; eine gildenmäßige Organisation dürfte es bei ihnen schon früh gegeben haben. Daß die Gilde (*gildonia*, *coniuratio*, Schwurgemeinschaft) im geistlichen wie im weltlichen Bereich auch eine antike Wurzel hat, daß sie ferner in mannigfachen Ausprägungen verbreitet war und nicht allein aus den germanischen Traditionen erklärt werden kann, ist mit Recht betont worden; dennoch hat sie im frühmittelalterlich-fränkischen Umfeld andere Funktionen erhalten, vornehmlich im Handel. So schroff auch die Urteile der Theologen über die Händler und ihre Praktiken gewesen sein mögen, in die Praxis des frühmittelalterlichen Warenverkehrs haben sich Kirchen und Klöster bald eingefügt, mit eigenen *actores* Handel betrieben, die Überschüsse ihrer Großgrundherrschaften, Handwerksbetriebe und Salinen verkauft und von den Königen Zollprivilegien für den Gütertransport erlangt.

Kontinuität und Neuansätze von Gewerbe, Technik und Bergbau

Schriftliche und in steigendem Maße archäologische Quellen beweisen für die Merowingerzeit sowohl die Fortdauer antiker Techniken wie die Herausbildung neuer Produktionszentren und -zweige. Wie nicht anders zu erwarten, ist südlich der Loire und in der Provence ein beträchtliches Maß an Kontinuität handwerklichen Könnens festzustellen. In Melle südlich Poitiers läßt sich mit ziemlicher Sicherheit kontinuierlicher Blei- und Silberbergbau bis zu Dagobert I. feststellen. Prokop berichtet im 6. Jahrhundert über Goldgewinnung im Reich Theudeberts I., eine Nachricht, die sich auf die Goldbergwerke in Limoges und in den Cevennen beziehen dürfte. Textilgewerbe gab es weiterhin in Südgallien. Insgesamt setzte seit dem 6. Jahrhundert eine Süd-Nordbewegung vor allem von Bauhandwerkern ein; Bischof Nicetius von Trier ließ sich um 560 durch Vermittlung seines Amtsbruders Rufinus von Octodurum (Martigny im Wallis) Bauhandwerker aus Italien kommen, und im 7. Jahrhundert gingen aus dem Frankenreich sowohl Bauleute wie Glasmacher nach England. Bischöfe sind neben den Königen überhaupt die stärksten Förderer des Bauwesens. Bleiplatten auf den Dächern und Glasfenster sind für Kirchen vielfach bezeugt. Mosaizisten werden im 6. und 7. Jahrhundert öfters erwähnt, desgleichen Freskenmaler.

Auch zwischen Loire und Rhein gab es Kontinuitäten im Gewerbe, wenn auch dort naturgemäß die Neuansätze stärker ins Gewicht fallen. Die Mayener-Niedermendiger Basaltbrüche produzierten auch noch in merowingischer Zeit Mühlsteine. Das Mittel- und Niederrheingebiet blieb eine »Töpferlandschaft«, jedoch mit bezeichnenden Unterschieden: Das in römischer Zeit in den Außenbezirken von Köln ansässige Töpfergewerbe verlagerte sich in das Rheinische Vorgebirge, wo es sowohl die Tone gab wie noch genügend Wald zur Holzkohle-Herstellung, während im Neuwieder Becken die Mayener Keramikmanufakturen an Ort und Stelle weiter arbeiten konnten, weil hier von Anfang an Rohstoff und Energiequelle in unmittelbarer Nachbarschaft zur Verfügung standen. Noch deutlicher wird eine solche Abhängigkeit angesichts erhöhter Transportschwierigkeiten auf den nicht mehr planmäßig instandgehaltenen Römerstraßen bei der Terra-Sigillata-Produktion. Die blühenden Manufakturen zwischen Mosel und Rhein – von Chémery bis Rheinzabern – produzierten bereits in der Spätantike nicht mehr, nur die Herstellung einfacherer Tonwaren wurde teilweise fortgesetzt. Kontinuierlich wurde dieses feine und begehrte Tongeschirr nur noch in den Töpfereien am westlichen und östlichen Argonnenrand in Form der »Rädchen-Sigillata« hergestellt. Die Argonnentöpfereien versorgten im 4. Jahrhundert und auf jeden Fall noch bis zur Mitte des 5. Jahrhunderts das gesamte Gebiet östlich der Seine. Unrentabilität war wohl der Grund für den Abbruch der großen römischen Töpfereien von Speicher und Herforst inmitten des Bitburger Beckens im Trierer Land; erst in karolingischer Zeit wurde die Keramikproduktion wieder aufgenommen. Geschlossene Siedlungen waren hier im Vorteil, dies zeigt z. B. der wichtige Handels- und Münzort Huy an der Maas, der in römischer wie in merowingischer Zeit ein überregionales Zentrum der Produktion von Gebrauchskeramik war. Neben Töpfern sind dort auch Kammacher und Goldschmiede archäologisch bezeugt. Die Massenproduktion vor allem von Keramik setzt schon für das Frühmittelalter ein stark differenziertes Arbeitskräfteangebot in geschlossenen Siedlungen voraus, die grundherrschaftlich organisiert waren. Dieselbe Organisationsform ist für die Salzgewinnung in Lothringen wie in Reichenhall sowie in Hallstatt und Hallein anzunehmen; in letzterem Fall war im frühen 8. Jahrhundert der agilolfingische Herzog Herr der Salinen.

Entgegen der generellen Auffassung, wonach sich das spätantike Gewerbe, falls es überleben konnte, auf das Land verlagert habe, vermutet man für Köln, daß berühmte Glasbläsereien des 3. und 4. Jahrhunderts auch im Frühmittelalter – und Ähnliches gilt wohl auch für die Kölner Goldschmiedekunst – weiter produzierten, doch fehlt es an sicheren Belegen. Wenig weiß man bis jetzt von der Fortdauer gewerblicher Produktionsstätten in Trier. Das gilt ebenso für die zweifellos florierende Waffenproduktion, wie sie in den Bestattungen der

Reihengräberzivilisation bezeugt ist. Daß damals auch schon rechts des Rheins technisch perfekte, vergoldete Schwerter hergestellt wurden, geht aus einem Brief Theoderichs des Großen an den Thüringerkönig im Elbe- Saalegebiet hervor. Schmiede gehörten im Frühmittelalter zu jeder größeren Siedlung, wobei es sich sowohl um bäuerliches als auch um professionelles Handwerk handeln konnte. Stadtsässige Handwerker für den gehobenen Bedarf finden sich in Limoges, Arles, Tournai, Huy und anderen Orten. Besonders die Goldschmiede, deren Werke in erstaunlich großer Zahl erhalten oder schriftlich überliefert sind, dürften durch ihre Arbeiten für Bischöfe, Könige und Adelige ein gewisses Prestige besessen haben. Berühmt ist Bischof Eligius von Noyon, Schatzmeister König Dagoberts I. und kunstreicher Goldschmied, dessen Arbeiten wenigstens teilweise rekonstruierbar sind. Seine erstaunliche Karriere hängt aber wesentlich mit seinem Amt als oberster Münzmeister des Königs zusammen. König Chilperich I. (561–584) hatte sich auf seinem Hofgut Nogent-sur-Marne ein Goldschmiedeatelier eingerichtet, in dem er auch selbst kunstvolle Dinge anfertigte; Ähnliches ist für den Königshof Andernach unter Childebert II. (575–596) anzunehmen. Auch traten die Merowinger und der Adel als Auftraggeber für Prunkwaffen, Tafelgeschirr, Ziergürtel und Schmuck hervor. Wenn ungefähr 60 Prozent der bekannten Edelmetallerzeugnisse der Merowingerzeit aus dem Rheinland, Alamannien, Bayern und Thüringen stammen, also aus Gebieten reduzierter oder fehlender römischer Stadtkultur, so läßt dies auf ein rasches Aufholen dieser Regionen in der materiellen Kultur schließen. Angestoßen wurde diese Entwicklung zweifellos von den alten königlichen Herrschaftszentren Galliens wie der Rhein- und Mosellande, wobei der Hof König Dagoberts I. und dessen kunstfertiger Goldschmied Eligius eine wichtige Rolle spielten. Aber schon während des 7. und im 8. Jahrhundert übernahmen die rechtsrheinischen Königs- und Adelshöfe als Auftraggeber und Produktionsplätze diese

Funktion. Ob bereits die frühalamannischen Höhenburgen als Herrschaftszentren des 4. und 5. Jahrhunderts als Vorläufer dieses Aufschwungs der materiellen Kultur der Merowingerzeit östlich des Rheins anzusehen sind, bleibe dahingestellt. Ihre systematische Zerstörung durch Chlodwigs I. rigorose Integrationspolitik in Alamannien macht dies eher unwahrscheinlich.

Kontrovers ist, ob die Handwerker insgesamt, wie nach den schriftlichen Quellen meist anzunehmen ist, unfreie Leute gewesen sind oder ob ein freies, teilweise mobiles Handwerkertum für begehrte Spezialtechniken existierte. Sicher gab es sowohl freie wie unfreie Handwerker, wobei auch die Art ihres Gewerbes eine Rolle gespielt haben dürfte. Eine gewisse Mobilität ist uns vielfach bezeugt, etwa wenn sich Bischöfe oder Fürsten gegenseitig kunstfertige Handwerker »ausliehen«, wenn Glasmacher und Steinmetze aus dem Frankenreich nach England oder Bauleute aus Italien nach Trier geholt wurden. Das Verleihen von Handwerkern und Quellenbelege über die Latifundien der gallorömischen Aristokratie wie des merowingischen und frühkarolingischen Adels lassen aber erkennen, daß die Mehrzahl der Handwerker in den südlichen und zentralen Regionen des Merowingerreiches doch eher grundherrschaftlich gebunden war. In den naturalwirtschaftlichen Gebieten rechts des Rheins sprechen die archäologischen Befunde hingegen für überwiegend freies, teilweise mobiles Handwerkertum.

Eine generelle Aussage über die soziale Stellung der Handarbeiter und damit auch über die Wertung der körperlichen Arbeit insgesamt ist schwierig. Im allgemeinen scheint sich im Merowingerreich die traditionelle antike Verachtung der Handarbeit fortgesetzt zu haben, die sich erst viel später unter dem Einfluß einer neuen christlichen Arbeitsethik gemildert hat. Die biblische Tradition war insofern zwiespältig, als einerseits körperliche Arbeit *(labor improbus)* Folge des Sündenfalls und somit Strafe, andererseits jedoch ein asketisches Mittel gegen sündhaften Müßiggang und ungeordnetes Triebleben war. Bei Augustinus wird Arbeit sogar aktive Mitwirkung an der Schöpfung Gottes. Aus dem Alten Testament kam die Vorstellung, daß Gott die Arbeit des Frommen segne; das apostolische Schrifttum betont deren Notwendigkeit für den Lebensunterhalt. Eine sinnerfüllte Einordnung der Arbeit in den Tagesablauf findet sich dann im frühen Mönchtum. Dessen Lebenspraxis war es wohl vor allem, die im weiteren Verlauf des Mittelalters den körperlich arbeitenden Menschen gesellschaftlich aufwertete. Nunmehr taucht dieser auch stärker in der bildenden Kunst auf. Aus schriftlichen Quellen wissen wir von Klosterwerkstätten in Corbie und in Centula-St. Riquier, für das frühe 9. Jahrhundert gibt der St. Galler Klosterplan Aufschlüsse über ein reich differenziertes Handwerk. Daß es sich nicht um eine Neuentwicklung der Karolingerzeit handelt, geht aus der Nachricht der Eligius-Vita hervor, wonach im Kloster Solignac bei Limoges (7. Jahrhundert) »zahlreiche Handwerker verschiedener Berufe« vorhanden waren.

Technik und Handwerk lebten zwischen dem 6. und frühen 8. Jahrhundert keineswegs nur von der teilweise mühsamen Aufrechterhaltung antiker Standards, sondern waren auf manchen Gebieten, wie etwa in der germanischen Waffentechnik, durchaus innovativ. Eine zunehmende Neusiedlung zwischen dem 6. und 8. Jahrhundert war dafür sicher eine Voraussetzung. Dazu gehört die schon erwähnte lebhafte Bautätigkeit der Könige und Bischöfe, die sich nicht nur auf die Wiederherstellung von Stadtmauern und Aquädukten bezog, sondern in einem auch technisch bemerkenswerten Kirchen- und Klosterbau kulminierte.

Neue gewerbliche Zentren bildeten sich in Nordwesteuropa, wo das »friesische Tuch«, wie angedeutet, seit dem Ende der Merowingerzeit ein begehrter Exportartikel wurde, unter dessen Namen man wohl auch flandrisches und englisches Tuch verkaufte. Wassermühlen zum Ersatz menschlicher Arbeitskraft hat es zwar schon in der Spätantike gegeben, doch scheint ihr Gebrauch seit dem 6. und besonders im 7. Jahrhundert im Frankenreich sprunghaft zugenommen zu haben, vor allem in den germanischen Ausbaugebieten im Norden und Osten. Die pragmatischen Neuansätze in Agrar- und Handwerkstechnik sind um so bemerkenswerter, als sie offensichtlich kaum von der Überlieferung und Verbreitung technischer Fachliteratur aus der Antike flankiert wurden. Erst seit dem späteren 8. Jahrhundert regt sich das Interesse an überliefertem technischen Wissen, speziell an Werken der Bau- und Kriegskunst sowie der Medizin. Der offensichtliche Bruch bei der technischen Fachliteratur ist aber wohl zu trennen von der Fortdauer handwerklicher und bautechnischer Praxis, wie sie für Italien und das Frankenreich südlich der Loire vielfach bezeugt ist.

Immerhin gibt es auch im Frühmittelalter Belege für wichtige römische Autoren technischer Literatur, doch war deren Verbreitung sehr unterschiedlich. Das gilt auch für die römische Kunst der Feldvermessung, die seit dem Frühmittelalter in Italien und im Frankenreich nachweisbar ist. Zwar war im lateinischen Westen die Technik der Agrimensoren nicht so gut bezeugt wie in Byzanz, wo Landvermessung eine Grundlage für die Besteuerung war, doch finden sich auch bei Cassiodor und in den Briefen Papst Gregors des Großen Belege für deren Anwendung.

Auch antike Werke der Kriegskunst tauchen im Frühmittelalter auf. Hier war es besonders des Flavius Vegetius (Ende 4. Jahrhundert) Handbuch des Kriegswesens, das seit der Wende des 8./9. Jahrhunderts im Frankenreich wie im angelsächsischen England bekannt war. Für die inzwischen archäologisch nachweisbare Wiederinstandsetzung römischer Aquädukte im Mittelalter war das Standardwerk des Sextus Julius Frontinus (ca. 30–104 n. Chr.) über die weiträumig organisierte römische Wasserversorgung unentbehrlich. Allerdings ist die Überlieferung dieses Textes wesentlich dürftiger als die der Werke des Vegetius oder des Vitruvius Standardwerk über Architektur, das besonders für die Baukunst der Renaissance wichtig wurde. Vitruvius widmete seine zwischen 33 und 22 v. Chr. verfaßten »De architectura libri decem« Kaiser Augustus. Schon in der Spätantike von Augustinus, Boëthius und Isidor von Sevilla rezipiert, beeinflußte es im Frühmittelalter Hrabanus Maurus, Einhard und Lupus von Ferrières. Etwa 55 mittelalterliche Handschriften sind erhalten.

E

Kulturbruch und Kulturtransfer

Von der Kultur der Spätantike zur fränkischen Reichskultur

Das Weiterwirken antik-christlicher und antik-paganer Traditionen

Zur Genesis einer europäisch geprägten deutschen Kultur gehört wesentlich das geistige Erbe der christlichen Spätantike, mit dem die neuen Völker durch die Kirche konfrontiert wurden. Diese Zeit war eine Epoche *sui generis*, die sich einerseits bewußt und kämpferisch von der heidnischen Antike löste, aber deren geistiges Rüstzeug, christlich umgedeutet, weiterverwendete und damit die tiefste Wirkung auf das europäische Mittelalter erzielte. Dies gilt zum einen für die Philosophie des Neuplatonismus, die in unterschiedlicher Weise die Theologie beinflußte; desgleichen prägte das heidnisch-antike System der sieben *artes liberales* – vor allem das sprachliche Trivium von Grammatik, Rhetorik und Dialektik – bis in die Neuzeit hinein die Geisteskultur Europas. Mag die Rezeption der *artes liberales* lange Zeit vornehmlich formal und rein didaktisch gewesen sein, so füllten sich diese antiken »Begriffshülsen« bei steigendem Bildungspegel wieder mit realen Kenntnissen und Fähigkeiten auf, so lange nämlich, bis das mittelalterliche Europa geistig »auf eigenen Füßen« stand. Aus »Ausbildung« wurde »Bildung«, zuerst innerhalb, dann auch außerhalb von Kirche und Kloster. Die Hymnen des heiligen Ambrosius und die gregorianischen Gesänge aus päpstlich-römischer Tradition stehen am Beginn der europäischen Musik wie der kirchlichen Liturgie. Die kritische Selbsterfahrung der »Confessiones« des Kirchenvaters Augustinus eröffnete Wege zu einer subtilen Psychologie, die aus der orientalischen Asketenbewegung kam und beispielsweise in den *Apophthegmata patrum*, den »Sinnsprüchen« der Mönchsväter, ein neues christliches Menschenbild prägte. Augustinus personalisierte diese Gottes- und Selbsterfahrung und gab sie für die Praxis des europäischen Mönchtums weiter. Augustinus' Zeitgenosse Hieronymus (347/48–419/20) schuf mit seiner stilistisch hervorragenden lateinischen Bibelübersetzung aus dem Griechischen, der Vulgata, nicht nur ein literarisches Meisterwerk, sondern schlechthin das Grundbuch der lateinisch-westlichen Kultur. Man könnte zugespitzt sagen, daß Augustinus und Hieronymus und die anderen Kirchenväter Entscheidendes zur »Latinisierung« des Christentums beigetragen haben, ohne die Europa nicht denkbar wäre. Gleichzeitig bedeutete dies eine später vom Gang der Geschichte noch forcierte Loslösung vom griechischen Osten. Die Notwenigkeit der neuen lateinischen »Vulgata« des Hieronymus ist bereits ein früher Beleg für die unaufhaltsame Auseinanderentwicklung der östlich-griechischen und westlich-lateinischen Sprach- und Kulturwelt seit der Spätantike. In jedem Fall war die christliche Spätantike in vielen Bereichen eine Präfiguration des europäischen Mittelalters, wie sie intensiver kaum gedacht werden kann. Ihr organisatorisches Gefäß war die lateinisch-römische Kirche.

Es war dann auch die Kirche, deren räumliche Erweiterung durch Mission und organisatorische Stabilisierung nach dem Umbruch der Völkerwanderung jenes Kommunikationsnetz der Bistümer, Klöster und Pfarreien schuf, innerhalb dessen sich die abendländische Geisteskultur auch Deutschlands entwickeln konnte. In diesem langgestreckten Akkulturationsvorgang am Beginn Europas ist, neben und innerhalb der Mission, die Geschichte der Handschriften – als christliche Unterweisung wie als wichtigstes Medium spätantiker Geistestraditionen –, ihrer Wanderungen von Süden nach Norden, vom

Westen nach Osten das klarste Indiz für die Rezeption und Weiterentwicklung eines kirchlich gefilterten antiken Erbes: Handschriftengeschichte ist daher für diese Übergangsepoche die konkreteste Form von Geistesgeschichte – bis hin zu der mühsamen Glossenarbeit und Übersetzertätigkeit des Frühmittelalters, mit der sich die germanischen und slawischen Völker die lateinisch-christliche Kultur schrittweise anverwandelten; dabei wandelten sie sich selbst und entwickelten ihre Nationalsprachen. Es war vor allem die logische Strukturierung der germanischen und westslawischen Sprachen durch das erhalten gebliebene, durch die Liturgie sakrosankt gewordene, kunstvolle Gerüst der lateinischen Sprachkultur, die einer geistigen Einheit der neuen europäischen Völker den Weg bahnte. Dabei konnte es nicht ausbleiben, daß die irisch-insulare Kultur wie die germanisch-slawische Welt teilweise auch Erben der Kontroversen und Konfrontationen der Spätantike geworden sind, welche die Kirche einst gegen die heidnische Hochkultur wie gegen pagane Volkskulturen durchzufechten hatte. Mehr noch: Auch die scharfen innerkirchlichen Kontroversen, die seit der Spätantike die Entfaltung eines verbindlichen theologischen Lehrgebäudes begleiteten, hatten die neuen Völker zu verkraften.

Bereits innerhalb der Spätantike war es zu schweren Auseinandersetzungen zwischen den Kulturtraditionen der heidnisch-klassischen Antike einerseits und dem Christentum andererseits gekommen, die nach dem Sieg des letzteren in Staat und Gesellschaft zu gravierenden Eingriffen in die bisherige Pluralität des kultischen wie des kulturellen Lebens führten. Sie bewirkten schon vor der Völkerwanderungsepoche einen radikalen geistigen und teilweise auch einen gesellschaftlichen Wandel der mittelmeerischen Stadtzivilisation und Hochkultur. Die scharfen Angriffe gebildeter Heiden auf das Christentum, etwa aus dem Umkreis des römischen Senators Quintus Aurelius Symmachus (ca. 345–402), und die staatliche Reaktion der heidnischen Welt und Kaiser Julians I. Apostata

(355–363) verschärften noch die geistige Konfrontation, die schließlich an der Wende vom 4. zum 5. Jahrhundert zur staatlich forcierten, weitgehenden Auslöschung der paganen Kulturzentren führte. Die christliche Spätantike und vor allem deren führende Geister – Ambrosius, Hieronymus, Augustinus, Papst Gregor der Große und andere – hatten einen schweren Kampf gegen die Traditionen heidnisch-klassischer Bildung geführt, der für sie oft deshalb so schwierig war, weil sie selbst noch an dieser Bildung in hohem Grade Anteil hatten. Gleichzeitig mußte man jedoch einsehen, daß das Christentum als »Buch-Religion« nicht gänzlich auf sie verzichten konnte, zumal sie für eine grammatische und allgemein sprachliche Schulung zum Verständnis der Heiligen Schrift unerläßlich war. Schon der Kirchenvater Augustinus hatte das Verhältnis zwischen Glauben und traditioneller antiker Bildung in seiner programmatischen Lehrschrift »De doctrina christiana« dahingehend geklärt, daß die letztere ohnehin bereits *in nuce* in der Heiligen Schrift enthalten und von den Grammatikern und Rhetoren gleichsam nur daraus entwickelt und *in extenso* entfaltet worden sei. Das war sicher eine kühne Behauptung des Kirchenvaters, denn die gebildeten Heiden hatten bislang reichlich Spott über die mangelhafte literarische Qualität der Heiligen Schrift der Christen ausgegossen. Aber gerade der berühmteste Zeitgenosse des heiligen Augustinus, der Kirchenvater Hieronymus, hatte, nach früheren Anläufen in seiner römischen Zeit, in Bethlehem mit einem Team versierter Philologen und Schreiber, zu dem für das Alte Testament auch ein Rabbiner herangezogen wurde, das erwähnte grandiose Werk einer völlig neuen lateinischen Bibelübersetzung begonnen, eine Großtat und Wendemarke in der Geschichte des lateinischen Christentums der Spätantike wie des Mittelalters und zugleich ein »Meisterwerk eines Gelehrten von souveräner Sprachbeherrschung« (F. Brunhölzl). Mit einem Schlag wurde die Heilige Schrift durch den hochkarätigen Philologen und Rhetor Hieronymus ein unantastbares christliches Erbe auch in sprachlicher Hinsicht. Auf die lateinische »Vulgata« bezogen, stimmte dann zweifellos die Feststellung des heiligen Augustinus, daß die Bibel auch im Sinne der alten Grammatiker und Rhetoren auf der Höhe der Zeit war. Mehr noch: Sie prägte für mehr als ein Jahrtausend die kirchliche Latinität Europas, aus ihr entstand dessen lebendige Bildungssprache. Allerdings trug der Siegeszug des durch Hieronymus wie Augustinus hochentwickelten Kirchenlateins auch zur fortschreitenden »Entkopplung« der beiden Sakralsprachen der Christenheit bei – des Griechischen und des Lateinischen – und damit auch mittelbar, wie angedeutet, zur Entfremdung zwischen Ost und West mit all ihren gravierenden Folgen. Doch steht dies auf einem anderen Blatt. Auf jeden Fall hatte aber Augustinus eine wichtige Entscheidung gefällt, als er dem wissenschaftlichen und literarischen Erbe der antik-paganen Hochkultur einen festen, legitimen Platz im christlichen Bildungswesen seiner Zeit und damit auch des Mittelalters zuwies. Wie diese Grundsatzentscheidung in der kirchlichen und pädagogischen Praxis in dem gewaltigen politischen, ethnischen und gesellschaftlichen Umbruch, den der Übergang von der christlichen Spätantike zum europäischen Frühmittelalter mit sich brachte, unter völlig neuen Bedingungen realisiert werden konnte, blieb zunächst offen und bis in die Anfänge der sogenannten »karolingischen Renaissance« hinein umstritten.

Zweifellos war es so, daß das ältere laikale, öffentliche Schulwesen der Spätantike verfiel, mochten sich auch südlich der Loire noch Reste davon erhalten haben und mochten auch antik-klassische Bildungstraditionen im Privatunterricht der Kinder der gallorömischen Aristokratie weiterleben, so wie ihn Bischof Caesarius von Arles durch den Rhetor Julianus Pomerius erhalten hatte. Oft waren es die Bischöfe selbst, die auch im 6. Jahrhundert noch klassische Bildung oder Rudimente derselben hatten. Allerdings mußte sich Bischof Desiderius von Vienne (gest. 606/07), ein gebildeter Aristokrat, noch von Papst Gregor dem Großen scharf tadeln lassen, weil er Grammatik im antiken, klassischen und damit umfassenden Sinn als »Kulturwissenschaft« unterrichtete.

Wie sah es aber im Mönchtum als dem lebendigsten, radikalsten und wichtigsten Zweig kirchlicher Wirksamkeit hinsichtlich des Verhältnisses von Glauben und Bildung aus? Faßt man die monastischen Selbstzeugnisse zum Thema Glaube und Bildung zusammen, dann ergibt sich, daß es in den großen, geordneten Klöstern des lateinischen Westens noch viele traditionell, d.h. rhetorisch-grammatisch, Gebildete gab, daß aber gerade ihre rigoristische Entscheidung für das monastische Leben durch eine strenge Nahrungs- und Sexualaskese es notwendig mit sich brachte, daß sie sich als Träger einer entschiedenen »Gegenkultur« von ihrer Erudition und Weltbildung lossagten, weil sie diese als »Versuchung« empfinden mußten. Literarische Kultur konnte im frühen Klosterwesen kein eigenständiges und daher tradierbares »Gewächs« sein, sondern wurde in einer bestimmten, entscheidenden Phase eher als Hypothek und unfreiwilliges geistiges Erbe aus der Zeit vor der persönlichen *conversio*, vor dem Klostereintritt, empfunden. Cassiodors eher vermittelnder Standpunkt in dieser Frage hat wohl auch aus diesem Grunde keine Schule gemacht.

Cassiodor (ca. 485–580) sammelte eifrig antik-pagane Literatur in seiner Klostergründung Vivarium bei Squillace und ließ wichtige Texte aus dem Griechischen ins Lateinische übersetzen. Dabei war seine Art der Rezeption antiker Bildung kein Selbstzweck, sondern diente, ganz im Sinne von Augustins Propädeutik, zum besseren Verständnis der Heiligen Schrift. Darin unterschied er sich grundsätzlich von seinem unglücklichen Zeitgenossen und Amtsvorgänger am Hofe König Theoderichs in Ravenna, Anicius Manlius Boëthius (ca. 475/80–524), der ganz bewußt griechische Philosophie im lateinischen Sprachgewand der Nachwelt übermitteln wollte. Dies glückte ihm auch. Alkuin, der führende Kopf der karolingischen Renaissance, spendet ihm und seinen philosophischen Schriften hohes Lob, und in der Tat hat ihm das mittelalterliche Bildungswesen viel zu verdanken, da er bis zur arabischen Aristoteles-Rezeption des Hochmittelalters wohl der wichtigste Übermittler griechischen Geistes gewesen ist. Ob Boëthius eher Christ oder noch Heide war, ist umstritten. Auf jeden Fall war für ihn die pagane Bildungstradition nicht nur wünschenswertes Vorstadium christlicher Bildung, sondern Selbstzweck, und deren Tradierung galt ihm als ein hohes Ziel. – Selbst noch gebildet, haben aber, wie gesagt, Mönche und Nonnen des 5. und 6. Jahrhunderts aus christlich-asketischer Überzeugung viel dazu beigetragen, spätantike Bildungstraditionen für sich selbst und mehr noch für nachfolgende Klostergenerationen zu beenden: Man stellte sich aus religiösen Gründen bewußt auf Diskontinuität ein.

Unter diesen Umständen kann es nicht verwundern, daß von einer adäquaten Anverwandlung der hochentwickelten heidnisch-antiken Philosophie, etwa des symbolischen Rationalismus der platonischen Dialoge oder der analytischen Schärfe aristotelischer Sozialphilosophie, in dieser Epoche keine Rede sein kann. Vielfach bewegt sich die Auseinandersetzung mit zentralen Ideen der Antike, die ohnehin zumeist in der lateinischen Vereinfachung durch Cicero und andere Autoren auf die Kirchenväter gekommen waren, auf einer mittleren polemischen Ebene. Dabei ging es vorwiegend um den Nachweis der Gleichrangigkeit der christlichen Ideenwelt bzw. um deren a priori postulierte Überlegenheit. Das war nicht nur bei eleganten Stilisten und Rhetoren wie Lactantius (ca. 260–325) der Fall, sondern auch bei Augustinus' Polemiken gegen die heidnische Philosophie, die im Grunde keine sachbezogenen Auseinandersetzungen mit der klassisch-heidnischen Geisteswelt gewesen sind. Eine Ausnahme bildet noch am ehesten der große Philologe und Kenner der antiken Geistestradition Hieronymus. Seine lateinische Bibelübersetzung und seine Kommentare zeigen ihn auf der Höhe kultureller Traditionen, deren geistige und ästhetische Werte er trotz schwerer Irritationen bis an sein Lebensende schätzte.

Für den »Einstieg« der christlichen Bildungsschicht in die Denkkategorien der antiken Philosophie wurde aber, wie bereits angedeutet, in jedem Fall die neuplatonische Schule, besonders deren subtile philosophische Kategorien, für den Ausbau von Theologie und Dogmatik bedeutsam. Eine Weltreligion erhielt auf diese Weise für ihre »frohe Botschaft« eine klare, mitteilbare Begrifflichkeit und Struktur, womit eine Abgrenzung gegenüber anderen religiösen Vorstellungen möglich wurde. Dies wiederum begründete eine Dauerhaftigkeit geistiger Traditionen, die in Zustimmung wie kritischer Distanz erst die europäische Geisteskultur ermöglichten. Die Transformation der vom Christentum adaptierten Teile des antik-heidnischen Geisteserbes zum Aufbau des theologischen und dogmatischen Lehrgebäudes sowie des Kirchenrechts führte aber zwangsläufig, wenn auch in einem langwierigen Klärungsprozeß, zur Ausbildung scharfer Grenzen zwischen der Orthodoxie und jener Unzahl von Häresien, welche die Kirchengeschichte begleiteten. Das war die »andere Seite der Medaille«, wobei es sicher kein Zufall ist, daß in den häretischen Bewegungen der Spätantike wie des Mittelalters die Idee einer radikalen Rückkehr zur »idealen Urkirche«, also zur Zeit vor den genauen theologischen und dogmatischen Distinktionen, immer wieder eine große Rolle spielte. Die Rückkehr zu einem wirklichen oder vermeintlichen idealen Zustand der frühen christlichen Gemeinde wurde später zum stärksten Antrieb für alle Reformen und Reformationen der Kirchengeschichte.

Es genügt für das Verständnis des Mittelalters nicht, im Sinne humanistisch-philologischer Werte nur die wirklichen oder vermeintlichen literarischen Defizite zwischen christlicher Spätantike und Frühmittelalter aufzuzeigen, die es zweifellos gab, vor allem, wenn man diese Übergangsepoche an den ästhetischen Standards der klassischen Antike mißt. Vielmehr muß man sich den radikalen Werte- und damit Paradigmenwechsel vergegenwärtigen, den das Christentum verursachte und der zu einer »tiefgreifenden Veränderung der Lebensfunktion von Text, Schrift und Buch« bereits in der christlich-spätantiken Kultur geführt hatte. Wenn bereits damals im Zentrum der Lebensorientierung die Bibel und eine auch quantitativ beträchtliche Fülle kanonischer und exegetischer Schriften stand, die alle dem christlichen Leben und dem jenseitigen Ziel des Glaubens dienten, dann hatte dies auch für die germanischen und slawischen Nachfolger des Imperiums weitreichende Folgen: Das »heilige Buch« und dessen Kommentare sowie Psalter und christliche Dichtung bewirkten nicht nur im allgemeinen Bewußtsein eine »Umwertung aller Werte«, sondern sie veränderten radikal die Einstellung zur paganen Literatur, die bestenfalls noch als Propädeutik zur Interpretation der Heiligen Schrift diente. Ansonsten jedoch ging es um das christliche Verständnis des wahren, jenseitsbezogenen Lebens. Deshalb veränderten sich auch die Formen literarischer Bildung, die dann von den neuen christianisierten Völkern als einzige Schriftkultur übernommen und im kirchlich-monastischen Bereich weiterentwickelt wurden. Daß dabei im »Nebenschluß« auch die pagane Literatur der Antike sowohl als »Hilfswissenschaft« zum besseren Bibelverständnis als auch, seit der karolingischen Renaissance, gleichsam als ästhetisches »Spielgut« rezipiert und tradiert werden konnte, erscheint unter dem Aspekt des radikalen christlichen Wertewechsels als das eigentliche, verblüffende Paradoxon der Geistesgeschichte zwischen Spätantike und Frühmittelalter. Ebenso zu beachten ist aber, daß sich der quasi geschlossene »Blutkreislauf« sich wechselseitig bestätigender religiöser Literatur in dem Maße wieder öffnen und zur profanen Welt erweitern mußte, wie sich eine differenziertere Gesellschaft mit ihren neuen Bildungsmöglichkeiten innerhalb wie neben der Kirche zu entwickeln begann, ein Vorgang, der seit dem Hochmittelalter einsetzte.

Die Frage nach der Art und Fortdauer organisierter Bildung stellt sich verschärft für die Epoche nach der Völkerwanderung. Es kam zu einer Schrumpfung des antiken Städtewesens und teilweise zu dessen Untergang mit gravierenden Folgen für das kulturelle Niveau. Gerade die Mönche, die freiwillig den Bruch mit der antiken Tradition vollzogen hatten, sahen sich nun mit einer neuen Aufgabe konfrontiert: dem Ausbau der Kirchenorganisation in den kulturell neu erschlossenen Gebieten, Regionen ohne lateinische Kulturtradition, wo die Kirche selbst die einzige Trägerin lateinischer Schriftkultur wurde. Die klassische Literatur konnte dort keine existentielle Versuchung der Kleriker und Mönche mehr sein, da es im Missionsgebiet nicht mehr den Antipoden der heidnisch-antiken, hochkulturellen Traditionen gab. Der Schwerpunkt des Kampfes verlagerte sich dort auf ältere volkskulturelle Traditionen, und zwar sowohl im Bereich des ehemaligen Imperium Romanum wie in den germanischen und slawischen Missionsgebieten. Von den Predigten des Bischofs Caesarius von Arles und den Wundergeschichten Gregors von Tours über entsprechende Strafbestimmungen in Konzilsbeschlüssen und Bußbüchern, die immer wieder eingeschärft werden mußten, bis zum Briefwechsel des Winfrid-Bonifatius läßt sich die Spur dieser Auseinandersetzung verfolgen. Wie beim Ringen mit dem hochkulturellen heidnischen Erbe reagierte die Kirche auf die tiefverwurzelte pagane Volkskultur sowohl durch Zerstörung wie durch Kriminalisierung und Abwertung, aber auch durch deren Umformung, was auf eine teilweise Aneignung gewisser Elemente, etwa im Reliquienkult, hinauslief.

Das Vorgehen der Kirche gegen heidnisch-magische Praktiken mit Bußen war gleichsam ein Stück »christlicher Aufklärung«, wobei der verurteilten »schwarzen Magie« die Wunder- und Heilkraft der Heiligen als »weiße Magie« entgegengesetzt wurde. Das erklärt auch die große Rolle der Heiligenwunder in hagiographischen Texten. Man hat daher nicht zu Unrecht den »Aberglauben« eine Nebenfolge der

Christianisierung genannt; bemerkenswert ist jedenfalls, wie lange und hartnäckig sich magische Praktiken weit über das Mittelalter hinaus erhalten konnten. Zweifellos ist die Gegenüberstellung von »Klerikerkultur« und »Volkskultur« manchmal simplifizierend, da sich auch die Oberschichten magischer Praktiken bedienten oder an sie glaubten und überdies die Gesellschaft in deutlich erkennbare Gruppen und Gemeinschaften gegliedert war, die kaum dem schematischen Begriff einer homogenen Oberschicht entsprach. Dennoch wird man an dieser Dichotomie als heuristischem Prinzip festhalten müssen. Schon das »Schriftmonopol« der »Klerikerkultur« des Frühmittelalters legt diese grundsätzliche Unterscheidung nahe.

Volksglaube, Wahrsagerei und Magie sind noch in anderem Zusammenhang für die mentale Entwicklung bedeutsam, nämlich als argwöhnisch registrierte Objekte staatlicher und kirchlicher Gesetzgebung. Hier ergeben sich ganz andere Aspekte von Kontinuität zwischen Antike und Mittelalter. Seit der christlichen Spätantike zeichnet sich nämlich die Tendenz ab, sehr verschiedenartige und disparate Gegenstände römischer Rechtsprechung, die ursprünglich nichts miteinander zu tun hatten, zusammenzufassen, was ein verstärktes Verfolgungspotential zur Folge hatte. A. Momigliano hat in diesem Zusammenhang mit Recht hervorgehoben, daß es für ein multikulturelles, multireligiöses Imperium wie das Römerreich zwangsläufig eine schwere Belastung werden mußte, die Anerkennung einer einzigen, monotheistischen Religion zu erzwingen. Alle anderen bisherigen Kulte wurden damit inkriminiert und kriminalisiert. Die schier endlose Geschichte der Häresien und der Rückfälle in ältere heidnische Vorstellungen und magische Praktiken kam nicht von ungefähr. Wie sich dann beim Übergang zum Mittelalter zeigen sollte, ergab sich damit ein neues, umfassendes Feindbild für die staatliche wie kirchliche Strafverfolgung. Bereits auf dem 16. westgotisch-spanischen Konzil von Toledo (693) wurden Gesetze beschlossen, um planmäßig gegen Wahrsager, Heiden, Juden und Homosexuelle vorzugehen, die – so die Begründung – gemeinsam die Stabilität des Reiches bedrohten und deshalb aufs schärfste zu verfolgen seien. Mit anderen Worten: Es wurde jetzt ein kollektiv definiertes Verfolgungsobjekt konstruiert, nämlich eine in sich kohärente »Gesellschaft des Bösen«, deren permanente Persekution sich zu einer der düstersten Seiten der mittelalterlichen Geschichte entwickelte.

Auch in der Literatur ist der politisch-ethnische Umbruch in dem Raum, der Schauplatz der deutschen Geschichte werden sollte, weder »flächendeckend« noch gleichzeitig, sondern wird von den jeweiligen regionalen Verhältnissen maßgeblich mitgeformt. Wie schwierig es ist, im einzelnen kulturelle Kontinuität oder Diskontinuität festzustellen und qualitativ einzuordnen, zeigen Quellenbefunde aus verschiedenen Räumen: dem Trierer Land und in den Landen an der mittleren Donau gegen Ende des 5. Jahrhunderts. Von dem in Trier residierenden *comes* Arbogast erfahren wir etwa durch einen Brief des Dichters und Bischofs Sidonius Apollinaris von Clermont-Ferrand und durch eine lobrednerische metrische Epistel des Bischofs Auspicius von Toul; beide Texte sind an Arbogast selbst gerichtet. Ihnen entnehmen wir dessen fränkische Abstammung, seinen katholischen Glauben und seine antike Bildung. Wahrscheinlich gehörte seine Familie, die von einem mächtigen römischen Heerführer gleichen Namens abstammte, der im 4. Jahrhundert am Trierer Kaiserhof eine maßgebliche Rolle gespielt hatte, schon der gallorömischen Senatorenaristokratie an. Wichtig ist in diesem Zusammenhang der Kontakt des Trierer Regionalherrschers zu Vertretern der spätlateinisch-christlichen Literatur Galliens und zum asketisch-monastischen Literatur-Kreis von Lérins; trotz der fränkischen Invasionen waren die weitgespannten kulturellen Verbindungen nicht völlig abgerissen, sondern an die neue politische Herrschaft weitergegeben worden. Das bedeutete Kulturtransfer auf höchster Ebene.

Andere Nachrichten, die sich auf Ufernoricum, die mittleren Donaulande, am Ende des 5. Jahrhunderts beziehen, lassen hingegen in wesentlich schrofferer Form den Zerfall und teilweisen Abbruch des kulturellen Geflechts und seiner Rückverbindungen erkennen: Vor allem die Lebensbeschreibung des heiligen Severin von Noricum aus der Feder des Eugippius (ca. 465/67–nach 533), die am Beginn des 6. Jahrhunderts im Kloster Lucullanum bei Neapel geschrieben wurde, macht die Brüche deutlich. Sie schildert im Rückblick donauländische Zustände der zweiten Hälfte des 5. Jahrhunderts, die mit dem Leben und Wirken dieses Heiligen verbunden sind, teilweise sehr realistisch. Eugippius hatte sich Severin und dessen Mönchen angeschlossen und war nach dem Tode des Heiligen (482) mitsamt den Brüdern nach Neapel ausgewandert. Als Abt des neuen Severins-Klosters in Lucullanum stand er in engem Kontakt mit christlichen Schriftstellern der Zeit. Sein Stil verbindet elegant spätantike Kunstprosa mit jener Einfachheit des Stils, wie sie christliche Autoren aus religiösen Gründen forderten.

Beide Beispiele, die Elogen für den Trierer *comes* Arbogast wie des Eugippius Schilderung der Zustände Ufernoricums am Ende des 5. Jahrhunderts, zeigen auf sehr unterschiedliche Weise das Fortwirken christlich spätantiker Geistigkeit in der Völkerwanderungszeit und deren Weiterwirken auf die neuen Völker. Im Falle der »Vita Severini« wird allerdings mit dem Abzug eines Teils der romanisierten Bevölkerung auch eine schwerwiegende kulturelle Zäsur dokumentiert, die von der Kirche in Ufernoricum nicht verhindert werden konnte. Dagegen war das 6. Jahrhundert in Tours und Poitiers geradezu eine »literarische Epoche«, denn südlich der Loire haben sich vielfach kulturelle Zustände und Gesellschaftsstrukturen der Spätantike erhalten, antike Rechtstraditionen und teilweise auch ein gewisses Maß von Schriftlichkeit der Verwaltung.

Christliche Bildungsstandards und antike Muster: Ablehnung und Aneignung

In den Gebieten, die man für die Römerzeit mit dem Begriff der *Germania libera* oder *Germania barbarica* zusammenfaßt, fand die spätantik-christliche Schriftkultur erst seit dem 7. Jahrhundert mit der irofränkischen und angelsächsischen Mission Eingang, die zugleich die kulturellen Inhalte grundlegend veränderte, dennoch aber auch Elemente der vorausgegangenen germanischen Zivilisation aufnahm und später auch solche der slawischen Welt.

Zu dem Zeitpunkt, als diese Entwicklung im späteren deutschen Sprachraum innerhalb des Frankenreiches zum Tragen kam, waren die grundlegenden dogmatischen Entscheidungen in den großen Reichskonzilien des 4. und 5. Jahrhunderts längst gefallen. Die Inhalte kirchlicher Lehre samt den Kommentaren der Kirchenlehrer Ambrosius, Hieronymus, Augustinus und Gregors des Großen wurden nur noch tradiert und seit dem 6. und 7. Jahrhundert meist in rudimentärer Form an die zu missionierenden Völker des Westens und Nordens weitergegeben. Man hat etwas mißverständlich von einer »Germanisierung des Christentums« gesprochen, die sich auch in der fränkischen Landeskirche auswirkte und sowohl in der Kirchenhoheit von Königtum und grundherrschaftlichem Adel zutage trat als auch insbesondere in einer schlichteren Mentalität zeigt, der die diffizilen Diskussionen der Spätantike, etwa um den Trinitätsbegriff und um die Wesenheit Christi, weitgehend entrückt waren. Es gab kaum eine eigenständige theologische Reflexion, sondern den rituellen Nachvollzug des Tradierten, Scheu vor dem Numinosen und die Magie von Segen und Fluch. Personalisierter Christus- und Heiligenkult und die strikte Erfüllung kirchlicher Vorschriften standen dabei im Vordergrund, ganz besonders bei den gewaltigen Aufgaben der Germanen- und Slawenmission. So bedenklich der theologische Substanzverlust, der schon am Ende der Spätantike eintrat, auch war, so hinderte er doch nicht die Mission in der archaischen Welt der germanischen wie der slawischen Völker. Es zeigte sich im Gegenteil, daß sich mit der Minderung des philosophisch-theologischen Niveaus eine »den Bedürfnissen einer archaischen Gesellschaft angepaßte Frömmigkeitskultur« entwickeln konnte. Besonders die ebenfalls altertümliche Gesellschaft und Religion des Alten Testaments sprach die zu missionierenden Völker in ihrer hergebrachten Mentalität an: Gott als Richter und Vergelter der Werke des Menschen, als siegverleihende Macht und als Beschützer des Volkes. Dementsprechend trat auch Christus weniger als Verkünder der Bergpredigt denn als Gottkönig hervor, und magische Praktiken wie Dämonenfurcht konnten in den Traditionen einer weithin noch archaischen Kultur unter christlichem Vorzeichen weiterleben. Dessenungeachtet blieb es für die missionierenden Mönche und Kleriker eine an Rückschlägen reiche, mühsame Vermittlung genuin christlicher Grundbegriffe an die einst »barbarischen« Völker östlich des Rheins, die nun Mitglieder des Frankenreichs geworden waren. Sie konnten nicht mehr als »Barbaren« im antiken Sinne eingestuft werden, bedurften aber einer Mission von Grund auf, die uns in den volkssprachlichen Glossen zu kirchlichen Texten auch als ein Ringen um adäquate Übersetzung schwieriger dogmatischer Inhalte entgegentritt. Daß dabei die lateinische Bibelübersetzung des Hieronymus besonders starke, paradigmatische Wirkung hatte, liegt auf der Hand; ihre reiche Bilderwelt prägte, wie bereits dargelegt, bis in die feinsten Verästelungen von Diktion und Spruchweisheit auch die neuen Sprachen und begründete zugleich ihre innere Verwandtschaft und grammatische Struktur.

In der neuen christlich-asketischen Umwelt bestimmten aber nicht Grammatik und Rhetorik den Schulbetrieb, sondern der Fundus religiöser Schriften, der den weitaus größten Teil frühmittelalterlicher Handschriften ausmachte. Dagegen tauchten, aufs Ganze gesehen, literarische Texte und Naturwissenschaftliches relativ selten, manchmal nur sporadisch auf. Vor allem in den Klöstern, den Hauptträgern frühmittelalterlicher Schriftkultur, stand der Psalter im Mittelpunkt des mönchischen Tagesablaufs und seiner Liturgie: Er war religiöses Dokument, Geschichtsdeutung, Grammatik, Lexikon und Dichtung in einem und zugleich Propädeutik und Paränese. Semantische Untersuchungen haben erwiesen, daß *scola* im Kloster keineswegs Schule im herkömmlichen Sinne bedeutete, und ebensowenig war *lectio* eine organisierte Tradierung von Wissensnormen, sondern gemeinschaftliches Gebet, Gebetsunterweisung und Meditation über Texte. Es handelte sich also nicht um geordneten Schulbetrieb, sondern um »Erweckungserziehung« im Sinne Max Webers. Die traditionellen Elemente und erlernbaren Fähigkeiten aus dem Bereich antiker Literatur und Wissensvermittlung bekamen, soweit sie noch vorhanden waren, im Kontext geistlich-asketischen Lebens einen anderen Stellenwert. Zum Verständnis der Bibel waren sie allerdings unentbehrlich, weshalb es relativ reichlich grammatische Literatur in den kirchlichen und monastischen Gemeinschaften gab, die man jedoch nach Möglichkeit von ihrem geistigen, nämlich heidnischen, Hintergrund abzulösen suchte. Grammatik wurde dadurch zu dem gemacht, was sie bis heute ist: zum technischen Mittel zur Aneignung einer Sprache. Grammatik als »Kulturwissenschaft« blieb der Kirche jedoch weiterhin verdächtig, und von Cassiodor bis Winfrid-Bonifatius rissen die Versuche nicht ab, die grammatischen Mustersätze aus dem Fundus der antiken Dichtung, Historiographie und Götterlehre durch biblische Exempla zu ersetzen.

Auch die Löschung profaner antiker Handschriften zwecks Neubeschriftung mit kirchlicher Literatur, wie sie im 7. Jahrhundert in Klöstern vorgenommen wurde, spricht hier eine deutliche Sprache: Es war zumindest Interesselosigkeit gegenüber der antiken Literatur, die beispielsweise in Bobbio Ciceros große Staatsschrift »De re publica« unter Augustinus' Psalmen-Kommentaren, also kirchlicher »Gebrauchsliteratur«, verschwinden ließ. Immerhin fällt auf, daß die meisten Palimpseste aus irischen oder irofränkischen Klöstern wie Luxeuil, Bobbio, St. Gallen, Corbie und Fleury-sur-Loire stammen, so daß die Annahme nicht völlig von der Hand zu weisen ist, es sei asketisch-monastischer Rigorismus mit am Werke gewesen, wenn es um die Tilgung profan-antiker Literatur ging. In Bobbio, einem Zentrum der Arianer-Mission, wo sich 22 Palimpseste fanden, galt dies auch für die Reskribierung arianischer Texte. Um so auffälliger und erhellend für die wirklichen Bedürfnisse des 7./8. Jahrhunderts ist es dann, wenn man auch in Bobbio wie anderswo großes Interesse an grammatischen Handschriften zeigte und diese sogar ergänzte und restaurierte. – Ähnliches gilt auch für antike medizinische Texte, die man aus einem anfangs radikalen christlichen »Medizinkritizismus« nur mit Vorbehalt reskribierte, bis dann, ab der zweiten Hälfte des 8. Jahrhunderts, im Zuge einer wieder positiveren Bewertung der Medizin die Zahl der heilkundlichen Handschriften sprunghaft anstieg.

Eine Ausnahme machte man auch bei dem Klassiker Vergil, den das Mittelalter sehr verehrte, weil man dessen Prophezeiung über das Kommen eines göttlichen Kindes seit der Zeit Konstantins des Großen auf Christus bezog: So wurde der herrlich geschriebene und illustrierte »Codex Mediceus« der Aeneis vom Ende des 5. Jahrhunderts im Kloster Bobbio aufbewahrt. Das irofränkische monastische Zentrum Luxeuil, die älteste Schreibschule des neuen fränkischen Mönchtums, die auch die erste kalligraphische Minuskel-Schrift des Mittelalters entwickelte, hat zwar durch die sarazenischen Plünderungen des frühen 8. Jahrhunderts den Großteil seines Bücherbestandes verloren, doch läßt sich auch hier mit ziemlicher Sicherheit die Wiederverwendung antiker Pergamenthandschriften für kirchliche Texte feststellen. So wurde die »Naturalis Historia« des Plinius in Luxeuil-Schrift mit Hieronymus' »Commentarius in Ecclesiasten« und Vergil, Livius, Euklid sowie ein philosophischer Traktat unbekannter Herkunft mit den »Moralia« Papst Gregors des Großen neu beschriftet. Auch die 33 Palimpseste der St. Gallener Stiftsbibliothek mit antiken Autoren wie Terenz, Vegetius, Donatus und römischen Gesetzestexten sind hier zu nennen, doch wurden die wenigsten im Kloster selbst reskribiert, sondern stammen aus Norditalien oder aus Churrätien, einem relativ intakt gebliebenen Rückzugsgebiet der Romania. Es ist wohl kein Zufall, daß sich Palimpseste gerade in den breiten Randzonen des spätantik-römischen Kulturbereiches von Verona über Bobbio, St. Gallen, Luxeuil, Autun, Fleury bis Corbie finden, in denen die Schriftlichkeit als wesentliches Element der Kultur erhalten blieb, wenn sie auch durch die fränkische und alamannische Besiedlung dieser Räume und durch die notwendige Konzentration der kirchlich-monastischen Arbeit auf eine umfassende Mission qualitativ wie quantitativ schrumpfte und sich auf vorwiegend pastorale Bedürfnisse reduzierte.

Erst seit dem 8. Jahrhundert konnten wieder innerhalb des Karolingerreiches antike Traditionen auch um ihrer selbst willen aufgenommen, gepflegt und systematisch erweitert werden. Dies erfolgte innerhalb des überregionalen Kommunikationsnetzes der Kloster- und Domschulen und führte zu einem neuen geistigen Verbundsystem, das wesentlich zu einem kulturellen Einheitsbewußtsein des mittelalterlichen Europa beitrug. Dieser Prozeß war, auf die Mentalität bezogen, die Voraussetzung dessen, was man die »karolingische Renaissance« des späteren 8. und vor allem des 9. Jahrhunderts nennt. Die enge Verbindung zwischen Kloster und Adel brachte es auch mit sich, daß junge Adelige sich in den Klosterschulen außerhalb des Klausurbereichs Elemente literarischer Bildung aneignen konnten; auch der Königshof spielte als kultureller Vermittler hier eine Rolle.

Das weitgespannte europäische Kommunikationsnetz der Kirche: Handschriftenwanderungen als Kulturtransfer

Man mag sich vielleicht fragen, ob die Zirkulation antiker Handschriften im Frankenreich und auf später deutschem Boden überhaupt zur geistigen Frühgeschichte des deutschen Volkes gehört. Doch darf man diese Frage entschieden bejahen, denn es kann geistes- und mentalitätsgeschichtlicher Forschung nicht gleichgültig sein, von welcher Wissensbasis fränkische bzw. althochdeutsche Kleriker und Mönche ausgingen. Es ist sogar faszinierend, wie das große, wenn auch sehr fragmentarische Erbe der Mittelmeerwelt sie prägte, das ihnen als Grundlage ihrer eigenen Geistesentwicklung diente und dessen nachhaltige Wirkung sie mit den gentilen Traditionen ihrer eigenen Herkunft zu verbinden wußten. Es war allerdings – wie bereits dargelegt – nicht selbstverständlich, daß antik-paganes Schrifttum in die christliche Welt des Frühmittelalters fand.

Die Kirche schrieb deshalb auch nach dem Vorbild des Eusebius von Caesarea (ca. 260/64–ca. 339/40) und des Hieronymus ihre eigene Literaturgeschichte, in der nur noch kirchliche Autoren ihren Platz hatten. Doch bewirkte die Auffassung der Kirchenväter Hieronymus und Augustinus, daß die nichtchristliche traditionelle Literatur zur geistigen Schulung und Propädeutik herangezogen werden solle, daß zumindest ein schulisches und antiquarisches Interesse an deren Werken wach blieb. Welchen Anteil an solchen Bestrebungen, die der Erhaltung antiker Literatur förderlich waren, der auch politisch bedeutsame heidnische Symmachus-Kreis in Rom mit seinen emendierten Ausgaben römischer Klassiker hatte, ist schwierig zu bestimmen, doch ist mit Sicherheit anzunehmen, daß durch ihn das Potential an tradierbarer antiker Literatur für künftige Generationen erhöht wurde und damit auch die Chance einer Wiedergewinnung bedeutender Teile des heidnisch-klassischen Kulturerbes durch das Mittelalter.

Es gehört zu dem bekannten historischen Phänomen der Gleichzeitigkeit des Ungleichzeitigen in der Geschichte, daß es parallel mit dem Erlöschen des literarischen Schulbetriebes im Mittelmeerraum bereits im 7. Jahrhundert in den irofränkischen und angelsächsisch beeinflußten Klöstern des Frankenreiches zwischen Loire, Rhein und Weser zu einer regen Sammeltätigkeit antiken Schrifttums kam und damit zu Handschriftenwanderungen quer durch Europa, die ein sicheres Indiz für den durch die fränkische Großreichsbildung ausgelösten Akkulturationsprozeß sind, den Klerus und Mönchtum trugen. Parallel dazu wuchs auch das kulturelle Verständnis für die pagane Vergangenheit und Kultur des eigenen Volkes. Musterbeispiel für diese kulturelle Ausweitung des bislang streng kirchlichen Horizonts war die Hinwendung der Mönche und Kleriker Altenglands zur eigenen angelsächsischen Tradition und damit zu deren schriftlicher Fixierung unter christlichem Aspekt, ein Vorgang, der sich auch auf dem Kontinent vollzog, der aber dort nicht so klar zu fassen ist wie in der ersten Literaturblüte Englands im 7., 8. und 9. Jahrhundert.

Der angelsächsische Bereich spielte auch eine bedeutende Rolle bei dem kulturellen Sog, der seit dem 7. Jahrhundert Handschriften aus dem Mittelmeerraum und vom Kontinent nach Britannien brachte. Dabei gelangten auch antike Autoren, neben der Hauptmasse kirchlicher Schriftsteller, in den Norden, wobei die seit Beginn der Mission unter Papst Gregor dem Großen engen Verbindungen der romverbundenen angelsächsischen Landeskirche und ihres Mönchtums wichtig wurden, desgleichen aber auch der Rückstrom von Handschriften ins Frankenreich, der durch die starke angelsächsische Missionstätigkeit auf dem Kontinent ausgelöst wurde. So gelangte ein im 6. Jahrhundert vielleicht in Sardinien geschriebener griechisch-lateinischer Codex der Apostelgeschichte (Laudianus) nach England, wo ihn im frühen 8. Jahrhundert Beda Venerabilis benutzte; danach wanderte diese Handschrift in das Pirminkloster Hornbach und von dort noch im 8. Jahrhundert nach Würzburg. Das Echternacher Evangelienbuch (»Codex Epternacensis«), das an der Wende vom 7. zum 8. Jahrhundert entweder in Northumbrien oder in einem angelsächsischen Skriptorium auf dem Kontinent, vielleicht in Echternach selbst, entstand, weist nach seiner Subscriptio auf eine Vorlage, die in der Bibliothek des Severin-Biographen Eugippius in Lucullanum bei Neapel im Jahre 558 korrigiert worden ist. Wichtig für die Nordwanderung italischer und südgallischer Handschriften waren Wilfrid von York (gest. 709/710) und Benedict Biscop (ca. 628–ca. 690), Abt von Wearmouth und Jarrow. Die Bücherschätze, die sie auf dem Kontinent, besonders in Rom und Lyon, kauften, bildeten den Grundstock der reichhaltigsten Bibliotheken Englands, gleichzeitig brachten die Angelsachsen Miniaturmalerei und kostbare liturgische Geräte mit. Von besonderer Bedeutung ist in unserem Zusammenhang der Rückfluß von Büchern aus angelsächsischen Bibliotheken in den späteren deutschen Sprachraum. Würzburg, ein weiteres angelsächsisches Zentrum im Karolingerreich, dessen Bibliothek als »der umfangreichste angelsächsische Bestand einheitlicher Provenienz« (B. Bischoff) gilt, hatte wohl schon zur Zeit Bischof Burchards (gest. 753) eine italische Unzialhandschrift des 6. Jahrhunderts, die wahrscheinlich im 7. Jahrhundert nach Northumbrien und von dort nach Würzburg kam.

Neben den entscheidenden Anstößen, welche die Literatur des Frankenreiches auf dem Umweg über die angelsächsische Mission empfing, dürfen aber jene Kulturströme nicht übersehen werden, die Italien unmittelbar mit Gallien und dem Merowingerreich verbanden und dort neue Entwicklungen auslösten. Schon Benedict Biscop holte für seine Klöster Wearmouth und Jarrow Bücher sowohl aus Italien wie aus Gallien. Lyon war bis zum 7. Jahrhundert offenbar eine Fundgrube für Bücher; der spätere Erzbischof Wilfrid von York wurde nicht nur drei Jahre lang in Lyon *a doctoribus valde eruditis* unterrichtet, sondern kehrte später noch einmal in die Rhône-Stadt zurück, um dort Bücher zu erwerben. Im Bereich des irofränkischen Mönchtums treten seit dem 7. Jahrhundert neben dem Mutterkloster Luxeuil und neben Bobbio in Oberitalien vor allem die reichen Klöster Corbie in der Picardie, Chelles und St. Bertin-Sithiu/ St. Omer hervor, die vom Vorbild Luxeuil geprägt und durch reiche königliche Schenkungen schon früh in der Lage waren, Skriptorien und Bibliotheken aufzubauen. Corbie wurde auf Wunsch der Königin Balthilde von Luxeuiler Mönchen besiedelt, doch gab es auch Schreiber angelsächsischer Herkunft im Skriptorium des Klosters. Seine Rolle als merowingisches Königskloster ergibt sich mittelbar aus der Tatsache, daß die Ende des 7. Jahrhunderts dort entwickelte kursive Minuskel, eine Vorform der karolingischen Minuskel, sich auch in zeitgenössischen Merowingerdiplomen findet, was auf organisatorische Zusammenhänge mit der Königskanzlei hindeutet. Corbie war aber auch einer der wichtigsten Sammelpunkte italischer Handschriften des 5. und 6. Jahrhunderts; erwähnt sei der »Codex Puteanus«, eine Unzialhandschrift des 5. Jahrhunderts mit der 3. Dekade von Livius' Geschichtswerk, die sich bald nach der Niederschrift in Avellino bei Neapel befand und von der man um 800 in Tours eine Abschrift anfertigte. Italischer Herkunft sind auch die Corbie-Handschrift mit Augustinus' Gottesstaat (6. Jahrhundert), Exzerpte aus Flavius Josephus' Judenkrieg (6./7. Jahrhundert) und ein Unzial-Codex mit Evangelientexten des 5. Jahrhunderts sowie zwei Handschriften mit alten Klosterregeln, u. a. der »Augustinusregel« und der »Regula Magistri«, die man mit Cassiodor in Verbindung gebracht hat – ob zu Recht, bleibt ungewiß. Auf jeden Fall hat der Verfasser der Regula Sancti Benedicti im wesentlichen aus ihr geschöpft.

Der zweifellos umfangreiche Handschriftenimport und die Transkription von Texten in den fränkischen Klöstern und

Domkirchen offenbaren den Gesamtcharakter der Epoche, speziell des 7. und frühen 8. Jahrhunderts: Sie war ein Zeitalter der eifrigen Rezeption und neuen Aufbereitung dessen, was an kirchlich gefiltertem Kulturerbe aus der Spätantike an die germanischen Völker Mitteleuropas gegangen war. Man sammelte, vervielfältigte Texte je nach Bedarf, ganz gleich ob es sich um liturgisch-kirchliche Handschriften für Gottesdienst oder Mission handelte oder um grammatische, medizinische oder historische Werke.

Antike Grammatik-Texte spielten schon deshalb eine größere Rolle, weil sie eine unabdingbare Voraussetzung für die Erlernung der Sakralsprache gewesen sind. Typisch für den kulturellen Schrumpfungsprozeß zwischen Spätantike und Frühmittelalter sind die Florilegien und Kompendien, die Elemente der Bildung in meist knapper Form und oftmals auch in verballhornter, fehlerhafter Weise übermittelten, aber dennoch unentbehrlich waren. Eine im Mittelalter sehr verbreitete, allegorisch dargebotene Enzyklopädie dieser Art war das Werk des Martianus Felix Capella, eines Autors, der chronologisch schwer einzuordnen ist und dem 4. oder 5. Jahrhundert angehört. Unter dem Titel »Die Hochzeit Merkurs und der Philologie« bietet er in den ersten zwei Büchern den mythologischen Rahmen seiner Darstellung, in den Büchern 3 bis 9 jedoch eine personifizierte Selbstdarstellung der sieben freien Künste, nämlich der Grammatik, Dialektik und Rhetorik – des Trivium – sowie der Geometrie, Arithmetik, Astronomie und Musiktheorie – des Quadrivium. Für den Schulunterricht der Klöster hatte dieses Kompendium große Bedeutung, es wurde vielfach kommentiert und später sogar von dem St. Galler Mönch und Schulmeister Notker dem Deutschen (ca. 950–1022) teilweise ins Althochdeutsche übersetzt.

Noch wichtiger für die mittelalterliche Bildungsgeschichte sind die »Etymologiae« des Bischofs Isidor von Sevilla (ca. 570–636), dessen unvollendetes Hauptwerk, an dem er sieben Jahre arbeitete und das er dem Westgotenkönig Sisebut

(612–620) widmete, dessen einflußreicher Berater er war. Isidor stammte aus einer alten spanisch-römischen Familie, war Kirchenfürst, Staatsmann und Gelehrter und besaß eine für damalige Zeiten umfangreiche Bibliothek, die gleichermaßen kirchliche wie weltliche Werke enthielt. Isidor, »ein Genie des Sammelns und Ordnens« (M. Fuhrmann), steht geistig gleichsam an der Grenzscheide zwischen Spätantike und Frühmittelalter und präsentiert sich damit als wichtigster Repräsentant einer janusköpfigen Epoche: des 7. Jahrhunderts. Noch ausgeprägter als bei Theoderichs Kanzler Cassiodor ist bei ihm das Bestreben, antik-paganes Wissen und dessen Kulturtechniken gleichberechtigt neben dem christlichen Erbe zu tradieren. Die »Etymologiae« sind eine Realenzyklopädie, wie sie vor Isidor Priscian, Martianus Capella, Boëthius und Cassiodor auf andere Art konzipiert hatten, ein oft abgeschriebenes Musterbeispiel dieser Gattung, wobei der Autor seinerseits viel aus anderen Sammelwerken dieser Art übernommen hat. »Die Etymologiae sind die umfassendste Summe aller Gegebenheiten, welche die untergehende Spätantike der Nachwelt hinterlassen hat« (M. Fuhrmann). Ihre breitgefächerte Überlieferungsgeschichte, die schon früh bis Irland und England reicht, beweist eine nachhaltige Wirkung auf das Mittelalter und regte in besonderer Weise das Geistesleben der »karolingischen Renaissance« an. Ausgangspunkt ist – wie schon der Titel verrät – die eigentliche oder auch angebliche Herkunft der Wörter, von denen aus zu den dahinterstehenden Sachen oder Ideen fortgeschritten wird. Anders als die Naturgeschichte des Plinius und vor allem systematischer, umgreift das Werk die gesamte Zivilisation: Natur und Geist, Geschichte und Bildung. An ihm, wie an keinem anderen Buch zwischen Spätantike und Frühmittelalter, vermag man die Charakteristika dieser welthistorisch bedeutsamen Übergangsepoche abzulesen, ihren treuen Willen zur Bewahrung des Überkommenen, aber auch ihre wachsenden geistigen und wissensmäßigen Defizite, d.h. jenen fortschreitenden »Reduktionismus«, der sich aber schon seit langem aus dem intellektuellen Pragmatismus der römischen Wissenskultur entwickelt hatte. Seit dem 6. Jahrhundert führte dieser unaufhaltsame Trend zu einer Art galoppierender »Entropie«, d.h. zu geistigem Energie- und Substanzverlust gegenüber dem Niveau der griechisch-hellenistischen Geisteswelt. Von den geplanten 20 Büchern handeln die Bücher 1–3 von den sieben *artes liberales*, 4 und 5 sind der Medizin und der Jurisprudenz gewidmet, 6 bis 8 der Theologie. Die paganen Kulturtraditionen, Philosophie, Dichtung und Mythologie schließen sich an, der Rest ist »Realienkunde« in systematischer Form. Der Schlüsselbegliff Isidors, die Etymologie, wird durchgängig mit den grammatikalischen Denkkategorien von Analogie, Glosse und Differenz ergänzt und konkretisiert. Für den noch unentwickelten zivilisatorischen Standard der neuen Germanenreiche des lateinischen Westens bedeutete Isidors enzyklopädisches Wissen eine beträchtliche Bereicherung, so reduziert auch dessen intellektuelles Niveau auf manchen Gebieten gewesen sein mag; hier hing der Autor oft von den noch verfügbaren Vorlagen seiner Zeit ab. Um es in ein Bild zu fassen: Zwar waren viele Lemmata in Isidors Lexikon kaum mehr als blind gewordene Wegweiser zu Sachverhalten und Begriffen, denen keine Realität mehr entsprach. Aber vielleicht reizte die neue christliche Bildungselite der »karolingischen Renaissance« gerade das Fragmentarische und teilweise Entleerte dieser Verweise, sich an antiken Originaltexten die dahinter liegende reale Fülle antiker Geisteskultur in mühsamer Rekonstruktionsarbeit wieder zu erobern. Fürwahr ein faszinierender Vorgang: Die Wiederkehr der Antike in einem Jahrhunderte währenden Kraftakt zu erzwingen und damit erst die schütter gewordene Rückverbindung des mittelalterlichen Europa zum gewaltigen Präludium europäischer Identität, der griechisch-römischen Antike, wieder herzustellen, ohne den Europa nicht jene einmalige Physiognomie bekommen hätte, die es vor anderen Kulturkreisen auszeichnet. Die kulturelle Transferleistung von

Domkirchen und Großklöstern wie Köln, Trier, Mainz, Freising, Fulda, Corvey, Hersfeld, Lorsch, St. Gallen, der Reichenau, Murbach, Weissenburg, St. Emmeram und Salzburg – um im späteren deutschen Sprachraum zu bleiben – kann kaum überschätzt werden. Noch Abt Hrabanus Maurus von Fulda stützte sich im 9. Jahrhundert auf Isidors Sammelwerke, als er selbst enzyklopädische Kompendien verfaßte. Als nach der islamischen Eroberung Spaniens viele westgotische Gelehrte mit ihren Büchern in den christlich gebliebenen Norden flüchteten, nahmen sie sicher auch Isidors Werke mit. Nur so ist es zu erklären, daß diese schon sehr früh in Irland, England und im Frankenreich verbreitet waren.

Auch der althochdeutsche »Abrogans«, die Übertragung einer spätlateinischen Synonymensammlung, deren Entstehung man im Umkreis Bischof Arbeos von Freising (764–83) vermutet, steht in der Tradition der Weitergabe und Verdolmetschung spätantiken Wissens, bezeichnet aber zugleich den Beginn einer neuen volkssprachlichen Literatur. Gerade die Wirkung der spätlateinischen Lexigraphie auf die althochdeutsche Glossenarbeit beweist, daß diese mühsame Arbeit des Sammelns, des Bewahrens, Ordnens und Tradierens, eine Leistung des 6. und 7. Jahrhunderts, die unabdingbare Voraussetzung der ersten europäischen Kulturblüte der »karolingischen Renaissance« gewesen ist. Man wird sich davor hüten müssen, das allzu pauschale Bild eines generellen Kulturverfalls ungeprüft zu übernehmen, da es nicht nur deutliche regionale Unterschiede, sondern auch einzelne Repräsentanten des geistigen Lebens gab, die auf ihre Weise für die Weitergabe intellektueller Standards auch im lateinischen Westen über das kritische 6. Jahrhundert hinaus Sorge trugen. Cassiodor hat, wie beschrieben, in seiner berühmten Klosterbibliothek im kalabrischen Vivarium (Squillace) in diesem Sinn gewirkt und mehr noch sein Zeitgenosse Isidor von Sevilla. Aber gerade an der Art und Weise, wie Isidor als Persönlichkeit zwischen Spätantike und Frühmittelalter eine beträchtliche Fülle überlieferten antiken Wissens – in allerdings reduzierter Form – bewahrt, kann man ablesen, was nach dem grundlegenden geistigen Paradigmenwechsel, den das Christentum herbeigeführt hat, noch wissenswert war und in welcher oft geminderten Qualität antike Kulturtraditionen das Mittelalter erreichten. Es kam zu einer »Verschiebung der Präferenzen« aus religiösen Gründen, die den im lateinischen Westen besonders starken kulturellen Schwund in sehr charakteristischer Weise zusätzlich modifizierte. Mit Recht ist neuerdings darauf verwiesen worden, daß bereits die römische Literatur, im Vergleich mit der philosophisch-naturwissenschaftlich hochentwickelten griechischen, ein beträchtliches Theoriedefizit aufwies. Im Hinblick auf Mathematik und Naturwissenschaften kann man von einer eher rezipierenden als forschenden Haltung der Römer sprechen, d.h. von einer grundsätzlichen Praxisorientierung. Ein Musterbeispiel für die schon seit der Antike einsetzende Ausdünnung des theoretischen, »operationalen« Wissens bietet die Überlieferung der Lehrbücher des Mathematikers Euklid (um 300 v. Chr.), der im griechischen Bereich zahlreiche Bearbeiter und Kommentatoren gefunden hat. Im lateinischen Westen hingegen mußten sich die Gelehrten lange Zeit mit Euklid-Exzerpten aus einer später verlorengegangenen lateinischen Übersetzung begnügen, die von Boëthius stammte. Erst seit dem 12. Jahrhundert verstärkt sich die Euklid-Rezeption durch Übersetzungen aus dem Arabischen, im 13. Jahrhundert verfaßte Albertus Magnus (ca. 1200–1280) einen Euklid-Kommentar. Vor dem Hintergrund des »römischen Pragmatismus« ergibt sich also ein Schwund originären, theoretischen Wissens, der schon früh begann. Selbst hochgebildete Römer wie Cicero, Seneca und Plinius der Ältere (23/24–79 n. Chr.) haben sich mit dem in Handbüchern gespeicherten Wissen zufriedengegeben und keine originäre Forschungsarbeit betrieben. Letzterer hat in seiner umfangreichen »Naturalis Historia« in 37 Büchern, die in mehr als 200 mittelalterlichen Handschriften erhalten ist, vor allem dort solides Wissen vermittelt, wo er sich auf die naturwissenschaftlichen Schriften des Aristoteles und seiner Schüler stützen konnte, ansonsten aber auch viel Historisches, Politisches, Anekdotisches und Skurriles überliefert. Gerade das scheint die Beliebtheit seines Mammutwerks und damit seine reiche Überlieferung im Mittelalter bewirkt zu haben. Ein produktiver Forscher und Wissenschaftler war er, verglichen mit der griechischen Gelehrsamkeit, jedenfalls nicht, aber als reinen Kompilator kann man ihn deswegen nicht abqualifizieren, denn seine Enzyklopädie zielte auf eine »an der Natur orientierte Allgemeinbildung« pragmatischen Charakters ab. So verwundert es kaum, daß sich in der Spätantike der Verlust theoretischen Wissens fortsetzte und mit dem Abbau eines geordneten Schulwesens in den Zentren der Alten Welt noch beschleunigte. Auch in dem erwähnten enzyklopädischen Werk des Martianus Capella setzt sich dieser Schwund an exakter Wissenschaftlichkeit fort, der dann in den »Etymologiae« des Isidor von Sevilla gleichsam festgeschrieben und Ausgangspunkt für die schrittweise Wiedereroberung originären theoretischen Wissens seit der erwähnten »karolingischen Renaissance« des 8./9. Jahrhunderts wurde. Das »Moderne« dieser Epoche verdankt sich somit in fast paradoxer Weise einem immer tieferen Eindringen in die Geisteswelt der Antike, wenn auch unter anderen, christlichen Vorzeichen. Es war zugleich ein mühsames Wiedererklimmen lange geräumter geistiger Höhenlagen, woran die Völker Europas geistig wie sprachlich von Anfang an und immer intensiver partizipierten. Es gehört zu den kreativen Paradoxien der Weltgeschichte, daß die Kirche, die einst um Christi Willen angetreten war, das pagane Kulturerbe der Antike auszulöschen, dennoch die wichtigste Brücke baute, um dieses Erbe dem Mittelalter zu überliefern.

Kulturelle Vorbilder und Neuansätze

Gestalten und Werke

Von nachhaltiger Wirkung auf das Mittelalter war die christliche Poesie der Spätantike, vor allem deren Hymnik und religiöse Allegorese. Für die lateinische Sprachkultur Europas wurde bis zu Humanismus und Renaissance vor allem die christliche Dichtung des Spaniers Aurelius Prudentius Clemens (349–nach 405) als vollendetes Vorbild wichtig. Seine an klassischen Mustern geschulten Hymnen, seine allegorische »Psychomachia« als Kampf zwischen Tugenden und Lastern und das dem Leiden und Lob der Märtyrer gewidmete Werk »Peristephanon« beeinflußten Avitus von Vienne, Gregor von Tours, Venantius Fortunatus, Isidor von Sevilla und Beda Venerabilis. Durch den Angelsachsen Alkuin wurde Prudentius zum am meisten gelesenen, kommentierten und nachgeahmten Dichter des Mittelalters. Die Kultur der christlichen Spätantike wirkte aber auch mit bedeutenden Gestalten weit in die Merowingerzeit hinein. Es gab schon seit dem 7. und im frühen 8. Jahrhundert eine Reihe von Persönlichkeiten und kulturelle Ausdrucksformen, die auf die erste nachantike Kulturblüte in der Karolingerzeit vorauswiesen.

Zu den bedeutenden Gestalten gehört sicher Martin von Tours (gest. 397), Wundertäter, Klostergründer und Bischof, dessen Biographie aus der Feder seines Schülers Sulpicius Severus (gest. ca. 420) richtungsweisend für das Genre der gesamten lateinischen Hagiographie geworden ist. Seine Herkunft aus dem Soldatenstande und die zahlreichen Wunder, die er selbst bewirkte oder die sich, nach dem Bericht Bischof Gregors von Tours, an seinem Grabe ereigneten, ließen ihn zum fränkischen Reichsheiligen aufsteigen: Chlodwig I. verehrte ihn ebenso wie Karl der Große; sein berühmter Mantel, die *cappa sancti Martini*, wurde ein Heiltum beider fränkischer Dynastien, und dessen Aufbewahrungsort, die *capella*, ein Sakralraum, den die *capellani* kultisch behüteten. Letztere entwickelten sich seit dem 8. Jahrhundert zu einem wichtigen Organ der Reichsverwaltung, nämlich zur karolingischen Hofkapelle.

Als Persönlichkeit besticht Martin auch durch seine Weigerung, der ersten staatlichen Christenverfolgung durch Christen zuzustimmen, die im Jahre 385 von einer gallischen Bischofssynode in Trier gegen die Sekte der Priscillianer beschlossen worden war. Die Martinsheiligtümer in Tours und Marmoutier, das Kloster des Thaumaturgen außerhalb der Stadt, das eines der reichsten und bedeutendsten Frankreichs wurde, bezeugen als große Kultstätten die Wirkungsgeschichte des spätantiken Heiligen durch die Jahrhunderte, die auch für Deutschland wichtig geworden ist, nicht zuletzt durch zahlreiche Kirchenpatrozinien, beginnend mit der Mainzer Domkirche. Für Martins Biographen Sulpicius Severus (gest. nach 406), der nicht ohne Eitelkeit die große Wirkung seiner Martins-Vita konstatiert, ist es charakteristisch, daß er zwar ein Mann von hervorragender literarischer Bildung war, der sogar kritisch-philologische Methoden anwendete, daß er aber dennoch in scharfer Form als Christ die mythologische Seite der kulturellen Tradition ablehnte. Auch er gehört zu jener maßgeblichen Gruppe gebildeter Gläubiger, die bewußt mit einer mächtigen literarischen Kultur brachen und jeden nachfolgenden Schriftsteller auf diese Tendenz zu verpflichten suchten.

Von wesentlich geringerer Weiterwirkung im Mittelalter als die Martins-Vita war die reiche Literatur um Lérins. Zum einen hing dies wohl mit dem Semipelagianismus des Klosters zusammen, der kirchlicher Verurteilung anheimfiel; zum anderen jedoch hatte dies auch mit einer christlichen Aufgeklärtheit dieser Literatur zu tun, die sich bewußt gegen die Ausbreitung eines extremen Wunderglaubens wendete, eine Haltung, die dem intellektuellen und sozialen Niveau des Lérins-Kreises entsprach. Dennoch wirkten etwa die monastischen Lehrschriften Cassians von Marseille, der dem Kreise von Lérins zuzuordnen ist, tief auf die geistige Entwicklung des abendländischen Mönchtums ein, obwohl seine semipelagianische Position gegen Augustins Gnadenlehre ihn und ebenso die Schule von Lérins ins dogmatische Abseits brachten. Über die Benedikt-Regel ist cassianisches Gedankengut für das lateinische Mittelalter einflußreich geworden. Gleichermaßen bedeutungsvoll für die geistliche Kultur der folgenden Jahrhunderte wurde Bischof Caesarius von Arles (ca. 470–542) durch das Corpus seiner Volkspredigten und durch seine Klosterregeln. Ursprünglich Zögling von Lérins, wandte er sich im Sinne der augustinischen Gnadenlehre gegen die semipelagianische Position des Klosters. Ob er an der Ausarbeitung der *Lex Romana Visigothorum* mitgewirkt hat, ist umstritten. Er ist wohl der größte Volksprediger, den das christlich-lateinische Altertum hervorgebracht hat. Dementsprechend ist auch die handschriftliche Überlieferung seiner Werke relativ dicht. Durch den nordafrikanischen Rhetor Julianus Pomerius in Arles sprachlich geschult, zeichnet sich Caesarius' Stil durch kunstvolle Schlichtheit aus und unterscheidet sich dadurch vorteilhaft vom überladenen rhetorischen Prunk etwa seines Zeitgenossen Bischof Avitus von Vienne. Diese bewußte Schlichtheit aus christlichem Geist findet sich ebenso bei dem Presbyter Salvianus von Marseille (ca. 400–ca. 470). Auch er war ein Zögling von Lérins, seine authentischen Berichte von der fränkischen Eroberung Triers oder Kölns und von der drückenden Herrschaft der immerhin christlichen, galloromischen Latifundienbesitzer über die notleidende Landbevölkerung sind für unsere Kenntnis der sozialgeschichtlichen Seite der Völkerwanderungsepoche wichtig. Hatten die meisten christlichen Autoren, Augustinus eingeschlossen, die Germaneneinfälle lediglich als Zuchtrute Gottes für eine heillos gewordene Welt angesehen, so finden sich bei Salvian erste positive Erkenntnisse über diese Völker, die aber in ihrer Zeit noch recht vereinzelt dastehen. Bemerkenswert ist seine scharfe Sozialkritik an der spätrömisch-christlichen Oberschicht, die seiner Meinung nach moralisch tief unter den Barbaren stand.

War bislang von dem Weiterwirken spätantiker Autoren die Rede, so betritt man mit der zweiten Hälfte des 6. Jahrhunderts schon eine Welt, die vom neuen fränkischen Großreich geprägt ist, wenn sie auch noch kulturell weitgehend der christlichen Spätantike angehört. Herausragende Gestalt für die merowingische Geschichte ist der bereits mehrfach erwähnte Bischof, Hagiograph und Historiker Gregor von Tours (538/39–594), Mitglied einer gallorömischen Senatorenfamilie, der eine Reihe bedeutender Bischöfe angehörten. In den blutigen Kriegen der Merowingerkönige untereinander stand er auf der Seite König Gunthrams, des Herrschers des frankoburgundischen Teilreichs von Orléans, und des Königs Childebert II. im fränkischen Ostreich. Er war sogar an den Verhandlungen beteiligt, die zur Aussöhnung beider Herrscher und damit zur Bildung des Reichsteils Austrien führten. Neben kleineren theologischen Schriften standen im Zentrum seines Schaffens ein stattliches Corpus hagiographischer Schriften und seine »Decem libri historiarum«, für die sich die etwas irreführende Bezeichnung »Historia Francorum« eingebürgert hat. Mit Recht wird neuerdings der enge Zusammenhang zwischen Gregors Heiligengeschichten und seinem historiographischen Werk hinsichtlich der Entstehung und Motivation betont; letzteres ist eine zentrale, unersetzliche Quelle für die fränkische Frühgeschichte. Gregor ist in hohem Maße kritischer Kompilator der literarischen Tradition. Das gilt sowohl für seine ausführliche Verwendung älterer und zumeist verlorengegangener schriftlicher Quellen wie für die Einarbeitung der gentilen fränkischen Traditionen, über die er mit einer Selbstverständlichkeit verfügt, die wiederum auf sein gefestigtes fränkisches Reichsbewußtsein deutet. Was Gregors literarische Fähigkeiten anbetrifft, vor allem die von ihm selbstkritisch angemerkte *rusticitas* seines Stils, so hat er sich zwar sehr weit vom klassischen Latein entfernt, bleibt aber durchaus in der Tradition einer spätlateinisch-kirchlichen Sprachpraxis, die sich bewußt vom rhetorischen Prunk spätgallischer Provenienz freigemacht hat. Dies ermöglicht einen richtungsweisenden einfachen Stil von hoher Plastizität des Ausdrucks, »die in Gallien bis in die Karolingerzeit nicht ihresgleichen hat und die Historia unter die größten Geschichtswerke des Mittelalters einreiht« (F. Brunhölzl). Das erklärt auch seine starke Nachwirkung, die sowohl durch die Handschriftenüberlieferung wie durch seine Verwendung in späteren Geschichtsdarstellungen erwiesen ist. Die vieldiskutierte Frage, ob Gregors Geschichtswerk vor allem »Nationalgeschichte« der Franken sei oder eher noch in der Tradition spätantiker Historiographie stehe, wird dem genuinen Charakter seines gesamten Œuvres nicht gerecht und bleibt anachronistisch. Im Grunde handelt es sich um heilsgeschichtliche Kategorien, die durch das gallorömische Kulturbewußtsein Gregors eine besondere Note erhalten; das gilt auch von seiner didaktisch-paränetischen Motivation. In diesem Kontext wird die fränkische Herrschaftsordnung bejaht und damit auch providentiell gerechtfertigt, wie z.B. Gregors alttestamentarischer Lobpreis Chlodwigs I. – trotz dessen Grausamkeiten – zur Genüge zeigt. Neu ist auch, daß Gregor, anders als etwa Salvian von Marseille im 5. Jahrhundert, kein Dekadenzbewußtsein hat, das ihm den durchaus realistischen Blick auf das eher dramatische politische Leben seiner Zeit hätte trüben können. Lediglich beim literarischen Leben seiner Zeit konstatiert er, wohl mit Recht, Niedergang.

Heiligenlegenden – eine neue Literaturgattung

Ein wirksames geistiges Bindeglied zwischen christlicher Antike und Frühmittelalter, griechisch-lateinischer und germanisch-slawischer Welt wurde die anwachsende hagiographische Literatur, deren frühe Protagonisten in Italien und im Frankenreich Sulpicius Severus mit seiner Martinsvita, dem Modell aller westlich-lateinischen Heiligenleben, und etwa 150 Jahre später Papst Gregor der Große, Bischof Gregor von Tours und Venantius Fortunatus geworden sind. Das Vorbild eines Märtyrers und Heiligen wirkte durch intensive Kultpropaganda stark auf die Entstehung eines christlichen Weltbildes in der Breite und Tiefe der Bevölkerung ein, wahrscheinlich stärker als die Bibel selbst, und spielte auch für die Bekehrung eine wichtige Rolle. Als Quelle für die Adelsgeschichte und den generellen gesellschaftlichen Wandel zwischen Antike und Mittelalter sind hagiographische Texte, ungeachtet ihrer starken Topik, ebenfalls von Bedeutung.

Wie fragwürdig es ist, einer Epoche wegen angeblicher oder wirklicher Dekadenz literarische Qualität abzusprechen, zeigen das poetische wie das Prosa-Werk eines engen Freundes von Gregor von Tours, des oberitalienischen Dichters Venantius Fortunatus (ca. 530–ca. 600). Aus Treviso stammend und in der Residenzstadt Ravenna literarisch gebildet, reiste er um 565 nach Tours, um dort dem heiligen Martin für die Heilung von einem Augenleiden zu danken. Sein Weg führte ihn über die Alpen nach Augsburg ans Afra-Heiligtum, dann nach Köln und moselaufwärts über Trier, Metz, Verdun, Reims, Paris und Soissons an Martins Grabstätte. In Poitiers lernte er Radegunde, die Witwe König Chlothars I., und deren Pflegetochter Agnes kennen, die Äbtissin im Heiligkreuzkloster, einer Stiftung Radegundes, war. Sein Martinsepos, das er zwischen 573 und 576 schrieb, war ihnen gewidmet, ebenso zahlreiche Gelegenheitsgedichte. Obwohl im Besitz einer bedeutenden literarischen Bildung, die sich bei seinen metrischen Werken im gewandten Gebrauch stilistischer Mittel nach dem Vorbild heidnischer und spätantik-christlicher Dichter verrät, schrieb Venantius seine Heiligen-Viten in betont einfachem Stil, womit er, wie Gregor von Tours in seiner Hagiographie, ein Wegbereiter des Mittelalters geworden ist. Dies gilt vor allem für die Vita seiner Gönnerin Radegunde, ein Werk, das in der Radegundis-Vita der Nonne Baudonivia eine wertvolle zeitgenössische Ergänzung fand. Drei seiner herrlichen geistlichen Hymnen haben Eingang in die Liturgie gefunden. Als charmanter Briefschreiber erweist er sich in seinen sehr persönlichen Episteln an Radegunde und Agnes. Hier ist er ganz *homme de lettres* im antik-klassischen Sinn und steht mit seiner Empfindsamkeit zwischen den Zeiten, d.h. er ist damit auch ein Beispiel für die Gleichzeitigkeit des Ungleichzeitigen in der Geschichte, das sich jeder chronologischen Schablone entzieht. Der Angelsachse Alkuin feierte Venantius Fortunatus 200 Jahre später in einem eigenen Gedicht; es war dies Folge seiner literarischen Wirkung und zugleich Ausdruck der karolingischen Renaissance. Der Freundschaftskult des Dichters mit der thüringischen Prinzessin und merowingischen Königin versinnbildlicht gleichsam in der sublimen Form von Dichtung und Hagiographie die Begegnung von Romanentum und Germanentum, von literarischer Tradition und asketischer Seelenkultur, die das Christentum den bekehrten Völkern eröffnete: erst im Medium des gemeinsamen Glaubens konnten beide Ethnika, konnten Adel und christliche Literatur zusammenfinden. Venantius Fortunatus schuf mit seiner Radegundis-Vita zugleich den Typus der dynastischen Heiligenvita, der in besonders sinnfälliger Form die Verschmelzung von Herrschaft und christlicher Heiligkeit vorwegnahm, die für das Mittelalter kennzeichnend werden sollte.

Die Kirche beschritt den Weg zur Sakralisierung politischer Herrschaft um so bewußter, als ihre Häupter, Päpste und Bischöfe, in den Nöten des Übergangs zwischen Spätantike und

Frühmittelalter ohnehin gezwungen waren, sakrale Herrschaft, wie sie im Priesterkönigtum des Alten Testaments vorgebildet war, nunmehr selbst auszuüben. Das galt in besonders drängender Weise für Papst Gregor den Großen, den *Consul Dei*, der sowohl am Anfang einer planmäßigen Germanenmission steht, wie auch durch sein umfangreiches homiletisches, exegetisches und hagiographisches Œuvre am Beginn mittelalterlicher Literatur. Zu derselben Zeit, in der Papst Gregor die Angelsachsenmission einleitete, begann mit dem irischen Mönchtum Columbans des Jüngeren auf dem Kontinent ein folgenreicher Wandel, der sich nicht auf den monastischen Bereich beschränkte. Aus irisch-asketischem Geist kam die für Columbans Klöster Annegray, Luxeuil und Fontaines verfaßte »Regula monachorum«, eine Klosterordnung mit bemerkenswert harten körperlichen Strafen, die – sehr bald – von dessen Nachfolgern durch Kombination mit der Benedikt-Regel abgemildert worden ist. Seine Briefe und Homilien sowie einige erhaltene Gedichte lassen auf charismatische Energie und auf Kompromißlosigkeit schließen, vor allem aber auf eine entweder im irischen Heimatkloster Bangor oder erst auf dem Kontinent erworbene gediegene literarische Bildung: er kennt Juvenal, Martial, Sallust, Vergil, Horaz, Ovid, ferner christliche Dichter der Antike wie Claudian, Juvencus und Prudentius. Eines seiner Gedichte mit dem Titel »Praecepta vivendi« enthält einige nur durch Columban auf diesem Wege überlieferte »Disticha Catonis«, eines Handbüchleins der Vulgärethik in Versen, das im 3. Jahrhundert n. Chr. entstand und weit verbreitet war. So dürfte wohl die Nachricht seines Biographen Jonas von Bobbio (gest. nach 659) nicht übertrieben sein, wonach der Mönchsvater sich in den *artes liberales* und in grammatischen Studien seit seiner Jugend und bis ins Mannesalter ausgebildet habe. Auch Jonas selbst, der unter Columbans Nachfolger, dem Burgunder Athala, in Bobbio eintrat, läßt Belesenheit erkennen, allerdings vor allem im engeren Bereich kirchlicher Autoritäten, doch finden sich auch verschiedentlich klassische Reminiszenzen. Jonas' Columban-Viten sind die wichtigste Quelle für die Wirkung des irisch beeinflußten Mönchtums im Frankenreich, dessen Ausbreitung sich auch paläographisch im Auftauchen der sogenannten Luxeuilschrift fassen läßt.

Hagiographie, wie sie sich in Jonas Columban-Viten darstellt und im Frankenreich Verbreitung und Nachahmung fand, war aber mehr als wirksame Kultpropaganda für Heilige und mehr als ein rein monastisches oder innerkirchliches Phänomen. Denn gerade in den aus dem Luxeuil-Kreis stammenden Heiligenleben spiegelt sich eine neue reichsfränkische Gesellschaft gleichsam *in statu nascendi*. Anders als in Italien, wo die spätantike Märtyrerpassio überwiegt, sind die fränkischen Heiligenleben des 7. und 8. Jahrhunderts ursächlich mit dem monastischen Frühling aus irischer und angelsächsischer Wurzel verbunden, gleichzeitig aber auch mit Adel und Königtum. In dieser Epoche verschmolz die alte gallorömische Oberschicht mit dem neuen fränkischen Reichsadel, und in den zahlreichen Klöstern, die damals entstanden, wurde im Zeichen asketischen Lebens das bisherige Nebeneinander von Romanen und Germanen abgebaut und überwunden. Jonas bezeugt das Zusammenströmen junger Adeliger in Luxeuil und desgleichen die damit entstehende enge Verbindung politisch bedeutender Adelsfamilien mit dem irofränkischen Mönchtum, die zu zahlreichen Klostergründungen führte. Viele politisch hervortretende Männer und Frauen des 7. und frühen 8. Jahrhunderts haben daher in die Hagiographie der Zeit Eingang gefunden: so etwa Arnulf von Metz oder Gertrud von Nivelles, die Tochter Pippins des Älteren; dann Desiderius von Cahors, Praejectus von Clermont, Sulpicius von Bourges und Leodegar von Autun. Besonders wichtig wurden dabei Personen aus der Umgebung König Dagoberts I., etwa Wandregisel, der Gründer von St. Wandrille an der Seine, oder der fränkische Große Romarich, der Remiremont stiftete und ein Freund Arnulfs von Metz war; ferner Filibert von

Jumièges, der Metropolit Audoenus von Rouen und vor allem auch die Mitglieder der Königs- und Hausmeierfamilien, allen voran Dagobert I. und die Königin Balthilde. Es ist kein Zufall, daß in den meisten Viten die frühere weltliche Stellung und die adelige Herkunft der Klostergründer und Äbte hervorgehoben wird, denn Adel war gleichsam eine Vorstufe der Heiligkeit. So sind Agrestius von Luxeuil, Lantbert, Ansbert, Bonitus und Remaclus, der Gründer von Stablo-Malmedy, hohe Beamte am merowingischen Königshof gewesen. Ähnliches gilt für Geremar, Germanus von Granfelden, Leodegar, Audoenus und für dessen Freund Eligius von Noyon, einen der wenigen Hofleute ohne adelige Abstammung. Die merowingische Adelsgesellschaft kreierte mit Hilfe des Heiligenkults und der mit ihm ursächlich verbundenen Hagiographie einen neuen Typus des Heiligen, der bei aller Askese und christlichen Vorbildlichkeit doch mitten in dieser Welt stand; diese Heiligen waren überwiegend Standesgenossen und oft Verwandte der Träger politischer Herrschaft. Hatte der germanische Adel mit der Christianisierung wesentliche Elemente seiner alten »Geblütsheiligkeit« verloren, die seine politisch-charismatischen Funktionen sanktionierte, so wuchs ihm jetzt, mit den Heiligen aus den eigenen Reihen, eine neue, christliche Begründung seiner politischen Stellung zu. So war es kein Zufall, daß gerade im Frankenreich im 7. und frühen 8. Jahrhundert die Hagiographie eine erste Blüte erlebte, die sich sowohl qualitativ wie quantitativ von der älteren Legendentradition unterschied. Von dieser neuen Konstellation ausgehend, konnte sich auch im liturgischen Gedenken der Klöster das Selbstverständnis des fränkischen, alamannischen, bajuwarischen und später auch des sächsischen Adels manifestieren. Es ist dies eine Parallele zur Entstehung von Fürsten- und Adelsgrablegen bei oder in berühmten Heiligtümern und Kirchen. Auch die Reliquienkulte und die damit verbundenen Translationsberichte hatten ihre Bedeutung für die Ausbildung einer christlichen, reichsfränkischen Oberschicht.

Umstritten ist neuerdings die Rolle literarischer Texte als »adelige Hausüberlieferung«, vor allem was ihre Wurzeln in vorchristlicher Zeit anbelangt; doch dürfte die Skepsis gegenüber diesem Phänomen überzogen sein. Zahlreiche Viten entstanden zur Förderung lokaler Heiligenkulte, die damit oft überregionale Bedeutung erlangten; man kann hier von bewußter »Kulturpropaganda« sprechen.

Ansätze christlicher Geschichtsschreibung

Wenn man immer wieder mit Recht das Versickern einer umfassenden Historiographie seit dem Tode Gregors von Tours konstatiert – ein Manko, das durch die burgundische Chronik des sogenannten »Fredegar« nicht ausgeglichen wird –, so darf doch nicht übersehen werden, daß die Hagiographie des 7. und frühen 8. Jahrhunderts vermöge ihrer Entstehungsart eine beträchtliche Fülle politischer und kulturgeschichtlicher Nachrichten über Königtum und Adelsfamilien enthält. Die literarische Produktion war also nicht erloschen, sondern hatte sich aus historisch erkennbaren Gründen in ein neues Genre verlagert. Daß dabei auch der Zerfall der königlichen Zentralgewalt in spätmerowingischer Zeit eine Rolle spielte, ist anzunehmen. Die Fredegar-Chronik, die wohl doch das Werk eines einzigen burgundischen Autors ist, entstand um 658/60. Der unbekannte Autor dürfte Romane gewesen sein; jedenfalls kann man sein Latein sowohl als »Sprachverwilderung« bezeichnen, wenn man es an der antiken Sprachtradition mißt, als auch mit den Anfängen des Altfranzösischen in Verbindung bringen, wodurch dieser Text eher in die Zukunft weisen würde. Neuere Untersuchungen bringen ihn mit Metz, dem Zentrum der Frühkarolinger, in Verbindung, denn alle Fredegar-Handschriften nehmen von dieser Stadt ihren Ausgang. Was man schon lange für die Fortsetzungen der Fredegar-Chronik nachweisen kann – nämlich, daß sie bereits Historiographie aus dem Umkreis der Karolinger sind –, scheint auch für Fredegar selbst zu gelten: die Metzer Handschriftentradition spricht dafür ebenso wie die überaus positive Schilderung Pippins des Älteren. Die erste Fortsetzung Fredegars, die in ihrer Darstellung bis 736 reicht, ist genaugenommen eine Fortsetzung des »Liber Historiae Francorum«, Werk eines in Neustrien schreibenden Verfassers, der vor 737 starb. Mit diesem historiographischen Text klingt die merowingische Geschichtsschreibung gleichsam aus. Die Fredegar-Fortsetzung unterscheidet sich vom »Liber Historiae Francorum« vor allem dadurch, daß sie von einem austrasischen Gesichtspunkt aus geschrieben ist. Die zweite Fredegar-Fortsetzung (736–751) wurde schon unter der Aufsicht des Grafen Childebrand, des Halbbruders Karl Martells und Onkels König Pippins, verfaßt, die dritte von Childebrands Sohn Nibelung.

Insgesamt ist also anzunehmen, daß das Wiederaufleben der Historiographie nach dem Tode Gregors von Tours schon dem Bannkreis der neuen Dynastie entstammt und daher eher dem karolingischen Zeitalter als der Epoche der Merowinger zuzuordnen ist. Dies ändert aber nichts an der Tatsache, daß das bislang als dunkel bezeichnete 7. Jahrhundert durch die Verschmelzung der alten romanischen mit der neuen fränkischen Oberschicht im Zeichen einer großen monastischen Bewegung die Grundlage für die Entstehung einer reichsfränkischen, nunmehr schon mittelalterlichen Adelskultur geworden ist.

Die Kunst: Antike Vorbilder – irische und angelsächsisch-germanische Einflüsse

Die Kunstentwicklung seit der Spätantike zeigt bemerkenswerte Parallelen zum Wandel im Schrifttum des weströmischen Reiches. Die Werke paganer Literatur, zu der auch die Poesie des berühmten Symmachus-Kreises in Rom gehört, tragen bei aller Virtuosität meist epigonalen Charakter. Die herausragende Ausnahme in diesem paganen Freundeszirkel ist Macrobius (um 430) mit seinem satirischen, allegorisch-philosophischen Meisterwerk der »Saturnalia«. Aber auch dieser Text ist rein retrospektiver Art. Das unterscheidet solche Texte grundsätzlich von der neuen christlichen Dichtung, die mit Prudentius einen ersten Höhepunkt erreichte. Formale Virtuosität entwickelte aber auch die spätantike Buchmalerei, die mit dem Wechsel vom Papyrus zum dauerhaften Pergament ganz neue künstlerische Möglichkeiten hatte. Es gab einen geradezu modischen Trend zu illustrierten Prachthandschriften als Luxusgegenständen und Prestigeobjekten, der aber nicht selten mit Nachlässigkeit in der Textgestaltung verbunden war. Kein Geringerer als der große Philologe und Kirchenvater Hieronymus geißelte, zusammen mit dem Kleiderluxus seiner Zeit, die Üppigkeit »wuchtiger Bücher« in Unzialschrift: »Pergament wird mit prächtiger Farbe bemalt, Gold wird zum Beschriften eingeschmolzen, Codices werden mit Edelsteinen verziert und Christus stirbt nackt vor ihrem [der Reichen] Eingang.« Er selbst besitzt nur »armselige Papierblätter«, dafür aber philologisch verbesserte Texte. Parallel dazu zeigen die Fresken- und Mosaikzyklen in den Wohnpalästen der immer noch reichen senatorialen Oberschicht zwar die Fortdauer der klassischen, erotischen Mythenwelt, gleichzeitig aber auch deren Privatisierung zu ästhetischen Accessoires des Lebensgenusses. Gleichwohl wirkte diese Kunstwelt der Spätantike nachhaltig auf das ganz anders geartete Kunstwollen des christlichen Frühmittelalters ein. Man wird daher nach wie vor vom »Epochenwandel« zwischen Spätantike und Frühmittelalter sprechen können, sollte aber dabei auf schroffe Zäsuren verzichten, wobei sich insgesamt Veränderung und Stagnation auf unterschiedlichen Feldern die Wage halten.

Hier, wie in anderen Lebensbereichen, zeigt sich einmal mehr die tiefe Widersprüchlichkeit dieser Übergangsepoche, aber auch deren faszinierender Charakter. Für das Frühmittelalter sind hingegen starke Trends zur Vereinheitlichung erkennbar, auch und gerade – und dies ist sicher kein Zufall – im Bereich der bildenden Kunst; desgleichen stellte sich mit der »Reihengräberzivilisation« im existentiell so wichtigen Totenkult eine bemerkenswerte Einheitlichkeit ein, deren Ausgangspunkt und Zentrum das Merowingerreich gewesen ist. Allerdings darf nicht vergessen werden, daß in der gesamten Epoche zwischen Justinian und Karl dem Großen die Schwerpunkte kulturellen Lebens doch weiterhin im Mittelmeerraum lagen, nämlich im Byzantinischen Reich. Konstantinopel, Antiochia, Alexandria, Caesarea und andere Zentren blieben nach wie vor Großstädte, auch die Zäsur der islamischen Eroberung im 7. Jahrhundert änderte nur vorübergehend etwas daran, daß diese auch danach ihre Manufakturen und Werkstätten behielten und mit Luxusgütern, Stoffen, Elfenbeinarbeiten, Bronze- und Metallwaren, Papyrus und Gewürzen den lateinischen, germanisierten Westen belieferten. Seit der zweiten Hälfte des 6. Jahrhunderts gab es aber auch dort deutliche Anzeichen eines neuerlichen Aufstiegs in Architektur und bildender Kunst, wobei sich in letzterem Fall eine Zweiteilung der Entwicklung abzeichnet: Die stark irisch wie germanisch beeinflußte insulare Kunst unterscheidet sich seit dem 7. und 8. Jahrhundert deutlich von der des Kontinents, wo die orientalisch- mediterranen Vorbilder bestimmend bleiben.

Der Gang der Entwicklung läßt sich vor allem an der Buchmalerei erkennen, deren spätantike Wurzeln unverkennbar sind. Bekannteste Beispiele sind hier zwei Vergil-Handschriften des 5. Jahrhunderts mit zahlreichen prachtvollen Illustrationen. In zwei frühmittelalterlichen Kopien eines astronomischen Textes des Grammatikers Aratos (um 315–305 v. Chr.) sind antike Sternbild-Illustrationen enthalten. Als karolingische Kopie ist auch eine im 5. Jahrhundert entstandene Terenzhandschrift mit Bildern erhalten geblieben. Beispiele dieser Art belegen die Rezeption und Fortdauer antiker Vorbilder. Bald kam es aber zur Entfaltung eigenständiger Buchmalerei, wobei der Anstoß sowohl der irischen als auch der von ihr nachhaltig beeinflußten angelsächsischen Buchkunst entscheidend wurde. Wichtig waren in letzterem Fall die Klöster Lindisfarne an der Ostküste Northumbriens und Wearmouth-Jarrow sowie das Kathedralkloster in Canterbury, die Meisterwerke der Buchmalerei schufen. Höhepunkte dieser Entwicklung sind das »Book of Durrow« (zwischen 660 und 680), das »Book of Lindisfarne« (698), der »Codex Amiatinus« (Cassiodors »Codex Grandior«, vor 716 entstanden) und das »Book of Kells«. Die fränkisch-merowingische Buchkunst ist vom insularen Stil stark beeinflußt worden, wobei irische oder angelsächsische Vorbilder oft schwer zu unterscheiden sind. Das älteste insulare Skriptorium auf dem Kontinent war Luxeuil; um 700 entstanden dort illustrierte Handschriften wie das »Missale Gothicum«, ferner ein Lektionar und ein Manuskript mit Texten Papst Gregors des Großen; doch endete die Buchproduktion schon 732 mit der Zerstörung des Klosters durch die Sarazenen. Das 662 in der Picardie gegründete Kloster Corbie, eine Filiation von Luxeuil, folgte anfangs dem Formenschatz des Mutterklosters, entwickelte aber bald unter angelsächsischem, gallischem und italischem Einfluß einen eigenen Stil, wie es dann auch im 8. Jahrhundert einen wesentlichen Beitrag zur Entstehung der karolingischen Minuskel leistete. Ähnliches gilt für das Kloster Echternach, eine Gründung des Angelsachsen Willibrord um 690, wo ebenfalls in der Folgezeit insulare und einheimische, merowingische Schrifttraditionen sich begegneten und verbanden.

Der komplizierte Mischcharakter der merowingischen Reichskultur und deren Verarbeitung spätantiker wie insularer Einflüsse wird am Beispiel der Buchmalerei sehr deutlich; dies ist ein wesentliches Unterscheidungsmerkmal gegenüber der vereinheitlichenden Tendenz der Karolingerzeit, wie sie sich gleichermaßen in Kunst, Staat, Münzprägung und Gesellschaft zeigte. Ein weiteres Unterscheidungsmerkmal ist die Intensivierung des Kulturprozesses seit der zweiten Hälfte des

8. Jahrhunderts. Sind uns aus der Merowingerzeit bis 750 etwa 500 Handschriften erhalten geblieben, so waren es im Zeitraum zwischen 750 und 900 etwa 7 000 Manuskripte, eine quantitative Relation, die für sich spricht und auch von qualitativer Bedeutung ist.

In jedem Fall war mit dem überregionalen Kommunikationssystem der Kathedralkirchen und Klöster innerhalb der fränkischen Landeskirche ein geistiger Verbund zwischen Pyrenäen und Elbe entstanden, der die Basis einer karolingischen Gesamtkultur werden konnte: Die Regionen östlich des Rheins gewannen Anschluß an einen umfassenden gesellschaftlich-geistigen Umwandlungsprozeß, an dessen Ende die europäische Kultur stand. Anders ausgedrückt: Europa war vor Deutschland da. Man könnte, den Blick auf das Ganze der deutschen Geschichte und Kultur wendend hinzufügen, daß das Land in der Mitte Europas immer gut beraten war, wenn es seiner europäischen Herkunft treu blieb und trotzige Sonderwege mied.

Rückblick und Ausblick

Mit Chlodwigs I. Reichsgründung beginnt nicht nur die Geschichte Europas als eigenständige politisch-kulturelle Einheit im Mittelalter, sondern es werden auch jene Grundtatsachen geschaffen, die später eine Geschichte Deutschlands im engeren Sinne ermöglichten. Im fränkischen Großreich, dem Ergebnis einer romanisch-germanischen Kultursynthese, waren erstmalig jene Völkerschaften beiderseits des Rheins sowie an der oberen und mittleren Donau politisch zusammengefaßt und kulturell eingebunden, durch die sich dann seit dem 9. Jahrhundert in einem langgestreckten Prozeß eine eigenständige deutschen Geschichte entwickeln sollte. Eroberung und Mission, die einst die späteren deutschen Stämme ins Frankenreich der Merowinger und Karolinger eingegliedert hatten, entfalteten auch ihre Wirkung, als es seit dem 7./8. Jahrhundert um die Integration der westslawischen Welt ging, die zur dritten wesentlichen Komponente der deutschen Geschichte wurde. Unter diesen Gesichtspunkten ist die fränkische Geschichte nicht nur eine Vorgeschichte der deutschen, sondern deren entscheidende europäische Grundlegung: nicht zuletzt deshalb, weil im weitgespannten organisatorischen wie geistigen Kommunikationssystem der fränkischen Reichskirche die späteren deutschen Stämme einen frühen Zugriff auf das kulturelle Erbe der heidnischen und christlichen Spätantike bekamen, der nach einem jahrhundertelangen Lernprozeß seit dem 6./7. Jahrhundert dann in karolingischer Zeit zu einer ersten europäischen Kulturblüte zwischen Pyrenäen und Elbe führte.

Ein zentraler Aspekt des behandelten Zeitraums ist die institutionelle, ethnische, sozialstrukturelle und vor allem kulturelle Kontinuität zwischen Spätantike und Merowingerreich. Generelle Antworten sind nicht möglich, das verbieten schon die regionalen Unterschiede und ebenso die gravierenden Differenzen auf den einzelnen Lebensgebieten. Insgesamt wird man aber sagen dürfen, daß das 6. Jahrhundert noch sehr stark der Spätantike zugewandt ist; auch die Wiederherstellung der durch die Völkerwanderung gestörten Kirchenorganisation war weitgehend Restauration, d.h. Anknüpfen an abgebrochene antike Traditionen im östlichen Frankenreich mit Hilfe der kirchlichen Ressourcen des Südens. Auch die Beteiligung der Bischöfe an der politischen Herrschaft ist spätantikes Erbe. Das merowingische Frankenreich war zweifellos eine politisch-gesellschaftliche Neubildung, doch stand sie auf vielen Gebieten in der unmittelbaren Nachfolge des Imperium Romanum; das gilt vor allem für das 6. Jahrhundert, dessen Zugehörigkeit zum Mittelalter daher bezweifelt werden kann.

Im 7./8. Jahrhundert tritt dann die Eigenständigkeit des Frankenreiches und das Gewicht der rechtsrheinischen germanischen Regionen deutlicher hervor, ohne daß man dabei die arabisch-islamische Expansion als maßgeblichen Faktor ausmachen könnte. Es wäre aber falsch, eine scharfe Trennwand zwischen beiden Epochen zu ziehen, meist sind es gleitende Übergänge. Die imposante kirchliche Bautätigkeit der Merowingerkönige wie der Bischöfe und Äbte im 6. und 7. Jahrhundert ist ein wichtiges Kontinuum, die Goldschmiedekunst erlebte eine Blüte, spätantike Technik überlebte in viel stärkerem Maße, als man bisher angenommen hat, und konnte durch die wiederhergestellte Verkehrsgemeinschaft im Frankenreich jetzt auch in Gebiete vordringen, die ihr vorher verschlossen waren. Daß im Merowingerreich unverändert die römischen Kopf- und Grundsteuern, selbst für die Kirchen, weiter erhoben wurden, bestätigt die fiskalische Kontinuität, auf der auch die Königsherrschaft mit beruhte. Im Rechtsleben zeigt sich deutlich der spätantike Einfluß auf die *leges*, ebenso die Fortdauer römischer Traditionen im Bereich des Urkundenwesens und der königlichen Verwaltungspraxis. Maß und Gewicht lassen ihre antike Herkunft trotz ihrer Varianten erkennen, und im Münzwesen folgt auf eine an römischen Vorbildern orientierte Aufbauphase, die durch Goldmünzen aus fränkischen Münzateliers gekennzeichnet ist, um 680 mit der Einführung des Silberdenars eine Übergangszeit, die erst mit der Münzreform Karls des Großen beendet wurde. Zugleich bedeutete dies eine Verlagerung der monetären und kommerziellen Schwerpunkte vom Südwesten in den Nordosten des Reiches, also parallel zur politischen Entwicklung.

Seit der Mitte des 7. Jahrhunderts begann der unaufhaltsame Abstieg der merowingischen Königsfamilie, aber trotz territorialer Einbußen gegenüber der islamischen Welt im Süden und gegenüber den nur zeitweise fest eingegliederten Herzogtümern rechts des Rheins blieb der Bau des Frankenreiches im wesentlichen erhalten. Aus den »Diadochenkämpfen« der Hausmeier gingen die austrasischen Karolinger – Arnulfinger und Pippiniden – siegreich hervor und konnten mit Pippin dem Mittleren (gest. 714) und verstärkt mit Karl Martell, bei nomineller Fortdauer der merowingischen Königsherrschaft, erstmals die Gesamtherrschaft im *regnum Francorum* erlangen. Von Austrien aus gelang ihnen auch endgültig die Integration der germanischen Stämme rechts des Rheins, die sich, wie Alemannien und Bayern unter den Agilolfingern um 700, fast verselbständigt hatten oder gar noch, wie Friesen und Sachsen, am Rande des Reiches bis zu Karl dem Großen ein Eigenleben führten.

Eine entscheidende Stärkung der frühkarolingischen Herrschaft bedeutete es, daß seit Karl Martell und Pippin dem Jüngeren (741–768) die Karolinger ihre Herrschaft über die Kirche durchsetzen konnten: Die »Bischofsrepubliken« der Merowingerzeit wurden beseitigt, und auch die großen Klöster des Reiches kamen weitgehend in karolingische Hand.

Man kann von einer rigorosen Einstaatung der Kirche sprechen, bei der die Bischöfe und Reichsäbte als Herrschaftsträger und Exekutivorgane der Karolinger fungierten und ihnen zu finanziellen und militärischen Leistungen verpflichtet waren. Dies bedeutete einen qualitativen Sprung in der Intensität und Effizienz des Königtums, der die spätere karolingische Vorherrschaft in West- und Mitteleuropa, einschließlich Italiens, begründete.

Das gleichzeitige Zurückdrängen der islamischen Expansionswelle bis zu den Pyrenäen bewirkte zwar einerseits eine teilweise wirtschaftliche und kulturelle Abkoppelung von der Mittelmeerwelt, trug aber auch dazu bei, daß das erneuerte fränkische Großreich endgültig auf eigenen Füßen stehen konnte. Dies bedeutete zugleich eine Stärkung des germanischen Elements in fast allen Lebensbereichen, denn schon mit der festen Integration der rechtsrheinischen Lande in den Reichsverband gewann dasselbe seit dem 7./8. Jahrhundert ein entschiedenes Übergewicht. Das brachte zugleich eine Schwerpunktverschiebung des Reiches mit sich, die etwa an der Verlagerung der Herrschaftszentren von Paris und Reims nach Herstal, Frankfurt und Aachen erkennbar ist. Gleichzeitig verfestigte sich als wirtschaftliche und verwaltungsmäßige Basis auf unterster Ebene die königliche, kirchliche und adelige Grundherrschaft, in deren Sozialverband die Masse der Bevölkerung kontrollierbar organisiert war. Auf dieser wirtschaftlichen wie organisatorischen Grundlage entstand aus der Anhängerschaft der Frühkarolinger ein überregionaler karolingischer Reichsadel als eine Führungsschicht, in der auch der regionale ältere Stammesadel aufgehen und in wichtige Ämter gelangen konnte.

Was die Kulturentwicklung insgesamt anbelangt, so wird man auch hier das 7. Jahrhundert wesentlich höher einschätzen müssen als bisher: in dieser Epoche entstand eine anfangs irisch beeinflußte Klosterkultur im Frankenreich, die seit dem Ende des 7. Jahrhunderts durch eine kraftvolle angelsächsische

Mission und Kirchenorganisation ergänzt und gesteigert wurde. Es bildete sich ein relativ dichter, später noch durch Gebetsverbrüderungen gestärkter Verbund zwischen den Klöstern und Kathedralkirchen aus, der zur Grundlage einer gesamtfränkischen Reichskultur werden konnte. Der organisatorische Ausbau der Macht einer neuen *stirps regia* seit dem ausgehenden 7. Jahrhundert, der allerdings nicht ohne Rückschläge vor sich gegangen ist, hatte auch zur Folge, daß seit etwa 732, d.h. seit dem langsamen Verebben der arabisch-islamischen Invasionen, für ein Jahrhundert das Frankenreich von äußerer Bedrohung verschont blieb und damit auch der sichere Rahmen für eine literarische und künstlerische Kultur abgesteckt war, deren Handschriften und Kunstwerke den Anfang einer genuin abendländischen Zivilisation bilden. Die allzu einseitige Fixierung auf das »verwilderte« Latein der Fredegar-Chronik des 7. Jahrhunderts hat vielfach den Blick dafür verstellt, daß es ein ganzes Bündel von kulturellen Phänomenen gibt, die gegen die Unterschätzung der Merowingerzeit sprechen: Sie ist die erste früheuropäische Epoche, in der Erscheinungen der Kultur nicht nur aus dem Mittelmeer-Raum nach Norden kamen, sondern umgekehrt aus dem Frankenreich überformend nach dem Süden ausgriffen. Das gilt für den Impuls des irischen Mönchtums auf dem Kontinent und für die Ausbreitung des irofränkischen, vornehmlich durch die Benedikt-Regel geprägten Mönchtums vom Zentrum des Frankenreiches nach Süden wie nach Nordosten, und es gilt für die Entwicklung neuer europäischer Schriftformen bis zum »Endprodukt« der karolingischen Minuskel im selben Kernraum zwischen Loire und Rhein. Es hat ebenso Geltung für die erste Literaturblüte genuin christlich-mittelalterlicher Art im Zusammenhang einer neuen fränkischen Adelsgesellschaft, nämlich die merowingische und frühkarolingische Hagiographie, und desgleichen für die Entwicklung neuer Kunstformen in Architektur, Buchmalerei und Goldschmiedearbeit unter dem Einfluß insularer (irischer und angelsächsischer)

Impulse. Mit Isidor von Sevilla und seinen Kompendien des verbliebenen antiken Bildungsgutes beginnt im gotischen Spanien, am Scheitelpunkt zwischen Spätantike und Frühmittelalter, der sich allmählich verstärkende Bildungstransfer, dessen Wege die Handschriftenwanderungen des 7. und 8. Jahrhunderts markieren. Die aufblühende Schriftkultur der Iren und Angelsachsen hatte daran einen beträchtlichen Anteil.

Auch an den Organisationsformen der materiellen Kultur ist das 7./8. Jahrhundert, das man mit Recht als das erste Saeculum des Mittelalters bezeichnet hat, durch die Ausbildung der geistlichen und adeligen Grundherrschaft, durch ein neues Münzsystem und durch die Rolle des nordeuropäischen Handels der Friesen und Skandinavier maßgeblich beteiligt, und damit an einer wirtschaftlichen Umorientierung, die für die Entfaltung eines erneuerten oder völlig neuen Städtewesens, zumeist unter bischöflicher Leitung, ausschlaggebend wurde. Es war seit dem 7. Jahrhundert auf mannigfache Weise der Boden für eine neue eigenständige Kultur bereitet. Mit dieser generellen »Achsendrehung der Weltgeschichte nach Norden« (H. Pirenne) begann das Mittelalter als die Jugend unseres Kontinents, in der auch die Wurzeln der deutschen Geschichte liegen.

Literatur

A Grundlagen

Worum es in diesem Buch geht

C. Dawson, Die Gestaltung des Abendlandes, [1]1935, [2]1961; E. Stein, Geschichte des spätrömischen Reiches I, 1928; Ders., Histoire du Bas Empire II, 1949; J. Fischer, Oriens – Occidens – Europa. Begriff und Gedanke »Europa« in der Spätantike und im frühen Mittelalter, 1957; H. Dannenbauer, Die Entstehung Europas, 2 Bde. 1959/62; R. Lopez, The Birth of Europe, 1976; M. Banniard, Europa. Von der Spätantike bis zum frühen Mittelalter, 1993; J. Fried, Der Weg in die Geschichte. Die Ursprünge Deutschlands bis 1024, 1994; F. Prinz, Von Konstantin zu Karl dem Großen. Entfaltung und Wandel Europas, 2000. – *Einen umfassenden Überblick bieten:* T. Schieffer (Hg.), Europa im Wandel von der Antike zum Mittelalter (Handbuch der europäischen Geschichte, Bd. 1, Hg. T. Schieder), 1976; R. McKitterick (Hg.), The New Cambridge Medieval History II (c. 700–900), 1995; vgl. auch K. Böhner u.a. (Hg.), Das erste Jahrtausend. Kultur und Kunst im werdenden Abendland an Rhein und Ruhr, 3 Bde., 1962/64.

Byzanz und der Westen: F. J. Dölger, Byzanz und die europäische Staatenwelt, 1953; H. G. Beck, Das byzantinische Jahrhundert, 1978; O. Mazal, Byzanz und das Abendland, 1981; J. Haldon, Das byzantinische Reich. Geschichte und Kultur, 2002; F. W. Deichmann, Ravenna. Hauptstadt des Abendlandes. Geschichte, Monumente, Kommentare, frühchristliche Bauten und Mosaiken, 4 Teile, 1969/89.

Die Rolle des Islam: H. Pirenne, Mohammed und Karl der Große. Untergang der Antike am Mittelmeer und Aufstieg des germanischen Mittelalters, 1963; R. Hodges, Mohammed, Charlemagne and the Origins of Europe, 1983.

Die Kirche: J. Haller, Das Papsttum. Idee und Wirklichkeit, 5 Bde., 1950/53; K. Baus u.a., Die Kirche in Ost und West von Chalcedon bis zum Frühmittelalter (451–700), 1975; R. Kottje (Hg.), Ökumenische Kirchengeschichte, Bd. 1–3, [1]1970/74, [2]1988/89.

Die Bedeutung Roms: A. Demandt, Der Fall Roms. Die Auflösung des Römischen Reiches im Urteil der Nachwelt, 1984. – *Unentbehrlich für die gesamte Epoche:* Reallexikon für Antike und Christentum (RAC), 1950 ff.

Raum und Natur Mitteleuropas als Schauplatz deutscher Geschichte

H. Jäger, Entwicklungsprobleme europäischer Kulturlandschaften, 1987; H. H. Lamb, Klima und Kulturgeschichte, 1989; (Hg.), E. Ennen u.a., Deutsche Agrargeschichte, 1979; H. Küster, Geschichte der Landschaft im Mitteleuropa, 1999; H. Beck u.a., Untersuchungen zur eisenzeitlichen und frühmittelalterlichen Flur in Mitteleuropa und ihrer Nutzung, 2 Bde., 1979/80; W. Janssen (Hg.), Villa-Curtis-Grangia, 1983; Archäologische und naturwissenschaftliche Untersuchungen an ländlichen und frühstädtischen Siedlungen im deutschen Küstengebiet vom 5. Jahrhundert v. Chr. bis zum 11. Jahrhundert n. Chr., 2 Bde., Hg. G. Kossack u. H. Jankuhn, 1984; B. Herrmann (Hg.), Determinanten der Bevölkerungsentwicklung im Mittelalter, 1987.

Das Präludium der keltischen Welt

H. Dannheimer u.a. (Hg.), Das keltische Jahrtausend (Katalog), 1993; B. Maier, Lexikon der keltischen Religion und Kultur, 1994; H. Birkhan, Kelten. Versuch einer Gesamtdarstellung, [2]1999; Die Ausgrabungen in Manching, 15 Bde., 1970/92; S. Rieckhoff, Süddeutschland im Spannungsfeld von Kelten, Germanen und Römern, 1995; Das Rätsel der Kelten vom Glauberg. Glaube – Mythos – Wirklichkeit (Katalog), 2002.

Entstehung und Wandel der germanischen Völker

Der Einfluß der Mittelmeerwelt: Reallexikon der germanischen Altertumskunde, Hg. H. Jankuhn u.a., [2]1968ff.; Lexikon des Mittelalters, 10 Bde., 1980/99; R. Much, H. Jankuhn, Die Germania des Tacitus, [3]1967; R. von Uslar, Die Germanen. Geschichte und Kultur der germanischen Stämme im Mitteleuropa, 2 Bde., 1976/83; R. Hachmann, Die Germanen, [2]1979; G. Mildenberger, Sozial- und Kulturgeschichte der Germanen von den Anfängen bis zur Völkerwanderungszeit [1]1973, [2]1977; B. Krüger (Hg.), Die Germanen. Geschichte und Kultur der germanischen Stämme in Mitteleuropa, 2 Bde., 1976/83. – *Zur Überlieferung:* J. Herrmann, Griechische und lateinische Quellen zur Frühgeschichte Mitteleuropas bis zur Mitte des 1. Jahrhunderts u. Z., 4 Bde., 1988/91.

Die materielle Kultur: The Cambridge Economic History of Europe, 2 Bde.: Trade and Industry in the Middle Ages, 1952; D. Hägermann, H. Schneider, Landbau und Handwerk 750 v. Chr. bis 1000 n. Chr. (Propyläen Technikgeschichte, Bd. 1, 1991); K. Düwel u.a. (Hg.), Untersuchungen zu Handel und Verkehr der vor- und frühgeschichtlichen Zeit in Mittel- und Nordeuropa, 4 Teile, 1983/87; H. Jankuhn, W. Janssen u.a. (Hg.), Das Handwerk in vor- und frühgeschichtlicher Zeit, 2 Bde., 1981/83; U. Lund Hansen, Römischer Import im Norden. Warenaustausch zwischen dem Römischen Reich und dem freien Germanien, 1987; R. Laser u.a., Corpus der römischen Funde im europäischen Barbaricum. Deutschland, 2 Bde., 1994/95; H. Steiner, Art. »Handel«, in: Reallexikon der germanischen Altertumskunde, Bd. 13, 1999, 502–574.

Die religiöse Welt der Germanen: V. Grönbech, Kultur und Religion der Germanen, 2 Bde., [10]1987; K. Schier (Hg.), Germanische Religionsgeschichte. Quellen und Quellenprobleme, 1992; H. Beck, Heldensage und Heldendichtung im Germanischen, 1988; Ders. (Hg.), Germanenprobleme in heutiger Sicht, 1986; K. Hauck, Art. »Brakteatenikonologie«, in: Reallexikon der germanischen Altertumskunde, Bd. 3, 1978, 361–401.

Die Ausbildung einer germanischen Gesellschaft: F. Stein, Adelsgräber des 8. Jahrhunderts in Deutschland, 2 Bde., 1967; H. Steuer, Frühgeschichtliche Sozialstrukturen in Mitteleuropa, 1982; W. Haarnagel, Die Grabung Feddersen-Wierde, 2 Bde., 1979; H. J. Diesner, Die Völkerwanderung, 2 Bde., 1976/81.

Das Imperium und die germanischen Völker: Konfrontation und Integration: J. Fischer, Die Völkerwanderung im Urteil der zeitgenössischen Schriftsteller Galliens unter Einbeziehung des heiligen Augustinus, 1948; R. Wenskus, Stammesbildung und Verfassung. Das Werden der frühmittelalterlichen Gentes, 1961; M. Müller-Wille, Opferkulte der Germanen und Slawen, 1999; G. Behm-Blancke, Gesellschaft und Kunst der Germanen, 1973; M. Müller-Wille (Hg.), Ausgewählte Probleme europäischer Landnahmen des Früh- und Hochmittelalters, 2 Bde., 1993/94; H. Wolfram, Das Reich und die Germanen, 1990; V. Bierbrauer, Die Landnahme der Langobarden in Italien aus archäologischer Sicht, 1991; Ders.; Archäologie und Geschichte der Goten vom 1.–7. Jahrhundert. Versuch einer Bilanz, in: Frühmittelalterstudien 28, 1994; 51–171; H. Wolfram, Die Goten, [4]2002; F. Altheim, Geschichte der Hunnen, 5 Bde., 1959/62; Germanen, Hunnen und Awaren (Katalog), 1988; K. F. Stroheker, Germanentum und Spätantike, 1965.

Das Imperium Romanum in der Spätzeit

Äußere Expansion bis an Rhein und Donau: J. Vogt, Der Niedergang Roms, 1965; K. Christ (Hg.), Der Untergang des Römischen Reiches, 1970; A. H. M. Jones, The Later Roman Empire 284–602, 2 Bde., 1973; J. Martin, Spätantike und Völkerwanderung, 1987; A. Demandt, Die Spätantike. Römische Geschichte von Diocletian bis Justinian 284–565 n. Chr., 1989; E. Ewig, Spätantikes und fränkisches Gallien, 2 Bde., 1976/79.

Formen und Phasen römischer Herrschaft: H. von Petrikovits, Art. »Germania (Romana)«, in: RAC 10, 1978, 548–654; Ders., Altertum (Rheinische Geschichte, Bd. I, 1), 1978; K. Christ (Hg.), Der Untergang des Römischen Reiches, 1970; W. Ensslin, Theoderich der Große, [1]1947, [2]1959; W. Goffart, Rome's Fall and After, 1989; F. Staab (Hg.), Zur Kontinuität zwischen Antike und Mittelalter 1994; C.-M. Ternes, Römisches Deutschland, 1986; H.-J. Diesner, Kirche und Staat im spätrömischen Reich, 1964; J. Bleicken, Constantin der Große und die Christen, 1992; Ders., Verfassungs- und Sozialgeschichte des Römischen Kaiserreiches, 1995; G. Gottlieb (Hg.), Raumordnung im Römischen Reich, 1989; W. Eck, Lokale Autonomie und römische Ordnungsmacht in den kaiserzeitlichen Provinzen vom 1. bis 3. Jahrhundert, 1999; F. Vittinghoff, Stadt und Herrschaft – Römische Kaiserzeit, 1982; C. Brühl, Palatium und Civitas, 2 Bde., 1975/91.

Umbau der Römerherrschaft: R. McMullen, Changes in the Roman Empire, 1990; H. Heinen, Trier und das Trevererland in römischer Zeit, 1985; G. Wolf, Das römisch-germanische Köln, 1993; T. Fischer, S. Rieckhoff-Pauli, Von den Römern zu den Bajuwaren. Stadtarchäologie in Regensburg, 1982; T. Fischer, Römer und Bajuwaren an der Donau, 1988; J. Werner (Hg.), Die Ausgrabungen in St. Ulrich und Afra in Augsburg 1961/68, 2 Bde., 1977. – *Einen guten Überblick über die provinzialrömische Archäologie im deutschsprachigen Raum bieten:* C.-M. Ternes, Römisches Deutschland, 1986, und die Sammelbände: Die Römer in der Schweiz, Hg. W. Drack u.a., 1988; Die Römer in Nordrhein-Westfalen, Hg. H. G. Horn, 1987; Die Römer in Rheinland-Pfalz, Hg. H. Cüppers, 1990; Die Römer in Hessen, Hg. D. Baatz u.a., [1]1982, [2]1989; Die Römer in Baden Württemberg, Hg. P. Filtzinger u.a., [1]1976, [2]1986; H.-J. Kellner, Die Römer in Bayern, [2]1972; W. Czysz u.a., Die Römer in Bayern, 1995.

B Die Franken: Invasoren als Reichsgründer

Das fränkische Großreich der Merowinger

Vom Wanderkönigtum zur Regionalherrschaft: R. Schneider, Das Frankenreich, [3]1995; F. Prinz, Grundlagen und Anfänge. Deutschland bis 1056; [1]1985, [2]1993; E. Ewig, Spätantikes und fränkisches Gallien, 2 Bde., 1976/79; Ders., Frühes Mittelalter (Rheinische Geschichte, Bd. I, 2), 1980; Ders., Die Merowinger und das Frankenreich, 1988; R. Schieffer (Hg.), Beiträge zur Geschichte des Regnum Francorum, 1990; Ders., Die Karolinger, 1992; R. Kaiser, Das römische Erbe und das Merowingerreich, 1993; J. Wood, Merovingian Gaul, 1993; P. J. Geary, Die Merowinger. Europa vor Karl dem Großen, 1996. – *Zur Siedlungs- und Herrschaftsgeschichte:* K. Böhner, Die fränkischen Altertümer des Trierer Landes, 2 Bde., 1958; H. Böhme, Germanische Grabfunde des 4.–5. Jahrhunderts zwischen unterer Elbe und Loire, 1974; F. Stein, Die Bevölkerung des Saar-Moselraums am Übergang von der Antike zum Mittelalter, in: Archaeologica Mosellana 1, 1989, 89–195; W. Kleiber u.a., Aspekte und Probleme der römisch-germanischen Kontinuität, 1992; W. Haubrichs u.a., Zwischen den Sprachen, 1983; Ders., Grenzen und Grenzregionen, 1994; M. Buchmüller-Pfaff, Siedlungsnamen zwischen Spätantike und frühem Mittelalter, 1990.

König Chlodwig I.: E. Zöllner, Geschichte der Franken bis zur Mitte des 6. Jahrhunderts, 1970; G. Tessier, Le baptême de Clovis, 1964; W. von den Steinen, Chlodwigs Übergang zum Christentum (MIÖG Ergbd. 12), 1932; M. Rouche (Hg.), Clovis. Histoire et mémoire, 2 Bde., 1997; J. Wood, Gregory of Tours, 1994; M. Heinzelmann, Gregor von Tours (538–594): »Zehn Bücher Geschichte«, 1994; M. Weidemann, Kulturgeschichte der Merowingerzeit nach den Werken Gregors von Tours, 2 Bde., 1982; W. Levison, Aus rheinischer und fränkischer Frühzeit, 1948.

Das fränkische Reichsteilungsprinzip

E. Ewig, Die fränkischen Teilungen und Teilreiche, in: Ders., Spätantikes und fränkisches Gallien, Bd. 1, 1976, 114–230; R. Butzen, Die Merowinger östlich des mittleren Rheins, 1987; H. Lademacher (Hg.), Austrien im Merowingerreich, 1965; P. Perin u.a. (Hg.), La Neustrie, 1985; F. Cardot, L'espace et le pouvoir. Etude sur l'Austrasie mérovingienne, 1987; M. Rouche, L'Aquitaine des Wisigoths aux Arabes 418–781, 1979.

König Dagobert I.: Die politisch-kulturelle Expansion östlich des Rheins

J. M. Wallace-Hadrill, The Long-Haired Kings and other Studies in Frankish History 1962; M. Bouvier-Ajam, Dagobert, 1980; J. Wood, The Merovingian Kingdoms, 450–751; W. Pohl, Die Awaren, 1988; W. H. Fritze, Frühzeit zwischen Ostsee und Donau, 1982; J. Herrmann, Die Slawen in Deutschland, [1]1970, [2]1985; Z. Vána, Die Welt der alten Slawen, 1983.

Schwindende Königsmacht. Der Kampf der Hausmeier um die Herrschaft

K. H. Haar, Studien zur Entstehung und Entwicklungsgeschichte des fränkischen Maior Domus-Amtes, 1970; O. G. Oexle, Die Karolinger und die Stadt des hl. Arnulf, in: Frühmittelalterliche Studien 1, 1967, 250–364; H. Müller, Bischof Kunibert von Köln, in: Zeitschrift für Kirchengeschichte 98, 1987, 167–205; J. Jarnut (Hg.), Karl Martell in seiner Zeit, 1994; J. Fischer, Der Hausmeier Ebroin, 1954; H. Mordek, Bischofsabsetzungen in spätmerowingischer Zeit, in: Papsttum, Kirche und Recht im Mittelalter (Festschrift H. Fuhrmann) 1991, 31–53.

Germanenvölker rechts des Rheins und an der Donau

Alamannen und Bajuwaren: L. Schmidt, Geschichte der deutschen Stämme bis zum Ausgang der Völkerwanderung, 2 Bde., 1938/49; R. Christlein, Die Alamannen, [2]1979; D. Geuenich, Franken und Alemannen bis zur »Schlacht bei Zülpich« (496/97), 1989; K. Reindel, Grundlegung: Das Zeitalter der Agilolfinger, in: M. Spindler (Hg.), Handbuch der bayerischen Geschichte, Bd. 1, [1]1967, [2]1981, 97–245; W. Menghin, J. Feist, Frühgeschichte Bayerns, 1990; H. Dannheimer u.a. (Hg.), Die Bajuwaren (Katalog), 1988; J. Jahn, Ducatus Baiuvariorum. Das Baierische Herzogtum der Agilolfinger, 1991; T. Fischer, Römer und Bajuwaren an der Donau, 1988; J. Jarnut, Agilolfingerstudien, 1986; Ders., Herrschaft und Ethnogenese, Gesammelte Aufsätze, 2002.

Thüringer, Sachsen, Friesen: B. Schmidt, Das Königreich der Thüringer und seine Eingliederung in das Frankenreich, in: Die Franken. Wegbereiter Europas, Hg. Alfried Wieczorek, Bd. 1–2 (Katalog-Handbuch in 2 Teilen), 1996, Bd. 1, 285–297; U. von Freeden u.a. (Hg.), Völker an Nord- und Ostsee und die Franken, 1999; W. Schlesinger (Hg.), Althessen im Frankenreich, 1975; H. Roth u.a. (Hg.),

Hessen im Frühmittelalter, 1984; W. Lammers (Hg.), Die Eingliederung der Sachsen in das Frankenreich, 1970; H.-J. Hässler (Hg.), Ur- und Frühgeschichte Niedersachsens, 1991; Ders., Sachsen und Franken in Westfalen, 1999; T. Capelle, Die Sachsen des frühen Mittelalters, 1998; D. P. Blok, H. Hinz, H. von Lengen, Art. »Friesen, Friesland«, in: Lexikon des Mittelalters, Bd. 4, 1989, 870–979.

Der Aufbau der westslawischen Welt zwischen Ostsee und Alpen

J. Hermann, Frühe Kulturen der Westslawen, [1]1977, [3]1981; Ders. (Hg.), Welt der Slawen. Geschichte, Gesellschaft, Kultur, 1986; H. Ludat (Hg.), Slaven und Deutsche im Mittelalter, 1982; W. H. Fritze, Untersuchungen zur frühslawischen und frühfränkischen Geschichte, 1994, P. Donat, Die Mecklenburg. Eine Hauptburg der Obodriten, 1984; J. Gabriel, Starigard-Oldenburg, Hauptburg der Slawen in Wagrien, 3 Bde., 1984/91; M. Müller-Wille (Hg.), Starigard-Oldenburg, 1991; J. Giesler, Der Ostalpenraum vom 8. bis 11. Jahrhundert, 1997; W. Schlesinger (Hg.), Die deutsche Ostsiedlung des Mittelalters als Problem der europäischen Geschichte, 1975; M. Hellmann (Hg.), Cyrillo-Methodiana. Zur Frühgeschichte des Christentums bei den Slawen, 1964; J. Henning, Frühmittelalterlicher Burgenbau in Mittel- und Osteuropa (Tagung Nitra 1996), 1998; Ders., Südosteuropa zwischen Antike und Mittelalter. Archäologische Beiträge zur Landwirtschaft, 1987.

Der krisenreiche Aufstieg der Frühkarolinger bis Karl Martell

T. Schieffer, Das Karolingerreich, in: Ders. (Hg.), Europa im Wandel von der Antike zum Mittelalter (Handbuch der europäischen Geschichte, Hg. T. Schieder, Bd. 1), 1976, 527–587; J. Semmler, Episcopi potestas und karolingische Klosterpolitik, in: A. Borst (Hg.), Mönchtum, Episkopat und Adel zur Gründungszeit des Klosters Reichenau, 1974, 305–395; F. Prinz (Hg.), Herrschaft und Kirche, 1988; J. Jarnut (Hg.), Karl Martell in seiner Zeit, 1994; W. H. Fritze, Die fränkische Schwurfreundschaft der Merowingerzeit, in: Zeitschrift für Rechtsgeschichte, German. Abtl. 71, 1954, 74–125.

C Die Kirche als Brückenpfeiler zwischen römischer Spätantike und europäischem Frühmittelalter

Die Bistümer

H. Lietzmann, Geschichte der alten Kirche, Bd. 3–4, ³1961; G. Haendler, Die abendländische Kirche im Zeitalter der Völkerwanderung, ²1983; R. Lorenz, Das 4. bis 6. Jahrhundert (Westen), in: K. D. Schmidt, E. Wolf (Hg.), die Kirche in ihrer Geschichte, Bd. I, C1, 1970; M. Heinzelmann, Bischofsherrschaft in Gallien. Zur Kontinuität römischer Führungsschichten vom 4. bis zum 7. Jahrhundert, 1976; K. Baus, E. Ewig, Die Kirche in Ost und West von Chalkedon bis zum Frühmittelalter (451–700), 1975; R. McMullen, Christianizing the Roman Empire (A. D. 100–400), 1984; H. J. Reischmann, Willibrord – Apostel der Friesen, 1989; C. Pietri u. a., Das Entstehen der einen Christenheit, 1996; A. Angenendt, Das Frühmittelalter. Die abendländische Christenheit von 400 bis 900, 1990; E. Dassmann, Die Anfänge der Kirche in Deutschland, 1993; R. A. Markus, The End of Ancient Christianity, 1990; P. Brown, The Cult of the Saints, 1981; K.-L. Noethlichs, Die gesetzgeberischen Maßnahmen der christlichen Kaiser des 4. Jahrhunderts gegen Häretiker, Heiden und Juden, 1971; W. E. Klingshirn, Caesarius of Arles. The Making of a Christian Community in Late Antique Gaul, 1994; H. Heinen, Frühchristliches Trier. Von den Anfängen bis zur Völkerwanderung, 1996; N. Gauthier, L'évangélisation des pays de Moselle, 1980; Cristianizzazione ed organizzazione ecclesiastica delle campagne nell' alto medioevo, Settimane Spoleto, 1982; L. Pauly, Siedlung und Pfarrorganisation im alten Erzbistum Trier, 1976; R. Kaiser, Churrätien im frühen Mittelalter, 1998; K. Hausberger, Geschichte des Bistums Regensburg, Bd. I, 1989; E. Caspar, Geschichte des Papsttums von den Anfängen bis zur Höhe der Weltherrschaft, 2 Bde., 1930/33; Ders., Das Papsttum unter fränkischer Herrschaft, 1956; T. F. X. Noble, The Republic of St. Peter. The Birth of the Papal State, 1984; M. Greschat (Hg.), Das Papsttum I. Von den Anfängen bis zu den Päpsten in Avignon, 1984; R. Noll, Frühes Christentum in Österreich, 1956; P. F. Barton, Die Frühzeit des Christentums in Österreich und Südostmitteleuropa bis 788, 1975; E. Boshof, H. Wolff (Hg.), Das Christentum im baierischen Raum, 1994; D. Jetter, Geschichte des Hospitals, Bd. 1, 1966; M. Mollat, Die Armen im Mittelalter, 1984; T. Sternberg, Orientalium more secutus. Räume und Institutionen der Caritas des 5.–7. Jahrhunderts in Gallien, 1991; F. Prinz, Klerus und Krieg im früheren Mittelalter, 1971, F. Graus, Volk, Herrscher und Heiliger im Reich der Merowinger, 1965.

Das Mönchtum als erneuernde Kraft

B. Lohse, Askese und Mönchtum in der Antike und in der alten Kirche, 1969; K. S. Frank, Frühes Mönchtum im Abendland, 2 Bde., 1975; Ders. (Hg.), Askese und Mönchtum in der Alten Kirche, 1975; F. Prinz, Frühes Mönchtum im Frankenreich. Kultur und Gesellschaft in Gallien, den Rheinlanden und Bayern am Beispiel der monastischen Entwicklung (4. bis 8. Jahrhundert), [1]1965, [2]1988; A. Angenendt, Heilige und Reliquien, 1994; G. Jenal, Italia ascetica atque monastica. Das Asketen- und Mönchtum in Italien von den Anfängen bis zur Zeit der Langobarden (ca. 150/250–604), 2 Bde., 1995; C. M. Kasper, Theologie und Askese. Die Spiritualität des Inselkloster von Lérins im 5. Jahrhundert, 1991; H. B. Clarke u.a. (Hg.), Columbanus and Merowingian Monasticism, 1981; L. Bieler, Ireland and the Culture of Early Medieval Europe, 1987; H. Löwe, Die Iren und Europa im frühen Mittelalter, 2 Bde., 1982; Irland und Europa, 1984; W. Levison, England and the Continent in the Eighth Century, 1946; T. Schieffer, Winfrid-Bonifatius und die christliche Grundlegung Europas, [1]1945, [2]1972; T. Reuter (Hg.), The Greatest Englishman: Essays on St. Boniface and the Church at Crediton, [1]1980, [2]1988; A. Angenendt, Willibrord im Dienste der Karolinger, in: Annalen des Historischen Vereins für den Niederrhein 175, 1973, 63–113; H. Trauffler, Die Anfänge der Abtei Echternach, 1996; A. Angenendt, Monachi peregrini. Studien zu Pirmin und den monastischen Vorstellungen des Frühmittelalters, 1972; A. Borst (Hg.), Mönchtum, Episkopat und Adel zur Gründungszeit des Klosters Reichenau, 1974; F. Felten, Äbte und Laienäbte im Frankenreich. Studien zum Verhältnis von Staat und Kirche im früheren Mittelalter, 1980; A. Häussling, Mönchskonvent und Eucharistiefeier, 1973; C. Nolte, Conversio und Christianitas. Frauen in der Christianisierung vom 5. bis 8. Jahrhundert, 1995; A. de Vogüé, Les règles monastiques anciennes (400–700), 1985; C. Stancliffe, St. Martin and his Biographer, 1983; H. Chadwick, Priscillian of Avila, 1976.

Christliche Mission als Grundlegung europäischer Einheit

Mission und politische Herrschaft: A. von Harnack, Die Mission und die Ausbreitung des Christentums in den ersten drei Jahrhunderten,

[4]1924; K. Schäferdiek (Hg.), Die Kirche des früheren Mittelalters (Kirchengeschichte als Missionsgeschichte, Bd. II, 1), 1978; Ders., Schwellenzeit. Beiträge zur Geschichte des Christentums in Spätantike und Frühmittelalter, 1996; H. Vollrath, Christliches Abendland und archaische Stammeskultur, 1990; L. E. Padberg, Mission und Christianisierung, 1995; J. C. Russell, The Germanization of Early Medieval Christianity. A Sociohistorical Approach to Religious Transformation, 1994; J. Semmler, Mission und Pfarrorganisation in den rheinischen, mosel- und maasländischen Bistümern (5.–10. Jahrhundert), in: Cristianizzazione ed organizzazione ecclesiastica delle campagne nell' alto medioevo: Espansione e resistenze, Settimane Spoleto, 2 Bde., 1982, Bd. II, 813–888.

Mission – Sprache – Nationalkultur: H. Dickerhoff (Hg.), Der hl. Willibald – Klosterbischof oder Bistumsgründer?, 1990; W. Berschin u. a. (Hg.), Mission und Christianisierung am Hoch- und Oberrhein, 2000; H. Dopsch, Virgil von Salzburg, Missionar und Gelehrter, 1985; K. Babl, Emmeram von Regensburg. Legende und Kult, 1973; H. Glaser u. a., Vita Corbiniani, 1983; Ders. (Hg.), Hochstift Freising (darin bes. den Beitrag von G. Diepolder), 1990; U. Swinarski, Herrschen mit den Heiligen. Kirchenbesuche, Pilgerfahrten und Heiligenverehrung früh- und hochmittelalterlicher Herrscher (ca. 500–1200), 1991; K. H. Krüger, Königsgrabkirchen der Franken, Angelsachsen und Langobarden bis zur Mitte des 8. Jahrhunderts, 1971; H. D. Kahl, Aquileja und Salzburg, in: H. Wolfram, F. Daim (Hg.), Die Völker an der mittleren und unteren Donau im 5. und 6. Jahrhundert, 1980; T. Frings, Antike und Christentum an der Wiege der deutschen Sprache, 1948; E. von Steinmeyer, E. Sievers, Die althochdeutschen Glossen, 5 Bde., 1879–1922, Neudruck 1968/69; H. Eggers, Das Althochdeutsche und das Mittelhochdeutsche, 1986; W. Haubrichs, Die Anfänge: Versuche volkssprachlicher Schriftlichkeit im frühen Mittelalter (Geschichte der deutschen Literatur, Hg. J. Heinzle, Bd. I, 1), 1988; S. Sonderegger, althochdeutsche Sprache und Literatur, [1]1974, [2]1987; Ders., Althochdeutsch als Anfang deutscher Sprachkultur, 1997.

D Die frühеuropäische Gesellschaft: Antike Elemente und neue Formen

Königtum und Adelsherrschaft

Der »Rex Francorum«: O. Höfler, Germanisches Sakralkönigtum, Bd. 1, 1952; K. Hauck, Geblütsheiligkeit, in: Festschrift P. Lehmann, 1950, 187–240; M. Bloch, Les rois thaumaturges, 1924; W. Baetke, Yngvi und die Ynglinger. Eine quellenkritische Untersuchung über das nordische »Sakralkönigtum«, 1964; J. M. Wallace-Hadrill, Early Germanic Kingship in England and on the Continent, 1971; T. Mayer (Hg.), Das Königtum, 1956; P. H. Sawyer, J. Wood, Early Medieval Kingship, 1977; H. Wolfram u. a.; Intitulatio, 3 Bde., ^{1}1973, ^{2}1988; L. Bornscheuer, Miseriae regum, 1968; F. Dorn, Die Landschenkungen der fränkischen Könige, 1991; H. H. Anton, Art. »Sakralität, sakrales Herrschertum«, in: Lexikon des Mittelalters, Bd. 7, 1995, 1263–1265; Ders., Art. »König, Königtum«, ebenda, Bd. 5, 1991, 1289–1305.

Der Adel: G. Tellenbach (Hg.), Studien und Vorarbeiten zur Geschichte des großfränkischen und frühdeutschen Adels, 1957; F. Irsigler, Untersuchungen zur Geschichte des frühfränkischen Adels, ^{1}1969, ^{2}1981; H. Grahn-Hoek, Die fränkische Oberschicht im 6. Jahrhundert, 1976; O. G. Oexle, W. Paravicini (Hg.), Nobilitas. Funktion und Repräsentation des Adels in Alteuropa, 1997; G. Althoff, Verwandte, Freunde, Getreue, 1990; F. Stein, Adelsgräber des 8. Jahrhunderts in Deutschland, 2 Bde., 1967; H. W. Böhme, Adelsgräber im Frankenreich, in: Jahrbuch des Römisch-Germanischen Zentralmuseums 40/II, 1995, 397–534.

Die räumliche Gliederung der Königsherrschaft: M. Borgolte, »Dux, Dukat«, II, in: Lexikon des Mittelalters, Bd. 3, 1986, 1487–1491; J. Hannig, Consensus fidelium. Frühfeudale Interpretationen des Verhältnisses von Königtum und Adel am Beispiel des Frankenreiches, 1982; K. F. Werner, »Missus«, »Marchio«, »Comes«, in: W. Paravicini (Hg.), Histoire comparée de l'administration (IVe-VIIe siècles), 1980; K. F. Werner, G. Tabacco, Art. »Adel«, in: Lexikon des Mittelalters, Bd. 1, 1980, 119–131. – *Allgemein:* E. Vittinghoff (Hg.), Handbuch der europäischen Sozialgeschichte, 1990; S. Reynolds, Fiefs and Vassals, 1994.

Die Rechtsordnung aus spätrömischer und germanischer Tradition

Die »Stammesrechte« des Frankenreichs: C. Schott, Der Stand der Legesforschung, in: Frühmittelalterliche Studien 13, 1979, 29–55; F. Ganshof, Das Lehnswesen im fränkischen Reich, ^{2}1979; H. Siems u.a. (Hg.), Recht im frühmittelalterlichen Gallien, 1995; R. Schmidt-Wiegand, Ausgewählte Aufsätze zu den leges barbarorum, 1991; W. Sellert (Hg.), Das Gesetz in Spätantike und frühem Mittelalter, 1992.

»Stammesrecht« und reale Ständeordnung: G. Halsall (Hg.), Violence and Society in the Early Medieval West, 1998; K. Kroeschell, Deutsche Rechtsgeschichte, Bd. 1, ^{10}1991; J. Schmitt, Untersuchungen zu den Liberi Homines der Karolingerzeit, 1977; C. Schott, Freiheit und Libertas. Zur Genese eines Begriffs, in: Zeitschrift für Rechtsgeschichte, Germ. Abtl. 104, 1987, 84–109.

Frieden und Krieg: J. F. Verbruggen, The Art of Warfare in Western Europe in the Middle Ages, 1977; H. Steuer, Zur Bewaffnung und Sozialstruktur der Merowingerzeit, in: Nachrichten aus Niedersachsens Urgeschichte 37, 1968, 18–87; A. Noth, Heiliger Krieg und Heiliger Kampf in Islam und Christentum, 1966; J. Werner, Bewaffnung und Waffenbeigabe in der Merowingerzeit, in: Ordinamenti militari in occidente nell' alto medioevo, Settimane Spoleto, 2 Bde., 1968, I, 95–108; R. Kottje, Die Tötung im Kriege. Ein moralisches und rechtliches Problem im frühen Mittelalter, 1991; *Ph. Contamine*, La guerre au Moyen Age, ^{2}1986.

Lebensordnungen der Gesellschaft

Die kirchliche und adelige Grundherrschaft – Dorf – Basisgesellschaft: L. Kuchenbuch, Grundherrschaft im früheren Mittelalter, 1991; W. Rösener (Hg.), Strukturen der Grundherrschaft im frühen Mittelalter, 1989; W. Janssen u.a. (Hg.), Landwirtschaft zwischen Loire und Rhein von der Römerzeit zum Hochmittelalter, 1983; D. Hägermann (Hg.), Das Polyptychon von Saint-Germain-des-Prés, 1993; D. Herlihy, Medieval Households, 1985; H. Steuer, Frühgeschichtliche Sozialstrukturen in Mitteleuropa, 1982; H. Dölling, Haus und Hof in westgermanischen Volksrechten, 1958; P. Donat, Haus und Hof in ur- und frühgeschichtlicher Zeit, 1997; A. Verhulst (Hg.), Le grand domaine aux époques mérovingienne et carolingienne, 1985; J. Henning, Fortleben und Weiterentwicklung spätrömischer Agrartraditionen in Nordgallien, in: Acta Archaeologica Lovaniensia 30, 1991, 49–59; Ders., Südosteuropa zwischen Antike und Mittelalter, Archäologische Beiträge zur Landwirtschaft des 1. Jahrtausends u. Z., 1987; Ders., Mühlentechnologie und Ökonomiewandel zwischen Römerzeit und Frühmittelalter, in: Saalburg Jahrbuch 47, 1994, 5–18; H. Beck, H. Steuer (Hg.), Haus und Hof in ur- und frühgeschichtlicher Zeit, 1996; D. Hägermann, H. Schneider, Landbau und Handwerk 750 v. Chr. bis 1000 n. Chr., 1991 (Propyläen Technikgeschichte, Bd. 1, 1991).

Am Rande der Rechtsordnung: C. Verlinden, L'esclavage dans l'Europe médiévale, 2 Bde., 1955/77, deutsch 1977; H. Nehlsen, Sklavenrecht zwischen Antike und Mittelalter, 1972; M. J. Finley, Die Sklaverei in der Antike, 1984; R. Klein, Die Sklaverei in der Sicht der Bischöfe Ambrosius und Augustinus, 1988; *H.-W. Goetz*, Serfdom and the Beginnings of a »seigneurial system« in the Carolingian Period, in: Early Medieval Europe 2, 1992, 29–51; L. Bonnassie, The Survival and Extinction of the Slave System in the Early West, 1991; H. Grieser, Sklaverei im spätantiken und frühmittelalterlichen Gallien, 1998; M. Mollat, Die Armen im Mittelalter, 1974, K. Bosl, Potens und Pauper, in: Ders., Frühformen der Gesellschaft im mittelalterlichen Europa, 1964, 106–134; O. G. Oexle, Armut, Armutsbegriff und Armenfürsorge im Mittelalter, in: C. Sachsse (Hg.), Soziale Sicherheit und Disziplinierung, 1986, 73–100; vgl. allgem. H. Mommsen u. a. (Hg.), Vom Elend der Handarbeit, 1981.

Von der grundherrschaftlichen familia zur europäischen Familie: M. M. Sheehan, K. D. Scardellato, Family and Marriage in Medieval Europe, 1976; P. Mikat, Dotierte Eherechte. Zur Entwicklung des Eheschließungsrechtes in fränkischer Zeit, 1978; P. Ariès u. a. (Hg.), Geschichte des privaten Lebens, Bd. 1, 1989; A. Borst, Lebensformen im Mittelalter, ^{4}1987; J. Goody, Die Entwicklung von Ehe und Familie in Europa, 1986; P. L. Reynolds, Marriage in the Western Church, 1994; D. Simon, Eherecht und Familiengut in Antike und Mittelalter, 1992.

Die Frauen in der Gesellschaft: W. Affelt u. a. (Hg.), Frauen in Spätantike und Frühmittelalter, 1990; H.-W. Goetz; Frauen im frühen Mittelalter, 1995; S. Wittern, Frauen, Heiligkeit und Macht, 1994. – *Einen Überblick bieten:* E. Ennen, Frauen im Mittelalter, ^{5}1994; M. Obermeier, »Ancilla«. Beiträge zur Geschichte der unfreien Frauen im Frühmittelalter, 1996.

Ernährung und Hunger: F. Curschmann, Hungersnöte im Mittelalter, 1900; H. F. Teuteberg (Hg.), European Food History, 1992; M. Montanari, Der Hunger und der Überfluß. Kulturgeschichte der Ernährung in Europa, 1993.

Antike Medizin – Krankenhaus – Klostermedizin: G. Baader, G. Keil (Hg.), Medizin im mittelalterlichen Abendland, 1982; G. Keil, Klostermedizin der Karolingerzeit, 1989; A. Krug, Heilkunst und Heilkult. Medizin in der Antike, [2]1993; M. D. Grmek (Hg.), Die Geschichte des medizinischen Denkens, 1996; H. Schipperges, Die Assimilation der arabischen Medizin durch das lateinische Mittelalter, 1964; D. Jetter, Das europäische Hospital, 1986; R. Nürnberg, Askese als sozialer Impuls. Monastisch-asketische Spiritualität als Wurzel und Triebfeder sozialer Ideen und Aktivitäten der Kirche in Südgallien im 5. Jahrhundert, 1988; T. Sternberg, Orientalium more secutus, Räume und Institutionen der Caritas des 5.–7. Jahrhunderts in Gallien, 1991.

Stadt und Wirtschaft

Vor- und Frühformen an Rhein, Mosel und Donau: T. Mayer (Hg.), Studien zu den Anfängen des europäischen Städtewesens, 1958; E. Ennen, Die europäische Stadt des Mittelalters, [4]1987; H. Jankuhn u.a. (Hg.), Vor- und Frühformen der europäischen Stadt im Mittelalter, 1972/73; H. J. Brackmann, J. Herrmann (Hg.), Frühgeschichte der europäischen Stadt, 1991; A. Verhulst (Hg.), Anfänge des Städtewesens an Schelde, Maas und Rhein bis zum Jahr 1000; 1996; K. Böhner, Mainz im Altertum und im frühen Mittelalter, 1988; A. Haverkamp, H.H. Anton, Trier im Mittelalter, 1996. – *Exemplarisch:* R. Krautheimer, Rom. Schicksal einer Stadt 312–1308, [1]1987, [2]1996; A. Wolf (Hg.), Die Domgrabung in Köln. Altertum – Frühmittelalter – Mittelalter, 1996; S. Ristow, Die frühen Kirchen unter dem Kölner Dom. Befunde und Funde vom 4. Jahrhundert bis zur Bauzeit des alten Domes. Mit Beiträgen von L. Bakker und D. Hochkirchen, 2002. – *Überblick:* C. Brühl, Palatium und Civitas. Studien zur Profantopographie spätantiker Civitates vom 3. bis 13. Jahrhundert, 2 Bde., 1975/91; V. Bierbrauer, H. Nothdurfter, Die Ausgrabungen im spätantik-frühmittelalterlichen Bischofssitz Sabiona-Säben, in: Der Schlern 62, 1988, 243–300; J. Werner (Hg.), Die Ausgrabungen in St. Ulrich und Afra in Augsburg, 2 Bde., 1977; R. Hodges, Dark Age Economics: the Origins of Towns and Trade, 400–1000, 1982;

H. B. Clarke (Hg.), Comparative History of Urban Origins in Non-Roman Europe, 2 Bde., 1985.

Der Handel: Formen und Wege: A. Verhulst, Der Handel im Merowingerreich, 1970; K. Düwel u.a. (Hg.), Untersuchungen zu Handel und Verkehr der vor- und frühgeschichtlichen Zeit in Mittel- und Nordeuropa, 4 Bde., 1983/87; E. Ebel, H. Jankuhn (Hg.), Organisationsformen der Kaufmannsvereinigungen in der Spätantike und im frühen Mittelalter. Verkehrswege, Verkehrsmittel, Organisation, 2 Bde., 1989; F. Burgard, A. Haverkamp (Hg.), Auf den Römerstraßen ins Mittelalter, 1997; G. Caro, Sozial- und Wirtschaftsgeschichte der Juden im Mittelalter und der Neuzeit, 2 Bde., 1908/20; G. Kisch, The Jews in Medieval Germany, 1949; A. Lindner, Christlich-jüdische Konfrontation im kirchlichen Frühmittelalter, in: K. Schäferdiek (Hg.), Die Kirche des früheren Mittelalters (Kirchengeschichte als Missionsgeschichte, Bd. II, 1), 1978, 397–441; H. Siems, Handel und Wucher im Spiegel frühmittelalterlicher Rechtsquellen, 1992; P. Grierson u.a., Medieval European Coinage, Bd. 1: The Early Middle Ages, 1986; A. R. Lewis, The Northern Seas: Shipping and Commerce in Northern Europe AD 200–1100, 1958; H. Adam, Das Zollwesen im fränkischen Reich und das spätkarolingische Wirtschaftsleben, 1996.

Kontinuität und Neuansätze von Gewerbe, Technik und Bergbau: H. Jankuhn u.a. (Hg.), Das Handwerk in vor- und frühgeschichtlicher Zeit, 2 Bde., 1981/83; F. Schwind, Zu karolingerzeitlichen Klöstern als Wirtschaftsorganismen und Stätten handwerklicher Tätigkeit, in: Festschrift J. Fleckenstein, 1984, 101–123; Kunst und Handwerk im frühen Mittelalter, 1986; D. Hägermann, H. Schneider, Landbau und Handwerk 750 v. Chr. bis 1000 n. Chr. 1991; H. Steuer u.a. (Hg.), Montanarchäologie in Europa, 1993; W. Horn u.a., The Plan of St. Gall, 3 Bde., 1979; K. Hecht, Der St. Galler Klosterplan, 1983; F. van der Ven, Sozialgeschichte der Arbeit, 2 Bde., 1972; T. Capelle, H. Vierck, Modeln der Merowinger- und Wikingerzeit, in: Frühmittelalterliche Studien 5, 1971, 42–100 u. 9, 1975, 110–142.

E Kulturbruch und Kulturtransfer

Von der Kultur der Spätantike zur fränkischen Reichskultur

Das Weiterwirken antik-paganer Traditionen und die Macht des christlichen Erbes: L. Traube, Vorlesungen und Abhandlungen, 3 Bde., 1909/20; M. Manitius, Geschichte der lateinischen Literatur des Mittelalters, 3 Bde., 1911/31, Neudruck 1974; P. Lehmann, Erforschung des Mittelalters, 5 Bde., ^{3}1973; B. Bischoff, Mittelalterliche Studien, 3 Bde., 1966/81; Ders., Die Abtei Lorsch im Spiegel ihrer Handschriften, 1989; F. Brunhölzl, Geschichte der lateinischen Literatur des Mittelalters, Bd. 1, 1975; D. Illmer, Formen der Erziehung und Wissensvermittlung im frühen Mittelalter, 1971; P. Riché, Éducation et culture dans l'Occident barbare VIe-VIIIe siècle, ^{3}1973; H. Hagendahl, Von Tertullian zu Cassiodor. Die profane literarische Tradition in dem lateinischen christlichen Schrifttum, 1983; W. Jaeger, Das frühe Christentum und die griechische Bildung, 1963; A. Momigliano, The Conflict between Paganism and Christianity in the Fourth Century, 1963; J. Opelt, Die Polemik der christlichen lateinischen Literatur von Tertullian bis Augustin, 1980; M. Fiedrowicz, Apologie im frühen Christentum, ^{1}2000, ^{2}2002; J. Fontaine, Naissance de la poésie dans l'occident chrétien, 1981; W. Berschin, Griechisch-lateinisches Mittelalter, 1980; H.-T. Johann (Hg.), Erziehung und Bildung in der heidnischen und christlichen Antike, 1976; H. J. Marrou, Augustinus und das Ende der antiken Bildung, 1981; P. Brown, Augustinus von Hippo, ^{2}1982; K. Flasch, Augustinus. Einführung in sein Denken, 1980; M. Fuhrmann, Rom in der Spätantike, 1994; P. Ganz (Hg.), The Role of the Book in the Medieval Culture, 1986; R. McKitterick, The Uses of Literacy in Early Medieval Europe, 1990; M. L. W. Laistner, The Intellectual Heritage of the Early Middle Age, 1957; C. Leonardi, Alle origini della cristianità medievale: Giovanni Cassiano e Salviano de Marsiglia, in: Studi medievali XVIII/2, 1978, 591–608; J. Badewien, Geschichtstheologie und Sozialkritik im Werk Salvians von Marseille, 1980; A. Momigliano, On Pagans, Jews and Christians, 1987.

Christliche Bildungsstandards und antike Muster: Codices Latini Antiquiores. A palaeographical Guide to Latin Manuscripts prior to the 9th Century, 12 Bde. u. Supplement, Hg. E. A. Lowe, 1934/1971; W. Speyer, Büchervernichtung und Zensur des Geistes bei Heiden, Juden und Christen, 1981; W. H. Stahl, Martianus Capella and the Seven Liberal Arts, 2 Bde., 1971/77; B. Englisch, Die artes liberales im frühen Mittelalter, 1994; P. L. Butzer, D. Lohrmann (Hg.), Science in Western and Eastern Civilisation in Carolingian Times, 1993; Ders. u.a. (Hg.), Karl der Große und sein Nachwirken, 2 Bde., 1997/98; P. Courcelle, Histoire littéraire des grandes invasions germaniques, 1948; V. I. J. Flint, The Rise of Magic in Early Medieval Europe, 1991; R. Kieckhefer, Magie im Mittelalter, 1992; A. J. Gurjewitsch, Das Weltbild des mittelalterlichen Menschen, 1981.

Das weitgespannte europäische Kommunikationsnetz der Kirche: K. Büchner, Überlieferungsgeschichte der lateinischen Literatur des Altertums, in: H. Hunger u.a. (Hg.), Die Überlieferungsgeschichte der antiken Literatur und der Bibel, Bd. 1, 1961, Neudruck 1975, 309–422, bes. Kap. 7, 350–362; K. Langosch u.a., Geschichte der Textüberlieferung der antiken und mittelalterlichen Literatur, Bd. 2, 1964; P. Lehmann, Deutschland und die mittelalterliche Überlieferung der Antike, in: Ders., Erforschung des Mittelalters, Bd. 2, 1960, 149–172; B. Bischoff, Paläographie und frühmittelalterliche Klassikerüberlieferung, in: Ders., Mittelalterliche Studien, Bd. 3, 1981, 55–72.

Kulturelle Vorbilder und Neuansätze

Gestalten und Werke: J. Fontaine, Isidore de Seville et la culture classique dans l'Espagne visigothique, 2 Bde., [2]1983; P. Cazier, Isidore de Seville et la naissance de l'Espagne catholique, 1994; J. Fontaine, Sulpice Sévère, Vie de S. Martin, 3 Bde., 1967/69; M. van Uytfanghe, Art. »Heiligenverehrung – Hagiographie«, in: Reallexikon für Antike und Christentum, Bd. 14, 1988, 150–183; W. Berschin, Biographie und Epochenstil im lateinischen Mittelalter, 5 Bde., 1986/2001, M. Heinzelmann, Gregor von Tours (538–594): »Zehn Bücher Geschichte«, 1994; J. Wood, Gregory of Tours, 1994.

Heiligenlegenden – eine neue Literaturgattung: M. Heinzelmann, Translationsberichte und andere Quellen des Reliquienkultes, 1979; M. van Uytfanghe, Stylisation biblique et condition humaine dans l'hagiographie mérovingienne, 1988; F. Prinz, Hagiographie als Kulturpropaganda, in: Zeitschrift für Kirchengeschichte 103, 1992, 174–94; K. Langosch, Profile des lateinischen Mittelalters, 1965, 49–79; J. W. George, Venantius Fortunatus. A Latin Poet in Merovingian Gaul, 1992; J. Richards, Gregor der Große. Sein Leben – seine Zeit, 1983; J. Fontaine (Hg.), Grégoire le Grand, 1986.

Ansätze christlicher Geschichtsschreibung: H. Grundmann, Geschichtsschreibung im Mittelalter, 1965; La storiografia altomedievale, Settimane Spoleto 17, 2 Bde., 1970; A. Scharer (Hg.), Historiographie im frühen Mittelalter, 1994.

Die Kunst: Antike Vorbilder – irische und angelsächsisch-germanische Einflüsse: C. Nordenfalk, Insulare Buchmalerei, 1977; G. Haseloff, Kunststile des frühen Mittelalters, 1979; Ders., Email im frühen Mittelalter, 1990; K. Bierbrauer, Art. »Buchmalerei«, in: Lexikon des Mittelalters, Bd. 2, 1983, 837–850. – *Reiches Material in »Universum der Kunst«:* R. B. Bandinelli, Rom. Das Ende der Antike, 1971; A. Grabar, Die Kunst im Zeitalter Justinians, 1967; Ders., Die Kunst des frühen Christentums, 1967; J. Hubert, J. Porcher, W. F. Volbach, Frühzeit des Mittelalters, 1968; H. Roth, Kunst und Handwerk im frühen Mittelalter, 1986; V. H. Elbern, Die Goldschmiedekunst im frühen Mittelalter, 1988; Ders., E. Kubach, Die Kunst des frühmittelalterlichen Imperiums, 1968; G. Behm-Plancke, Gesellschaft und Kunst der Germanen, 1973.

Rückblick und Ausblick

Nascita dell' Europa ed Europa Carolingia: Un' equazione da verificare, Settimane Spoleto, 2 Bde., 1981; K. F. Werner, Die Ursprünge Frankreichs bis zum Jahr 1000, 1989; J. Fontaine u.a. (Hg.), Le septième siècle. Changement et continuités, 1992; F. Prinz, Das 7. Jahrhundert. Verfallsepoche oder Neubeginn, in: Festschrift E. Hlawitschka, 1993, 1–10; Ders., Von Konstantin zu Karl dem Großen, 2000.

Zeittafel

250	erste große Christenverfolgung unter Kaiser Decius (249–251)
257	erste Nennung fränkischer Völkerschaften
260	Fall des obergermanisch-raetischen Limes
284	Diokletian (284–305) in Nikomedia zum Augustus ausgerufen
286	Maximian (286–305) wird Kaiser des Westens
293	Constantius I. Chlorus (293–306) und Galerius (ca. 305–311)
303	Beginn der Christenverfolgung durch Kaiser Diokletian
306	Das Heer ruft Konstantin I., den Sohn des Constantius I., zum Augustus aus
310	Kaiser Maximinian von Konstantin hingerichtet
311	Toleranzedikt der Kaiser Galerius und Konstantin, Ende der Christenverfolgung
312	Konstantin I. besiegt Maxentius an der Milvischen Brücke
314	Synode von Arles
325	Erstes Ökumenisches Konzil in Nicaea
337	Tod Konstantins I. des Großen; seine Nachfolger: Constantin II. (Gallien), Constans (Italien), Constantius II. (Orient)
357	Sieg des Caesars Julian »Apostata« (von 361 bis 363 Kaiser) über die Alamannen bei Straßburg; der hl. Martin Offizier im Heer Julians
364	Valentinian I. (364–375) wird Kaiser. Nachfolger werden seine Söhne Gratian (Gallien) und Valentinian II. (Italien)

365	Damasus und Ursinus kämpfen in Rom um die Papstherrschaft
378	Kaiser Valens (364–378), der Bruder Valentinians, verliert bei Adrianopel die Schlacht gegen die Hunnen und sein Leben
379	Theodosius I., der Große (379–395), wird von Gratian zum Augustus des Ostens erhoben
384	Streit zwischen Christen und Heiden um den Victoria-Altar im römischen Senat
385	Priszillian, Gründer einer christlichen Sekte, wird in Trier hingerichtet
395	Der Germane Stilicho übernimmt faktisch die Führung des Westreiches
407	Wandalen, Alanen und Sueben brechen in Gallien ein
410	Der Gotenkönig Alarich erobert Rom
429	Der Wandalenkönig Geiserich gründet in Nordafrika ein Reich. Während der Belagerung von Hippo stirbt der Stadtbischof und Kirchenvater Augustinus (354–430)
451	Mit Hilfe der Westgoten und Franken besiegt der weströmische Reichsfeldheer Aetius (429–454) den Hunnenkönig Attila auf den Katalaunischen Feldern
460–482	Childerich I., König eines fränkischen Kleinreiches um Tournai, behauptet sich erfolgreich in Nordostgallien
476	Odovakar, Odoaker (ca. 433–493), Patricus von Italien, besiegt Orestes und setzt Romulus Augustulus ab: Ende des weströmischen Reiches
482–511	Der Frankenkönig Chlodwig I., Sohn Childerichs I., gründet das Merowingerreich und erhält 496/497 in Reims die Taufe
496/97 und 506	Chlodwig I. unterwirft Alamannien
489	Der Gotenkönig Theoderich I. (471–526), der Große, zieht im Auftrag Kaiser Zenos nach Italien, tötet 493 Odoaker in Ravenna und wird Regent des Westens
527–565	Justinian, oströmischer Kaiser, erobert zwischen 535 und 552 durch seine Feldherren Belisar und Narses Italien und die westlichen Provinzen zurück

533	Belisar erobert das Wandalenreich
531	Das Thüringerreich wird fränkisch
ab 558	Chlothar I. fränkischer Alleinherrscher
560/61	Reichsteilung Chlothars I. Es erhalten Charibert Paris, Guntram Orléans, Chilperich Soissons, Sigibert Reims
593–94	Ende der Frankengeschichte Bischof Gregors von Tours (gest. 594)
ab 591/92	Der irische Mönchsvater Columban (543–615) gründet Luxeuil und die irofränkische Klosterkultur des 7./8. Jahrhunderts
613	Chlothar II. Alleinherrscher des Frankenreiches
614	Chlothars II. Pariser Edikt, das die politische Struktur des Reiches ändert
629–639	König Dagobert I. ist der letzte tatkräftige Merowingerkönig; unter ihm beginnt der politische Aufstieg der Arnulfinger und Pippiniden (= Frühkarolinger)
656	Mißglückter »Staatsstreich« des pippinidischen Hausmeiers Grimoald (ca. 620–ca. 662)
687	Mit der Schlacht von Tertry an der Somme wird Pippin der Mittlere (gest. 714) alleiniger Hausmeier unter merowingischen »Schattenkönigen«
ab 690	Die angelsächsische Mission auf dem Kontinent unter Willibrord (658–739) und Winfrid-Bonifatius (672/75–754) intensiviert die Christianisierung der rechtsrheinischen Stämme und ist mit Hilfe der Karolinger maßgeblich an der Reorganisation der fränkischen Landeskirche beteiligt
732	Karl Martell (714–741), fränkischer Hausmeier, beendet in mehreren Schlachten die arabisch-muslimische Invasion Südfrankreichs

Register (Personen und Völkergruppen)

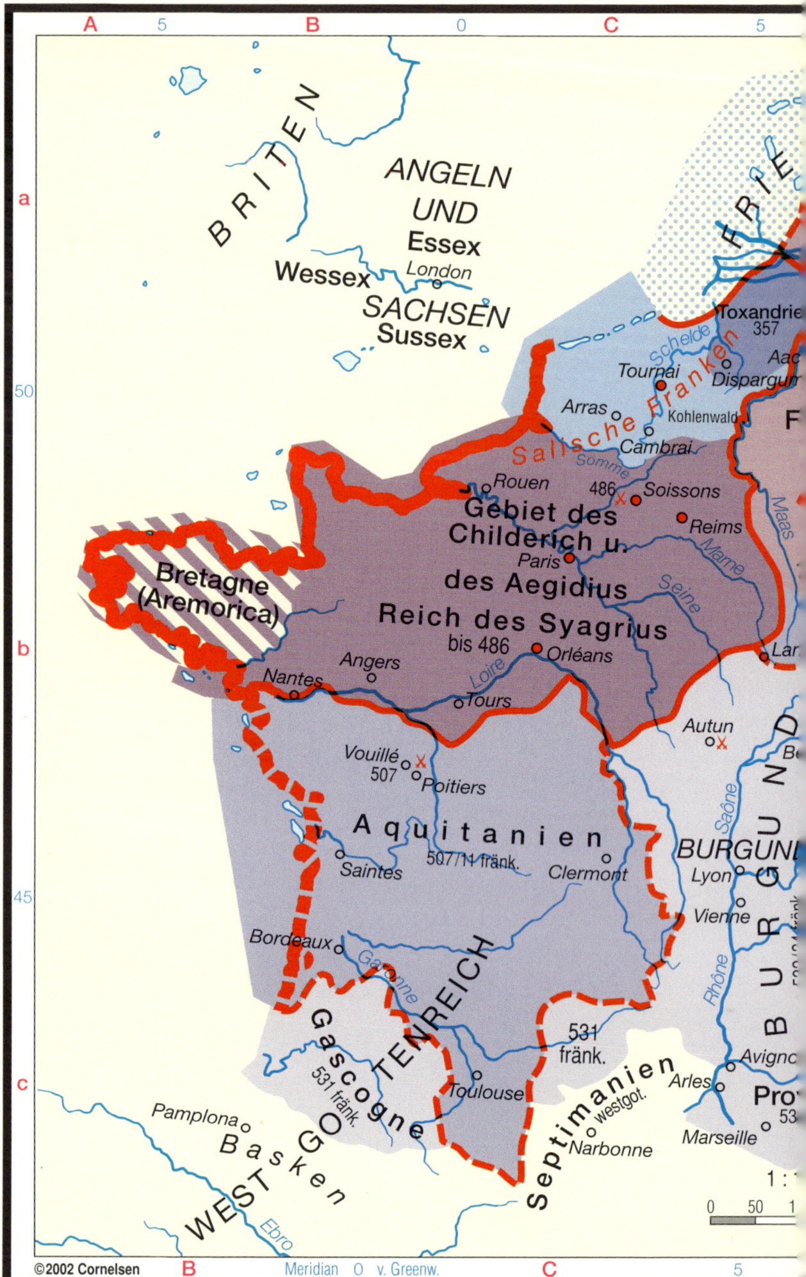

A
5
B
0
C
5
a
b
c
50
45
BRITEN
ANGELN
UND
Essex
Wessex
London
SACHSEN
Sussex
FRIE
Toxandrie
357
Schelde
Tournai
Salische Franken
Aac
Dispargum
Arras
Kohlenwald
Cambrai
F
Somme
Rouen
486
Soissons
Reims
Maas
Gebiet des
Childerich u.
des Aegidius
Paris
Marne
Seine
Bretagne
(Aremorica)
Reich des Syagrius
bis 486
Orléans
Lar
Angers
Nantes
Loire
Tours
Autun
Vouillé
507
Poitiers
Saône
Aquitanien
507/11 fränk.
Saintes
Clermont
BURGUND
Lyon
Vienne
Bordeaux
Garonne
Rhône
WESTGOTENREICH
Gascogne
531 fränk.
531
fränk.
Toulouse
Septimanien
westgot.
Narbonne
Arles
Avignc
Marseille
Pamplona
Basken
Ebro
0
50
©2002 Cornelsen
B
Meridian 0 v. Greenw.
C
5

Entwicklung des Frankenreichs unter den Merowingern bis etwa 550
Von Franken geräumte Stammlande
Salische Franken als Foederaten in Toxandrien (um 357)
Ausbreitung der salischen Herrschaft nach 450
Ausbreitung der rheinischen Franken (ripuarischen Franken?)
Gebiet des Aegidius, Reich des Syagrius (bis 486)
Reich Chlodwigs um 486
Erwerbungen Chlodwigs (†511)
Ausweitung unter Chlodwigs Söhnen
Residenzen der merowing. Könige
D
10
E
15
F
a
b
c
50
45
Sachsen
SACHSEN
Elbe
Weser
Ronnenberg
Borochtra
THÜRINGERREICH
531 sächs.
531
Scheidungen
529/31 fränk.
Neuß
Köln
Zülpich
Buconia Silva
cia Rinensis
Mosel
Main
Mainz
Würzburg
Trier
496
Worms
Metz
Hagenauer Forst
Rhein
Straßburg
Donau
Regensburg
ALAMANNEN
502/07 fränk.
Tschechen
LANGOBARDEN
bis 568
St. Florian
BAIERN
Salzburg
Inn
536 fränk.
enf
Etsch
Mailand
Pavia
Po
Ravenna
WESTRÖMISCHES REICH
576 Reich des Odoaker, 493–555 Ostgotenreich, 568 Langobardenreich
Elba
Korsika
Rom
000
50 200 250